अरुण भोले

अरुण भोले का जन्म 15 नवम्बर, 1933 को मिश्रटोला, दरभंगा, बिहार में हुआ। वे केसरिया थाना, पूर्वी चम्पारण के मूल निवासी हैं। किशोरावस्था से ही स्वराज और समाजवादी आन्दोलन से जुड़े रहे। सत्तर के दशक में बिहार राज्य सोशलिस्ट पार्टी के मंत्री तथा जे.पी. आन्दोलन के प्रमुख सहभागी रहे। अध्यापन और पत्रकारिता के पश्चात बरसों पटना उच्च न्यायालय के सफल अधिवक्ता के रूप में सक्रिय रहे। उनकी प्रमुख पुस्तकें है—'धर्मों की कतार में इस्लाम', 'देवतुल्य नास्तिक', 'राजनीति मेरी प्रेयसी'। फिलहाल अहमदाबाद, गुजरात में रहते हैं।

ई-मेल : bholey.mihir@gmail.com

राजनीति मेरी प्रेयसी

अरुण भोले

राजकमल पेपरबैक्स

पहला संस्करण 1983 में नेशनल पब्लिशिंग हाउस से प्रकाशित

राजकमल पेपरबैक्स में
पहला संस्करण : 2023

राजकमल पेपरबैक्स : उत्कृष्ट साहित्य के जनसुलभ संस्करण

राजकमल प्रकाशन प्रा. लि.
1-बी, नेताजी सुभाष मार्ग, दरियागंज
नई दिल्ली-110 002
द्वारा प्रकाशित

शाखाएँ : अशोक राजपथ, साइंस कॉलेज के सामने, पटना-800 006
पहली मंजिल, दरबारी बिल्डिंग, महात्मा गांधी मार्ग, प्रयागराज-211 001
1, अनमोल सोराबजी संतुक लेन, धोबी तलाव, मरीन लाइंस, मुम्बई-400 002

वेबसाइट: www.rajkamalprakashan.com
ई-मेल : info@rajkamalprakashan.com

विकास कंप्यूटर एंड प्रिंटर्स
ट्रॉनिका सिटी-201 102
द्वारा मुद्रित

मूल्य : ₹350

RAJNITI MERI PREYASI
Political Memoir by Arun Bholey

ISBN : 978-81-967631-3-8

उसकी एक सौत भी बसती है (राजनीति : मेरी प्रेयसी)

—यह जानकर भी जो मेरे प्रति

सदा समर्पित रही,

अपनी उसी धर्मपत्नी

माधवी वर्मा

को

सप्रेम समर्पित

मानव इतिहास का जीवन्त दस्तावेज

विद्यार्थी दिनों की मन:स्थिति (हालाँकि उम्र के तीसरे दशक में था) में ही यह किताब एक ही बार में पढ़ी। पुस्तक है : 'राजनीति मेरी प्रेयसी' (लेखक—अरुण भोले, प्रथम संस्करण : नेशनल पब्लिशिंग हाउस' वर्ष-1983' नई दिल्ली) मन-मस्तिष्क को बाँध लेनेवाली किताब। आज 40 वर्षों बाद भी पुस्तक का 'गद्य', 'कविता' में व्यक्त मानव इतिहास का बेचैन, जीवन्त दस्तावेज लगता है, कहूँ कि निजी जीवन के दुखों-हादसों की तरह ही, सार्वजनिक सवाल, राजनीति के इश्यू बेचैन करते हैं, उकसाते हैं, आहत करते हैं, उत्साहित करते हैं, सपने दिखाते हैं या हतोत्साहित करते हैं। कल्पना को उड़ान देते हैं या निराशा के धुन्ध में डालते हैं, ऐसे क्षणों में अरुण भोले जी की इसी किताब में शरण पाता हूँ। दशकों से जीवनयात्रा में संग चलनेवाली कुछ किताबों में से एक है, यह किताब, लेखक के लेखन, सृजन व प्रतिभा, विश्व इतिहास की समझ के बारे में क्या कहूँ! पढ़ते ही लगा कि राजनीति तो उनके लिए पैशन है, जुनून है, आवेग, उत्साह है। गांधी के शब्दों में कहूँ, तो माध्यम है, मानव कल्याण के 'इच्छित स्वर्ग' को धरती पर साकार करने की, इतनी सुन्दर भाषा, लय, प्रवाह, भाव में मानव इतिहास के मोड़ों का इतना सुन्दर चित्रण, कम शब्दों में कहीं और नहीं पढ़ा।

भारतीय राजनीति समेत विश्व इतिहास, मानव पुनर्जागरण के 'ध्रुवतारा' की तरह बन चुके मोड़ों, पड़ावों के सन्दर्भ में, राजनीति के 'सच' को समझने की श्रेष्ठ सामग्री, मैकियावेली और गांधी के फर्क को इतिहास, सभ्यता, संस्कृति के आईने में स्पष्ट करने की विरल दृष्टि और समृद्ध सृजन कला से सम्पन्न पुस्तक। लेखक की निजी अनुभूति, संघर्ष, पीड़ा, जज्बात से उपजे शब्दों ने बार-बार उन युवा दिनों की मन:स्थिति में पहुँचाया, जब राजनीति के आकर्षण ने दिल-दिमाग पर असर डाला।

तब किशोर से विद्यार्थी बनते दिनों की भावनाएँ क्या-कैसी थीं? जेपी आन्दोलन, सम्पूर्ण क्रान्ति, आपातकाल (1977) फिर तेज ढंग से पतन की डगर पर फिसलती राजनीति...ने न जाने कितने युवाओं के असंख्य सपनों को तोड़ा। मूल्य व आदर्श,

अव्यावहारिक घोषित हो गए। भ्रष्टाचार, यथार्थ मान लिया गया, व्यावहारिकता व सत्ता में रहना आदर्श बन गया। सम्पूर्ण क्रान्ति, बिहार आन्दोलन व नवनिर्माण की मंजिल तय कर आए लोगों में से शायद ही कोई सत्ता की दुनिया में नये सपने जगा सका।

जीवन के इस पड़ाव (उम्र के छठे दशक में) पर भी सपना कायम है कि राजनीति ही समाज को जन्नत (स्वर्ग) दिला सकती है। यह महज सत्ता का खेल नहीं। धन-वैभव-भौतिक सुखों की विधा नहीं। निजी आकांक्षाओं-महत्त्वाकांक्षाओं को पाने की सीढ़ी नहीं, बल्कि धरती पर स्वर्ग उतारने (अगर है) का कर्म है। सृजन की श्रेष्ठ मानव कला है, यह। सुखद भविष्य बनाने का श्रम है। एक अनिश्चित विज्ञान भी है। समाज जहाँ खड़ा है, उसे आगे ले जाने की प्रभावी विधा। समाज नीति में, अर्थ नीति में, शिक्षा में, स्वास्थ्य में, जीने की कला में, संस्कृति में। यानी धरती पर जो कुछ है, प्रकृति से लय रख, उसे श्रेष्ठ बनाना। लौकिक अर्थ में समता, स्वतंत्रता, बन्धुत्व के धरातल पर मनुष्य का आत्मिक व आध्यात्मिक विकास। जाति विहीन व धर्म विहीन। वह मुकाम पाना, जहाँ मुल्कों की सीमाएँ, रंग-भेद जैसे बन्धन पीछे छूट जाएँ।

सम्भव है, राजनीति की यह वायवीय कल्पना है। अ-यथार्थ आदर्श है। निज सपना है। पर इतिहास गवाह है कि कल्पनाओं को यथार्थ में बदलने की अपार क्षमता है मानव में। संकल्प और कर्म ने ही इनसान व संसार को पत्थर युग से आज तकनीक युग (ग्लोबल गाँव) तक पहुँचाया है। प्रकृति ने, सृष्टि ने, ब्रह्मांड ने इनसान को सबसे बड़ी क्षमता दी है, कल्पना-शक्ति की। रचनात्मक प्रतिभा की। सपनों-कल्पनाओं को साकार करने की 'संकल्प क्षमता' देकर। निर्विकार कर्म करने की अपरिमित ताकत देकर। यही चीजें तो इतिहास की ऊर्जा और ईंधन हैं।

विद्यार्थी जीवन में ही कविता, साहित्य ने मानव की इस श्रेष्ठ सृजनात्मक प्रतिभा से रू-ब-रू कराया। किसी बड़े अंग्रेज कवि ने कहा था, "पोएट्स आर अनयेकनॉलेज्ड लीडर ऑफ हिस्ट्री" (कवि, इतिहास के उपेक्षित नायक हैं।) राजनीति के माध्यम से समाज बदलनेवाले, नये समाज की कल्पना करनेवाले जो ऐतिहासिक नायक हुए, वे मूलतः स्वप्नदर्शी ही तो थे। इन्हीं नायकों के आदर्श समाज बनाने की इबारतों ने सभ्यता-संस्कृति की नींव डाली। उनके विचारों के पंख ने इतिहास में अपनी-अपनी क्षमतानुसार जगह बनाई। हम विद्यार्थियों को राजनीति की इस श्रेष्ठ क्षमता-सपना की आहट, धर्मवीर भारती के शब्दों में कहूँ, तो "एक बहत्तर बरस का बूढ़ा आदमी, अपनी काँपती कमजोर आवाज में, सड़कों पर सच बोलता हुआ निकल पड़ा है।" (मुनादी) से मिली। तब लगा 'नया सवेरा' आने

ही वाला है। बस, 'बिहार आन्दोलन' या 'सम्पूर्ण क्रान्ति' की मंजिल हम पार भर कर लें। जेपी हैं, नैया पार करा भी देंगे।

आज 'सम्पूर्ण क्रान्ति', 'बिहार आन्दोलन' को अतीत बने, पाँच दशक से भी अधिक हो गए! खुद से पूछता हूँ, वे सपने कहाँ हैं? जेपी आन्दोलन के वे ख्वाब, आदर्श, उड़ान, मंजिलें मिलीं? न पूरी तो आंशिक ही सही। जेपी ने 'नया मानस, नया समाज, नई व्यवस्था' की बात की थी। क्या आन्दोलन से सत्ता पाए लोगों को इन चीजों की स्मृति भी है। सम्पूर्ण क्रान्ति के कितने संकल्प धरती पर उतरे या साकार हुए? नजदीक से बहुत चीजें देखने के बाद खुद से पूछता हूँ कि क्या पाँच दशकों बाद भी वह सपना कायम है? फिर हमारे पहले सम्पादक डॉ. धर्मवीर भारती की पंक्तियाँ ही याद आती हैं—

और मुझको
ढाल छूटे, कवच टूटे हुए मुझको
फिर तड़पकर याद आता है कि
सब कुछ खो गया है—दिशाएँ, पहचान, कुंडल, कवच
लेकिन शेष हूँ मैं, युद्धरत मैं, तुम्हारा मैं
तुम्हारा अपना अभी भी
इसलिए, तलवार टूटी, अश्व घायल
कोहरे डूबी दिशाएँ
कौन दुश्मन, कौन अपने लोग, सब कुछ धुन्ध धूमिल
किन्तु कायम युद्ध का संकल्प है अपना अभी भी
...क्योंकि सपना है अभी भी!

न जाने कितने लोगों को कहा, बताया इस पुस्तक के बारे में। कोलकाता *रविवार* में काम करता था। लेखक से परिचय कई वर्षों बाद हुआ। पर, पढ़कर पाया कि राजनीति की यह विरासत, आसानी से लेखक को नहीं मिली है। कहते भी हैं कि भोक्ता की पीड़ा, दर्शक से अलग होती है। पिता व परिवार की कुरबानी, त्याग व संघर्ष के स्व-अनुभवों से अर्जित ज्ञान। पिता अंग्रेजी सरकार के खुफिया विभाग में अफसर थे। पर आजादी की लड़ाई के हरावल दस्ते की भूमिका जैसे काम में रहे। इसी जुर्म में नौकरी से बरखास्त हुए। सजा पाई।

अरुण भोले जी (लेखक) को किशोरवय से ही राजनीति से 'इश्क' हो गया। यह काम, तलवार की धार पर चलने जैसा रहा। पर, भोले जी को लगा भी कि किताब लिखूँ, तो उसका शीर्षक हो—*Politics, My First Love : A Commentary On Contemporary Politics* यह पुस्तक भोले जी ने समर्पित की है, अपनी पत्नी

माधवी वर्मा जी को। यह बताते हुए कि 'उसकी एक सौत भी बसती है' *राजनीति मेरी प्रेयसी* यह जानकर भी जो मेरे प्रति समर्पित रही।

राजनीति के प्रति इसी इश्क ने भारतीय राजनीति को इतिहास के बड़े सन्दर्भों में समझने के लिए श्रेष्ठ साहित्य देने की लेखक में नींव डाली। तेरह-चौदह वर्ष की उम्र में राजनीति को समझने की उत्कट अभिलाषा, भाव, बेचैनी, उत्कंठा ने अरुण भोले जी को विश्व इतिहास, मानव मोड़ों की कालजयी घटनाओं के साहित्य में डूबने के लिए विवश किया होगा। इस 'इश्क' में डूबकर 'आग की दरिया' (कुरबानी, परेशानी, संघर्ष, आत्मपीड़ा) से गुजरने के बाद की यह पुस्तक है। राजनीति के सच को समझने की अविस्मरणीय कृति। समाजवादी धाराओं की हकीकत। समाजवाद के पुरोधाओं, देश के बड़े नायकों के अन्त:सम्बन्ध। राजनीति की बदरंग दुनिया या काजल की कोठरी बनानेवाली प्रवृत्तियों की साफगोई से चर्चा। गांधी, नेहरू, पटेल, जेपी, लोहिया समेत अनेक बड़े नेताओं से जुड़े, प्रामाणिक तथ्य। बिहार आन्दोलन की हकीकत। यह और ऐसे सारे तथ्य, जो बताते हैं कि राजनीति धरती को स्वर्ग बनाने की ओर ले जा सकती है, पर किन कारणों से राजनीति की साख घटती है? राजनीतिज्ञ, आदर की जगह नफरत पाते हैं। वह जनसामान्य में तिरस्कार का विषय बनती है। समाज और देश के भविष्य को खतरे में डालती है।

हालाँकि भोले जी ने बहुत पहले ही इस मोहिनी राजनीति का सच भी देख लिया था। पर, तब तक देर हो चुकी थी। उन्होंने लिखा भी है, "राजनीति के सत्य स्वरूप से जब साक्षात्कार हुआ, तो उसमें कोई कौमार्य नहीं था। हम छलकर रह गए, परन्तु उसके बाद भी मोह नहीं भंग हुआ।"

भोले जी की यह चर्चित, एक अर्थ में क्लासिक संस्मरणात्मक पुस्तक, अब नये रूप में आपके हाथों में है। लेखक इसे निजी संस्मरण की किताब कहते हैं। पर, यह निजी संस्मरण नहीं, देश और दुनिया की राजनीति को समझने की श्रेष्ठ कृति है। यह सुखद संयोग है कि इस पुस्तक का पुन:प्रकाशन करीब चार दशकों बाद, 2023 में हो रहा है। यह आजादी का अमृतकाल भी है। साथ ही 'बिहार आन्दोलन' (छात्र आन्दोलन) का 50वाँ वर्ष दस्तक दे रहा है। अरुण भोले जी 'बिहार आन्दोलन' के हिस्सा रहे हैं। वह लोहिया जी के मुँहबोले और आत्मीय थे। जेपी आन्दोलन के कर्मठ सक्रिय कार्यकर्ता रहे। पेशे से वकील। इमरजेंसी के दौरान सरकार के खिलाफ मुकदमा देखनेवाले वकील के रूप में काम किया। 'बिहार आन्दोलन' के सूत्रधार लोकनायक जेपी के भी आत्मीय रहे और किशोरावस्था से ही उनके सान्निध्य का सौभाग्य मिला। जेपी के सम्पूर्ण क्रान्ति आन्दोलन के दौरान सक्रिय कार्यकर्ता की तरह परचा, पोस्टर बाँटने, चिपकाने में अग्रिम मोरचे

पर रहे। जेल गए। मीसा में गिरफ्तार हुए। इमरजेंसी के दिनों में आन्दोलनकारियों के गुप्त ठिकानों पर सूचनाएँ पहुँचाने, दस्तावेजों और संवादों को आगे बढ़ाने में लगे रहे। इस तरह अनेक रूपों में आजादी की दूसरी लड़ाई (बिहार आन्दोलन) में उनकी शिरकत रही।

बिहार आन्दोलन के 50वें वर्ष में इसका पुन:प्रकाशन महत्त्वपूर्ण है। इतिहास के इस पड़ाव पर सवाल उठाना या आत्ममूल्यांकन स्वाभाविक है कि आन्दोलन के सपने क्या थे, मंजिल क्या थी? कहाँ पहुँचा? क्या आजादी के संघर्ष के सपनों जैसा इसका भी हश्र हुआ? इतिहास में बदलाव या संघर्ष के सपने, क्या महज शोकान्तिका में बदलने को अभिशप्त हैं? दुनिया के इतिहास-संस्कृति-सभ्यता-बौद्धिक पुनर्जागरण जैसे महत्त्वपूर्ण सन्दर्भों में, इस यक्ष सवाल के उत्तर भी इसी पुस्तक में मिलते हैं। इस अवसर पर यह स्मरण भी जरूरी है कि बिहार में छात्र आन्दोलनों का इतिहास क्या रहा है? 1955 में एक छात्र आन्दोलन हुआ। यह स्वतंत्र भारत में पहला प्रोटेस्ट माना गया। इस आन्दोलन ने देश की राजनीति को प्रभावित किया था। आन्दोलन के दौरान पुलिस फायरिंग में दीनानाथ नामक एक छात्र की मौत हुई थी। इस आन्दोलन का असर यह था कि तत्कालीन प्रधानमंत्री पंडित जवाहरलाल नेहरू को पटना आना पड़ा। पर, आन्दोलन शान्त नहीं हुआ। तत्कालीन ट्रांसपोर्ट मंत्री महेश सिंह के इस्तीफा से शान्त हुआ। वह चुनाव भी हार गए।

छात्रों का एक और आन्दोलन बिहार में 1967 में हुआ। आन्दोलन की ताकत इतनी थी कि बिहार के तत्कालीन सीएम के.बी. सहाय तक चुनाव हार गए। छात्रों के आन्दोलन का साथ, महामाया प्रसाद सिन्हा को मिला था। छात्रों को 'जिगर का टुकड़ा' कहकर महामाया बाबू हीरो बन गए। सीएम कुर्सी तक पहुँच गए।

देशव्यापी छात्र आन्दोलन हुआ, 1974 में। इस आन्दोलन की कमान जेपी ने सँभाली। सम्पूर्ण क्रान्ति का नारा निकला। अन्तत: पहली बार केन्द्र में गैरकांग्रेसी सरकार बनी। पर, क्या जेपी या बिहार आन्दोलन का मकसद यही था? राजनीति के आदर्श और यथार्थ में फासलों की जड़ कहाँ है? यह गम्भीर उत्तर समझने में भी यह पुस्तक प्रभावी दस्तावेज है।

पुस्तक की शुरुआत निजी संस्मरणों से होती है। आजादी के आन्दोलन के दिनों की बात से लेकर बिहार आन्दोलन, इमरजेंसी जैसी महत्त्वपूर्ण घटनाओं के कई अनसुने, अनजाने प्रसंगों का उल्लेख है। पुस्तक में समाजवादी आन्दोलन, समाजवादी राजनीति, समाजवादी नेता केन्द्र में हैं। इनके सन्दर्भ में गांधी, नेहरू, पटेल, लोहिया, जेपी जैसे नेताओं के अनेक महत्त्वपूर्ण प्रसंगों को लेखक ने बताया है। इनमें से कई नेताओं से खुद लेखक का संवाद है। भारत विभाजन से लेकर माउंटबेटन, जिन्ना आदि के अनेक ऐतिहासिक प्रसंग हैं। लेखक ने बड़े रोचक

ढंग से तब के प्रामाणिक राजनीतिक किस्सों को जोड़कर, प्रभावी कवित्वपूर्ण गद्य में विश्लेषण भी लिखा है।

पुस्तक लेखक से परिचय कई दशकों बाद हुआ। जादुई असर करनेवाली पुस्तक का मन-मिजाज-मस्तिष्क पर असर पहले पड़ा। लेखन या राजनीति, भोले जी के लिए महज अपनी बात कहने, भाव व्यक्त करने का माध्यम नहीं है। लेखन में वह समाज-बदलाव के बेचैन पक्षधर दिखते हैं। बहुत वर्षों बाद जब मिला, व्यक्तिगत रूप में, तब उनके व्यक्तित्व का यह समृद्ध पक्ष देखा। आग्रह कर उनसे अनेक लेख लिखवाए।

समाचार-पत्र में एक-एक पेज के लेख छापने की परम्परा न पहले थी, न अब है। बल्कि 500-800 शब्दों से अधिक विचार भी नहीं छपते। पर, भोले जी से आग्रह कर भारतीय राजनीति के अतीत के पन्नों को नये सन्दर्भों में पलटने के लिए अनेक लेख लिखवाए। कई लेख तो अखबार के दो-तीन पन्नों तक जाते। सब छापा। बेमिसाल ऐतिहासिक दृष्टि, तथ्य, प्रवाहमय भाषा से परिपूर्ण। इतिहास को कवित्वपूर्ण शैली में कहने की प्रतिभा उनमें है। मन-मस्तिष्क को छू लेनेवाली बातें लिखने की क्षमता के वह धनी हैं। पाठक के रूप में, हम जैसा पत्रकार इस बौद्धिक प्रतिभा-पूँजी का पुजारी रहा है। उनके कई लेखों की पंक्तियाँ प्रायः सन्दर्भगत परिस्थितियों में स्मृति में उभरती हैं। ऐसे ही लेखों में उनका लिखा, सरदार पटेल पर भी दुर्लभ लेख है।

बीच-बीच में 90 वर्षीय भोले जी से संवाद होता है। उनके पास कहने को ढेर सारी बातें हैं। आग्रह करता हूँ, संस्मरण लिखें। आत्मकथा लिखें। भावी पीढ़ी को भविष्य समझने के लिए समृद्ध साहित्य मिलेगा। दृष्टि मिलेगी। समाज, राजनीति, संस्कृति से जुड़ी बातें, 90 की उम्र में भी उसी उत्साह-उमंग से बताते और विश्लेषित करते हैं।

विश्वास है कि प्रामाणिक किस्सों, प्रसंगों, संस्मरणों और ऐतिहासिक तथ्यों के आधार पर तैयार यह किताब, राजनीति को समझने की एक भिन्न और श्रेष्ठ दृष्टि देगी।

—हरिवंश
उप-सभापति, राज्य सभा
नई दिल्ली

पहले संस्करण भूमिका

इस किताब में श्री अरुण भोले भारतीय समाज के वर्तमान राजनीतिक और नैतिक संकट का एक चुनौतीपूर्ण आकलन प्रस्तुत कर रहे हैं। अच्छी कही जा सकने वाली राजनीति में उनका अपना कैरियर काफी लम्बा रहा है। उनके आदर्शों की पृष्ठभूमि भारतीय समाजवादी आन्दोलन से उनका लम्बा और एकनिष्ठ जुड़ाव है। इसके अतीत पर उन्हें सच्चा गर्व है, लेकिन इस सम्बन्ध में अपनी निराशाओं को व्यक्त करने से भी वे नहीं चूकते। वे मानते हैं कि राजनीतिक दर्शन और आचरण में एकता हर हाल में जरूरी है।

श्री भोले ने उन तमाम बुराइयों का बेरहमी से पर्दाफाश किया है जो हमारे संसदीय-लोकतंत्र के साथ जुड़कर भ्रष्ट और विभाजक तरीकों को बढ़ावा देने लगी हैं। उनके साथ कुछ मुद्दों पर मतभेद तो हो सकते हैं (ऐसे किसी भी विषय पर मतैक्य की उम्मीद कर ही कौन सकता है?) लेकिन जो सवाल उन्होंने उठाए हैं वे वैसे सवालात हैं जिन पर गौर करना हर प्रबुद्ध नागरिक के लिए लाजिमी है। उनके जो जवाब अमल में पेश आएँगे, उन्हीं से आखिरन इस मुल्क की तकदीर तय हो पाएगी।

ऐसे विषय पर तो लम्बा-चौड़ा उपदेश सुनने का ही डर बना रहता है। लेकिन श्री भोले की किताब का तर्ज बिलकुल ही दूसरा है। उनकी किताब में रवानी, ऊँचे दर्जे की साहित्यिक हिन्दी का रुतबा और पाठक के संग आत्मीयता कायम कर लेने की खूबी है; मैं पढ़ने लगा तो तल्लीन हो गया। ढेर सारे ज्ञानवर्द्धक तथ्यों को निहायत दिलचस्प ढंग से पेश कर देने में उन्होंने जो अन्दाज अख्तियार किया है उसमें उनकी कायल कर देनेवाली दलील और मोहक विनम्रता शामिल है।

यह किताब उन सभी लोगों के लिए है जो अपने वतन और पड़ोसियों की फिक्र रखते हैं।

—इरफ़ान हबीब

प्राक्कथन

सन् 1974 का साल। मार्च आन्दोलन के तूफानी दिन। पटना शहर में कर्फ्यू। हर चौक और नुक्कड़ पर संगीनधारी जवानों की तैनात टुकड़ी। उन सबके बीच अपील के पर्चे बाँटने का विकट सवाल। टैक्सी, टेम्पो, रिक्शा वगैरह कुछ भी नहीं। क्या करते हम लोग! जिससे जैसे बना, चल पड़ा। मैं उन दिनों बिहार राज्य सोशलिस्ट पार्टी का जनसम्पर्क मंत्री था। जोश और जवाबदेही ने मुझे भी घर बैठने नहीं दिया। मुहल्ले के एक लड़के की साइकिल मँगवाई। एक झोले में पर्चे भर लिये। उसे कन्धे से लटकाया और 'अब कोई गुलशन न उजड़े, अब वतन आजाद है' की धुन गुनगुनाना उछलकर साइकिल पर सवार हो गया। मेरी उमंग देखकर पत्नी हैरत में थीं। उनसे नहीं रहा गया तो बोल उठीं, "वाह! क्या जोश है। बिलकुल छोकड़ों की तरह फड़क रहे हैं और अभी घर का कोई काम आ पड़े तो क्या मजाल..." वो अपनी बात अभी पूरी भी न कर पाई थीं कि मैंने चुहल कर दी, "देवीजी! जानती नहीं, तुम्हारी एक सौत भी बसती है, राजनीति : मेरी प्रथम प्रेयसी? उसका इशारा पाते ही मेरी नसें फड़क उठती हैं। फिर तो मुझे किसी और की सुध रह ही नहीं जाती।"

कैद की तनहाई में बीवी-बाल-बच्चों की याद आई, तो वह घटना भी याद आ गई। बात तो मजाक में कही थी, लेकिन थी कितनी सच बात! राजनीति से मेरा एक रागात्मक सम्बन्ध रहा है। मेरे जीवन में राजनीति पहले आई थी, पत्नी बहुत बाद। राजनीति ने जब जो नाच चाहा, मुझे नचाया। पत्नी बेचारी बेबस सब देखती रहीं, सहती रहीं। उस रात मेरी नींद उचट गई। पुराने पन्ने उलटते गए। मन बोझिल होता चला गया : कहाँ से राजनीति के फन्दे में फँस गया! न अपना ही कुछ भला कर पाया, न लोगों का। जिन्दगी बिगड़ गई! राजनीति का चस्का न लगता तो हमारी भी चैन-ओ-आराम से गुजरती—कहीं प्रोफेसर हुआ होता, आई.ए.एस. अफसर होता। किसी बड़े फर्म में ऊँची तनख्वाह पाता होता, और नहीं तो इसी वकालत पेशे में ही चमक उठता। पद का मेरे लिए कोई महत्त्व न रहा हो, लेकिन लोगों के लिए तो है। किसने कितना छोड़ा, उसका कोई मोल नहीं। किसने कितना ले

लिया, सारा महत्त्व उसी का है। हितैषी कोसते रहे हैं—'कैसे-कैसे लोग कहाँ से कहाँ जा पहुँचे! तुम जहीं के तहीं रह गए।' दोष मेरा है या भ्रष्ट राजनीति का? मैं कभी कुछ नहीं बन पाया, शायद इसलिए नहीं कि मुझमें योग्यता, निष्ठा या कर्मठता कुछ कम थी; बल्कि इस कारण कि आज कुछ पाने के लिए जितना नीचे उतरना आवश्यक हो गया है, मैं उस स्तर तक उतरने को कभी तैयार नहीं हुआ।

तभी खयाल आया : राजनीति ही करनी थी तो शुरू से कांग्रेस की राजनीति ही क्यों न की! सत्ता उपभोक्ता सहयोग समिति में शामिल हो जाता। सब हुनर सीख लेता। वैसा ही संस्कार बन गया होता। लगाव भी रखा तो सोशलिस्ट राजनीति से। जयप्रकाश जी का नेतृत्व। ऊँचे आदर्श। बड़े सिद्धान्त—बहुत कुछ अव्यावहारिक साथ जयप्रकाश जी के चले थे, जयप्रकाश जी अकेले ही चलने लगे। सबको छोड़ दिया, तोड़ दिया। उनका अपना क्या बिगड़ा? लेकिन भारत की राजनीति तो बिगड़ ही गई। मेरे जैसे अनेकों का जीवन भी इसीलिए बिगड़ा कि राजनीति ही बिगड़ गई। और राजनीति बिगड़ी, तो देश का भाग्य ही बिगड़ गया। राजनीतिक दर्शन और व्यवहार के बीच जो वैचारिक रिश्ते हैं, उन्हें तोड़कर जब राजनीति चलाई जाए तो अनिष्ट अपरिहार्य है। असल अफसोस और फिक्र इसी बात की है।

उस रात किशोरावस्था से अब प्रौढ़ावस्था तक की अनेक स्मृतियाँ जाग उठीं। इन पैंतीस-चालीस वर्षों में देश की राजनीति ने कितनी करवटें बदलीं, कितना रूप बदला! क्या सोचकर राजनीति पर फिदा हुए थे, राजनीति कैसी निकली! कैसी-कैसी हसरतें, कैसे-कैसे अरमान : देश, आजादी, इंकलाब; राष्ट्रीय पुनर्निर्माण, राजनीतिक-आर्थिक-सामाजिक समता; अवसर की समानता और न्याय; चतुर्दिक सुख-समृद्धि। हकीकतें आज कुछ और : सत्ता की छीना-झपटी, पद-पैसों की लूट, जातीयता और भाई-भतीजावाद की तूती; सर्वत्र अनाचार और अराजकता। राजनीति की अवधारणा और प्रयोजन कितना पवित्र एवं मंगलकारी! अपरिमेय शक्ति-पुंज है राजनीति—मनुष्य और समाज का भाग्य सँवार दे। लेकिन कितना घिनौना रूप दीख रहा है उसका! क्या इसी राजनीति के हम दीवाने थे? क्या फरिश्तों का सपना ऐसी ही राजनीति चलाने का था? क्या इसी आजादी के लिए उतनी कुरबानियाँ दी गई थीं? क्या ऐसा ही लोकतंत्र लक्ष्य था? कहाँ चले थे लोग, कहाँ पहुँच गए! कौन सी चूक हुई? किससे भूल हुई? उस रात एक-एक कर न जाने कितने प्रश्न उठते चले गए। मन क्षति-भाव से सन्तप्त हो उठा। खयाल आया, सारी श्रुति-स्मृतियों को समेट एक किताब लिखूँ—*Politics : My first Love* (a commentary on contemporary politics) लेकिन दूसरे-तीसरे दिन ही जेल से छूट गया। बात खत्म हो गई।

महीने-डेढ़ महीने बाद 'मिसा' में फिर गिरफ्तार हुआ। मोतीहारी जेल में हमारी पार्टी के महामंत्री सुरेन्द्र मोहन जी भी साथ थे। उनकी बातों की गहराई और गम्भीरता ने मन-ही-मन मुझे फिर उकसाया। इस बार मैं दृढ़-प्रतिज्ञ था; लेकिन किताब अंग्रेजी में नहीं, हिन्दी में लिखने को। और कमेंटरी के रूप में नहीं, बल्कि एक संस्मरण के रूप में। तभी मन में एक प्रश्न यह भी उठा—मेरे जैसे अदना आदमी के संस्मरण का क्या मोल? लेकिन यह सोचकर साहस हुआ : मैं भले ही एक छोटा आदमी रहा हूँ, परन्तु जिन आदर्श-अभीष्टों के साथ जुड़ा रहा, वे तो छोटे नहीं थे। अपने कमजोर कन्धों पर मैं भी तो उन्हीं आदर्शों को ढोता रहा हूँ। उन्हीं महान लक्ष्यों की सिद्धि हेतु अपनी सीमित शक्ति-सामर्थ्य-भर सतत सचेष्ट रहा हूँ। निस्सन्देह, बड़ों की बातें बड़ी होती हैं। किन्तु बड़ी-से-बड़ी बात व्यर्थ है यदि वह छोटे आदमी के हित में न हो। वैसी बड़ी बातों के सम्बन्ध में छोटा आदमी खुद क्या सोचता है, क्या यह जानने की बात नहीं? गांधी, नेहरू, पटेल, राजा जी, जे.पी. आदि फरिश्ते देश की सुख-समृद्धि और सार्वजनिक स्वास्थ्य के जो नुस्खे बता गए, उनकी सार्थकता-निरर्थकता की कसौटी आखिर जनसाधारण ही तो होंगे। मैं और कुछ नहीं तो भारत के जनसाधारण में एक तो हूँ। तब यह निर्णय आप पर ही छोड़ देता हूँ कि मेरे जैसे अदना आदमी, एक साधारण जनसेवी के अनुभव-अनुभूतियों का कोई मोल है भी या नहीं।

सबके बावजूद, मेरे अनुभव, मेरी अनुभूतियाँ, सब मेरे साथ ही रह जातीं। किताब बनकर हरगिज प्रकट न हुई होतीं यदि सुहृद प्रोफेसर डॉ. रमेशचन्द्र सिन्हा (अंग्रेजी विभाग, बी.एन. कॉलेज, पटना) ने मुझे प्रोत्साहित न किया होता। वे स्वयं ही भाषाविद् और कुशल कथाकार हैं। मुझसे बार-बार कहते रहे, "आपकी भाषा बड़ी अच्छी है, बहुत अच्छा लिख सकते हैं। पर्याप्त अनुभव है। सब लिख डालिए।" अब, यह तो आप ही जानें, उनका कहना कहाँ तक ठीक है। गलत भी हो तो कसूर उनका नहीं। नेक-नीयत वालों को खुदा बख्श देता है। फिर आप क्यों कोताही करें! अपनी ओर से मैं तो रमेश बाबू का सदा आभारी रहूँगा। वैसे, भाषा और व्याकरण-ज्ञान का मेरा अपना हाल तो यह है कि पुस्तक रचना के समय मुझे अक्सर अपनी बेटी निवेदिता और बेटा मिहिर की मदद लेनी पड़ती थी। लेखक-पिता अपनी दोनों सन्तान का आभारी है। अनुज, विश्वनेकमन और उनके स्नेही मित्र, प्रो. कृष्णान्नद द्विवेदी के सहयोग भी कुछ कम नहीं।

अलीगढ़ मुस्लिम यूनिवर्सिटी के विख्यात विद्वान प्रो. इरफान हबीब साहब का शुक्रिया अदा करने के काबिल लफ्ज मेरे पास मौजूद नहीं। उन्होंने मुझसे

पांडुलिपि पढ़वाकर सुनने में जितना वक्त सर्फ किया, जितनी दिलचस्पी ली, वही नायाब थी। लेकिन उन्होंने पुस्तक-परिचय लिख देने की इनायत भी फरमाई। विद्वत्ता एवं उदारता में वे अति-समृद्ध हैं। मैं अकिंचन, कैसे ऋण चुकाऊँ!

अपने प्रकाशक, नेशनल पब्लिशिंग हाउस के मैनेजिंग डायरेक्टर श्री के.एल. मलिक साहब के प्रति आभार प्रदर्शन न करूँ तो कृतघ्नता हो जाएगी। यह पुस्तक प्रकाशित करने का उनका निर्णय सौहार्दसूचक भी है।

कई कारणों से लिखने का क्रम टूट गया था। किताब पूरी होने और छपने में देर होती; इसलिए मैं चाहता था कि जयप्रकाश जी से सम्बन्धित जो प्रकरण हैं, वे उनके जीवन-काल में ही तब तक किसी पत्रिका के माध्यम से प्रकाशित हो जाएँ। इसी उद्देश्य से मैंने 9 जनवरी, 1978 को उन्हें 'रविवार' के पास कलकत्ता भेजे थे। परन्तु सम्पादक महोदय ने मेरी रचना का उपयोग न कर पाने पर अपना खेद प्रकट करते हुए एक सप्ताह के अन्दर ही बड़ी मुस्तैदी से उसे लौटा दिया। उससे पूर्व, दिल्ली के 'साप्ताहिक हिन्दुस्तान' में उसे छपवाने का भी असफल प्रयास मैं कर चुका था।

एक और अफसोस मुझे रह गया : काश! यह पुस्तक श्री राजमोहन गांधी की 'भूमिका' से भी सुसज्जित हो जाती।

—अरुण भोले

ब्लॉक-12, फ्लैट 107
राजेन्द्र नगर, पटना
अक्टूबर, 1982

एक

वह राजनीति थी जो सब बर्बाद कर गई। कहाँ से दिल लगाया ऐसी बेमुरव्वत से जो जिन्दगी बेतरतीब कर चली गई। लड़कपन और आशिकी! तेरह-चौदह साल की उम्र भी कोई उम्र होती है ऐसे संगीन मामलों के लिए? न होश, न हवास; न समझ, न बूझ; लेकिन बदकिस्मती को क्या कहिए! सियासत बानो से अपनी मुलाकात उसी उम्र में हुई। मिलते ही मचल गए। ज्यों-ज्यों परिचय बढ़ता गया, उसकी हर अदा पर रीझते चले गए—हड़ताल, जुलूस, मीटिंग। जब देखिए एक दौरे-जुनून से गुजर रहे हैं : देश...आजादी...इंकलाब।

जिन्दगी यूँ भी गुजर ही जाती,
क्यूँ तेरा राहगुजर याद आया।

—ग़ालिब

पिताजी (रामेश्वर प्रसाद वर्मा) बिहार सरकार के खुफिया विभाग में एक कनीय अधिकारी थे। सन् '44 में नौकरी से बर्खास्त कर दिए गए। इल्जाम था : सरकार के खिलाफ काम करने और आजादी की लड़ाई में जुटे नेताओं और सेनानियों को मदद पहुँचाने का। गुप्तचर विभाग में थे न! सो सब कुछ गुप्त रूप से ही होता रहा। अगस्त-क्रान्ति के पूर्व से ही सम्पर्क बना लिया था उन्होंने कुछ कांग्रेस सोशलिस्ट लीडरों से। हजारीबाग जेल से निकल भागे जयप्रकाश नारायण और रामनन्दन मिश्र को पकड़ने की सरकारी योजना जब बनी, तो बिहार सरकार के गुप्तचर विभाग की ओर से पिताजी भी बम्बई भेजे गए। सरकार पर उनकी गुप्तचरी का रहस्य कुछ-कुछ वहीं प्रकट हुआ। सरकारी योजना वहाँ तो विफल रही परन्तु सन्देह और निगरानी के साये में पिताजी बिहार वापस बुला लिये गए। कुछ समय फिक्र और बेचैनी में कटे और फिर बराबर के लिए इत्मीनान हो गए—नौकरी से बर्खास्तगी, सदा-सर्वदा की छुट्टी!

जयप्रकाश हमारी जिन्दगी में बस उसी समय उतरे। पहले-पहल सुना कि कोई जयप्रकाश भी है जो आजादी की मशाल लेकर जेल की दीवार लाँघ गया है (नवम्बर

1942)। जयप्रकाश फिर पकड़े गए। तब, लगभग ढाई वर्षों के बाद, अप्रैल सन् 1946 में, लाहौर फोर्ट जेल से वे रिहा हुए थे। फिर तो उनका 'वीरगाथा काल' प्रारम्भ हुआ—अगस्त क्रान्ति का अग्रदूत...लाल सितारा जयप्रकाश...भारत का लेनिन जयप्रकाश...लेनिन से आगे जयप्रकाश...जयप्रकाश जिन्दाबाद। मैं तब तेरह-चौदह वर्ष का था। मेरे किशोर मन पर जयप्रकाश पूर्ण रूप से छा गए। सम्मोहन की-सी अवस्था में एक इच्छा पनपी और क्रमशः बलवती होती चली गई—दूसरा जयप्रकाश बनने की। जयप्रकाश जी के व्यक्तित्व और विचारों के इर्द-गिर्द ही मेरी सारी आकांक्षाएँ बनती-सँवरती रहीं। लेकिन गांधी, नेहरू, सुभाष, जयप्रकाश, जब जो चाहे थोड़े ही बन सकता है! भूल अब साफ-साफ समझ में आती है।

आज मैं निश्चयपूर्वक यह भी नहीं कह सकता कि दूसरा जयप्रकाश नहीं बन पाना मेरे लिए दुर्भाग्य की बात हुई या सौभाग्य की। कई अन्य महापुरुषों की तरह जयप्रकाश, उनका जीवन और उनकी उपलब्धियाँ इतिहास के विवादास्पद विषय बने रहेंगे। वैसे, विषाद के किसी क्षण में उन्होंने स्वयं भी महसूस किया था कि उनका जीवन विफलताओं से भरा रहा और सफलता जब कभी उनके निकट आई तो उन्होंने स्वयं ही उसे अपने मार्ग से दूर ठेल दिया। कारण? सफलता-विफलता की उनकी निजी परिभाषा; जग जिसे विफलता कहता था, उसे वे शोध की मंजिलें मानते थे और तुष्ट भी थे अपनी विफलताओं पर। विषाद और तोष के जो अन्तर्द्वंद्व उनके मन में चलते रहे, वे समकालीन अनेक प्रतिस्पर्धी मूल्यों और मान्यताओं के टकराव ही तो थे! जयप्रकाश अपने जीवन की सन्ध्या-वेला में रुग्ण, क्लान्त अल्प-विस्मृति से ग्रस्त हो गए थे। अच्छा होता, तब जयप्रकाश सब कुछ भूल ही जाते। अल्प-विस्मृति की मनःस्थिति में वह सूरज सदा-सर्वदा के लिए अस्त हो गया। आगे उसकी कैसी स्मृति शेष रहेगी जनमानस में, यह तो भविष्य ही बता सकेगा। देश की स्वतंत्रता, राष्ट्रीय जन-जागरण, नव समाज की रचना—इन सबके लिए क्या कुछ नहीं किया उस आदमी ने! कैसी-कैसी दुर्गम राहों से चले, कैसी-कैसी यातनाएँ सहीं; जान की बाजी लगा दी मंजिल तक पहुँचने में। और मंजिल थी, कि पहुँचे तो फिर आगे बढ़ जाती।

8 अगस्त, '42 की सन्ध्या को कांग्रेस कार्य समिति की बैठक में बम्बई से जब गांधी ने अंग्रेजों को भारत छोड़ने के लिए ललकारा, तो प्रशासन नेताओं पर झपट पड़ा। पौ फटते-फटते देश के सारे नेता गिरफ्तार कर लिये गए। और 9 अगस्त को जब सूरज निकला, तो वह क्रान्ति का एक दहकता शोला था। सारे देश में आग लग गई। लपटें इतनी तेज थीं कि एक हफ्ते तक लगा, मानो अंग्रेजी राज जलकर राख हो गया हो। लेकिन बात पलटी। अंग्रेजों का दमनचक्र तेजी से चला। क्रूर और पाशविक साम्राज्यवादी शक्ति ने निहत्थे लोगों को रौंद डाला। और तब लगा, आजादी की लड़ाई जैसे सौ साल पीछे धकेल दी गई हो। सब कुछ शान्त और सामान्य हो गया।

लेकिन, हजारीबाग की पहाड़ियों में जो शीतल बयार बहा करती हैं, वे उदास थीं। जयप्रकाश के मन का ताप मिटाना उनके लिए सम्भव नहीं हो पा रहा था। कारागार की सीखचों के पीछे जयप्रकाश के मन में क्रान्ति की ज्वाला अब भी दहक रही थी। वे बेचैन थे। गांधी की गिरफ्तारी के बाद ब्रिटेन के भारत सचिव, मिस्टर लियोपोल्ड एस. एमरी की व्यंग्योक्ति—'नाट ए डॉग डिड बार्क' (एक कुत्ता भी नहीं भौंका)—उनके मन को बार-बार कचोट रहा था। गांधी राष्ट्रपिता थे, आजादी के मसीहा थे। उनका उपहास प्रकारान्तर से सारे राष्ट्र का अपमान था। समूचे राष्ट्र को यह एक चुनौती भी थी। स्वतंत्रता सेनानियों की ओर से जयप्रकाश उस चुनौती को स्वीकार करने के लिए आतुर हो उठे। जनता पराजित नहीं हुई है, वह केवल नेतृत्व विहीन हो गई है, यह विश्वास उनकी व्यग्रता को बल दे देता और तभी, दीवाली की रात को, जब सभी बन्दी और जेल कर्मचारी सांस्कृतिक कार्यक्रमों का रस ले रहे थे, जयप्रकाश अपने पाँच अन्य साथियों—रामनन्दन मिश्र, सूरजनारायण सिंह, योगेन्द्र शुक्ल, हजारीबाग के शालिग्राम सिंह और चम्पारण के गुलाली भाई के साथ, धोतियों की रस्सी के सहारे हजारीबाग जेल की ऊँची दीवार लाँघ गए। कई दिनों तक पथरीली-कँटीली राहों से गुजरते, घने जंगलों में लुकते-छिपते, भूख-प्यास से त्रस्त—वे सब चलते रहे। पाँव में फफोले उभर आए थे जयप्रकाश के। लेकिन उनके कदम रुके नहीं। वे बढ़ते गए, बढ़ते गए, ब्रिटिश राज को उखाड़ फेंकने की धुन में। लेकिन इतनी बड़ी साम्राज्यवादी शक्ति का मुकाबला किया जाए तो कैसे? डॉ. राममनोहर लोहिया, अरुणा आसफ अली और अन्य मित्रों की मंत्रणा से गुरिल्ला-युद्ध की योजना बनी। आजाद दस्ता संगठित हुआ। मुख्यालय था—नेपाल का विराटनगर, भारत की सीमा से सटा। उस दिन आजाद दस्ते ने कमाल कर दिया। हनुमाननगर के नेपाली जेल में, जहाँ जयप्रकाश, लोहिया आदि गिरफ्तार कर अंग्रेजी सरकार को सुपुर्द करने के लिए रख छोड़े गए थे, दस्ता सैनिकों ने अचानक हमला बोल दिया। दोनों ओर से धुआँधार गोलियाँ चलीं। एक नेपाली गार्ड मारा गया। लेकिन जयप्रकाश, लोहिया और उनके सभी साथी बच निकले दस्ता सैनिक अपने सिपहसालार और नेताओं को छुड़ा ले गए। लेकिन भारत सरकार ने तो उन्हें पकड़ने के लिए चारों ओर जाल बिछा रखा था। वे जब तक बच रहे थे, गनीमत थी। फिर लोगों को मालूम हुआ : 18 सितम्बर, '43 को लाहौर जानेवाली ट्रेन के फर्स्ट क्लास कम्पार्टमेंट में बम्बई का एक खूबसूरत नौजवान व्यापारी, मि. मेहता, गिरफ्तार किया गया है। वे जयप्रकाश थे।

लाहौर फोर्ट जेल में पंजाब पुलिस और सी.आई.डी. अधिकारियों ने कैसे-कैसे जुल्म ढाए थे उन पर, कैसी-कैसी यातनाएँ दीं। मौत भी उतनी तकलीफदेह नहीं होती। प्रयोजन, मात्र इतना ही था कि उगल दें, बक दें ब्रिटिश साम्राज्य के विरुद्ध

अपने क्रान्तिकारी षड्यंत्रों के सारे रहस्य। लेकिन जयप्रकाश यातनाओं के समक्ष झुकनेवाले प्राणी थोड़े ही थे? साफ-साफ लिख भेजा पंजाब-सरकार के गृह सचिव को : "...मुझे इससे अधिक कुछ नहीं कहना है कि मैं भारत में ब्रिटिश साम्राज्य का शत्रु हूँ। मैं अपने देश की स्वतंत्रता के लिए काम करता रहा हूँ और तब तक करता रहूँगा जब तक मेरा उद्देश्य पूरा नहीं हो जाता, या मौत दखल नहीं देती... मैं किसी भी दबाव के सामने झुक नहीं सकता, चाहे मुझे अपनी जान से ही क्यों न हाथ धोना पड़े..." सरकार को इससे अधिक कोई सुराग जयप्रकाश से नहीं मिल सका। यातनाएँ स्वयं पराजित होकर समाप्त हो गईं।

यह मात्र संयोग की बात थी कि खुदीराम बोस, भगत सिंह, चन्द्रशेखर आजाद, सुभाषचन्द्र बोस जैसे अमर शहीदों की गति उन दिनों जयप्रकाश नहीं पा सके, अन्यथा वे चले तो थे उसी राह पर जिसका अंजाम शहादत था।

परन्तु, स्वतंत्रता-प्राप्ति के अट्ठाईस वर्षों बाद, सन् 1975 में, जयप्रकाश की देशभक्ति के प्रति जैसा आभार प्रदर्शन उनके स्वजनों ने किया था, उसे देख स्वर्गवासी शहीदों को नाहक अपने प्राण गँवाने का अफसोस हुआ होगा।

अपने जीवन की सन्ध्या-वेला में जयप्रकाश फासिस्ट तथा साम्राज्यवादी एजेंट बताए गए, और उन्हें बन्दीगृह में डाल दिया गया। राजनीतिक मिथ्यावाद और अधोपतन का वह सर्वाधिक विकृत उदाहरण था। उसके बाद, राष्ट्र और लोकसेवा के लिए आत्मोत्सर्ग के भाव किसी के मन में क्यों और कैसे उत्पन्न हो सकते हैं, यही प्रश्न शेष रह जाता है। कैसी हुई थी वह दुर्गति निःस्वार्थ जन-सेवा की! राजनीति और जन-सेवा से एक वितृष्णा-सी हो जाती है।

लेकिन जो कुछ भी हुआ, उसका दोष क्या स्वयं जयप्रकाश जी पर कुछ कम था? लोहिया याद आते हैं—स्वर्गीय डॉ. राममनोहर लोहिया। तड़प-तड़पकर रह गया वह आदमी जयप्रकाश की गफलत को दूर करने के लिए। सम्भवतः सन् 1964 की बात है। पटने में जे.पी. के निवास पर ही लोहिया जी उनसे मिले थे। देश की राजनीति और समाजवादी आन्दोलन के सम्बन्ध में देर तक बातें हुई थीं। कुछ दिनों बाद सहरसा में जब लोहिया जी मिले, तो सर्किट हाउस में एकान्त पाकर मैंने उन्हें छेड़ा, "जे.पी. से क्या सब बातें हुईं?" पहले तो वे टाल गए, कहा, "अरे! अखबारों में तो देखा ही होगा।" मगर मैंने उन्हें घेरते हुए कहा कि अखबारों में तो सारी बातें आईं नहीं। फिर मैं तो उनसे वो बातें जानना चाहता था, जो अखबारों में आ भी नहीं सकती थीं। मुझ पर कुछ नेह रखते थे लोहिया साहब, उससे शायद विवश हुए तो बोले, "वही पुराना राग, कि दलगत राजनीति से कुछ

बननेवाला नहीं। देश के प्रथम श्रेणी के नेताओं को 'पावर पॉलिटिक्स' से विलग होकर 'रीकंस्ट्रक्शन ऑफ इंडियन पॉलिटि' के कामों में जुट जाना चाहिए। मुझसे भी कहने लगे कि इधर ही चले आओ; तो मैंने कहा, "तुम तो स्वयं ही प्रथम श्रेणी के लोगों में हो और काफ़ी दिनों से इस काम में लगे हो। तो क्या तुम्हारा अपना तजुर्बा काफी नहीं यह बताने के लिए कि इससे कुछ खास बननेवाला नहीं? फिर मुझे भी नाहक क्यों घसीटना चाहते हो?" कहते-कहते लोहिया जी एक गम्भीर खामोशी में डूब गए। चेहरे पर कुछ ऐसी रेखाएँ उभरीं जैसे किसी छटपटाहट में हों; कुछ कहना चाहते हों और कहते न बनता हो। उनकी वो भंगिमा बहुधा मेरे स्मृति-पटल पर कौंध जाती है—आँखें सिमट गई थीं, पेशानी पर बल पड़ गए थे और अपनी हथेली पर दो उँगलियों के सहारे थोड़ा तिरछा कर उन्होंने अपना चेहरा टिका लिया था। एक दीर्घ नि:श्वास छोड़ते हुए उन्होंने कहा था, "ये जयप्रकाश समझते हैं कि इस ढंग से हिन्दुस्तान की राजनीति को उनका 'पॉजिटिव कांट्रिब्यूशन' हो रहा है, पर सच पूछो तो वे कुछ कर नहीं पा रहे हैं। अब उनकी इस गफलत को कोई कैसे दूर करे, यह एक बहुत बड़ा सवाल है।"

जयप्रकाश के पराक्रम को लोहिया खूब अच्छी तरह जानते थे। वे मानते थे कि सारे देश को झकझोरकर जगा देने की ताकत किसी में है, तो जयप्रकाश में। यह धारणा उनके अचेतन मन में इतनी गहरी पैठ गई थी कि जीवन की अन्तिम घड़ियों में, जब वे दिल्ली के विलिंग्डन अस्पताल में अचेत पड़े थे, तो संज्ञाहीनता की उस अवस्था में भी वे कई बार यह बोलते सुने गए, "गरीबों का क्या होगा?...जयप्रकाश को बुलाओ..." लोहिया जी तो चल बसे। उनकी जिन्दगी में उनके सिर पटकने का जयप्रकाश पर कोई असर नहीं हुआ। लेकिन जब वे मरे, तो जयप्रकाश जी बहुत रोए-पछताए। जे.पी. भावुक और संवेदनशील थे। द्रवित होते, तो फूट-फूटकर रोने लगते थे; नयन-नीर की झड़ी लगा देते थे। लोहिया जी उनके इस स्वभाव से कभी-कभी चिढ़ जाते और बिदककर कहते, "उरऽऽ बिच्चऽ बहत पनारे।"

लेकिन उस बार पनार बहकर व्यर्थ सूख नहीं गया। वह बह निकला जयप्रकाश के अन्तर्मन के उन खंडों की ओर जो बरसों से बंजर पड़े थे। लगता है, लोहिया जी की मृत्यु के बाद उनकी कुछ बातें जे.पी. को छू गईं और आहिस्ता-आहिस्ता उनके मन में गहरी उतरने लगीं। ऐसा ही कुछ हुआ होगा तभी तो वे थोड़ा थमना चाहते थे, पलटकर देखना चाहते थे कि कहाँ से कहाँ जा पहुँचे थे वे काल-प्रवाह के साथ। बीस वर्ष कुछ कम थोड़े ही होते हैं किसी व्यक्ति के जीवन में! दो दशाब्दियों की जीवन-यात्रा, समाजवाद से सर्वोदय की ओर। एक मसीहा और परिव्राजक का-सा जीवन। जे.पी. कुछ दिनों का अज्ञातवास चाहते

थे; किसी ऐसे स्थल पर जहाँ एकान्त में जीवन के पिछले पन्नों को उलटकर देखें, उनका लेखा-जोखा और मूल्यांकन कर सकें। किन-किन पड़ावों से गुजरे थे वे इस बीच—समाजवादी आन्दोलन से सम्बन्ध-विच्छेद, दलगत राजनीति से विलगाव, सर्वोदय, भूदान, जीवनदान, तिब्बत, हंगरी, पोलैंड, चेकोस्लोवाकिया, अफ्रीकी देशों का नवजागरण, भारत-पाक मैत्री, नागालैंड, कश्मीर, बांग्लादेश, मुसहरी, चम्बलघाटी और न जाने देश-विदेश की कितनी अन्य समस्याएँ जिनसे वे जूझे थे। 'राजनीति से लोकनीति' तक की उनकी यात्रा का वृत्तान्त सचमुच बड़ा अद्‌भुत और रोमांचकारी था। सिंहावलोकन के इसी क्रम में उन्हें ऐसा भी लगा था कि विगत बीस वर्षों के उनके अधिकांश प्रयोग-प्रयास समय और शक्ति के अपव्यय मात्र थे।

जे.पी. को बीच-बीच में 'बोध' हुआ करता था। भगवान बुद्ध को छह वर्षों की कठिन तपस्या के बाद बोध प्राप्त हुआ था; केवल एक बार। परन्तु जे.पी. को कुछ वर्षों के अन्तराल पर प्रायः ऐसा हुआ करता था। सन् 1952 में पुणे में अपने इक्कीस दिवसीय उपवास-क्रम में उन्हें बोध हुआ कि भौतिकवाद से अच्छाई के लिए कोई अनुप्रेरणा प्राप्त नहीं होती, तो देश के समाजवादी आन्दोलन को मझधार में छोड़ वे सर्वोदय की नाव पर जा बैठे। कोई बीस वर्षों तक इस नाव को खेने के बाद जब वे विचारों के भँवर में फिर फँसे, तो उन्हें अपने सारे प्रयास समय और शक्ति के अपव्यय प्रतीत हुए। और जब उनके 'दिवस का अवसान समीप था' तो उनका विचार-गगन पुनः लोहित हो चला और उन्होंने एक व्यापक जन आन्दोलन में सक्रिय योगदान का व्रत ले लिया। उसी आन्दोलन के संचालन-क्रम में उन्हें सम्पूर्ण क्रान्ति की अलौकिक किरणें दीखीं। फिर जब उस 'अगम-अगोचर राजनीतिक ब्रह्मवाद' की निःसन्दिग्धता के प्रति वे स्वयं ही पूर्णरूपेण आश्वस्त न हो पाए, तो उन्हें पुनः बोध हुआ—वर्ग संघर्ष की अनिवार्यता का। गनीमत थी, जे.पी. का स्वास्थ्य ही उनका साथ छोड़ चुका था, वरना, जाने क्या बवाल मचता।

स्व. रामबृक्ष बेनीपुरी ने मेरे पिताजी को यह किस्सा सुनाया था। बेनीपुरी जी जे.पी. के परम सहयोगी और घनिष्ठ मित्रों में थे। शायद सन् '58 की बात है। जयप्रकाश जी यूरोप-यात्रा पर जानेवाले थे कि उनकी पत्नी प्रभावती जी की तबीयत अचानक खराब हो गई। वे लोग बम्बई में अपने एक मित्र के मैरीन-ड्राइव स्थित निवास पर रुक गए। बेनीपुरी जी भी उन दिनों बम्बई गए हुए थे और अपने किसी मित्र के साथ वहीं कहीं पास ही ठहरे हुए थे। प्रायः हर शाम प्रभावती जी का कुशल-क्षेम पूछने पहुँच जाया करते थे। वैसी ही एक शाम जब वे पहुँचे, तो बालकनी पर समुद्र की ओर मुँह किए जे.पी. बैठे थे। दृश्य सुहाना था : गोधूलि की बेला, हलका लाल क्षितिज, सामने अनंत सागर का विस्तार, उठती-गिरती

लहरें और उन लहरों से जूझता दूर एक जहाज। जयप्रकाश जी भावविभोर हो निहार रहे थे। बेनीपुरी जी को निकट पाया तो और तरंगित हो उठे। बोले, "देखिए न, कितना मनोरम दृश्य है!" बेनीपुरी जी तो स्वयं सरस साहित्यकार ठहरे। भला वे क्यों न उत्फुल्ल होते। छूटते ही कहा, "अहा! अद्‌भुत, अद्‌भुत! लेकिन मान लीजिए, अभी ऐसे में ही वह जहाज डूब जाए, तो?"

जे.पी. झल्लाए, "आपको भी कैसी मनहूस बात सूझी!"

बेनीपुरी जी ने कहा, "ऐसा हुआ है, इसी से कहता हूँ।"

"ऐसा हुआ है?" जे.पी. चौंके, "कहाँ?...क्या?"

—"ऐसी ही किसी सुहावनी घड़ी में, जब सब कुछ बड़ा मनोरम था, हिन्दुस्तान की सोशलिस्ट पार्टी का जहाज एकाएक डूब गया। और जानते हैं जयप्रकाश जी! फिर क्या हुआ? ऊपरवाले डेक के सभी यात्री—जयप्रकाश नारायण, आचार्य नरेन्द्रदेव, राममनोहर लोहिया, अशोक मेहता, मुझ जैसा नाचीज बेनीपुरी; सबके सब लाइफ़बेल्ट लगाकर तैर निकले। लेकिन नीचे के सभी यात्री अथाह में डूब गए, खानदान का खानदान तबाह हो गया।"

जे.पी. को काटो तो खून नहीं। बिलकुल सर्द हो गए। बस इतना ही कह सके, "सब दोष क्या मेरा ही था, बेनीपुरी जी?" जे.पी. को थोड़ा आश्वस्त करने के उद्‌देश्य से बेनीपुरी जी ने कहा, "दोष किसका था वह मैं नहीं कह सकता, लेकिन जो दुर्घटना हुई उसकी याद जरूर दिला देना चाहता हूँ।"

जयप्रकाश जी की रिहाई (अप्रैल, 1946) के बाद पिताजी नियमित रूप से कांग्रेस सोशलिस्ट पार्टी में शामिल हो गए। मुजफ्फरपुर का हमारा डेरा एक राजनीतिक अड्डा बन गया, खासकर सोशलिस्टों के लिए। सुबह-शाम की चौकड़ी : स्वराज्य, क्रान्ति, मार्क्सवाद, समाजवाद की पुरजोर बहस छिड़ जाती। लुक-छिपकर सब सुना करता था। चाय-पान पहुँचाने के बहाने कभी-कभी मंडली में दाखिल हो जाता। धीरे-धीरे ढिठाई जब बढ़ी, तो हल्की-फुल्की बहस भी करने लगा। स्वर्ण अवसर तब मिल जाता जब पिताजी की अनुपस्थिति में उनके कुछ मित्र आ जुटते और बैठते ही किसी विवाद में गुँथ जाते। वैसे मौकों पर मेरी जबान बेझिझक और तेज चला करती थी। इस तरह, राजनीति और समाजवाद की मेरी 'श्रुति-शिक्षा' उसी विद्यापीठ में प्रारम्भ हुई। दिन भी वे बड़े तूफानी थे—आजाद हिन्द फौज का मुकदमा, कैबिनेट मिशन, वेवेल प्लान, साम्प्रदायिक दंगे।

राजनीतिक दृष्टि से मुजफ्फरपुर बिहार का एक बहुत जागरूक शहर रहा है। अक्सर जुलूस निकलते, सभाएँ हुआ करतीं, बाहर से कोई-न-कोई नेता आ जाते।

बड़ी तबीयत लगती थी उन दिनों जुलूस में शरीक होने और चिल्ला-चिल्लाकर नारे लगाने में : 'जय हिन्द, दिल्ली चलो...वेवेल को फाँसी देनी है, भूलो मत, भूलो मत...आजादी लड़कर लेनी है...भूलो मत, भूलो मत' कभी मौका पाकर चौराहे की किसी दीवार पर मोटे अक्षरों में लिख आता : क्या आप 1857 को भूल गए? कभी घोड़ागाड़ी में बैठ लाउडस्पीकर से किसी बड़े नेता की सभा का प्रचार करने शहर से दूर निकल जाता, तो कभी 'जनता' अखबार या अन्य समाजवादी साहित्य बेच आया करता था। और अगर कभी छोटी-मोटी स्थानीय सभा में भाषण करने का अवसर मिल जाता, तो निहाल हो उठता था।

मुजफ्फरपुर आनेवाले समाजवादी नेताओं में कोई-कोई मेरे पिताजी के मेहमान हुआ करते थे। जब तक वे रहते, हमारा भाव बढ़ जाता था। लेकिन असल लाभ तो होता उनसे बातचीत करने और उन्हें करीब से देखने-समझने का। उनकी जनछवि को उनके व्यवहार और आचरण से मिलाकर देखने की मैं बहुत कोशिश करता था। उनमें कई बड़े प्रेरणादायक व्यक्तित्व थे जिनका प्रभाव मेरे मन-मानस पर किसी-न-किसी रूप में आज भी है। उन्हीं दिनों के सत्संग से मन में भावी भारत की एक तस्वीर उभरी थी : आजाद देश, शोषण-रहित-समतापूर्ण-समृद्ध समाज, न कहीं कोई अन्याय, न जुल्म, सब भाई-भाई, सब बराबर; कहीं कोई पक्षपात नहीं। उसी सत्संग का यह भी प्रसाद है कि राजनीति और सत्ता को मैं व्यापक जनकल्याण का माध्यम तथा निष्ठा, सच्चरित्रता एवं साहस को जनजीवन का अनिवार्य अंग मानता रहा हूँ। लेकिन भाग्य की विडम्बना देखिए! जिन्हें गुण-वैभव समझ मैंने ग्रहण किया, वे ही मेरे अवरोधक सिद्ध हुए। विगत पचीस वर्षों के अपने कटु अनुभव के आधार पर आज मैं यह कह सकता हूँ कि राजनीतिक जीवन में मेरे जैसे लोगों की विफलता के मुख्य कारण उनकी आदर्शवादी मान्यताएँ ही हैं। आह! कितना आकर्षक था राजनीति का वह स्वप्निल रूप जिस पर हम मोहित हुए थे। लेकिन वह सब तो उस मोहिनी की माया थी। राजनीति के सत्य स्वरूप से जब साक्षात्कार हुआ, तो उसमें कहीं कोई कौमार्य नहीं था। हम छलकर रह गए। परन्तु उसके बाद भी मोह नहीं भंग हुआ। हो जाता तो बात कुछ बन ही जाती, आज रोना नहीं आता। लेकिन वो जो किसी ने कहा है न—

मकतबे-इश्क की निराली है चलन,
उसको फुरसत न मिली जिसको सबक याद हुआ।

कितना ठीक कहा है! अब हम जा ही कहाँ सकते?

अनगिनत जाने-अनजाने लोगों की कुरबानी का तोहफा थी आजादी, जो 15 अगस्त, 1947 को हमें मिली। अरसे से आजादी की चाह अनेक कलेजों में आग की तरह सुलगती रही थी—कहीं चिनगारी, कहीं धुआँ, कहीं धिधोर। बलिदानियों की कई पीढ़ियाँ इसके लिए लड़ीं-मरीं और मिट गईं। उनमें कुछ की कुरबानी का लहू जैसे तपते रेगिस्तान में गिरकर सूख गया। कुछ का सर्द इलाकों में गिरा और वहीं थक्का बनकर जम गया, तो कोई कहीं धब्बा और छींटा। कुछ किस्मतवर ऐसे जरूर हुए जिनका लहू बहा, तो दरिया बनकर उमड़ चला। लेकिन हर बलिदान अपने-आप में महान और महत्त्वपूर्ण था। वे बूँद जो तप्त रेगिस्तान में गिरते ही लुप्त हो गए, वे भी निरर्थक समाप्त नहीं हुए। बालू की गर्म और सूखी तहों के नीचे, अन्दर-ही-अन्दर, एक दबी धार की तरह वे भी बह निकले। नसीब भले ही अलग-अलग रहे हों, लेकिन बलिदान का हर एक बूँद, हर एक प्रयास, एक समान ही पवित्र था। सफलता और श्रेय की बात अलग है। यह किसके हिस्से पड़ेगा, यह तो विधाता ही जाने—'यश अपयश विधि हाथ'।

सत्ता-हस्तान्तरण से सम्बद्ध राजकीय दस्तावेज तो सन् 1999 के बाद ही प्रकाशित किए जाएँगे। तब तक बीसवीं शताब्दी पूरी हो चुकेगी और उसके साथ ही उस पीढ़ी के तमाम लोग एक-एक कर बीत चुकेंगे जिन्होंने 'नियति के साथ समझौता' किया था या जो अर्द्ध-रात्रि में स्वतंत्रता के प्रत्यक्षदर्शी थे। लेकिन इक्कीसवीं सदी के आम लोग एक माने में ज्यादा भाग्यशाली होंगे। जनसाधारण की पहली पीढ़ी होगी जिसके जीवन-काल में इतिहास का एक अत्यन्त गोपनीय दस्तावेज प्रकाश में आएगा। नेपथ्य-लीला के प्रथम प्रामाणिक समाचार-दर्शन उन्हें ही नसीब होंगे। निष्पक्ष इतिहास भी तो तभी लिखा जा सकेगा।

कुछ नितान्त अप्रत्याशित घटनाएँ हुआ करती हैं। कहते हैं, तूफानों से जूझते नाविक के पास कभी साहिल खुद ही बहता हुआ पहुँच आता है। फारसी के किसी शायर ने कहा है—

चन्दा कि दस्तो-पा जदम आशुफ्तातर शुदम
साकिन शुदम, मयानये-दरिया कनार शुद

—जितने भी हाथ-पैर मारे, उससे और परेशान ही हुआ। लेकिन ज्योंही चेष्टा रोक दी, ऐन दरिया के बीच किनारा मिल गया। बस, ऐसा ही समझिए। वरना, अंग्रेज सचमुच भारत छोड़कर चले जाएँगे और देश इतनी जल्द आजाद हो जाएगा, इसकी उम्मीद किसको थी। स्वयं पंडित जवाहरलाल नेहरू जैसे प्रमुख राष्ट्रनायक ने आजादी के सिर्फ डेढ़-दो साल पहले अपने एक लेख में यह शंका प्रकट की थी कि उनकी पीढ़ी आजादी के लिए शायद लड़ते-लड़ते ही समाप्त हो जाएगी।

लेकिन, समाप्त तो अंग्रेजी राज को होना था। 14 अगस्त की आधी रात को ही सूरज निकल आया—भारत की स्वतंत्रता का सूरज।

उस रात स्वतंत्रता की उद्घोषणा के पश्चात् एसेम्बली हॉल से पंडित जी जब बाहर निकल रहे थे, तो सहसा उन्हें याद आया कि ठीक दस साल पहले, अगस्त सन् 1937 को, एक दिन लन्दन में बड़े लाट लॉर्ड लिनलिथगो से भारत के राजनीतिक भविष्य के सम्बन्ध में बातचीत करते हुए वे झगड़ पड़े थे और आवेश में उन्होंने लिनलिथगो से कहा था कि अगर दस साल के अन्दर भारत आजाद नहीं हो जाता तो लोग उन्हें (पंडित जी को) धिक्कारेंगे। जवाब में लिनलिथगो ने मेज पर मुट्ठी पटकते हुए दावा किया था कि चाहे जो भी हो, भारत उन दोनों की जिन्दगी में हरगिज आजाद होनेवाला नहीं। लेकिन भारत आजाद हुआ और दस वर्ष के अन्दर ही आजाद हुआ। पंडित जी आजाद भारत के प्रथम प्रधानमंत्री भी बने। नियति ने लिनलिथगो के दावे को गलत सिद्ध कर दिया।

उधर, 'विभाजन और स्वतंत्रता' रूपक के खलनायक, जनाब मुहम्मद अली जिन्ना साहब भी जब पाकिस्तान के प्रथम गवर्नर-जनरल का पदभार ग्रहण करने कराची पहुँचे, तो गवर्नमेंट-हाउस की सीढ़ियों पर कदम रखते उन्हें ऐसा लगा जैसे सपनों के संसार में प्रवेश कर रहे हों। विस्फारित नेत्रों से राजभवन के प्रांगण को घूरते हुए अपने ए.डी.सी. सैयद अहसन को बहुत आहिस्ते से उन्होंने एक भेद की बात सुनाई, "जानते हो! अपनी जिन्दगी में पाकिस्तान की सूरत देखने की हमें कतई उम्मीद न थी।" एक करिश्मा ही समझिए कि आकाश-कुसुम पाकिस्तान उस रोज अचानक जिन्ना साहब की गोद में आ टपका।

हिन्दुस्तान की आजादी की कहानी बड़ी रोचक और लम्बी है। कहाँ से चले थे लोग, कहाँ जाना था और कहाँ पहुँच गए! कैसे-कैसे उतार-चढ़ाव देखे, कैसी-कैसी मंजिलों से गुजरे; किन-किन आन्तरिक और बाह्य, राष्ट्रीय और अन्तरराष्ट्रीय घटनाओं ने कभी हल्के और कभी जोरों से, गतिक्रम को प्रभावित किया—यह सब अनेक खंडों वाला एक बृहद् इतिहास ग्रन्थ है। लेकिन सारे इतिहास को कितनी निपुणता से निचोड़कर प्रस्तुत किया था देशरत्न डॉ. राजेन्द्र प्रसाद ने। यों समझिए जैसे सम्पूर्ण भारतीय स्वतंत्रता इतिहास की परिक्रमा वामन अवतार की भाँति मात्र तीन पग में ही पूरी कर डाली हो। 14 अगस्त की आधी रात को नई दिल्ली में संविधान परिषद के सभासदों एवं विशिष्ट अतिथियों के समक्ष जब ब्रिटिश सम्राट की ओर से उनके प्रतिनिधि वाइसराय लॉर्ड लुई माउंटबेटन ने भारत की पूर्ण स्वतंत्रता की घोषणा की तो, परिषद के अध्यक्ष के नाते उस ऐतिहासिक उद्घोषणा का स्वागत करते हुए डॉ. राजेन्द्र प्रसाद ने कहा था, "हम कृतज्ञतापूर्वक यह स्वीकार करें कि यद्यपि हमारी इस उपलब्धि (स्वाधीनता-प्राप्ति) का श्रेय हमारे

अपने कष्टभोग और बलिदानों को कुछ कम नहीं, तथापि, विश्व-स्थिति और घटनाओं का भी यह प्रतिफल है। और, यह भी तो कुछ कम महत्त्वपूर्ण बात नहीं कि, ब्रिटिश जाति की ऐतिहासिक परम्परा एवं लोकतांत्रिक आदर्शों का उत्कर्ष एवं निर्वाह भी इसके साथ हुआ है..."

सत्य के साथ पूरी ईमानदारी बरती थी राजेन्द्र बाबू ने। निस्सन्देह, भारतीय स्वाधीनता के वे ही तीन प्रबल कारण थे : स्वतंत्रता सेनानियों के बलिदान, अन्तरराष्ट्रीय स्थिति, तथा अंग्रेजों का लोकतंत्रवादी चरित्र।

सृजन-संहार, संहार-सृजन : सृष्टि का शाश्वत चक्र। सुन्दर कानन जलकर राख हो जाते हैं। कालान्तर में उसी राख की ढेर के बीच नये-नये पौधे उग आते हैं। फिर एक नव कानन, नई कूक, नया कलरव। द्वितीय विश्वयुद्ध इस भाँति एक संहार भी था और सृजन भी। छह वर्ष, इक्कीस घंटे और तेईस मिनट तक चलनेवाले उस प्रलयंकारी महायुद्ध के आहुति-कुंड में लगभग तीन करोड़ मनुसन्तति और खरबों डॉलर स्वाहा हो गए—प्रतिदिन कोई साढ़े चौदह हजार लोग और डेढ़ अरब की सम्पत्ति। मानव-जाति के इतिहास में एक अभूतपूर्व अविस्मरणीय संहार था वह। लेकिन उसके साथ ही मानवीय सभ्यता की एक दुर्व्यवस्था, उपनिवेशवाद, भी जल गई। और तब, उसके भस्मावशेष के बीच ही एशिया-अफ्रीका के विस्तृत भूभाग में उग आए स्वाधीनता के नये-नये कोमल पौधे। द्वितीय विश्वयुद्ध इस माने में दुनिया के समस्त पराधीन देशों के लिए एक वरदान सिद्ध हुआ।

यूरोप में सितम्बर का महीना लोगों को बड़ा भाता है। गर्मी से ऊबे लोग बड़ी बेसब्री से सितम्बर का इन्तजार करते हैं। वर्षा की फुहार और रिमझिम से मौसम की तपिश कम हो जाती है और लोग समुद्र, नदियों अथवा झीलों के किनारे ऋतु के संगीत का आनन्द लेते हैं। लेकिन उस साल का सितम्बर प्रलय बनकर आया। यूरोप की धरती पर वर्षा की बूँदों की जगह आग बरसने लगी। सन् 1939 की पहली सितम्बर। शुक्रवार का दिन था। सुबह के ठीक पौने पाँच बजे थे। सूरज की किरणें अभी छिटक भी न पाई थीं कि पोलैंड की राजधानी वारसा में अचानक आकाश से बम बरसने लगे। कुछ ही मिनटों में औरत-मर्द, बच्चे-बूढ़े—अनगिनत लाशें बिखर गईं। अनेक मकान, सड़क, पुल, रेल लाइन ध्वस्त हो गए। आक्रमणकारी हिटलर की सेनाओं ने एकाएक झपट्टा मारकर सारे नगर को दबोच लिया। मात्र अड़तालीस घंटों के अन्दर पोलैंड की वायु सेना धराशायी हो गई।

इतिहास साक्षी है, उस बर्बरतापूर्ण आक्रमण पर क्रेमलिन से सोवियत रूस के विदेशमंत्री मोलोतोव ने 9 सितम्बर को हिटलर को बधाई भेजी थी। 17 सितम्बर

को पोलैंड के बचे-खुचे भाग पर रूस खुद चढ़ बैठा था और 28 सितम्बर को क्रेमलिन में स्टालिन-मोलोतोव के साथ हिटलर के विदेश मंत्री रिबेनत्राप की शानदार दावत हुई थी। दूसरे दिन सुबह, 'जर्मन-सोवियत सीमा एवं मैत्री-सन्धि' पर हस्ताक्षर कर मोलोतोव और रिबेनत्राप ने पोलैंड का आपस में बँटवारा कर लिया था। कहते हैं, कलियुग में पाप शीघ्र फलित होता है—इस हाथ से करो, उस हाथ से पाओ। नौ महीने भी बीत न पाए कि रविवार की ढलती रात, साढ़े तीन बजे, 22 जून, 1941—ठीक उसी दिन, जिस दिन 119 साल पहले नेपोलियन की सेना निमेन नदी पार कर मास्को की ओर बढ़ी थी—हिटलरी सेनाओं ने भी उसी निमेन नदी को पार कर आक्रमण कर दिया। रूस को अपने कुकृत्यों का फल पाते देर न लगी। द्वितीय विश्वयुद्ध में हिटलर के हाथों सबसे ज्यादा नुकसान रूस को ही उठाना पड़ा था।

हिटलर बावला हो उठा था। पोलैंड पर आक्रमण के तीसरे ही दिन, रविवार 3 सितम्बर को सुबह नौ बजे, लिवरपूल से मांट्रियल जाते हुए एक ब्रिटिश यात्री-वाहक जहाज 'एथेनिया' को जर्मन पनडुब्बी ने बिना चेतावनी दिए समुद्र में डुबो दिया। जहाज पर सवार 1400 यात्रियों में से 112 मारे गए जिनमें 28 अमेरिकी नागरिक भी थे। घटना के तीन घंटे बाद इंग्लैंड ने जर्मनी के साथ युद्ध की घोषणा कर दी। द्वितीय महायुद्ध प्रारम्भ हो गया। हिटलर युद्धोन्मत्त था और उसके उन्माद का कारण था उसका राज्य-दर्शन नात्सीवाद—डार्विन, कॉन्ट, हेगेल, फिख्ते, नीत्से आदि के सिद्धान्तों का अति विकृत रूप। नात्सियों की बाइबिल 'मेन-काम्फ' में हिटलर ने लिखा है—

> किसी भी राष्ट्र के स्वतंत्र अस्तित्व की एक ही गारंटी है—धरती के प्रचुर क्षेत्र पर उस राष्ट्र का स्वामित्व...शाश्वत संघर्ष द्वारा ही मानव-जाति ने श्रेष्ठता प्राप्त की है और अखंड शान्ति के बीच मानव-जाति नष्ट हो जाएगी...जो जीवित रहना चाहते हैं, उन्हें लड़ना पड़ेगा, और शाश्वत संघर्षमय इस संसार में जो लड़ना नहीं चाहते, उन्हें जीने का कोई अधिकार नहीं...प्रकृति स्वामित्व उन्हें ही प्रदान करती है, जो सर्वाधिक बली, साहसी एवं उद्यमी होते हैं...जर्मन जाति संसार की श्रेष्ठतम जाति है।

लेकिन, जर्मन जाति और जर्मन राष्ट्र से भी ऊँचा था स्वयं हिटलर का अहंकार, उसका दम्भ। 22 अगस्त, 1939 को जर्मन सैनिक अधिकारियों के समक्ष हिटलर की गर्वोक्ति सुनते ही बनती थी—

> 'सब कुछ मुख्यतः मुझ पर ही निर्भर करता है, मेरी राजनीतिक प्रतिभा के कारण मेरे अस्तित्व पर निर्भर करता है। समस्त जर्मन जनता का मुझ जितना

विश्वसनीय नायक सम्भवत: फिर कोई नहीं होगा। भविष्य में मुझसे अधिक प्रभुता सम्पन्न व्यक्ति शायद फिर होगा ही नहीं...अत: मेरा अस्तित्व जर्मन राष्ट्र के लिए एक बड़े ही महत्त्व की बात है।' उस दर्पपूर्ण घोषणा द्वारा हिटलर अपने सहयोगियों को जैसे यह बताना चाहता हो कि उस श्रेष्ठ कुल (जर्मन जाति) का वह पहला और आखिरी चिराग है। उसके पहले उस जैसा न कोई हुआ था और न आगे होगा—'न भूतो न भविष्यति।'

अपनी दम्भपूर्ण भ्रान्ति से मदान्ध होकर ही उसने 'थर्ड रीख' (जर्मन साम्राज्य) की स्थापना, उसके विस्तार और सुदृढ़ीकरण की योजना बनाई थी।

लेकिन जब तक विश्व की महाशक्तियाँ मार्ग में बाधा बनकर खड़ी थीं, हिटलर अपने सपनों का संसार नहीं बसा सकता था। महाशक्तियों से निबटने के लिए उसने रणनीति निर्धारित की—बारी-बारी से उन्हें पराजित करना। पहले इंग्लैंड, तब रूस और अन्त में अमेरिका। हिटलर की मान्यता थी कि रूस और अमेरिका, युद्ध में इंग्लैंड के शक्ति-स्रोत हैं। ब्रिटेन की पराजय के लिए उन स्रोतों को सुखा देना होगा। हिटलर का खयाल था कि रूस में कोई दम नहीं। बस, दरवाजे पर एक जोर का धक्का लगाने की देर है कि उसका सड़ा ढाँचा स्वयं ही अर्रा कर गिर जाएगा। कुछेक मोर्चों पर स्टालिन को शिकस्त मिलते ही रूस की जनता स्वयं ही स्टालिन को उठा फेंकेगी। स्टालिन के बाद रूस को पराजित करना आसान होगा। उसकी पराजय से यूक्रेन का अति समृद्ध कृषि एवं खनिज-सम्पन्न क्षेत्र जर्मनी के अधिकार में आ जाएगा जिससे जर्मनी की सामरिक शक्ति को अत्यधिक बल मिलेगा। बस, करना यह है कि जर्मनी जब ब्रिटेन से भिड़ा हो, तो किसी विधि रूस और अमेरिका को दूर रखा जाए। और फिर, जब वह रूस से भिड़े, तो अमेरिका अलग रहे। हिटलर की विवेचना के अनुसार अमेरिका के समक्ष मात्र तीन ही विकल्प थे—या तो अमेरिका अपने शस्त्रीकरण में संलग्न रहे, या इंग्लैंड की सहायता में जा कूदे या फिर खुद ही एक नया, तीसरा मोर्चा खोल दे। विशेष गुप्त सूचनाओं के आधार पर हिटलर जानता था कि सन् '43 के पहले अस्त्र-शस्त्र से पूरी तरह लैस हो पाना अमेरिका के लिए सम्भव नहीं है। उस बीच अमेरिका यदि इंग्लैंड की मदद में बढ़ता है, तो उसकी निजी शस्त्रीकरण योजना पूरी नहीं हो पाएगी, और यदि वह इंग्लैंड को उसकी किस्मत पर छोड़ देता है, तो असहाय इंग्लैंड शीघ्र ही टूट जाएगा। इंग्लैंड के पिट जाने के बाद, अकेला चना अमेरिका भला क्या भाड़ फोड़ लेगा। रूस और ब्रिटेन की पराजय के बाद जर्मनी की अपनी शक्ति कितनी बढ़ चुकी होगी। फिर जर्मन शक्ति के साथ दो और शक्तियों—इटली और जापान—का भी तो संगम होगा। उस विशाल संयुक्त सैन्य-शक्ति के समक्ष एकाकी अमेरिका को शीघ्र ही घुटने टेक देने पड़ेंगे। हिटलर ने यही सब समझ रखा था।

हिटलर में सामरिक सूझ-बूझ की कमी न थी। वह जानता था कि लम्बी लड़ाई खतरे से खाली नहीं होती। कई मैत्रीपूर्ण अथवा तटस्थ राष्ट्र, जैसे इटली रूस, अमेरिका विरोधी खेमे में चले जा सकते थे। जैसा कि प्रथम महायुद्ध में ही हुआ था। जर्मनी के सीमित अन्न भंडार तथा कच्चे माल की न्यूनता के कारण लम्बी लड़ाई में जर्मनी को अत्यधिक कठिनाई होगी। हिटलर की सबसे चिन्ताजनक आशंका यह थी कि यदि रुहर के क्षेत्र को, जो जर्मनी की औद्योगिक रीढ़ है, शत्रु ने आक्रमण कर संकटग्रस्त कर दिया तो जर्मनी की सारी अर्थ-व्यवस्था अस्त-व्यस्त हो जाएगी और उसके साथ ही उसकी सारी प्रतिरोध शक्ति का ही क्षय हो जाएगा। इसलिए वह सब कुछ चट-पट ही कर लेना चाहता था।

ब्रिटिश साम्राज्य का विस्तार एशिया-अफ्रीका के विस्तृत भूभाग में था। एशिया-अफ्रीका-यूरोप, इन तीन विशाल भू-खंडों के बीच फैली अपार जलराशि में सामरिक दृष्टि से तीन क्षेत्र बड़े ही महत्त्व के हैं—अटलांटिक महासागर, भूमध्य सागर और प्रशान्त महासागर। ब्रिटेन के अफ्रीकी उपनिवेशों को भूमध्य सागर की ओर से तथा एशियाई उपनिवेशों को प्रशान्त महासागर की ओर से घेरा जा सकता था। प्रशान्त महासागर में सैनिक अड्डे भी थे। उन दिनों हिटलर की दृष्टि में प्रशान्त महासागर की चाबी जापान के हाथ में और भूमध्य सागर की इटली के हाथ में थी। सो हिटलर ने इटली के अधिनायक मुसोलिनी तथा जापान के सम्राट तोजो के साथ साँठ-गाँठ कर ली।

हिटलर का आक्रमण एक प्रचंड आँधी की तरह तेजी से बढ़ता चला गया। जब तक लोग समझें-सँभलें, कई देश पराजित हो चुके थे। नौ महीने के अन्दर ही नार्वे, डेनमार्क, हॉलैंड, बेल्जियम और फ्रांस ने हिटलर के समक्ष हथियार डाल दिए। अब जर्मन तोपों का मुँह इंग्लैंड की ओर घूम गया। ग्रेट ब्रिटेन पर नाजी आक्रमण के बादल तेजी से मँडराने लगे। सन् '40 की 7 सितम्बर को लन्दन पर धुआँधार बमबारी हुई। शायद एक गोला बकिंघम पैलेस पर भी जा गिरा था। अगले महीने में लगभग सारा यूरोप हिटलर के कदमों में लेट गया। उसका सितारा उन दिनों पूरी बुलन्दी पर था और उसके मनसूबे सातवें आसमान को छू रहे थे। उसके तेवर का कहना ही क्या : 'इंग्लैंड अब दम तोड़ रहा है। खबरदार जो कोई उसकी मदद को आया—रूस या अमेरिका। रूस को कुछ ही हफ्तों में दुनिया के नक्शे से मिटा दूँगा; अमेरिका यदि युद्ध में कूदा तो उसके दाँत खट्टे कर दूँगा। अब हमारा थर्ड-रीख एक हजार वर्ष फले-फूलेगा।' नाजी जर्मनी के प्रसिद्ध इतिहासकार, विलियम एल. शिरर ने अपनी पुस्तक, 'दि राइज एंड फाल ऑफ दि थर्ड रीख' में लिखा है कि अपने सामरिक अभियान की प्रारम्भिक विजयों से हिटलर उन दिनों इतना अधिक आश्वस्त हो चुका था कि सितम्बर 1941 के

अन्तिम दिनों में उसने पैदल सेना के चालीस डिवीजनों को विघटित कर देने का आदेश दे दिया था।

तांडव-लीला में मग्न हिटलर को रोकना उन दिनों एक विकट समस्या थी। 'धुरी राष्ट्रों' का अकेले मुकाबला कर पाना ब्रिटेन या किसी भी अन्य राष्ट्र के बूते की बात नहीं थी। वह एक विश्वव्यापी मानवीय विपत्ति थी जिसका सामना सामूहिक रूप से ही किया जा सकता था। प्रश्न केवल धुरी राष्ट्रों की विशाल सैन्य-शक्ति को ही ध्वस्त करने का नहीं, वरन हिटलर-मुसोलिनी के अति अमानुषिक राजनीतिक दर्शन, नात्सिज्म व फासिज्म को पराजित कर युद्धोत्तर विश्व को स्वतंत्रता और लोकतंत्र के लिए सुरक्षित बनाने तथा स्थायी विश्व-शान्ति की सुदृढ़ नींव डालने का भी था।

ग्रेट ब्रिटेन स्वयं भी चारों ओर से समुद्र से घिरा हुआ है और उसके साम्राज्य का विस्तार भी सात समुद्र पार तक था। आत्म-रक्षा और साम्राज्य की सुरक्षा, दोनों ही के लिए यह नितान्त आवश्यक था कि सागरों की लहरों पर ब्रिटेन का आधिपत्य रहे। लेकिन उन दिनों सागर अशान्त हो उठे थे। उनमें भयंकर तूफान उठा था और उनकी लहरें अनियंत्रित हो गई थीं। शायद सागर भी बेचैन थे यह जानने के लिए कि आखिर युद्ध का उद्देश्य क्या है : प्रादेशिक विस्तार एवं साम्राज्य का सुदृढ़ीकरण अथवा स्वतंत्रता और समानता पर आधारित नई व्यवस्था, नई सभ्यता का निर्माण? उन्हीं प्रश्नों से जूझता ब्रिटेन के प्रधानमंत्री विंस्टन चर्चिल का युद्धपोत अटलांटिक महासागर के बीच प्रचंड लहरों के साथ भयंकर ढंग से हिचकोले खा रहा था। बाध्य होकर उस दिन 14 अगस्त, 1941 को महासागर के बीच, युद्धपोत पर ही, चर्चिल को अमेरिकी राष्ट्रपति फ्रैंकलिन डी. रूजवेल्ट के साथ एक अधिपत्र द्वारा युद्ध-उद्देश्यों की घोषणा करनी पड़ी जो 'अटलांटिक चार्टर' के नाम से विश्वविख्यात हुई। उस ऐतिहासिक चार्टर द्वारा उद्घोषित आठ सिद्धान्तों में मुख्य थे—

> संयुक्त राज्य अमेरिका तथा ब्रिटेन अपना प्रादेशिक अथवा किसी प्रकार का विस्तार नहीं चाहते। वे ऐसे कोई प्रादेशिक परिवर्तन भी नहीं चाहते जो उस देश की जनता की स्वतंत्र इच्छा के प्रतिकूल हों। वे मानते हैं कि दुनिया के सभी देशों को अपनी शासन-पद्धति स्वयं चुनने का अधिकार है और वे लोगों के उस अधिकार का सम्मान करते हैं। वे यह भी चाहते हैं कि जिन लोगों से स्व-शासन के अधिकार बलपूर्वक छीन लिये गए हैं, उन्हें वे वापस कर दिए जाएँ...नात्सी अत्याचार को अन्तिम रूप से नष्ट करने के बाद वे ऐसी शान्ति-स्थापना की आशा करते हैं, जो सभी राष्ट्रों को अपनी-अपनी सीमाओं के भीतर सुरक्षित रहने का साधन दे सके तथा जो यह आश्वासन भी

दे सके कि सभी मनुष्य, सभी देशों में, भय तथा युद्ध से मुक्त होकर अपना जीवन व्यतीत कर सकेंगे।

आगे चलकर वे ही सिद्धान्त साठ करोड़ पराधीन उपनिवेशी जनता की चिर-आकांक्षित स्वाधीनता की आधार शिला बने। लेकिन उन दिनों अटलांटिक उद्घोषणा ने हिटलर की क्रोधाग्नि को लहकाने में घी का काम किया था। रूजवेल्ट और चर्चिल नात्सी योजनाओं को अत्याचार की संज्ञा दें और उन्हें अन्तिम रूप से नष्ट करने की बात करें; उनकी वैसी धृष्टता पर हिटलर बौखलाया था। उसने जापान की पीठ ठोंकी।

सन् '41 की 7 दिसम्बर, रविवार को, सुबह साढ़े सात बजे, प्रशान्त महासागर के हवाई द्वीप स्थित पर्ल हार्बर में प्रसिद्ध अमेरिकी जहाजी बेड़े पर जापानी बमवर्षकों ने अचानक हवाई हमला कर आठ युद्धपोत, तीन क्रूजर, तीन डेस्ट्रॉयर और एक सौ सतहत्तर युद्धयान नष्ट कर दिए। बाध्य होकर अमेरिका को विधिवत युद्ध में कूदना पड़ा। अगले दिन अमेरिका ने जापान के विरुद्ध युद्ध की घोषणा कर दी। पर्ल हार्बर के बाद जापानियों का हौसला बढ़ा। अगले अड़तालीस घंटे के अन्दर उन्होंने दूसरा बाघ मारा। मलाया के तट से दूर, जापानी लड़ाकू विमानों ने ब्रिटेन के दो महाबली युद्धपोत, 'प्रिंस ऑफ वेल्स' तथा 'रिपल्स,' को जलसमाधि दिला दी। उन दो महत्त्वपूर्ण सफलताओं से प्रशान्त महासागर, हिन्द महासागर और चीन सागर पर जापानियों की सामरिक प्रभुता स्थापित होते देर न लगी। उत्साहित होकर बर्लिन में जर्मनी-जापान-इटली ने, अगले दिन, एक त्रिपक्षीय-सन्धि कर यह एलान किया कि अमेरिका और इंग्लैंड को युद्ध में पूरी तरह परास्त कर ही वे दम लेंगे। उसी दिन, कुछ ही घंटे पहले, जर्मनी, अमेरिका के विरुद्ध भी युद्ध की घोषणा कर चुका था। महायुद्ध ने विश्वयुद्ध का रूप धारण कर लिया। शीघ्र ही हांगकांग, फिलीपीन्स, मलाया, इंडो-चाइना, थाईलैंड सभी देश जापानियों के कब्जे में आ गए। उधर यूरोप में जर्मनी की, तो इधर एशिया में जापान की तूती बोलने लगी। सन् '42 का मार्च आते-आते बर्मा, सिंगापुर, रंगून सभी जगहों से ब्रिटेन के पाँव उखड़ गए। समस्त ब्रिटिश साम्राज्य—कहते थे जिसमें सूरज कभी अस्त नहीं होता था—एक घुप अँधेरे में डूबता जा रहा था। युद्ध भारत के द्वार पर आ खड़ा हुआ। बंगाल प्रशासन तो इतना आतंकित हो उठा था कि गवर्नर सर जॉन हरबर्ट ने प्रान्त के सभी महत्त्वपूर्ण क्षेत्रों को खाली कर देने तथा कई पुल और कारखाने ध्वस्त कर देने की योजना बना ली थी। एक गुप्त परिपत्र जारी कर कुछ विशेष उच्च अधिकारियों को यह आदेश भेजा गया था कि सामान्य प्रशासन का दायित्व

वे अपने अधीनस्थ कर्मचारियों को सौंप, खुद हट जाने को तैयार रहें और उन कर्मचारियों को यह हिदायत कर दें कि यदि उन क्षेत्रों पर दुश्मनों का कब्जा हो जाए, तो वे उन्हीं के आदेशानुसार प्रशासकीय कार्य सम्पादित करें। कलकत्ते में भगदड़ मच गई। महानगरी को छोड़कर भागने के लिए नागरिकों में होड़ लगी थी। कई मुहल्ले वीरान हो गए।

भारत के तत्कालीन गवर्नर-जनरल लॉर्ड लिनलिथगो उस रोज सारी सुध-बुध खो बैठे। सामान्य शिष्टाचार तक का ध्यान उन्हें नहीं रहा। सामने ही मेज में बटन लगी थी। दबाते, तो कमरे के बाहर की घंटी बज उठती और पलक मारते उनके ए.डी.सी. कमरे के अन्दर हाजिर हो जाते—गांधी जी को बाहर तक पहुँचा आने के लिए। हर बार तो ऐसा ही होता था। लेकिन आज वाइसराय को क्या हो गया? दिल्ली के आलीशान वाइसराय हाउस में उस 'अर्द्धनग्न फकीर' गांधी का ब्रिटिश सम्राट के प्रतिनिधि के साथ बराबरी में बातचीत करना चर्चिल को चाहे जितना भी घृणास्पद एवं अपमानजनक लगता हो, किन्तु अपनी भेंट में वाइसराय गांधी जी के साथ शिष्टाचार निभाना नहीं भूलते थे। वाइसराय हाउस में गांधी जी के आगमन पर वाइसराय की ओर से उनके ए.डी.सी. गांधी जी की अगवानी करते तथा वार्तालाप समाप्ति के पश्चात उन्हें उनकी कार तक छोड़ आते। लेकिन, उस दिन गांधी जी को गवर्नर-जनरल के कक्ष से अपनी कार तक अकेले ही जाना पड़ा। उनका प्रस्ताव सुनकर लॉर्ड लिनलिथगो स्तब्ध थे। यह घटना सितम्बर 1940 की है जब उधर यूरोप में घमासान युद्ध चल रहा था।

हिटलर का अकेले मुकाबला कर पाना ब्रिटेन के सामर्थ्य की बात नहीं थी। उसे दूसरे देशों की सहायता की नितान्त आवश्यकता थी। 10 मई को ब्रिटेन के प्रधानमंत्री का पदभार ग्रहण करने के बाद सर विंस्टन चर्चिल ने शत्रु का सामना करने के लिए अपने देशवासियों से 'खून-पसीना, परिश्रम और आँसू' की माँग की थी। लेकिन साम्राज्य के सर्वाधिक महत्त्वपूर्ण अंग, भारत की ओर से गांधी जी ब्रिटिश सम्राट के प्रतिनिधि वाइसराय लॉर्ड लिनलिथगो को अहिंसा का अमोघ अस्त्र भेंट करने गए थे। उस रोज उन्होंने वाइसराय के समक्ष प्रस्ताव रखा था कि, विध्वंसकारी अस्त्र-शस्त्रों के बदले, 'आध्यात्मिक शक्ति' से हिटलर का मुकाबला किया जाए। कुछ ही दिनों पहले गांधी जी ब्रिटिश जनता को भी सलाह दे चुके थे कि वे हिटलर-मुसोलिनी को आमंत्रित कर, उनसे ब्रिटिश आधिपत्य के अपने मनपसन्द देश चुन लेने को कहें। और यदि नाजियों की निगाह सुन्दर ब्रिटिश द्वीपसमूह पर लगी हो, तो ब्रिटेनवासी समस्त भव्य अट्टालिकाओं सहित, अपना

सम्पूर्ण द्वीपपुंज उन्हें सौंप दें। वे अपना सर्वस्व परित्याग कर दें, केवल अपनी आत्मा अक्षुण्ण रखें। सुनकर लिनलिथगो को जैसे साँप सूँघ गया।

3 सितम्बर, 1939 को लिनलिथगो ने भारतीय नेताओं की सहमति के बिना ही भारत को भी युद्धरत घोषित कर दिया था। गांधी जी किसी भी मूल्य पर युद्ध में सम्मिलित हो, विश्वव्यापी जनसंहार को प्रोत्साहित करना नहीं चाहते थे। अहिंसा उनके लिए धर्मसूत्र था। उसे वे जीवन-मरण का प्रश्न मानते थे। युद्ध की विभीषिका रोक पाने की अपनी असमर्थता पर वे उन दिनों इतने खिन्न थे कि उस व्यापक मानवीय विपत्ति का एक मूकद्रष्टा बने रहने की अपेक्षा आत्मघात कर अपनी जीवन-लीला समाप्त कर लेना उन्हें सहज स्वीकार था। गांधी आत्महत्या की बात सोचें, सुनकर कैसा लगता है! गांधी का सर्वथा अगांधीवादी विचार! सहज ही विश्वास नहीं होता। लेकिन उन्होंने तत्कालीन कांग्रेस अध्यक्ष मौलाना अबुल कलाम आजाद को अपनी मनोव्यथा सुनाते हुए वह विचार प्रकट किया था, ऐसा खुद मौलाना साहब ने अपनी किताब 'इंडिया विंस फ्रीडम' में लिखा है। ऐसी सन्ताप की घड़ियाँ थीं वे गांधी जी के लिए।

लेकिन युद्ध के प्रश्न पर प्रारम्भ से ही गांधी जी और अन्य कांग्रेसी नेताओं में घोर मतभेद रहा। बहुसंख्यक कांग्रेसजनों के लिए अहिंसा कोई धर्मसूत्र नहीं, मात्र एक कुशल रणनीति थी जिसका उपयोग वे स्वाधीनता-प्राप्ति के लिए करना चाहते थे। युद्ध की स्थिति में हिंसा की अपरिहार्यता को अस्वीकारा नहीं जा सकता था। युद्ध को समाप्त करने के लिए युद्ध करना ही होगा। और युद्ध होगा, तो अस्त्र-शस्त्रों का प्रयोग अनिर्वाय होगा, हिंसा अपरिहार्य होगी। मूल प्रश्न हिंसा (युद्ध) का नहीं, युद्ध के उद्देश्यों का था। यदि युद्ध का उद्देश्य साम्राज्यवाद का विस्तार और उपनिवेशवादी व्यवस्था को सुदृढ़ करना है, तो युद्ध का बहिष्कार किया जाए। किन्तु यदि युद्ध करने से राष्ट्रीय स्वतंत्रता और विश्व लोकतंत्र का भविष्य उज्ज्वल होता हो, तो युद्ध में ब्रिटेन और लोकतांत्रिक शक्तियों का साथ देना वांछनीय होगा। लेकिन जो देश स्वयं पराधीन है वह संसार की स्वतंत्रता तथा लोकतंत्र की सुरक्षा के लिए कैसे लड़े? क्या ब्रिटेन भारत को अविलम्ब स्वतंत्र करने को तैयार है अथवा युद्ध के तुरन्त बाद उसकी स्वतंत्रता का वचन देता है? यदि हाँ, तो भारतीय जनता और सेना अपनी पूरी शक्ति और सामर्थ्य के साथ युद्ध में ब्रिटेन और उसके मित्रों का पक्ष लेगी, नहीं तो असहयोग किया जाएगा—यह रुख खासकर युद्धकालीन कांग्रेस अध्यक्ष मौलाना आजाद और राजगोपालाचारी का था। सरदार पटेल, राजेन्द्र बाबू, आचार्य कृपलानी आदि पूर्णत: गांधी जी के ही विचारों के साथ थे।

विश्वविख्यात भारतीय विप्लवी-विचारक एम.एन. राय चाहते थे कि भारत की आजादी के लिए लड़नेवाले सभी लोग पहले फासिज्म के खिलाफ लड़ें। उनका

कहना था कि एक स्वतंत्र विश्व में ही भारत भी स्वतंत्र रह सकेगा। इस युद्ध में अंग्रेज अगर हार भी जाते हैं तो उससे भारत की पराधीनता में कोई अन्तर नहीं पड़ेगा। केवल अंग्रेजों की जगह जर्मन या जापानी फासिस्ट लोग भारत के स्वामी बन जाएँगे। अपनी एक किताब 'इंडिया एंड वार' में उन दिनों उन्होंने लिखा—

> हम फासिज्म की पराजय चाहते हैं क्योंकि हम क्रान्तिकारी हैं, और यह भी जानते हैं कि उनकी पराजय से स्वयं साम्राज्यवाद भी निर्बल हो जाएगा। अगर फासिज्म विजयी हुआ, तो समस्त संसार के स्वतंत्रता-समर्थक कुचल दिए जाएँगे और तब उस स्थिति में हमारी अपनी आजादी की लड़ाई घोर विपत्तियों से घिर जाएगी।...ब्रिटिश लोकतंत्र और ब्रिटिश साम्राज्यवाद में भिन्नता है, अतएव, विश्वव्यापी लोकतंत्र की रक्षा के लिए, भारतीय स्वतंत्रता सेनानियों को भी ब्रिटिश लोकतंत्र के साथ सहयोग करना चाहिए।

राय साहब का खयाल था कि फासिज्म के विरुद्ध एक सशक्त संग्राम के क्रम में ही ऐसी प्रबल सामाजिक शक्तियाँ उभर आएँगी तथा साम्राज्यवाद स्वयं ही इतना अधिक निर्बल हो जाएगा कि भारत तथा अन्य उपनिवेशों को दासता के बन्धनों में जकड़े रखना साम्राज्यवादी अंग्रेजों के लिए असम्भव हो जाएगा। राय का चिन्तन पंडित नेहरू की विश्व-चेतना के अनुकूल पड़ता था। पंडित जी भी धीरे-धीरे यह मानने लग गए कि यह युद्ध दो शिविरों की सेनाओं की भिड़ंत नहीं, बल्कि यह सभ्यता का संकट है तथा इसके प्रभाव समस्त मानव-जाति पर पड़नेवाले हैं।

सुभाषचन्द्र बोस और उनके समर्थकों को अंग्रेजों की नीयत पर तनिक भी भरोसा नहीं था। वे मानते थे : ब्रिटेन लाख कहे, लेकिन लड़ाई के वक्त या लड़ाई के बाद, स्वेच्छा से तो कभी भी भारत को उसकी आजादी लौटाने से रहा। आजादी कोई देता नहीं, आजादी ली जाती है। अंग्रेज अभी संकट में फँसे हैं। उनके संकट का लाभ उठाना चाहिए। दुश्मन का दुश्मन दोस्त हो जाता है। अंग्रेजों के दुश्मन, नाजी और फासिस्टों का साथ पकड़ना एक कुशल रणनीति होगी। युद्ध में अंग्रेज हारेंगे तो भारत आजाद होगा। इसी भावना से प्रेरित होकर सुभाष बाबू ने युद्ध छिड़ते ही अंग्रेजों की युद्ध-योजना का प्रबल विरोध प्रारम्भ किया। वे गिरफ्तार हुए। फिर छूटे। फिर कलकत्ते के अपने एलगीन रोड निवास में ही नजरबन्द रखे गए जहाँ से अन्ततोगत्वा 26 जनवरी, 1941 को वे भेस बदलकर भाग निकले—देश की सीमा से दूर, बहुत दूर, पता नहीं कहाँ। कोई साल-भर बाद, मार्च महीने में एक दिन देश और दुनिया के लोगों ने जर्मनी के बर्लिन रेडियो से सुभाषचन्द्र बोस का भाषण सुना, और तब जान पाए कि हिटलरी के साँठ-गाँठ से वे एक ब्रिटिश विरोधी मोर्चा संगठित करने में संलग्न हैं। सुभाष बाबू जर्मनी से जापान

गए, जापान से सिंगापुर आए और वहीं उन्होंने आजाद भारत सरकार गठित की। भारतीय सेना के जिन सैनिकों को जापानियों ने मार्च '42 में सिंगापुर और रंगून के मोर्चों पर युद्धबन्दी बनाया था, उन्हें सुभाष बोस के हवाले कर दिया। उस क्षेत्र में उपस्थित, भारतीय सेना के बहुतेरे प्लावी सैनिकों ने भी उनका साथ दिया। नेताजी सुभाष बोस ने खून माँगा और बदले में उन्हें मादरे-वतन की आजादी देने का वादा किया। इस तरह, आजाद हिन्द फौज संगठित हुई।

लेकिन विधाता की कुछ और ही योजना थी। 17 अगस्त, 1945 को नेताजी सुभाष अपने साथी कर्नल हबीबुर्रहमान के साथ, कुछ जापानी सैनिकों सहित, सैगोन के हवाई अड्डे से विमान द्वारा रवाना हुए। उन्होंने रात ताउरेन में गुजारी और अगस्त 18 को सुबह उनका विमान फिर उड़ान भरकर दोपहर दो बजे ताईपेह हवाई अड्डे पर उतरा। पैंतीस मिनट बाद विमान फिर उड़ा, लेकिन हवा में कुछ ही ऊपर पहुँचते ही उसमें आग लग गई। विमान के दो टुकड़े हो गए और वह जमीन पर आ गिरा। नेताजी बहुत अधिक जल गए थे। उन लोगों को एक स्थानीय सैनिक अस्पताल में भर्ती किया गया। डॉक्टरों की पूरी कोशिश के बावजूद उन्हें नहीं बचाया जा सका। उसी रात उनकी मृत्यु हो गई। दो दिन के बाद वहीं उनका अन्तिम संस्कार कर दिया गया। सितम्बर 1945 के आरम्भ में उनकी अस्थियाँ टोकियो के रैनकोजी मन्दिर में पहुँचा दी गईं। विप्लवी सुभाष के साहस और साधन-सम्पन्नता से गांधी जी भी प्रभावित हुए बिना न रह सके। सुभाष के प्रति उनके मन का मैल अब तक धुल चुका था। लेकिन अब पछताकर होता ही क्या? सुभाष की राख तो कहीं विदेशी धरती पर बिखर चुकी थी।

जयप्रकाश नारायण, नरेन्द्र देव, राममनोहर लोहिया आदि कांग्रेस सोशलिस्ट नेता सुभाष की विचारधारा के ही निकट थे। हाँ, इतना अन्तर अवश्य था कि शत्रु के शत्रु, नाजी और फासिस्टों को अपना मित्र बनाना उन्हें कदापि स्वीकार न था।

युद्ध जब तक ब्रिटेन के एशियाई साम्राज्य से दूर था, तब तक तो ब्रिटिश सरकार को उपनिवेशी नेताओं की कोई परवाह न थी, लेकिन जब जापानी धक्के से एशिया हिलने लगा, तो चर्चिल-रूजवेल्ट चांगकाई शेक, सबके सब घबड़ा उठे। बड़ी तेजी से स्थिति बिगड़ती जा रही थी। उसे सँभालने का एक ही उपाय था, युद्ध में व्यापक जन सहयोग। और जन सहयोग प्राप्त करने के लिए आवश्यक था जनता के नेताओं के साथ समझौता। तभी सन् '42 की 15 फरवरी को सिंगापुर का पतन हो गया और केवल तीन हफ्तों के अन्दर, 8 मार्च को, जापानियों ने रंगून में भी प्रवेश कर लिया। अब आसाम और बंगाल की बारी थी। रूजवेल्ट और चांगकाई शेक ने चर्चिल को चेतावनी दी—वह देखो! सामने तुम्हारा विनाश खड़ा है। हठधर्मी छोड़ो और अब भी सँभलो। चर्चिल साहब और उनकी कैबिनेट

के अधिकांश सदस्यों के होश ठिकाने आ गए। आकुल होकर तीसरे ही दिन, 11 मार्च, 1942 को, ब्रिटिश पार्लियामेंट के हाउस ऑफ कामन्स में प्रधानमंत्री महोदय ने घोषणा की कि भारतीय नेताओं के साथ समझौता वार्ता के लिए वे अपने मंत्रिमंडल के एक सदस्य, सर स्टेफ़ोर्ड क्रिप्स को दिल्ली भेज रहे हैं।

25 मार्च, '42 को, लन्दन से जो प्रस्ताव अपने साथ लेकर क्रिप्स साहब दिल्ली पहुँचे, वो 'कुछ नगद और कुछ उधार' वाला सौदा था : अभी जब तक युद्ध चल रहा है, वाइसराय की एक्जीक्यूटिव काउंसिल के सभी अंग्रेज सदस्य हटा दिए जाएँगे और उनकी जगह सब भारतीय सदस्य रहेंगे। काउंसिल के अधिकार क्षेत्र बढ़ा दिए जाएँगे। वह सब तो टटका हो जाता, उधार रह जाती हिन्दुस्तान की मुकम्मल आजादी, जिसका क्रिप्स साहब हिन्दुस्तानियों को भरोसा दिलाकर जाना चाहते थे कि लड़ाई के बाद वह भी मिल जाएगी, फिलहाल लड़ाई में सरकार की तहेदिल से मदद होनी चाहिए। गांधी जी के रहते ऐसा कच्चा सौदा कैसे हो जाता। जिस सौदागर का दिवाला अब पिटने ही वाला था, उसका चेक भला गांधी जी क्यों स्वीकार करने लगे! उन्होंने कांग्रेस नेताओं को आगाह कर दिया, "इट इज ए पोस्ट-डेटेड चेक ऑन ए फेलिंग बैंक।"[1] अठारह दिनों की माथा-पच्ची के बाद बेचारे क्रिप्स साहब हाथ मलते लन्दन वापस लौट गए।

खूब आदमी थे लोहिया साहब भी। बापू को ही चकमा देना चाहते थे, लेकिन चली नहीं। क्रिप्स के लौटने के कुछ दिनों बाद, शायद अप्रैल या मई महीने में, अपने कुछ मित्रों के संग लोहिया साहब गांधी जी के पास वर्धा पहुँचे। उन दिनों कलकत्ता और उसके आसपास के शहरों पर बमबारी की आशंका से वहाँ के नागरिक बड़े आतंकित थे। लोहिया साहब को एक युक्ति सूझी। उन्होंने बापू को मंत्रणा दी कि वे कलकत्ता, दिल्ली, बम्बई, मद्रास आदि महानगरों को 'खुला शहर' एलान कर देने की सरकार से माँग करें। गांधी जी ने उस एलान का फायदा जानना चाहा तो अन्तरराष्ट्रीय कानून की दुहाई देते हुए लोहिया साहब ने कहा : इसमें तो बस फायदा-ही-फायदा है। अन्तरराष्ट्रीय कानून के मुताबिक किसी भी खुले शहर पर दुश्मन की तरफ से हमला नहीं किया जा सकता। उस पर बमबारी नहीं की जा सकती। कोई भी ऐसा काम नहीं किया जा सकता जिससे नागरिकों के जान-माल को नुकसान पहुँचे या नगर का सामान्य जीवन अस्त-व्यस्त हो जाए। इसलिए ब्रिटिश सरकार हिन्दुस्तान के इन बड़े शहरों को 'खुला शहर' एलान कर दे ताकि जापानी फौज बम गिराकर इन शहरों को ध्वस्त न करे। गांधी जी की तीक्ष्ण वणिक-बुद्धि को तुरत लगा, तब इसके साथ कोई बड़ी शर्त भी जरूर

1. दादा कृपलानी ने लिखा है कि गांधी जी ने इसका खंडन करते हुए कहा था कि यह 'सरासर झूठ है'। (देखें, महात्मा गांधी : जीवन और चिन्तन—जीवतराम भगवानदास कृपलानी, पृ. 198)

होती होगी। बिना बड़ी लागत लगाए, बड़ा मुनाफा कोई कमा कैसे सकता है! पूछा तो लोहिया जी खुले कि अंग्रेजी सरकार को भी एक शर्त का पालन करना होगा—खुला शहर एलान कर देने के बाद उन शहरों में या उनके इर्द-गिर्द, उन्हें अपनी प्रतिरक्षा का भी कोई प्रबन्ध नहीं रखना होगा। वहाँ कोई सैनिक छावनी या अड्डा रखने का अधिकार तब सरकार को भी नहीं रह जाएगा। गांधी जी लोहिया साहब की चाल समझ गए। मुस्कराकर बोले, "सीधी बात क्यों नहीं करते कि अंग्रेजों की लड़ाई की तैयारी में विघ्न डालना चाहते हो ताकि दुश्मनों से अपनी हिफाजत करने लायक वे रह ही न जाएँ। लोहिया साहब की 'खुले शहर' वाली बात तो गांधी जी ने नहीं माना, लेकिन युद्ध में भारत की तटस्थता के समर्थन में अपनी साप्ताहिक पत्रिका 'हरिजन' में हर हफ्ते अपना एक लेख लिखते रहने का उनका आग्रह स्वीकार कर लिया।"

आखिर बात क्या थी कि गांधी जी ने लोहिया साहब का खुले शहरवाला प्रस्ताव स्वीकार नहीं किया? हर्ज क्या था यदि उससे लड़ाई की तैयारी में अंग्रेजों को बाधा पहुँचती या वे हार ही जाते? अटकल करूँ तो शायद उसके तीन कारण थे : पहला, गांधी जी की व्यावहारिक बुद्धि कि, नाहक ऐसी माँग सरकार से करें ही क्यों जिसे वह कभी माने ही नहीं। दूसरा, उनका नैतिकवादी दृष्टिकोण कि अंग्रेजों की मुसीबत का नाजायज फायदा उठाना अनुचित होगा, कुछ लोकलाज भी कि देश-विदेश के बहुतेरे लोग क्या कहेंगे? अगर मौलाना साहब की बात मान ली जाए तो तीसरा कारण हो सकता है गांधी जी का अपना यह खयाल कि जापानी सेना यदि भारत में पहुँच भी गई, तो वह भारतीयों का शत्रु बनकर नहीं आएगी। अपनी एक भेंट में गांधी जी ने मौलाना साहब को विश्वासपूर्वक कहा था कि यदि अंग्रेज तुरन्त भारत छोड़कर चले जाएँ, तो जापानी भारत पर आक्रमण करेंगे ही नहीं। लगता है, इन सब में पहला और आखिरी कारण ही प्रबल था, नहीं तो कुछ ही दिनों बाद उस साल अगस्त महीने में, जब अंग्रेज सर्वाधिक संकटग्रस्त थे, गांधी जी 'भारत छोड़ो' आन्दोलन क्यों छेड़ते?

सुना है, 'भारत छोड़ो' का नारा देने के लिए आचार्य नरेन्द्र देव ने ही गांधी जी को तैयार किया था। कांग्रेस अध्यक्ष मौलाना अबुल कलाम आजाद और पंडित जवाहरलाल नेहरू बिलकुल उसके पक्ष में थे ही नहीं। आखिर आखिर तक उन लोगों ने गांधी जी के साथ इस प्रश्न पर घोर असहमति प्रकट की थी। आजाद और नेहरू के विरोध के कारण गांधी जी इतना क्षुब्ध हो उठे थे कि आवेश में आकर उन्होंने 7 जुलाई, '42 की सुबह मौलाना साहब को एक खत लिखा कि वे कांग्रेस-अध्यक्ष पद से इस्तीफा कर दें और जवाहरलाल जी को भी लिखा कि वे कांग्रेस-कार्य-समिति से विलग हो जाएँ। वो तो सरदार पटेल ने स्थिति सँभाल

दी वरना कांग्रेस कार्य-समिति के एक सदस्य ने माइकेल ब्रेचर को बताया था कि कार्यसमिति की बैठक में गांधी जी ने खुद कांग्रेस से हट जाने की धमकी दी और कहा कि भारत के रजकण से ही वे इतना बड़ा आन्दोलन खड़ा कर लेंगे जो कांग्रेस से कहीं ज्यादा बड़ा होगा।

सन् '42 की अगस्त क्रान्ति के बाद तो स्वतंत्रता आन्दोलन का शरदकाल आ गया। इतना पाला पड़ा, इतनी बर्फ गिरी की कँपकँपी से लोगों के दाँत से दाँत बज उठे। खिड़की-दरवाजे बन्द कर सब अपने-अपने घरों में ठिठुरे पड़े थे। वो तो तीन वर्षों के बाद जब मित्रराष्ट्रों का सौभाग्य-सूरज कुछ तेजी से चमकने लगा, तो भारत में भी कुहासा छँटा, बर्फ पिघली, बन्द घरों के दरवाजे खुले और सर्दी से उजले हुए लोग धूप सेंकने बाहर निकल आए।

हिटलर कोई मामूली दैत्य तो था नहीं। हारने को हारा और अपनी नवोढ़ा पत्नी इवा ब्राउन के संग आत्महत्या भी कर ली, लेकिन छक्के छुड़ा दिये थे उसने अपने विपक्षियों के। जीत के बावजूद वे सीधा तनकर खड़े न हो सके। सारे यूरोप की आर्थिक रीढ़ ही तोड़ डाली थी हिटलर ने।

इंग्लैंड की हालत तो इतनी खस्ता हो चुकी थी कि लन्दन, मैनचेस्टर, बर्मिंघम, ग्लैसगो, लिवरपूल आदि सभी छोटे-बड़े नगरों की गली-बाजारों में, हर तरफ तख्तियाँ झूलने लगीं : कहीं 'नो मीट' तो कहीं 'नो एग', कहीं 'नो कोल' तो कहीं 'नो लॉग'। सिगरेट ढूँढ़ो तो सिगरेट नहीं, सलाई खोजो तो सलाई गायब। दूध-ब्रेड, रोशनी-पानी, सभी पर राशन। सर्वत्र अभाव-ही-अभाव। इतनी तंगी और तबाही हो गई कि देश के विख्यात अर्थशास्त्री, जॉन मेनार्ड किनस को देशवासियों को यह सलाह देनी पड़ी कि ब्रिटिश जनता अब एक गरीब देश के वासी हैं और उन्हें गरीबी में गुजर करने का ढंग सीखना चाहिए। रुतबा ही उतर चुका या इंग्लैंड का, हुकूमत क्या करते? लेकिन राजनीति में कोई एक बात तो होती नहीं, कई बातें मिली-जुली होती हैं।

यूरोप के सारे मुल्कों को एक अच्छा-खासा सबक मिल चुका था कि लोकतंत्र के मान्य सिद्धान्तों की अवहेलना कर उसे निर्बल करने के परिणाम क्या और कैसे भयंकर होते हैं। दुनिया को फिर वैसा दुर्दिन न देखना पड़े, इसलिए सभी चिन्तित थे कि समस्त विश्व में लोकतंत्र की जड़ मजबूत की जाए। सर्वत्र शासन्तंत्र जनता के लिए, जनता से और जनता द्वारा ही संचालित हो। यह भावना सारे यूरोप में इतनी तीव्रता से व्याप गई कि युद्ध के बाद यूरोप के जिस देश में भी चुनाव हुए, प्रायः सभी जगह प्रगतिशील विचारधारा के वामपंथी लोगों का ही बहुमत रहा।

ब्रिटेन में भी वही हुआ। लेबर पार्टी बहुमत में आई। उसके नेता क्लीमैंट ऐटली प्रधानमंत्री बने।

यदि अमेरिका की अपार धनराशि, प्रचुर साधन और प्रबल सैन्य-शक्ति की सहायता मित्रराष्ट्रों को उपलब्ध न हुई होती, तो वे सम्भवतः युद्ध जीत ही नहीं पाते। फिर युद्धोत्तर विश्व के आर्थिक पुनर्निर्माण का सर्वाधिक भार अमेरिका ने ही सँभाला। और अमेरिका सिद्धान्त और नीतियों में निस्सन्देह घोर उपनिवेश विरोधी था। रूस भी था। चर्चिल साहब भी मन-ही-मन यह अच्छी तरह समझ गए थे कि उपनिवेशवाद के दिन अब लद चुके हैं; ब्रिटेन को भारत तथा अन्य उपनिवेशों को मुक्त करना ही पड़ेगा। लेबर पार्टी तो अपनी चुनाव घोषणा द्वारा ही वचनबद्ध थी। ब्रिटिश जनता ने बहुमत द्वारा उस घोषणा को अपनी स्वीकृति प्रदान कर दी। भारतीय स्वतंत्रता ऐटली सरकार का एक प्रमुख कार्यक्रम बन गई।

लेकिन उन सबके बावजूद, ब्रिटिश जनता की लोकतंत्रवादी आस्था एवं चरित्र का भी श्रेय कुछ कम नहीं है, वरना इसमें कोई शक नहीं कि हिटलरी तरीकों से चाहते तो वे अभी काफी दिनों तक अपना राज्य चला ही लेते। यह बात कोई कम महत्त्वपूर्ण नहीं कि भारत को उसकी स्वाधीनता पराजित ब्रिटेन ने नहीं, अपितु विजयी ग्रेट ब्रिटेन ने दी थी। भारत को आजाद कर निस्सन्देह ग्रेट ब्रिटेन ने अपनी लोकतंत्रवादी परम्पराओं का भरपूर निर्वाह किया था।

दो

इतिहास की गतिशीलता के नियम कुछ अलग ही होते हैं। आदमी का उस पर कोई वश नहीं चल पाता, चाहे वह आदमी कितना भी बड़ा क्यों न हो—सिकन्दर या जूलियस सीजर, नेपोलियन या हिटलर, लेनिन या गांधी या नेहरू। प्रकारान्तर से सबों ने उसकी प्रभुता को स्वीकारा है; अपने-अपने ढंग से सभी उसके सामने झुके हैं। सब कुछ अपना ही चाहा नेपोलियन भी न कर पाया। सेंट हेलेना के निष्ठुर चट्टानों के बीच आह भरते हुए उसने कहा था, "इटली में अपनी प्रथम विजय के बाद...मुझे लगा, मैं आकाश में ऊपर उठता चला जा रहा हूँ और सारा संसार मेरे चरणों के नीचे लुप्त होता जा रहा है...यूरोप का एक संयुक्त राष्ट्र... विवेक का साम्राज्य स्थापित करना...यूरोप का सामाजिक पुनर्जन्म मेरा अभीष्ट था, लेकिन जब तक मैं अपना व्रत पूरा कर पाऊँ, भाग्य हस्तक्षेप कर बैठा...अब तो यहीं (सेंट हेलेना में) मेरी मृत्यु हो, नक्षत्रों में यही अंकित है..."

लेनिन भी युगपुरुष थे। बहुत कुछ कर गए देश और दुनिया के लिए। इतिहास को एक नया मोड़ देने की आपने भरसक कोशिश की। लेकिन अन्त में उन्हें भी मन मसोसते हुए कहना पड़ा, "इतिहास सदा हमारी कल्पनाओं से अधिक धूर्त सिद्ध होता है।"

मनुष्य के स्वतंत्र-संकल्प से परे, इतिहास की निर्बाध शक्तियों के सम्बन्ध में पंडित जवाहरलाल नेहरू यद्यपि कोई निर्णायक मत प्रकट करने से बचना चाहते थे, तथापि स्वतंत्र-संकल्प (फ्रीविल) एवं नियतिवाद (डिटर्मिनिज्म) के पारस्परिक प्रभावों को स्पष्ट करते हुए उन्होंने एक बेमिसाल बात कही थी। कभी भूल नहीं पाता हूँ उसे। अमेरिकी पत्रकार मि. नार्मन कजिंस से इस विषय पर बातचीत करते हुए उन्होंने ताश के एक खेल, ब्रिज, का दृष्टान्त दिया और बोले, "नियति ताश के उन पत्तों की तरह है जो खेल में आपके हिस्से पड़ जाते हैं। उन पत्तों से आप कैसा (भला या बुरा) खेलते हैं यह आपके स्वतंत्र-संकल्प (कौशल) पर निर्भर करता है। उन दोनों की पारस्परिक क्रिया ही यह निश्चित करती है कि एक व्यक्ति अथवा राष्ट्र के रूप में आप कैसे हैं।

आइए, पंडित जी के उसी सूक्ति-दीप के आलोक में हम अपने देश में आगे होनेवाली घटनाओं को देखें—

> चार साल बाद क्रिप्स साहब फिर दिल्ली तशरीफ लाए। मार्च महीने में ही, जब दिल्ली गर्म होने लगती है। मगर इस बार वे अकेले नहीं आए थे। उनके साथ मंत्रिमंडल के दो अन्य सदस्य भी थे—लॉर्ड पेथिक लॉरेंस तथा मिस्टर ए.वी. एलेक्जेंडर। पिछली बार क्रिप्स को अनुदार दल के प्रधानमंत्री विंस्टन चर्चिल ने भेजा था, इस बार मजदूर दल के प्रधानमंत्री क्लीमेंट ऐटली ने। भूतपूर्व ब्रिटिश सरकार के सामने प्रश्न था—पूरी आजादी अभी क्यों दें? वर्तमान सरकार के सामने समस्या थी—पूरी आजादी ही सही, लेकिन किसे और कैसे दें? तब झगड़ा भारतीय बनाम अंग्रेज था, अब वह भारतीय बनाम भारतीय बन चुका था। तब केवल एक ही प्रश्न मुख्य था—स्वाधीनता। अब दो प्रश्न खड़े हुए थे—स्वाधीनता तथा विभाजन। उस बार क्रिप्स साहब भारतीय समस्या को सुलझाने के लिए अपनी सरकार की ओर से ही योजना लाए थे। इस बार सरकार की ओर से उनका कैबिनेट मिशन भारतीयों से यह जानने आया था कि समस्या के समाधान की उनकी स्वदेशी योजना क्या है।

दिल्ली यमुना किनारे बसी है। इन चार वर्षों के अन्तराल में ढेर सारा पानी यमुना के नीचे से बह निकला था। कुछ लोग कहते हैं कि युद्ध के दिनों में गांधी जी ने जो युद्ध-विरोधी रुख अपनाए, भारत को उसका दंड अंग्रेजों ने तो कम, लेकिन घटनाचक्र ने बहुत अधिक दिया। उस अवधि में गांधी जी दो बार सरकार-विरोधी आन्दोलन छेड़ चुके थे—एक बार अक्टूबर 1940 का व्यक्तिगत सत्याग्रह, और फिर दो वर्षों के अन्दर ही अगस्त 1942 का 'भारत छोड़ो' आन्दोलन।

जब आन्दोलन छिड़ जाता तो अंग्रेजी सरकार भी प्रत्याक्रमण करती। तरह-तरह की सख्ती, तरह-तरह की पाबन्दी। कांग्रेस नेता और कार्यकर्ता जेलों में बन्द कर दिए जाते। सारा मैदान खाली हो जाता। जिन्ना साहब और उनकी मुस्लिम लीग को इससे एक सुन्दर अवसर हाथ लग जाता था सरकार को अपनी खैरख्वाही दिखलाने और साथ ही, मुस्लिम जनता को बहकाने का। कांग्रेस के लोग तो बाहर रहते नहीं थे जो शासकों तथा जनता को समझाएँ कि गलत क्या है और सही क्या है। इसका पूरा फायदा उठाते हुए जिन्ना साहब ने इस बीच अपनी ओर लीग की शक्ति बहुत बढ़ा ली। दुबले-पतले जिन्ना साहब की राजनीतिक शक्ति का ठीक-ठीक अन्दाजा कांग्रेस नेता नहीं लगा पाए। उनसे गफलत हो गई।

उस साल शिमला में कैबिनेट मिशन के तत्त्वावधान में जो त्रिपक्षीय वार्ता हुई, उसमें कांग्रेस पक्ष से मौलाना अबुल कलाम आजाद और लीग पक्ष से मोहम्मद

अली जिन्ना सम्मिलित हुए। मौलाना साहब अब भी कांग्रेस के अध्यक्ष थे और जिन्ना साहब तो लीग के सर्वेसर्वा थे ही। कैबिनेट मिशन के साथ राष्ट्रीय समस्या एवं राजनीति पर, भारतीय पक्ष की ओर से उन्हीं दो मुसलमान प्रमुखों ने बातचीत की। लेकिन कितना अन्तर था उन दो मुसलमानों में। एक देश के बँटवारे के लिए बेचैन था और दूसरा, उसे अखंड रखने के लिए परेशान। एक केवल मुसलमानों के लिए हाय-तौबा मचा रहा था और दूसरा, हिन्दू-मुसलमान, तमाम हिन्दुस्तानियों के लिए फिक्रमन्द था।

मौलाना साहब केवल कांग्रेस के अध्यक्ष तथा एक महान राष्ट्रीय नेता ही नहीं थे बल्कि समस्त इस्लामी दुनिया की एक मोहतरम हस्ती भी थे। उनकी "पैदाइश एक ऐसे खानदान में हुई थी जो इल्म और शेखपन की बुजुर्गी रखता था।" बाबर के जमाने में उनके पुरखे हिरात (अफगानिस्तान) से हिन्दुस्तान आए और पहले आगरा और फिर दिल्ली में बस गए। मौलाना साहब का जन्म मक्का में हुआ था। वे उर्दू, फारसी, अरबी के प्रकांड पंडित थे। कुरान शरीफ की उनकी व्याख्या के सम्बन्ध में कहा जाता है कि इस्लाम के धार्मिक साहित्य को उतनी अमूल्य देन पिछले चार सौ साल में किसी ने नहीं दी। वे एक ही साथ महान विद्वान, विचारक, वक्ता, लेखक, साहित्यकार और राजनीतिज्ञ थे। उनकी वक्तृत्व-कला की प्रशंसा मैंने जयप्रकाश जी और अशोक मेहता साहब से भी सुनी थी। कहते थे कि मौलाना आजाद और पं. मदन मोहन मालवीय की जिह्वा पर साक्षात् सरस्वती विराजती थीं।

करीने से रखी हुई दाढ़ी और मूँछ, सँवार के पहना हुआ अलीगढ़ी पाजामा, देहलवी शेरवानी और बीवर कैप में मौलाना साहब मुस्लिम तहजीब की बेहतरीन नुमाइंदगी करते थे। यह एक महत्त्वपूर्ण बात है कि एक व्यक्ति, जो सही अर्थ में इस्लामी संस्कृति की उपज था, उसे पाकिस्तान की योजना में हिन्दुस्तान के न केवल दूसरे बाशिन्दों बल्कि, खास तौर से, मुसलमानों की ही बर्बादी के आसार नजर आए। व्यक्तिगत रूप से अन्त तक मौलाना साहब उस योजना के खिलाफ रहे।

दूसरी ओर, ठीक उनके विपरीत, जिन्ना साहब का हाल यह था कि न उन्होंने कभी रोजा रखा, न नमाज पढ़ी। न कभी कुरान शरीफ के सफ़े उलटे और मस्जिद की दहलीज भी शायद ही कभी लाँघी हो। उर्दू तक नहीं जानते थे। अंग्रेजी ही उनकी जुबान थी। बेहतरीन विलायती सूट उनका लिबास। बिलकुल साहबाना अन्दाज। केवल दो पुश्त पहले उनके दादा अपना धर्मपरिवर्तन कर हिन्दू से मुसलमान बने थे। यह भी अजीब बात थी कि जिस शख्स में इस्लामी संस्कृति की बू-बास भी न हो, उसे इस्लाम खतरे में नजर आया और बहुतेरे मुसलमान आँख मूँदकर उसी के पीछे हो लिये।

भारतीय समस्या को सुलझाने के लिए कैबिनेट मिशन के सामने जिन्ना साहब ने 'देश के बँटवारे और पाकिस्तान की स्थापना' का नुस्खा पेश किया। उस नुस्खे की खामियों और खतरे की तरफ मिशन के सदस्यों तथा देश की जनता का ध्यान खींचते हुए मौलाना साहब ने घोषणा की—

> मुस्लिम लीग ने पाकिस्तान की जो तजवीज पेश की है, मैंने हर मुमकिन नजरिए से उस पर गौर किया है। एक हिन्दुस्तानी की हैसियत से सारे हिन्दुस्तान पर पड़नेवाले इसके नतीजों को मैंने जाँचा है। एक मुसलमान के नाते, मुसलमानों की किस्मत पर होनेवाले इसके तमाम मुमकिन असरात को परखा है।
>
> तमाम पहलुओं पर गौर करने के बाद मैं इसी नतीजे पर पहुँचा हूँ कि महज सारे हिन्दुस्तान के लिए ही नहीं, बल्कि खास तौर पर मुसलमानों के लिए, यह एक नुकसानदेह तजवीज है और इससे मसले जितना हल नहीं होते, उससे ज्यादा बढ़ ही जाते हैं।
>
> मैं इसे जरूर जाहिर कर देना चाहता हूँ कि पाकिस्तान लफ्ज ही मेरी फितरत के खिलाफ है। इसके मायने तो ये हुए कि दुनिया के कुछ हिस्से पाक, और कुछ नापाक हैं। हलकों का इस कदर पाक और नापाक इलाकों में बँटवारा गैर-इस्लामी है और इस्लाम के मकसद के खिलाफ पड़ता है। इस्लाम ऐसे किसी तकसीम की इजाजत नहीं देता और हजरत पैगम्बर फरमाते हैं—अल्लाह ने सारे जहान को ही मेरे लिए मस्जिद बना रखा है।

मौलाना साहब के विचार कैबिनेट मिशन के सदस्यों, गवर्नर-जनरल लॉर्ड वेवेल तथा देश की जनता के दिल व दिमाग को छू गए। सब बड़े प्रभावित हुए। कितनी बहुमूल्य वस्तु थी भारत की अखंडता। अंग्रेजों तक को वह प्यारी थी। केवल मि. जिन्ना, 'दो कौम' की थोथी दलील देकर उसे भंग करने को व्याकुल थे। मिशन ने जिन्ना साहब के 'बँटवारे और पाकिस्तान' की माँग को ठुकरा दिया और मुख्यत: मौलाना साहब के सुझावों के आधार पर ही भारतीय समस्या के निराकरण की एक योजना प्रस्तुत की—

सम्पूर्ण भारत के लिए एकात्मक सरकार (यूनिटरी फ़ॉर्म ऑफ गवर्नमेंट) प्रान्तों का तीन वर्गों में पुनर्गठन—वर्ग 'अ' में हिन्दू बाहुल्य वाले प्रान्त। वर्ग 'ब' में पूर्ण मुस्लिम बहुमत वाले प्रान्त (पंजाब, सिन्ध, ब्रिटिश, बलूचिस्तान और सीमान्त प्रान्त)। वर्ग 'स' में नगण्य मुस्लिम बहुमतवाले प्रान्त (बंगाल और आसाम)। केन्द्रीय सरकार के अधीन तीन विषय—प्रतिरक्षा, वैदेशिक मामले और संचार। अन्य विषय प्रान्तीय सरकारों के हाथ में।

अपने एक मित्र, सेंट्रल एसेम्बली के भूतपूर्व सदस्य श्री हरिशरण प्रसाद

श्रीवास्तव के साथ, एक दर्शक के रूप में पिताजी भी कॉन्फ्रेंस के अवसर पर शिमला गए थे। लौटकर आए तो कहा, लगता है अब जल्द कोई रास्ता निकल आएगा।

कांग्रेस ने मिशन की योजना स्वीकार कर ली जो एक अखंड भारत की ही योजना थी। झख मारकर मुस्लिम लीग को भी वही तजवीज कबूल करनी पड़ गई। क्रिप्स साहब और उनके साथी खुशी-खुशी अपने देश लौट गए।

तभी एक चिनगारी उड़ आई और उससे अखंड भारत का सारा नक्शा ही जलकर भस्म हो गया। कैबिनेट मिशन-प्लॉन के सम्बन्ध में नवनिर्वाचित कांग्रेस अध्यक्ष, पंडित जवाहरलाल नेहरू का एक वाक्य—'समझौते का कोई बन्धन नहीं, किसी भी नई परिस्थिति का अपने ढंग से सामना करने को हम मुक्त हैं'—विस्फोटक सिद्ध हुआ। सारे इतिहास की दिशा ही बदल गई।

अन्तरात्मा की आवाज सुनते और दूर की देखते थे गांधी जी। भारत की आजादी उन्हें आती दीख पड़ी। उसकी अगवानी के लिए निश्चित था, कांग्रेस अध्यक्ष ही भेजे जाते। सम्भावित सत्ता-हस्तान्तरण की पूर्व-वेला में, कांग्रेस पक्ष के साथ वार्ता के लिए, ब्रिटिश सरकार कांग्रेस अध्यक्ष को ही आमंत्रित करती, सारा निर्णय उसी के साथ विचार-विमर्श कर होता। और तब यह भी निश्चितप्राय था कि आजादी की नई-नवेली दुल्हन के गले में जयमाला डालने का सौभाग्य भी कांग्रेस अध्यक्ष को ही प्राप्त होता। राष्ट्रपिता ने मन-ही-मन, वह सलोना वर भी ढूँढ़ ही रखा था, जवाहरलाल नेहरू—इंग्लैंड के हैरो स्कूल का छात्र, कैम्ब्रिज यूनिवर्सिटी का ग्रेजुएट, लन्दन इनर टेम्पल का बैरिस्टर। अभिजात लाड़लों के बीच शिक्षित-दीक्षित जवाहरलाल नेहरू ने हैरो और कैम्ब्रिज के अधिकांश पूर्वग्रहों को हृदयंगम कर रखा था और अपनी रुचि और अनुरुचियों में वे सम्भवतः, भारतीय कम, अंग्रेज ही ज्यादा थे। उनके व्यक्तित्व और दृष्टिकोण के अनेक महत्त्वपूर्ण पक्ष पर इंग्लैंड की अमिट छाप थी, ऐसा उन्होंने स्वयं ही स्वीकार किया था। लेकिन गांधी जी मान बैठे थे कि उनकी मृत्यु के बाद जवाहरलाल ही उनकी भाषा बोलेंगे। और इसी विश्वास के साथ कुछ ही वर्ष पूर्व, उन्होंने जवाहरलाल को अपना उत्तराधिकारी घोषित कर दिया था।

कौतुक का देश है भारत। अहिंसा के पुजारी यहाँ युद्ध का शंखनाद करते हैं और क्रान्ति के प्रोन्नायक, सन्धिवार्ता। स्वतंत्रता संग्राम के अन्तिम दशकों में सभी उल्लेखनीय जन-आन्दोलनों का आह्वान और नेतृत्व महात्मा गांधी ने किया और सन्धिवार्ता के प्रायः सभी महत्त्वपूर्ण अवसरों पर कांग्रेस के मुख्य प्रवक्ता सोशलिस्ट

जवाहरलाल ही रहे। उन दिनों फिर इतिहास के एक बहुत ही नाजुक समझौते की घड़ी निकट आ रही थी। दो हठधर्मी पक्ष, ब्रिटिश सरकार और मुस्लिम लीग, से समझौता-वार्ता कोई सरल काम नहीं था! एक को देश की पूर्ण स्वतंत्रता, और दूसरे को भारत की अखंडता के लिए राजी कराना था। इसमें सन्देह नहीं कि उस समय के शीर्षस्थ नेताओं में जवाहरलाल नेहरू ही ऐसे व्यक्ति थे जो भारतीय भी थे और विलायती भी। राष्ट्रवादी भी थे और अन्तरराष्ट्रवादी भी। हिन्दू भी थे और मुसलमान भी—समन्वयवादी कहिए। सरदार पटेल तो कहा करते थे कि भारत में केवल एक ही असली राष्ट्रवादी मुसलमान है, और वह है जवाहरलाल।

वैदेशिक सम्बन्ध तो प्रारम्भ से पंडित जी का ही 'प्रिरॉगेटिव' (विशेषाधिकार) रहा था। भारत के राजनीतिक मानस को बहिर्मुखी बनाने में सर्वाधिक योगदान उन्हीं का था। सच पूछिए तो पंडित जी ने ही भारतीय मुक्ति आन्दोलन को अन्तरराष्ट्रीय स्वर दिया था। वे बीसवीं सदी की भाषा बोलते थे जो सभी देशों के प्रबुद्ध समाज को बोधगम्य थी। और जब किसी की भाषा सुगमतापूर्वक समझ में आ जाए, तो उसके दृष्टिकोण को भी सरलतापूर्वक समझा जा सकता है। उसके बाद का काम तो आसान हो जाता है। सहानुभूति, सद्‌भाव, समर्थन, सहयोग—सब उसी के अनुगामी हैं। बड़े व्यापक अन्तरराष्ट्रीय सम्पर्क थे पंडित जी के। दुनिया के प्राय: सभी छोटे-बड़े देशों के बुद्धिजीवी, जनसेवी, राजनयिक उनके प्रशंसक, समर्थक अथवा मित्र थे—

अमेरिका में प्रसिद्ध पादरी होम्स स्मिथ, नागरिक स्वतंत्रता संघ के निदेशक—संचालक रोगर बाल्डविन, विख्यात जननायक वेनडेल विल्की, प्रसिद्ध पत्रकार लूई फिशर, एडगर स्नो, अमेरिकी राष्ट्रपति के विशेष प्रतिनिधि क्लेयर बूथ ल्यूस;

ग्रेट ब्रिटेन के जगत विख्यात विचारक बर्टेंड रसेल, प्रो. लास्की, प्रसिद्ध इतिहासवेत्ता एडवर्ड थॉमसन, चार्ल्स ट्रिवेल्यां, फिलिप नोएल बेकर, प्रभावशाली सांसद सर स्ट्रैफार्ड क्रिप्स, लॉर्ड लोथियन, एलेन विल्किन्सन, ख्यातिनामा सेनानायक लॉर्ड माउंटबेटन;

फ्रांस के रोमां रोलां;

जर्मनी के प्रसिद्ध लेखक अर्नस्ट टॉलर, रिचार्ड रित्लजर, वेंजेन जैक्स;

चेकोस्लोवाकिया के प्रोफेसर एस. लेसनी, पत्रकार एवं राजनयिक ए.सी. एन. नैम्बियर;

चीन के अध्यक्ष च्यांग काई शेक और श्रीमती च्यांग काई शेक;

मिस्त्र के लोकप्रिय जननायक मुस्तफा नहास पाशा—सबके सब, पंडित जी के सम्पर्क और परिचय के लोग थे। उनमें कई से तो उनके बड़े ही सौहार्दपूर्ण सम्बन्ध थे। मेरी समझ में, कूटनीतिक दृष्टि से यह एक अत्यन्त महत्त्वपूर्ण बात थी।

क्योंकि वे सब जानते थे कि वर्तमान भारत की राजनीति और जनजीवन में नेहरू का जितना लोकप्रिय और प्रभावकारी स्थान बन चुका है, वह भविष्य में भी अक्षुण्ण रहेगा। नेहरू भावी भारत के भी कर्णधार होंगे, इस धारणा और विश्वास के कारण उनके पारस्परिक व्यवहार और समझौतों में निश्चितता और दृढ़ता आ गई थी।

पंडित जी की अन्तरराष्ट्रीय अनुरक्ति के कारण लोग-बाग उन पर कटाक्ष भी कर बैठते थे। सुना है, एक बार शायद सन् '39-'40 के जमाने में, सरदार पटेल कांग्रेस अधिवेशन की कार्यवाही के बीच मंच से उठकर कुछ मित्रों के साथ बाहर चाय पीने गए। किन्तु वे किसी को यह भी कह गए कि जवाहरलाल जब बोलने लगें तो मुझे बुला लेना। आदेशानुसार, जब वे सज्जन उन्हें बुलाने पहुँचे, तो सरदार ने यह जानना चाहा कि पंडित जी कितनी देर से बोल रहे हैं (पंडित जी का भाषण जरा लम्बा हुआ करता था)। जवाब मिला, "यही कोई दस-पन्द्रह मिनटों से।" सरदार पटेल ने बड़े इत्मीनान से मित्रों से कहा, "अरे! तब इतनी जल्दी क्या है? अभी तो जवाहरलाल पोलैंड भी नहीं पहुँचे होंगे। उन्हें स्वदेश तो लौट आने दो।"

कुछ लोग मानते हैं कि स्वाधीनता की पूर्व-बेला में जवाहरलाल जी को कांग्रेस अध्यक्ष के महत्त्वपूर्ण पद पर प्रतिष्ठित कर गांधी जी ने अच्छा नहीं किया। बारी सरदार पटेल की थी और पन्द्रह में से बारह प्रान्तीय कांग्रेस समितियाँ उन्हीं को अध्यक्ष बनाने के पक्ष में थीं। वरीयता की दृष्टि से भी बारी पटेल की ही थी। देश के प्रधानमंत्री बनने का सरदार पटेल के जीवन में वह प्रथम और अन्तिम अवसर होता जिसे गांधी जी ने उनसे झपटकर जवाहरलाल को दे दिया। तभी से उन दोनों के प्रति सरदार के मन में जो कड़वाहट पैदा हो गई वह शायद अन्त तक नहीं मिटी। वैसे, इतिहास के भावी गम्भीर एवं संयतचित्त शोधकर्ता ही इस सम्बन्ध में निष्पक्ष रूप से कुछ कहने के अधिकारी हो सकेंगे किन्तु मैं समझता हूँ, स्वतंत्र भारत के लिए दुर्भाग्य की बात यह नहीं हुई कि पं. जवाहरलाल नेहरू उसके प्रथम प्रधानमंत्री बने, अपितु, वास्तविक दुर्भाग्य तो यह हुआ कि स्वतंत्रता-प्राप्ति के मात्र तीन वर्ष चार माह के अन्दर भारत के प्रथम उप-प्रधानमंत्री, लौहपुरुष सरदार वल्लभभाई पटेल की मृत्यु हो गई। अक्सर सोचता हूँ, यदि नियति ने तीन मृत्युओं को एक दशक के लिए भी और टाल दिया होता, तो हिन्दुस्तान का भाग्य आज कुछ और ही होता। 15 दिसम्बर, 1950 को सरदार पटेल, 10 जनवरी, 1966 को लालबहादुर शास्त्री और 12 अक्टूबर, 1967 को राममनोहर लोहिया हमें छोड़कर चल नहीं बसे होते, तो देश एक फौलादी ढाँचे में ढल गया होता; भारतीय गणतंत्र का पक्ष-प्रतिपक्ष, दोनों ही निखर जाता।

कांग्रेस अध्यक्ष की हैसियत से 10 जुलाई, 1946 को बम्बई में पंडित जी ने जो पहली प्रेस कॉन्फ्रेंस बुलाई, उसमें एक पत्र-प्रतिनिधि ने उनसे प्रश्न कर दिया,

"ए.आई.सी.सी. द्वारा पारित हो जाने के बाद अब तो यह मान लिया जाए कि कांग्रेस ने कैबिनेट मिशन-प्लॉन को पूर्णत: स्वीकार कर लिया है और उस स्वीकृत प्लॉन के ही अन्तर्गत वह अन्तरिम सरकार गठित करेगी?" उत्तर में पंडित जी ने कहा कि कांग्रेस केवल संविधान सभा में सम्मिलित होने के लिए ही वचनबद्ध है, परन्तु संविधान सभा में प्रवेश करते समय, "हम पर समझौतों का कोई बन्धन नहीं होगा, और जो भी परिस्थिति उत्पन्न होगी, उसका सामना अपने ढंग से करने के लिए हम स्वतंत्र होंगे।" पत्रप्रतिनिधि ने स्पष्टीकरण के उद्देश्य से आगे पूछा कि क्या उनका अभिप्राय यह है कि प्लॉन में परिवर्तन भी किए जा सकते हैं? पंडित जी ने बेझिझक कहा कि कोई भी उपयुक्त संशोधन करने के लिए कांग्रेस स्वतंत्र है। उन्होंने इस बात की सम्भावना की ओर भी संकेत कर दिया कि कालक्रम में केन्द्रीय सरकार प्रान्तीय सरकारों की अपेक्षा, प्लॉन की परिकल्पना से कहीं अधिक शक्तिशाली बन जाएगी।

अखबारों में बात आई, तो पढ़कर जिन्ना साहब को बिजली का करेंट लग गया। वे चौंक-चिल्लाकर पीछे हट गए (दरअसल, हटने का वे कोई बहाना चाहते थे, सो मिल गया)। कोई भरोसा नहीं कांग्रेस का...ये बदनीयत लोग हैं...आज ही अपने वायदों से मुकरने लगे, इनकी हुकूमत बन जाएगी तब तो धता बता देंगे लीग और मुसलमानों को...अच्छा हुआ जो बात आज ही खुल गई।

बस जिन्ना साहब ने पैंतरा बदला। लीग काउंसिल की बैठक बुलाई। कैबिनेट मिशन-प्लॉन को दिया गया अपना समर्थन वापस ले लिया और संवैधानिक तरीकों को 'अलविदा' कहकर 'डाइरेक्ट-ऐक्शन' (सीधी कार्रवाई) का फतवा दे डाला। बस शुरू हो गया पाकिस्तान के हिमायतियों का डाइरेक्ट-ऐक्शन—'लड़कर लेंगे पाकिस्तान...' शुरुआत बंगाल से हुई जहाँ मुस्लिम लीग के सुहरावर्दी का मंत्रिमंडल सत्तारूढ़ था। कलकत्ते में सभी समारोह बड़ी धूमधाम से मनाए जाते हैं। सो, 16 अगस्त, 1946 को उस महानगरी में 'जश्ने-कत्ल' भी धूमधाम से शुरू हुआ। कुछ गुंडों ने शुरू किया। गुंडे न हिन्दू होते हैं, न मुसलमान। गुंडे बस गुंडे होते हैं। हैवानियत ही उनका मजहब होता है। हत्या, बलात्कार, लूट-मार, अग्निकांड जैसे नृशंस कार्य उनके सामान्य धार्मिक अनुष्ठान में ही आते हैं। किन्तु दुर्भाग्य यह हुआ कि जो बात गुंडों ने शुरू की, वह उन तक ही सीमित न रह पाई। पशु-धर्म ने जैसे मानव-धर्म को रौंद डाला हो। देश के उत्तरी इलाकों में अगले सोलह महीनों तक उसी का बोलबाला रहा। अमन-चैन तब भी न लौटा जब साम्प्रदायिक एकता के लिए देश की अखंडता शहीद हुई और लोग-बाग उसे काफी गहरी कब्र में दफनाकर अगल-बगल दो मुरझाए पौधे रोप आए : हिन्दुस्तान-पाकिस्तान।

कलकत्ता में तीन दिनों के अन्दर करीब छह हजार लोग मारे गए। बीसियों हजार घायल हुए थे जिनमें बहुत मरे, कुछ बचे। बचनेवालों में ज्यादातर अपंग जिन्दा लाश थे। लूट-मार, आगजनी की वारदातों का हिसाब तो कोई कर ही न पाया। चिनगारी कलकत्ता से उड़कर बिहार चली आई। मुजफ्फरपुर में एक दिन हमने सुना कि शहर से कोई पचीस मील दूर, बेनीबाद गाँव में, कुछ मुसलमान कलकत्ता से किसी हिन्दू औरत को जबरदस्ती भगा लाए थे, सो हिन्दुओं ने गाँव के मुसलमान टोले को ही जलाकर खाक कर दिया और कई मुसलमानों को मार डाला। दंगे की लहर लौटकर फिर बंगाल चली गई—नोआखाली, त्रिपुरा, जहाँ अल्पसंख्यक हिन्दुओं पर मुसलमान खूँख्वार भेड़ियों की तरह टूट पड़े। किस्से फैलते गए और किस्सों के साथ दंगे भी। बिहार, बंगाल, यू.पी. के अनेक शहरों और गाँवों में हिन्दू-मुस्लिम दंगे हुए।

लीग, लड़कर पाकिस्तान लेने का फैसला कर चुकी थी। फीरोज खाँ नून जैसे लीगी नेता ऐसी भयंकर मारकाट चाहते थे जिसके सामने 'चंगेज खाँ और हलाकू की खूँरेजी भी फीकी पड़ जाए'। सो, छह महीने बाद, दंगा जब पंचनद के प्रदेश पंजाब में पहुँचा तो रावी, सतलुज, व्यास, झेलम और चिनाब में पानी की जगह खून की धारें हिलोरें लेने लगी थीं। लाहौर, अमृतसर, रावलपिंडी, सियालकोट, मुल्तान सभी शहरों में लपटें उठती रहीं, शोले भड़कते रहे। निर्दोष लोगों की चीख-पुकारों से दिशाएँ काँप रही थीं।

उन सोलह महीनों में देश के लाखों हिन्दू-मुसलमान मारे गए। करोड़ों उजड़े। बेगुनाह लोगों के खून से देश की धरती पर जो विभाजक रेखा खींची गई, उसे लाँघकर कोई दो-ढाई करोड़ शरणार्थी इधर से उधर गए और उधर से इधर आए। मीलों लम्बी कतार दोनों तरफ आने-जानेवाले लोगों की, जिनके पीछे एक खौफनाक मौत थी और आगे, एक मुरझाई जिन्दगी का कमजोर इशारा। बस उसी इशारे की तरफ वे बढ़ते चले गए।

किस्मत के बड़े धनी थे पंडित जी। नक्षत्र ही उनके बड़े प्रबल थे। राज मिलना था तो सारे समर्थक ग्रह जुटते चले गए। भारत का नया वाइसराय किसे नियुक्त कर भेजा जाए, इस बात में भी पंडित नेहरू की राय अंग्रेजों ने चुपके-चुपके जान लेनी चाही। प्रधानमंत्री ऐटली ने अपने सहयोगी सर स्टैफ़र्ड क्रिप्स से और क्रिप्स ने नेहरू के अन्तरंग, कृष्ण मेनन से पता किया कि इस पद पर नेहरू किसे पसन्द करेंगे। ब्रिटेन में लेबर पार्टी की सरकार बनने के बाद वेवल का पत्ता कटने ही वाला था।

वैसे, वेवेल था तो निहायत ईमानदार किस्म का आदमी। उसकी नेकनीयती की मौलाना आजाद ने बड़ी तारीफ की है। लेकिन उसकी दिक्कत थी कि वह एक खालिस फौजी आदमी था। दो टूक बोलनेवाला, अक्खड़ किस्म का। डिप्लोमैटिक बारीकियों का उसे कोई ज्ञान नहीं था। कम बोलने और बातचीत में बिना कोई भूमिका बाँधे, सीधे 'पॉइंट' पर पहुँच जाने की उसकी आदत थी। जो कुछ भी वह कहता-सुनता उससे उसका अभिप्राय अंग्रेजी शब्दों के सामान्य अर्थ की परिभाषा के अन्दर ही हुआ करता था। दुर्भाग्य यह था कि उसके पल्ले पड़नेवाले अधिकांश भारतीय नेता भूमिका बाँधने में बड़े माहिर थे। पेशेवर वकील रह चुकने के कारण, बाल की खाल निकालने, फन्दा डालने और बातों को 'बहुरुपिया' बनाकर नचा देने का कमाल भी उन्हें हासिल था। गांधी, जिन्ना, जवाहरलाल, पटेल, राजा जी, राजेन्द्र प्रसाद, आंबेडकर आदि, सबके सब पेशे से पहले वकील ही तो थे। उनके शब्दजाल में उलझकर व्याकुल हो जाता था बेचारा फौजी वेवेल। खास तौर पर गांधी से बात करने में उसकी रूह काँप जाती थी। एक बार इस सोच में वह रात-भर सो नहीं पाया था कि अगले दिन होनेवाली बातचीत में गांधी से वह कैसे निबटेगा। प्रसंगवश अपने एक सचिव को उसने कभी कहा था कि कोई आध घंटे तक गांधी उससे बात करते रहे, फिर भी वह निश्चयपूर्वक यह नहीं कह सकता कि आखिर गांधी उससे कहना क्या चाहते थे। उनके प्रत्येक वाक्य के, कम-से-कम, दो भिन्न अर्थ तो निकल ही आते थे।

कैबिनेट मिशन-प्लान के आधार पर अन्तरिम सरकार की स्थापना के सम्बन्ध में बात करने के लिए 27 अगस्त, 1946 को गांधी और नेहरू को वेवल ने वाइसराय, भवन में बुलाया था। कैबिनेट मिशन योजना का वास्तविक उद्देश्य तथा उसकी व्याख्या, विवादग्रस्त विषय बन चुके थे। वेवल ने दराज से एक कागज निकाला और गांधी को थमा दिया। उसमें मिशन योजना को स्वीकार करने के सम्बन्ध में वह गारंटी लिखी हुई थी जिसे गांधी और नेहरू से वेवल मनवा लेना चाहता था। कागज पढ़कर गांधी ने उसे नेहरू की ओर बढ़ाया। पढ़कर नेहरू बोले, "इसे स्वीकार करने का अर्थ है, कांग्रेस अपने पाँव में जंजीर डाल ले।" वेवल ने कहा, "...कांग्रेस ने जब योजना स्वीकार की थी, तभी आपके ध्यान में यह बात भी आ जानी चाहिए थी..."

गांधी ने अन्तराक्षेप किया, "कैबिनेट मिशन की मंशा और हमारी व्याख्या में अन्तर तो हो ही सकता है..."

वेवल झुंझला उठा, "यह बात तो वकील वाली हुई। मुझसे तो सादी अंग्रेजी में बात कीजिए। मैं सीधा-सादा सिपाही हूँ। आप जब कानूनी पेच लगाते हैं तो मैं परेशान हो जाता हूँ।"

जवाहरलाल जी खीज गए, "अब इसका क्या इलाज है कि हम वकील हैं?"

"...किन्तु आप उन सच्चे लोगों की तरह तो बात कर ही सकते हैं जो भारत के भविष्य और कल्याण में दिलचस्पी रखते हों," वेवल ने प्रत्युत्तर दिया। बात बढ़ती चली गई। नौबत यहाँ तक आ पहुँची कि वेवल ने बड़े ताव में नेहरू को झाड़ते हुए कहा, "मर्द आदमी! 'ब्लैकमेल' की बात करनेवाले आप होते कौन हैं?"

उस दिन वेवल की बदगुमानी से गांधी और नेहरू, दोनों ही तिलमिला उठे। वाइसराय भवन से लौटते ही गांधी जी ने प्रधानमंत्री ऐटली को तार भेजा—वाइसराय की मानसिक स्थिति ठीक नहीं। उनकी सहायता के लिए एक ऐसा सलाहकार भेजा जाना आवश्यक है जो स्वयं उनसे अधिक योग्य और विधिमर्मज्ञ हो।

एक चिट्ठी वेवल को भी भेजी। लिखा था, "...कल आपने कई बार यह कहा कि आप एक सीधे-सादे सिपाही हैं और कानून नहीं जानते। सीधे-सादे लोग तो हम भी हैं, भले ही हम सिपाही न हों और कानून भी जानते हों...कल शाम आपकी भाषा धमकी से भरी थी। सम्राट के प्रतिनिधि के नाते केवल फौजी बनने से ही आपका काम नहीं चलेगा और न ही आप कानून की उपेक्षा कर सकते हैं, खासकर जो कानून स्वयं आपने ही बनाए हैं..."

नेहरू भला कैसे चुप रह जाते? उन्होंने भी वेवल की अशिष्टता की शिकायत इंग्लैंड के अपने कई प्रभावशाली अंग्रेज राजनीतिज्ञ दोस्तों को लिख भेजी। राजनीति जितनी तेजी से करवटें बदल रही थी, नेहरू की शिकायत और पसन्द का महत्त्व इंग्लैंड में समझा जाने लगा था।

भारत का वह नया, परन्तु अन्तिम वाइसराय भी एक फौजी ही था। दक्षिण-पूर्व एशिया में मित्रराष्ट्रों का सर्वोच्च सेनाध्यक्ष, जिसे अभी हाल के विश्वयुद्ध में कई महत्त्वपूर्ण मोर्चों पर शानदार सफलता मिली थी। सगुनिया आदमी था लॉर्ड माउंटबेटन। विशाल नामधारी—लूई फ्रैंसिस अलबर्ट विक्टर निकोलस माउंटबेटन। ब्रिटेन के शाही घराने का ही एक सदस्य। माँ, ब्रिटिश सम्राज्ञी विक्टोरिया की नातिन। पिता के पूर्वज जर्मनी के सम्राट कैसर के वंशज! रूस, ग्रीस, स्पेन, स्वीडन, नार्वे, युगोस्लाविया—कई यूरोपीय राजघरानों से माउंटबेटन-परिवार के नाते-रिश्ते थे। सप्राण, सलोना-सा आदमी। बड़ा चुस्त, बड़ा चतुर। औपचारिक वार्ताओं में दक्ष और निपुण। उसकी वाक्पटुता के सामने तो कोई ठहर ही नहीं पाता। आत्म-विश्वास से कूट-कूटकर भरा हुआ। "मैं कोई भी काम पूरा कर ले सकता हूँ, यह विश्वास मेरी जन्मजात दुर्बलता है, महाशय"—ऐसा उसने प्रधानमंत्री चर्चिल से उस समय कहा था जब वे एशियाई युद्ध संचालन का दायित्व सौंपने से पूर्व उसकी सम्मति प्राप्त कर लेना चाहते थे। बिलकुल चकाचौंध पैदा कर देनेवाला व्यक्तित्व था माउंटबेटन का। पंडित जी तक की आँखें झप गईं जो स्वयं देश-विदेश के राजनीतिक रंग मंच पर चकाचौंध पैदा करते रहे।

माउंटबेटन के लिए भारत कोई बिलकुल नई जगह नहीं थी। 1921 के दिसम्बर में अपने ममेरे भाई, प्रिंस ऑफ वेल्स की भारत-यात्रा के दौरान उनका ए.डी.सी. बनकर माउंटबेटन भारत आए थे और उन्होंने गांधी से युवराज की भेंट कराने का भरसक प्रयत्न किया था, लेकिन तत्कालीन वाइसराय लॉर्ड रिडिंग राजी नहीं हुए।

अक्टूबर 1943 से अप्रैल 1944 तक, लगभग छह महीने, सुप्रीम-एलाएड-कमांडर माउंटबेटन का मुख्यालय दिल्ली में ही था। उन दिनों पंडित जी अहमदनगर किले में नजरबन्द थे तो उनसे मिलने की उसने पूरी कोशिश की थी। दो वर्ष बाद जब युद्ध समाप्त हुआ और पंडित जी सिंगापुर पहुँचे, तो अपने सलाहकारों के मशवरे के विरुद्ध मित्रराष्ट्रों का वह विजयी एशियाई सेनाध्यक्ष, ब्रिटिश-विरोधी जवाहरलाल के साथ खुली कार में शहर की सैर कर आया।

वाइसराय के पद पर माउंटबेटन की नियुक्ति की जब घोषणा हुई, तो सरदार पटेल ने इंग्लैंड में अपने एक मित्र को पता करने को लिखा कि यह नया परिन्दा माउंटबेटन है कैसा। रिपोर्ट आई—"क्रान्तिकारी प्रवृत्ति का एक उदारमना अभिजात।" सरदार खुश हुए, "चलो! जवाहरलाल को एक अच्छा झुनझुना मिल जाएगा। क्रान्ति की तैयारी तो हम अलग से कर ही लेंगे।" लेकिन वह झुनझुना जब दिल्ली पहुँचा तो लोग हैरत में पड़ गए। किसी के बजाए बजे ही नहीं; खुद ही जब चाहे, बजे। सरदार पटेल से पहली बार मिलने के बाद उनके बारे में माउंटबेटन की धारणा बनी, "यह आदमी ऊपर से ही कड़ा है, अन्दर तो पुलपुला है।" वाइसराय हाउस में दाखिल होते ही होते सारे भारतीय नेताओं को नजरों से ही तौल लिया माउंटबेटन ने।

सबसे पहले मिलनेवालों में थे पंडित जवाहरलाल नेहरू। 24 मार्च, 1947 के तीसरे पहर। उसी दिन दोपहर से पहले नये वाइसराय ने अपना पदभार ग्रहण किया था। तीन घंटे तक घुल-मिलकर बातें करते रहे दोनों। ज्यादा नेहरू ही बोले। तरह-तरह की बातें। लेकिन आदमी खुद को भूलकर न कला की बात करता है और न संस्कृति की, न साहित्य की और न दर्शन की, और राजनीति? वह तो स्थल ही ऐसा है जहाँ 'स्व' सबसे अधिक प्रमुख और प्रबल होता है। सो, उस दिन की भेंट-वार्ता में प्रकारान्तर से नेहरू भी आत्म-प्रशंसा में कई बातें कह ही गए। अपनी कुछ ऐसी लकीरें खींचीं जिससे कई संगी-साथियों की लकीरें छोटी पड़ जाती थीं। गांधी तक की नुक्ता-चीनी कर डाली, "...अब तनिक गांधी जी को देखिए! बजाय इसके कि मुल्क के जिस्म पर जो फोड़े निकल आए हैं, उसकी वजह को समझें और सारे जिस्म का एक साथ इलाज करें, मलहम लेकर वे अलग-अलग फोड़े पर लगाते फिर रहे हैं..." (गांधी जी उन दिनों बंगाल-बिहार के दंगाग्रस्त क्षेत्रों की शान्ति-यात्रा पर थे)। माउंटबेटन सब कुछ भाँप गया। नेहरू

चलने पर हुए तो उन पर अपने तरकश से एक बड़ा ही सूक्ष्म बाण निकालकर चला दिया, "मि. नेहरू! मैं चाहता हूँ, आप मेरी गणना ब्रिटिश राज का समापन करनेवाले अन्तिम वाइसराय के रूप में नहीं, बल्कि उस प्रथम वाइसराय के रूप में करें जो नये भारत तक पहुँचानेवाले मार्ग का अगुआ रहा हो।" तीर निशाने पर जा लगा। नेहरू गद्‌गद कंठ से बोल उठे, "अब समझा, आपके जादू से लोग सावधान क्यों करते रहे हैं।"

माउंटबेटन को भनक पड़ गई थी कि गांधी का प्रिय आलाप है अपना वीरगाथा काल—उन्होंने कहाँ, कब, कैसे क्या सब किया था। सो, छह दिनों बाद गांधी जब उससे मिलने आए तो सौहार्द का ऐसा उत्प्रेरक वातावरण माउंटबेटन ने प्रस्तुत किया कि सवा दो घंटे की अपनी भेंटवार्ता में गांधी इंग्लैंड में अपने छात्रकाल, अफ्रीका-सत्याग्रह, बोअर युद्ध, भूतपूर्व वाइसरायों से अपने सम्पर्क-सम्बन्धों की स्मारिका के पन्ने ही उलटते रहे। वाइसराय के वातानुकूलित अध्ययन कक्ष में बैठे-बैठे ठंड से उन्हें कँपकँपी हो आई। पास बैठी लेडी माउंटबेटन चीख पड़ीं, "अरे! बन्द करो एयर कंडीशनर। ऐसे में तो इन्हें निमोनिया हो जाएगा।" और झट उठकर अपने पति का एक गर्म कपड़ा गांधी जी के बदन पर रखने को ले आईं।

अगले दिन गांधी जी जब उनसे मिले तो बात फिर कोई दो घंटे तक चली। बीच में गांधी का खाना भी वहीं पहुँचा। मनु लाई थी। खाने में बकरी के दूध का फोका स्वाद वाला दही भी था। थोड़ा दही गांधी जी ने माउंटबेटन की ओर भी बढ़ाया। बेचारा लॉर्ड देखकर ही बिदक गया, "मुझसे तो नहीं चल पाएगा, मैंने कभी चखा नहीं।"

"फिर तो आज आप इसे चख ही डालिए। कोई काम पहली बार करने से ही तो शुरू होता है।" गिरफ्त में आ गए माउंटबेटन साहब।

मनु की मौजूदगी से बातचीत में कोई बाधा न पड़े, इसलिए पार्श्ववर्ती फुलवारी में उसके घूमने की इजाजत गांधी जी ने माउंटबेटन से माँगी। गांधी को प्रभावित करने का एक और अच्छा अवसर उसे मिल गया। झट मनु की ओर मुखातिब हो उसने जड़ दी, "अरे! इसमें पूछना क्या? यह सब तो तुम्हारा ही है। हम लोग तो ट्रस्टी-भर हैं, तुम्हारा सब कुछ तुम्हें सौंपने के लिए ही तो हम आए हैं।"

बस, उसी दिन पहली बार, केवल आखिर के पन्द्रह मिनट तक, गांधी और वाइसराय के बीच सामयिक प्रसंगों पर कुछ ठोस बात हुई—

किसी भी प्रकार के बल के सामने नहीं झुकना ही सदा से ब्रिटिश नीति रही है, परन्तु, अन्त में गांधी जी के अहिंसात्मक बल के समक्ष ब्रिटेन को झुकना पड़ रहा है। ब्रिटिश सरकार ने भारत छोड़ देने का निर्णय कर लिया है। अब गांधी जी ही बतावें, कैसे क्या किया जाए—प्रसंग छेड़ते हुए माउंटबेटन ने कहा।

"जिन्ना साहब अगर पाकिस्तान की अपनी हठ पर अड़े रहें तो सारे हिन्दुस्तान की ही हुकूमत उनको सुपुर्द कर दीजिए; किन्तु देश का बँटवारा न कीजिए"—गांधी जी ने सुझाव दिया।

"और जिन्ना साहब की प्रतिक्रिया क्या होगी?" माउंटबेटन ने पूछा।

"अब यदि आप उन्हें बताएँगे कि यह मेरा प्रस्ताव है, तो वे जरूर कहेंगे, हुँ! धूर्त गांधी फिर झाँसा देना चाहता है," गांधी ने हास्य का पुट देते हुए कहा।

एक दबी मुस्कान के साथ माउंटबेटन ने कुरेदा, "उनका ऐसा सोचना ठीक नहीं होगा क्या?"

गांधी की मुद्रा थोड़ी कठोर हो आई। वे गम्भीर स्वर में बोले, "नहीं, बिलकुल नहीं। मैं पूर्ण निष्कपटता से यह प्रस्ताव करता हूँ।"

"तो ठीक है, कांग्रेस के लोगों से इसे आप मनवा लेने का जिम्मा लें, तो मैं इस पर विचार कर सकता हूँ..." माउंटबेटन ने उन्हें थोड़ा आश्वस्त करने का प्रयास किया।

"यदि आप निर्णय कर लें, तो लोगों से इसे मनवा लेने के लिए मैं देश के हर कोने में घूम जाऊँगा"—यह कहते हुए गांधी जी उठ गए।

चार दिनों बाद जब जिन्ना साहब मिलने आए, तो बहस शुरू करने से पहले उन्होंने अपनी एक शर्त रखनी चाही। बीच में ही टोकते हुए माउंटबेटन ने कहा, "मि. जिन्ना! मैं बहस की शर्तों या मौजूदा हालात की कोई भी चर्चा तब तक करना नहीं चाहता, जब तक मेरी आपसे जान-पहचान न हो जाए और मैं स्वयं आपके बारे में बहुत कुछ न जान लूँ।" जिन्ना के चले जाने के बाद, वाइसराय ने अपने प्रेस अॅटैशे कैम्पबेल जॉनसन से कहा था, "हे भगवान! कितना ठंडा था वह आदमी। मेरा अधिकांश समय तो उसे पिघलाने में ही निकल गया।"

लेकिन दलील में जिन्ना को मात पर मात देते रहे माउंटबेटन। बिलकुल 'मियाँ की जूती, मियाँ के सर' वाला हाल था। जिन्ना साहब ने कहना शुरू किया कि हिन्दुस्तान कभी एक राष्ट्र नहीं रहा, यहाँ अलग-अलग संस्कृति रही। हिन्दुस्तान के मुसलमान एक अलग कौम है, उनकी सभ्यता और संस्कृति भिन्न है। जबान, साहित्य, कानून, रस्मो-रिवाज, तौर-तरीके, कैलेंडर, इतिहास—सभी कुछ तो अलग हैं भारतीय मुसलमानों के। हाँ, केवल एक ही अर्थ में भारत के हिन्दू और मुसलमान एक जैसे हैं, और वह है, अंग्रेजों की गुलामी। बाकी और कहीं कोई मेल नहीं। देश के मुसलमान अल्पसंख्यकों पर बहुसंख्यक हिन्दुओं की हुकूमत एक गैरवाजिब बात होगी, इसलिए देश का बँटबारा लाजिमी है—

"तब तो पंजाब और बंगाल को बाँटना भी अत्यन्त आवश्यक होगा, क्योंकि उन दोनों सूबों के अल्पसंख्यक हिन्दुओं पर बहुसंख्यक मुसलमानों की हुकूमत

भी गैरवाजिब बात हो जाएगी"—माउंटबेटन ने पासा फेंका। (पंजाब और बंगाल में मुसलमानों का बहुमत था इसलिए, जिन्ना साहब सम्पूर्ण पंजाब और बंगाल पाकिस्तान के हिस्से में माँग रहे थे।)

"नहीं, यदि पंजाब और बंगाल के टुकड़े किए गए, तब तो आर्थिक दृष्टि से पाकिस्तान बहुत कमजोर रहेगा। ऐसा दीमक खाया पाकिस्तान किस काम का?"—जिन्ना साहब ने सँभलने की कोशिश करते हुए कहा।

"ठीक तो है, ऐसी हालत में आप पाकिस्तान लीजिए ही क्यों?"—माउंटबेटन ने मोहरा बढ़ाया।

जिन्ना साहब चौंक पड़े। बात बिगड़ती दिखाई दी। झट बोले, "योर एक्सेलेंसी! आप इसे समझते क्यों नहीं कि हिन्दू या मुसलमान होने से पहले, पंजाब का आदमी एक पंजाबी और बंगाल का आदमी एक बंगाली होता है। उनकी संस्कृति, उनकी जबान, उनका इतिहास और उनकी अर्थव्यवस्था, सब कुछ तो एक ही होती है। आप उन सूबों को न बाँटें। नाहक खून-खराबा होगा।"

जिन्ना साहब जब तक सँभलें-सँभलें, माउंटबेटन ने उन्हें मात दे दी, "यही तो मैं भी कहना चाहता हूँ, मि. जिन्ना! और इतना ही नहीं कि हिन्दू या मुसलमान होने से पहले लोग पंजाबी या बंगाली हैं, बल्कि सबसे पहले वे हिन्दुस्तानी हैं। भारतीय एकता के पक्ष में आपने स्वयं ही एक अकाट्य तर्क प्रस्तुत कर दिया है।"

लेकिन देश आखिर बँट ही गया। विभाजन न माउंटबेटन रोक पाए, और न गांधी। किसको जिम्मेदार ठहराया जाए—अंग्रेजों को, लीग को, कांग्रेस को या परिस्थिति को? शायद परिस्थिति को ही। परिस्थिति—जिसमें थोड़ा या बहुत, सबों का योगदान था। सहायक परिस्थिति उत्पन्न कर देना एक राजनीतिक कौशल है। कुछ करना चाहते हैं, तो परिस्थिति पैदा करिए। अपने अदृश्य बाहुओं से घटनाचक्र को ऐसा घुमाइए कि वांछित फल, परिस्थिति का अनिवार्य परिणाम बन जाए। आप सर्वथा दोषमुक्त रहेंगे; लोग परिस्थिति को ही कोसेंगे। असलियत तो बहुत बाद में ही खुल पाएगी।

माउंटबेटन जब अपना पदभार ग्रहण करने दिल्ली पहुँचे तो गांधी जी पटना में थे। भेंट करने के लिए भावी वाइसराय का तार उन्हें मिला। जवाब उन्होंने फौरन लिखवा दिया। लेकिन मंटो दा (बिहार के ख्यातिनामा पत्रकार, श्री एस.के. घोष) मुझे बता रहे थे कि गांधी जी ने अपने सचिव को आदेश दिया कि उस जवाब को दो-एक रोज बाद ही भेजा जाए। गांधी जी शायद माउंटबेटन पर यह प्रकट करना चाहते थे कि भेंट के लिए वे बहुत लालायित नहीं हैं। वे 31 मार्च

की सुबह दिल्ली पहुँचे। उस दिन सोमवार था। गांधी का मौन दिवस। लेकिन कह नहीं सकता कि उस दिन उनका मौन कैसे मुखरित हुआ। गांधी जी वाइसराय से मिले और सवा दो घंटे तक बातचीत की—अपराह्न के तीन से सवा पाँच बजे तक। वाइसराय के अध्ययन-कक्ष में प्रवेश करते समय वे थोड़ा उदास भी थे। रेल-यात्रा में किसी ने उनकी घड़ी चुरा ली थी। लेकिन, वाइसराय से जब उन्होंने विदा ली, तब उनके चेहरे पर सन्तोष और प्रसन्नता की स्पष्ट झलक थी। पता नहीं, क्या मिल गया था उन्हें।

उस दिन सबेरे जब मौलाना आजाद उनसे मिले थे, तो गांधी जी ने छूटते ही कहा था कि, उन्हें लगता है बँटवारे के खतरे के सामने वल्लभभाई और जवाहरलाल ने भी आत्मसमर्पण कर दिया है। उन्होंने मौलाना साहब से यह भी पूछा था, "आप क्या करेंगे? मेरा साथ देंगे या आप भी बदल गए?" मौलाना ने कहा कि बँटवारे के खिलाफ तो वे बराबर ही रहे हैं, और अब तो पहले से भी ज्यादा हैं। लेकिन, जब जवाहरलाल और सरदार पटेल ने हथियार डाल दिए हैं, तो मुल्क को बचा लेने की ताकत बस गांधी जी में ही है। वे डटकर खड़े हो जाएँ, तो बिगड़ी अब भी बनाई जा सकती है। उस समय गांधी जी इतने दृढ़प्रतिज्ञ दिखे कि उन्होंने मौलाना साहब से कहा, "कांग्रेस अगर बँटवारा स्वीकार करना चाहती है, तो यह मेरी लाश पर ही होगा। मैं जब तक जीवित हूँ, भारत का बँटवारा कभी नहीं मानूँगा; और मुझसे बन पड़ा तो कांग्रेस को भी इसे स्वीकार करने नहीं दूँगा..." उसी दिन शाम को गांधी जी से सरदार पटेल की दो घंटे तक एकान्त वार्ता हुई। क्या बातें हुईं, सो नहीं मालूम। लेकिन, मौलाना जब गांधी जी से दुबारा मिले, तो उनका मनोभाव इतना ठंडा पाया कि मौलाना साहब का दिल बैठ गया। विभाजन के पक्ष में सरदार के तर्कों की पुनरुक्ति गांधी से सुनकर मौलाना चकित थे।

अवश्यंभाविता को अपने प्रज्ञानेत्रों से देख तो लिया ही था गांधी ने। परन्तु—जब तक साँस, तब तक आस। विभाजन के विरुद्ध अपना प्रयास उन्होंने नहीं छोड़ा। उन दिनों कई जनसभाओं में उन्होंने कहा कि भले ही सारा देश धू-धू कर जल उठे, परन्तु भारत की एक इंच भी भूमि पाकिस्तान बनाने के लिए नहीं दी जाएगी। लेकिन उनका कुछ चल नहीं पाया। देश जला भी, देश बँटा भी।

असल में गांधी स्वयं ही एक षड्यंत्र के शिकार हुए। एक ऐसा षड्यंत्र जिसमें उनके अपने लोगों का भी हाथ था। एक नितान्त अहिंसक षड्यंत्र, गांधी के सविनय-अवज्ञा से बिलकुल मेल खाता हुआ। 11 अप्रैल को वाइसराय को जो पत्र उन्होंने भेजा था, उसी से स्थिति स्पष्ट हो जाएगी। लिखा था—

> ...मुझे दुख के साथ कहना पड़ता है कि बादशाह खाँ के अलावा दूसरे किसी को भी अपने साथ ले चलने में मैं विफल रहा...अब आप भी मुझे इन सारी

> बातों से अलग ही रखिए...सी.एफ. एंड्रयूज की भाँति मैं भी अब अपने अतिरिक्त अन्य किसी का प्रतिनिधित्व नहीं करता...

अगले दिन वे पटना रवाना हो गए। षड्यंत्र की इससे शानदार सफलता और हो ही क्या सकती थी कि माउंटबेटन-योजना के अन्तर्गत विभाजन-वार्ता की निर्णायक घड़ियों में गांधी जी सारी बातों से विरक्त और विलग ही रहे।

जून की दो तारीख को भी सोमवार ही था। उस दिन वाइसराय के अध्ययन-कक्ष में प्रवेश करते हुए अपने बन्द होंठों पर उँगली रखकर गांधी जी ने इंगित किया कि आज उनका मौन-दिवस है। माउंटबेटन ने चैन की एक गहरी साँस ली। सामने की मेज पर पड़े एक पुराने लिफाफे का टुकड़ा फाड़कर गांधी जी ने लिखा—

> मुझे दुख है कि मैं बोल नहीं सकता...मैं जानता हूँ, आप भी नहीं चाहते कि मैं अपना मौन भंग करूँ...एक-दो बातें हैं जिनकी चर्चा मैं जरूर करना चाहता हूँ, लेकिन आज नहीं। अगर हम फिर कभी मिले तो मैं कहूँगा...

अगले दिन शाम को, देश और दुनिया के लोगों ने रेडियो पर सुना, जवाहरलाल, जिन्ना, सरदार बलदेव सिंह और अन्य भारतीय नेता माउंटबेटन की विभाजन-योजना को दी गई अपनी-अपनी स्वीकृति की घोषणा कर रहे थे। अपने महान नेता को छोड़, कारवाँ आगे बढ़ गया। गांधी खामोश हो, गर्द और गुबार देखते रहे।

उनके बोझिल मन को सहलाते हुए माउंटबेटन ने कहा कि वे स्वयं ही भारत की अखंडता के प्रति गांधी जी के अनुराग का सम्मान करते रहे हैं। उस अखंडता के भंग होने से गांधी जी को कितना असह्य दुख होता होगा, इसका अनुमान सहज ही किया जा सकता है। जिस सर्वस्वीकृत-योजना के अन्तर्गत विभाजन और स्वराज होने जा रहा था, उसे समाचार-पत्रों ने 'माउंटबेटन-प्लॉन' की संज्ञा दी है। लेकिन असल में तो उसे 'गांधी-प्लॉन' कहना ही उपयुक्त होगा क्योंकि, उसके सारे तत्त्व वे ही हैं जिन पर गांधी जी स्वयं ही अत्यधिक बल देते रहे हैं। उन्होंने अंग्रेजों से माँग की थी कि, जितना जल्द सम्भव हो, वे भारत छोड़ दें। 'डोमिनियन-स्टेट्स' का प्रावधान कर वह माँग पूरी की जा रही है। गांधी जी चाहते थे क़ि भारत के भविष्य का निर्माण स्वयं भारतीय ही करें, तो प्लॉन में भी इसकी व्यवस्था कर दी गई है कि जनता द्वारा निर्वाचित प्रत्येक प्रान्तीय विधान सभा स्वयं यह निश्चय करे कि उसका प्रदेश भारत में ही रहेगा या पाकिस्तान के संग मिलेगा। "...यदि ऐसा चमत्कार हो जाए कि सभी विधान सभा अखंडता के पक्ष में ही निर्णय ले लें, तब तो आप जो चाहते हैं, वह पा ही लेंगे। किन्तु यदि वे राजी नहीं होते, तो मुझे विश्वास है कि आप कदापि नहीं चाहेंगे कि हथियार के बूते पर हम उनके फैसले को ठुकरा दें..."

माउंटबेटन के इस तर्क का गांधी जी के पास क्या जवाब हो सकता था? वे उठे, और कुछ देर बाद सन्ध्या की प्रार्थना सभा में एकत्रित लोगों से बोले कि जो कुछ भी हुआ, उसके लिए वाइसराय को दोष देना व्यर्थ है। हम भारतवासी अपने-आपको देखें और स्वयं अपने ही मन को टटोलें। उत्तर मिल जाएगा।

किन्तु तीस वर्षों के बाद आज भी उत्तर ठीक-ठीक कहाँ मिल पा रहा है! गांधी ने डटकर विरोध किया होता, तो मजाल थी, लोग विभाजन को स्वीकार कर लेते! गांधी की आँधी के सामने टिक ही कौन पाता? किन्तु निर्णय की उस नाजुक घड़ी में वे चुप रहे। उस दिन उनका मौन दिवस था—सोमवार, जून की 2 तारीख। जब ऐसा ही था, तो वे एक दिन पहले या बाद में मिले होते! मुझे हैरत तो तब हुई, जब पुराने जंतरी-पतरों से मैंने यह ढूँढ़ निकाला कि 1947 का 31 मार्च भी सोमवार ही था जिस दिन गांधी जी पहले-पहल माउंटबेटन से मिले थे। उस दिन तो पूरे एक सौ पैंतीस मिनट तक उन्होंने बात की थी। सो भी, सामयिक प्रसंगों पर कोई ठोस वार्ता नहीं, मात्र अतीत की स्मृतियाँ! काम की बात तो अगले दिन, पहली अप्रैल की भेंट में जाकर हुई। सिर्फ पन्द्रह मिनट! इसे विडम्बना ही कहिए कि ईसाई रिवाज के मुताबिक पहली अप्रैल-फूल्स-डे' (मूर्ख-दिवस) हुआ करता है।

स्वयं माउंटबेटन की अपनी नीयत क्या थी? शानदार ब्रिटिश परम्परा के अनुसार, भारत की एकता और सम्पूर्णता को अक्षुण्ण बनाए रखने के लिए क्या वास्तव में वे स्वयं भी आतुर थे? अथवा, अखंडता के पक्ष में उन्होंने जो कुछ भी कहा, वह मात्र एक दिखावा था? एक कुशल अभिनय? 'फ्रीडम ऐट मिडनाइट' के लेखकों ने उनकी परेशानियों की चर्चा करते हुए लिखा है, "यदि जिन्ना वह व्यक्ति थे जिन्होंने भारत को एकजुट रखने की उनकी उम्मीद बर्बाद कर डाली थी, तो गांधी वह व्यक्ति थे जो विभाजन की उनकी सारी आशा पर ही पानी फेर दे सकते थे।" मान लीजिए यह बात सही थी और माउंटबेटन भी सच्चे हृदय से भारत की एकता के ही पक्ष में थे, तो उन्हें गांधी का ही हाथ मजबूत करना चाहिए था न? गांधी और माउंटबेटन के सम्मिलित प्रहार से विभाजन की सारी योजना चरमराकर चूर-चूर न हो जाती? लेकिन, उन्होंने जो किया, सो भी मालूम है। इतिहास की निर्णायक घड़ियों में अपने अदृश्य बाहुओं से गांधी को विरक्त और विलग कर देने का जो चमत्कार माउंटबेटन ने दिखाया,उस कौशल का उपयोग उन्होंने यदि जिन्ना को निरुत्साह और निष्प्रभावी बनाने में किया होता, तो विशाल भारत का वह नक्शा सुरक्षित रह जाता जिसे बनाने का सर्वाधिक श्रेय ब्रिटिश जाति को ही था। देश विभाजन से बच जाता। और नहीं तो विभाजन कुछ दिनों के लिए टल तो अवश्य ही जाता; और अगर टल जाता, तो फिर बच भी जाता। जिन्ना साहब तो अगले साल गुजर ही गए। पिछले कुछ वर्षों से वे कैंसर के असाध्य रोग से

पीड़ित थे। उनकी मौत के बाद वह रोग विरासत में मुस्लिम लीग को ही तो मिलता। पाकिस्तान ले लेने की ताकत तब लीग में बच भी जाती क्या? पाकिस्तान तो मात्र जिन्ना साहब के दिमाग का एक फितूर था। उनकी मौत के बाद उस फितूर को भी दम तोड़ते कितनी देर लगती? गौर कीजिए, पाकिस्तान स्थापित होने के कुछ ही वर्षों के अन्दर क्या हाल हो गया मुस्लिम लीग का स्वयं पाकिस्तान में? जिस मुस्लिम लीग ने पाकिस्तान बनवाया, उस पाकिस्तान ने मुस्लिम लीग को ही समाप्त कर दिया। कांग्रेस तो भारत में स्वाधीनता के पैंतीस वर्षों बाद भी शान से चल रही है, और आगे भी चलती रहेगी। माउंटबेटन इस दोष से मुक्त कैसे हो सकते हैं कि जल्दबाजी उन्होंने ही कर दी। ब्रिटिश प्रधानमंत्री ऐटली की इच्छा और घोषणा तो जून 1946 तक सत्ता हस्तान्तरण करने की थी।

भारत को संयुक्त रखने के अपने प्रयास में माउंटबेटन अपेक्षाकृत अधिक चिन्तित इस बात के लिए रहे कि विफलता की स्थिति में विभाजन का सारा दोष भारतीयों के मत्थे ही जाए। 15 अप्रैल को गवर्नरों के सम्मेलन में वाइसराय माउंटबेटन ने कहा था कि भारत को संयुक्त रख सकने की अपनी आशा का परित्याग वे सहज ही नहीं कर सकते। फिर भी यदि विभाजन स्वीकार करना ही पड़ा तो समस्त संसार को यह अवश्य ज्ञात हो जाना चाहिए कि यह दुर्भाग्य, ब्रिटिश निर्णय के फलस्वरूप नहीं, अपितु स्वयं भारतीय जनमत के ही कारण घटित हुआ। दो सप्ताह बाद ऐटली सरकार को जब उन्होंने अपनी पाँचवीं गुप्त रिपोर्ट भेजी, तो उसमें लिखा—

> ...बँटवारा मात्र एक पागलपन है। यदि सबके सब लोग इस विचित्र साम्प्रदायिक सनक से ग्रस्त न हो चुके होते, और कोई भी दूसरा रास्ता खुला रह जाता, तो बँटवारे के लिए मैं कतई तैयार नहीं होता। दुनिया की नजरों में पागलपन से भरे इस फैसले की पूरी जवाबदेही भारतीयों के सिर पर ही जानी चाहिए...

सम्भव है, माउंटबेटन की बाबत जो बात गांधी जी ने कही, सो ही ठीक हो। सब कुछ जान-समझकर ही तो उन्होंने कहा होगा कि वाइसराय को दोष देना व्यर्थ है। देश में उन दिनों जो भयंकर खून-खराबा हो रहा था, जो अराजकता फैली हुई थी, उसमें अंग्रेजों के सामने दो ही रास्ते तो थे—वे भारतीयों को उनके भाग्य पर छोड़कर जल्द-से-जल्द चले जाएँ; अथवा स्थिति पर काबू पाने के लिए बल का प्रयोग करें और राज चलाएँ। यदि बल प्रयोग करते तो उसकी प्रतिक्रिया? आन्दोलन, विस्फोट, लेबर सरकार पर भी साम्राज्यवादी लिप्सा का सन्देह और आरोप; विश्वव्यापी निन्दा। अपनी क्षीण शक्ति और साधन का अपव्यय अंग्रेज

भारतीय स्थिति को सँभालने में व्यर्थ क्यों करते? उनके समक्ष तो स्वयं ही एक अति विकराल समस्या उपस्थित थी—युद्ध-ध्वस्त ब्रिटेन का पुनर्निर्माण। वाइसराय ने वही किया जो करना उनके लिए आसान था। ब्रिटिश सरकार की दृष्टि में भारतीय मुसलमानों की प्रतिनिधि संस्था मुस्लिम लीग ही थी। किन्तु सच्चाई यह थी कि लीग का अर्थ और कुछ भी नहीं, बस जिन्ना साहब। लीग! जिन्ना साहब की एक पॉकेट-एडिशन जमात। जब चाहें कुछ पन्ने उलट-पलटकर देख लें, और जब चाहें उसे पॉकेट में डाल दें। इसलिए जिन्ना साहब की अवहेलना कर देना वाइसराय के लिए आसान नहीं था। आसान था गांधी को ही अलग-थलग कर देना क्योंकि, बहुसंख्यक भारतवासियों की प्रतिनिधि संस्था कांग्रेस थी और कांग्रेस का अर्थ तब तक हो चुका था—गांधी भी, नेहरू भी और पटेल भी। नेहरू और पटेल सत्ता की उँगली पकड़ चुके थे और अब वे उसकी कलाई जकड़ने को आतुर थे। माउंटबेटन भी उन्हें कलाई पकड़ा देने के लिए तत्पर थे ही।

उन दिनों गांधी के प्रति कांग्रेस के प्रभावशाली नेताओं के व्यवहार का हाल सुनाते हुए 'फ्रीडम ऐट मिडनाइट' के लेखकों से माउंटबेटन ने कहा, "एक तरह से गांधी के विरुद्ध वे सब मेरे पीछे हो लिये। गांधी को चुनौती देने के लिए, एक अर्थ में, वे लोग मुझे प्रोत्साहित कर रहे थे...।" फिर तो गांधी से छुटकारा पा लेना कितना आसान हो गया होगा। और गांधी? वे करते भी क्या! उम्र कहाँ थी अब, स्वास्थ्य कहाँ रहा था वैसा गांधी का कि वे सबकी चुनौती स्वीकार कर लेते? विद्रोह में अकेले ही उठ खड़े होते? सत्ता स्वयं तो उन्हें सँभालनी थी नहीं। राज तो चलाना था नेहरू, पटेल और उनके अन्य संगी-सहयोगियों को। जब वे लोग ही बँटवारा स्वीकार कर लीग के साथ रोज-रोज की चख-चख और सिरदर्द से सदा के लिए छुटकारा पा लेना चाहते थे तो, गांधी के लिए उपाय ही क्या था? संग्राम या सत्ता, किसी के भी संचालन के लिए सुयोग्य नेताओं की एक टोली चाहिए। ऐसा चाक कहाँ होता है कि जब चाहो घुमाओ और मनचाहा नया नेता गढ़ लो? बेबसी थी गांधी की।

अतीत की स्मृतियों की छाँव में बैठे कई वर्षों बाद एक दिन नेहरू ने माइकेल ब्रेचर से कहा, "...बस, यही समझिए कि घटनाओं की बाध्यता थी; एक भाव यह भी था कि अब तक जिन रास्तों से हम चले, उधर से चलकर गतिरोध या दलदल से हम उबर नहीं सकते। हालत दिन-ब-दिन बिगड़ती ही जा रही थी। यह खयाल भी कि मान लो! वैसी पृष्ठभूमि में भारत की आजादी हमें मिल भी गई तो वह एक अत्यन्त निर्बल भारत होगा...यह बात भी कि निकट भविष्य में स्वराज्य पाने का दूसरा रास्ता हमें दिख भी नहीं रहा था। इसलिए हमने यह सोचकर उसे स्वीकार किया कि चलो, एक मजबूत-सा भारत बनाएँगे। अब अगर और लोग

उसमें रहना नहीं चाहते, तो उन्हें साथ रहने को हम कैसे और क्यों मजबूर करें?" लेकिन, कोई चार वर्षों बाद ल्योनार्ड मोसले के साथ फिर जब वही चर्चा छिड़ी तो पंडित जी सच्चाई के और निकट गए और तब उन्होंने कहा, "सच तो यह है कि हम थके हुए लोग थे और हमारी उम्र भी बढ़ती जा रही थी। फिर से जेल जाने को हममें से कुछ ही लोग तैयार होते...विभाजन की योजना ने एक रास्ता खोला और हम उधर ही बढ़ चले..."

जिन्ना साहब अलबत्ता पूरे सफल रहे। अन्य बातों के अतिरिक्त उनकी सबसे बड़ी सफलता यह थी कि पाकिस्तान के बारे में सारी मुस्लिम जनता को अन्त तक उन्होंने भ्रम में रखा। पाकिस्तान तो कोई सुनिश्चित योजना थी नहीं, मात्र एक नारा था। पाकिस्तान कहाँ बने, कैसे बने—क्या भारत के नक्शे में उत्तर से दक्षिण या पूरब से पश्चिम एक विभाजक रेखा खींचकर उसकी एक तरफ हिन्दुस्तान और दूसरी तरफ पाकिस्तान कायम कर दिया जाए? या फिर, मुल्क के हर एक सूबे का बँटवारा हो और हर सूबे में हिन्दुस्तान और पाकिस्तान रहे? या सिर्फ इतना ही कि जिन सूबों में मुस्लिम बहुमत हो, वह पाकिस्तान और जहाँ हिन्दू बहुमत हो, वह हिन्दुस्तान? ये ऐसे टेढ़े सवाल थे जिनकी गहराई में जिन्ना साहब जान-बूझकर नहीं गए। जाते तो पाकिस्तान बन ही नहीं पाता।

मुझे अब भी याद है, शायद 1945 का ही दिसम्बर था। मैं सातवीं कक्षा की अपनी परीक्षा समाप्त कर मुजफ्फरपुर से पटना आया था। राजेन्द्र बाबू के बारे में पढ़ा-सुना ही था, कभी देखा नहीं था उन्हें। तबीयत हुई चलकर देखें, कैसे हैं बिहार के गांधी। तीसरे पहर साइकिल उठाई और सदाकत आश्रम जा पहुँचा। बाहर चटाई पर बैठे राजेन्द्र बाबू चरखा कात रहे थे। कुछ देर बातचीत करने के बाद मैंने उनसे पूछा, "पाकिस्तान का ह, बाबूजी?" मेरी अपरिपक्व बुद्धि को बोधगम्य हो सके, सम्भवत: मुख्य रूप से उसी का ध्यान रखते हुए उन्होंने समझाया, " 'पाक' समझे ल? पाक के माने होखेला, पवित्र। मुसलमान लोग अपना के पवित्र समझे ला। ए लेल अपना रहे खातिर जे पवित्र स्थान उ लोग बनावे के चाहइता, ओकरे नाम होई पाकिस्तान। पवित्र स्थान; पवित्र देश।"

यहाँ के मुसलमानों को यह धोखा हो गया कि बँटवारे के बाद वे सबके सब अपनी पवित्र भूमि, पाकिस्तान चले जाएँगे और हिन्दुस्तान में केवल काफिर हिन्दू ही बसेंगे। उनसे यह भूल नहीं हुई होती, तो उन दिनों जिन्ना साहब के नेतृत्व में भारत के मुसलमान, पाकिस्तान बनाने के लिए हरगिज जेहाद न छेड़ते। कम-से-कम बंगाल, पंजाब, सिन्ध, सीमान्त प्रदेश के अतिरिक्त शेष सूबों के मुसलमान निश्चय ही उनका साथ न देते। क्योंकि पाकिस्तान बन जाने के बाद भी शेष सूबों के मुसलमानों को हिन्दुस्तान में ही रहना पड़ गया, हिन्दुओं के साथ ही। सैकड़ों

साल से वे रहते ही तो आए थे। प्रेम-मुहब्बत, हेल-मेल के साथ। सुख-दुख, जीवन-मरण, पर्व-त्योहार, सभी में संग निबहता ही आया था। मैं स्वयं भी एक चश्मदीद गवाह हूँ। बचपन में अपने ननिहाल दरभंगा में मुहर्रम के दिनों में हिन्दुओं को भी ताजिया निकालते और अली-अली कर बान्दा भाँजते देखा था। अपने नाना के साथ दीघी-दरगाह पर चादर और सिरनी चढ़ाने कई बार गया हूँ। ऐसा बहुत कुछ चला करता था उन दिनों। और थोड़ी-बहुत जो फूट थी या लड़ाई-झगड़ा था, वह क्या स्वयं हिन्दू-हिन्दू के बीच या मुसलमान-मुसलमान के बीच नहीं था या अब भी नहीं है? देश के बँट जाने से क्या वे झगड़े समाप्त हो गए? क्या बँटवारे और आजादी के असल मकसद पूरे हो गए?

आज भी जब लॉर्ड माउंटबेटन की तस्वीर देखता हूँ, तो लगता है जैसे उनके होंठ हिल रहे हों और उनसे आवाज आ रही हो, वही बात जो 8 अगस्त, 1947 के अपने रेडियो भाषण में उन्होंने कही थी—

> ...अनुभव हमें बताता है कि जंग जीत लेना तो आसान है, किन्तु जंग के मकसदों को हासिल करना एक मुश्किल बात है...

तीन

खिश्ते अव्वल चूँ ने हद मे मार कज
ता सुरइया मिरवद दीवार कज

अर्थ है—नींव की पहली ईंट अगर टेढ़ी लग जाए, तो दीवार को चाहे आसमान तक उठा दीजिए, वह टेढ़ी ही रह जाएगी।

सोचता हूँ, हमारी आजादी के साथ भी ऐसा ही कुछ हुआ। कुछ प्रारम्भिक भूलें हुईं जिनके दुष्परिणाम कालक्रम में फलित और विकसित होते चले गए। महँगाई, बेरोजगारी, गरीबी, प्रशासनिक भ्रष्टाचार, राजनीतिक दुष्चरित्रता, विद्यालय-परिसर-उप्पलव, युवा-उच्छृंखलता, भंग-विधि-व्यवस्था, साम्प्रदायिक दंगे, जात-पाँत, भाई-भतीजावाद, भाषा, उत्तर-दक्षिण का सवाल, क्षेत्रीय और आंचलिक विवाद, चातुर्दिक तनाव और बिखराव की स्थिति, अवसरवादिता की रीति और आक्रोश की मुद्रा—इन सारी रेखाओं और रंगों से युक्त हमारा जो चित्र उभरा है, उसे देखकर दिल बैठ जाता है। स्वतंत्रता-संग्राम के दिनों में हमारा जो कद था, उससे आज हम काफी छोटे दीखते हैं।

सोचिए तो, क्या इतना ही काफी था कि हमें आजादी मिल गई? क्या स्वराज्य का प्रयोजन यह था कि अंग्रेजों की दासता से मुक्त होकर हम अपने ही चारित्रिक दुर्गुणों की दासता में ग्रस्त हो जाएँ? स्वतंत्र नागरिक की हैसियत से स्वराज्य का सर्वाधिक उपयोग अपने हेय स्वार्थों की पूर्ति के लिए ही तो हम अब तक करते रहे हैं न? एक माने में हमने स्वतंत्रता-प्राप्ति के कुछ ही दिनों बाद उसे खो भी दिया। यह नहीं कि हम फिर सचमुच पराधीन हो गए। मेरा अभिप्राय यह है कि स्वाधीनता का सदुपयोग करने और उसे सुरक्षित रखने के लिए अनिवार्य निष्ठा और कर्तव्यबोध जाग्रत करने का स्वर्ण अवसर हमने गँवा दिया। निष्ठा और कर्तव्यबोध के अभाव में स्वतंत्रता का सदुपयोग भला हम कर ही कैसे पाते? और जब सदुपयोग नहीं कर पाए, तो उसका दुरुपयोग होना ही था। अब यह भी

सच है कि जो भी देश अपनी आजादी का दुरुपयोग करता है, उसकी आजादी पहले खतरे से घिरती है, फिर समाप्त हो जाती है। स्वतंत्रता-प्राप्ति के प्रारम्भिक कुछ वर्ष मनोवैज्ञानिक रूप में हमारे राष्ट्रीय जीवन के सर्वाधिक उर्वर काल थे। जिन सद्गुणों और सद्‌वृत्तियों के बीज उन दिनों बो दिए जाते, उन्हीं की खेती आज लहलहाती होती। उन दिनों राष्ट्र को जिस साँचे में ढाल दिया जाता, उसी में ढलकर वह आज ठोस बन निकलता।

उन दिनों की एक छोटी-सी बात बताता हूँ। स्वतंत्रता का सूरज अभी निकला नहीं था, निकलनेवाला था। पौ फट चुकी थी, यही समझिए। मेरे नाना रिटायर हो चुके थे और बड़े मामा के अतिरिक्त दूसरे मामा लोग अभी किसी रास्ते पर लगे नहीं थे। बाप की घूस-रिश्वत की कमाई से मौज-मस्ती में कटती आई थी उन लोगों की। बाप रिटायर हो गए तो क्या, बड़े भाई तो नौकरी में लग ही गए थे। मगर नाना बड़े चिन्तित रहा करते थे। उनका खयाल था कि खद्‌दरधारियों के आनेवाले राज में घूस-रिश्वत तो चल नहीं पाएगी। तब फिर एक आदमी के ठूँठ वेतन से उतने बड़े परिवार की बसर कैसे होगी। इसी चिन्ता में बहुधा वे अपने लापरवाह बेटों को फटकारते, "अभगले सब! अब सरकार बहादुर के राज बदले वाला हई। आगे इ सब फुटानी न चल तो—अपन-अपन चेतइत जा न त बिलट जाइत जए ब।" इतना भय समा गया था आम नौकरीपेशा लोगों में उन दिनों। मगर गांधी टोपीवाले जब गद्‌दी पर बैठे तो अधीनस्थ कर्मचारियों ने सहमते-सहमते उनकी नब्ज टटोलनी शुरू की और कुछ ही दिनों में उन्हें अपने पर ही हँसी आई कि वे व्यर्थ उतना क्यों डर रहे थे। उन्होंने भाँप लिया कि जो सब चलता आया था, सब उसी तरह चलेगा; बल्कि पहले से भी ज्यादा।

आजादी के बाद सरकारी दफ्तरों में गांधी जी की जो तस्वीर टँगी, उसमें एक ऐसी भी तस्वीर थी जिसमें गांधी आशीर्वाद देने की मुद्रा में अपनी तलहत्थी आगे बढ़ाए खड़े थे। जानते हैं? फ्रेम में जकड़े गांधी जी की तलहत्थी की उन पाँच उँगलियों का क्या अर्थ कर्मचारियों ने जनता को समझाना शुरू किया, "उधर देखिए! गांधी बाबा इशारा कर रहे हैं कि अब से दस्तूरी पाँच से कम न देनी है, न लेनी है।"

यह भी एक विडम्बना ही है कि लड़कपन में स्वराज्य के बारे में अज्ञानतावश जो धारणा मेरे मन में समाई थी, उसी से मिलती-जुलती दुर्भाग्यपूर्ण कुधारणा आज जनमानस में बैठी दीखती है। लड़कपन में मेरी छोटी बहन मेरा लिहाज नहीं किया करती थी। बहुधा मुझसे बदतमीजी कर बैठती, मुँह चिढ़ा देती। मैं इतना कुढ़ जाता कि तबीयत होती, कसकर उसकी मरम्मत कर दूँ। मगर मेरी कठिनाई यह थी कि वह पिताजी की लाडली थी और जब मैं उसे पकड़ने उठता तो वह भागकर उन्हीं

के पास चली जाती। मेरी हिम्मत नहीं कि पिताजी के सामने जाऊँ। लहू का घूँट पीकर रह जाता। अकेले में जब मिलती तो मैं उसे धमकाता—"अच्छा ठहरऽ ठहरऽ! सोराज मिले दहु। गरदन काट के न फेंक देलिओ, त कहि हऽ।" नौ-दस साल की उस कच्ची उम्र में मुझे यह सोचकर बड़ी राहत मिलती कि अंग्रेजी राज समाप्त हो जाने के बाद, जब अपना राज आएगा, तब फिर किसी का कोई डर-भय नहीं रहेगा। पिताजी का भी नहीं। जैसे जो तबीयत होगी, करेंगे। उस नालायक की गरदन काटकर फेंक देंगे जो पिताजी के बल पर मेरे साथ गुस्ताखी कर बैठती है। मुझे फाँसी भी नहीं होगी।

अब आज जो चारों तरफ आप दृश्य देखते हैं, उसे क्या कहिएगा? मनमानापन नहीं तो और क्या? टिकट नहीं लेंगे, लेकिन यात्रा करेंगे। डब्बे में जगह नहीं तो छत पर बैठेंगे। जहाँ चाहेंगे जंजीर खींचेंगे, गाड़ी रोकेंगे। बला से, सुपरफास्ट ट्रेन ही क्यों न हो जो हजारों मील की यात्रा कम-से-कम समय में तय करने के इरादे से चलाई गई हो। स्लीपर-कोच हो या फर्स्ट क्लास कूपे। दूर-दराज की यात्रा रात में आराम से तय करने के उद्‌देश्य से भले ही आपने हफ्तों पहले लम्बी कतार में घंटों खड़े होकर बर्थ रिजर्व कराई हो, तो भी क्या अन्तर पड़ता है उन मनमौजी नौजवानों के लिए जो टोली बनाकर दरवाजा पीट-पीटकर बलपूर्वक डब्बे के अन्दर घुस आएँगे। आपको न केवल उनको जगह देनी होगी, बल्कि दो-चार घंटे अपनी नींद हराम कर उनके भद्‌दे गाने, गन्दे मजाक और आवारा ठहाकों को भी सहन करना होगा। यदि डब्बे में जवान लड़कियाँ या अधेड़ आयु तक की भी औरतें बैठी हों, तो उनकी बेहूदगी का रंग और गहराता जाएगा। आप तो आप, कंडक्टर या गार्ड या रेलवे पुलिस तक की मजाल नहीं कि उनके साथ सख्ती से पेश आएँ। डब्बे चूर कर दिए जाएँगे, स्टेशन जलाकर खाक कर दिया जाएगा। हिंसा पर उतारू भीड़ को नियंत्रित करने के लिए यदि पुलिस ने गोली चला दी, तो फिर तूफान देखने लायक! गली-बाजारों से गुजरते जुलूस के गर्द-ओ-गुबार, नारों की गूँज : "निहत्थों पर जो गोली चलाए, वह सरकार निकम्मी है; जो सरकार निकम्मी है, वह सरकार बलदनी है।" चारों ओर से विरोधी दलों की माँग—"पुलिस अत्याचारों की अदालती जाँच हो।"

रोडवेज यदि घाटे में चल रहा है तो अपना क्या जाता है! किराया कम दें, बिलकुल न दें या दे के छीन लें; बोलो मत। जहाँ हाथ दिखाएँ, बस रोको! अन्दर जगह नहीं, तो छत पर बैठेंगे या लटककर चलेंगे। चूँ-चपड़ की तो बस के शीशे चूर-चूर; ड्राइवर या कंडक्टर अस्पताल में दाखिल। और बात बढ़ी, तो बस डिपो में आगजनी। पुलिस ने दखलंदाजी की, तो ईंट-पत्थर से मुकाबला होगा। लोग यदि पुलिस की गोली के शिकार हुए, तो फिर वही अविनाशी

नारा—"...वो सरकार बदलनी है...पुलिस जुल्म बन्द करो, बन्द करो...अदालती जाँच करानी होगी..."

आजादी के बाद बिहार में छात्रों पर पुलिस की जो पहली गोली चली, वह बी.एन. कॉलेज के बरामदे पर पटना साइंस कॉलेज के छात्र दीनानाथ पांडेय को लगी थी। लड़का वहीं ढेर हो गया। बरामदे पर टँगे नोटिस बोर्ड में एडमिशन के लिए चुने गए लड़कों की लिस्ट में वह अपने भाई का नाम ढूँढ़ रहा था। तभी सामने अशोक राजपथ से गोली उसे आ लगी। एक दिन पहले राज्य ट्रांसपोर्ट के गांधी मैदान स्थित बस डिपो के अन्दर बी.एन. कॉलेज के छात्रों और बस कर्मचारियों के बीच जमकर मार-पीट हुई थी जिसमें दोनों तरफ के लोग चोट खाए थे और कुछ बसें जली थीं। बिना किराए के बस पर चढ़ने को लेकर झंझट शुरू हुआ था। कल होकर फिसाद और बढ़ा। सभी कॉलेजों में हड़ताल करने और सम्मिलित रूप से विरोध-जुलूस निकालने का फैसला हुआ। सावधानी के तौर पर पुलिस की टुकड़ियाँ सड़कों पर गश्त लगाने लगीं। जहाँ-तहाँ पुलिस पर पत्थर बरसने शुरू हुए। मैं पटना कॉलेज में बी.ए. ऑनर्स का छात्र था। मेरा एक सहपाठी, जो एक बड़े खानदान का लड़का था—पिता चीफ जस्टिस थे, स्वयं परीक्षाओं में प्रथम आया करता था, अत्यन्त शीलवान, भद्र, नम्र—वह भी क्रोध में एक पत्थर उठा लाया और पुलिस पर फेंकने को उतारू हो गया। मुझे आज भी अच्छी तरह याद है, जब मैंने उसे रोकते हुए उसके हाथ से पत्थर छीनना चाहा था, तो बड़ी तमतमाहट में उसने मुझसे कहा था, "तुम नहीं जानते यार! ये साले इसी के लायक हैं।" आज वो भाग्यवान एक सीनियर आई.ए.एस. अफसर हैं। 'मौबोक्रेसी वर्सिस ब्यूरोक्रेसी' के बारे में इस बीच उनकी क्या राय बनी है, सो सुनने-समझने को बड़ा जी चाहता है।

कुछ देर बाद जब मैं बी.एन. कॉलेज के पास पहुँचा, तो दृश्य था : चौकी, बेंच, पैकिंग बक्से, लकड़ी के कुन्दे, डस्टबिन आदि से रोड ब्लाक कर दिया गया था। एक बड़ा-सा पुलिस-वैन वहाँ रुका खड़ा था। उसमें बैठे संगीनधारी पुलिस जवानों की हालत यह थी कि अवरोध के कारण उनका वैन आगे बढ़ नहीं सकता था। टप्पर लगे होने के कारण अगल-बगल से कूदकर वैन के बाहर कहीं वे भाग नहीं सकते थे, और वैन का पिछला हिस्सा, जो खुला था, उससे होकर पत्थरों की उन पर भयंकर वर्षा हो रही थी। एक बड़ा-सा पत्थर एक सिपाही के मुँह पर जोरों से जा लगा। वह वैन में ही लुढ़क गया। अनुमान कीजिए, उनके प्राण कितने संकट में रहे होंगे। मेरी दिक्कत यह थी कि पटना कॉलेज का विद्यार्थी होने के कारण बी.एन. कॉलेज के छात्रों से मेरी कोई विशेष जान-पहचान थी नहीं। फिर पत्थर फेंकनेवालों में छात्र कम, पास के गली-मुहल्लों के गुंडे-बदमाश

ही ज्यादा थे। खादी का पाजामा-कुर्ता-बंडी भी मेरे लिए मुसीबत ही थी। उस पोशाक में छात्र जैसा शायद मैं लगता भी नहीं था। यदि छात्र लगता होता तो उस उत्तेजनापूर्ण वातावरण में वहाँ उपस्थित छात्र बन्धुगण मेरी बात शायद सुन भी लेते। मेरे समझाने-बुझाने की कोशिश का बस इतना ही असर हुआ कि मैं स्वयं लात खा गया। कॉलेज गेट की रेलिंग पर खड़े एक लड़के ने मुझे कोई नेता समझकर मुझ पर लात चला दी। लाठी चार्ज और आँसू गैस के बावजूद जब लोग नहीं भागे और पुलिस पर ईंट-पत्थर बरसाते ही रहे, तो मैं समझ गया, आगे क्या होनेवाला है। सो, मैं लपककर प्रिंसिपल की कोठी पर पहुँचा। बाहर ही मैदान में प्रिंसिपल (स्व. डॉक्टर दिवाकर प्रसाद विद्यार्थी) छात्रों और स्टाफ के कुछ लोगों से घिरे घबड़ाए बैठे थे। दमा के मरीज होने के कारण उनका थोड़ा दम भी फूल रहा था। मैं बिलकुल भूल गया कि वे मेरे दादा हैं (मेरे पितामह के सगे चचरे भाई)। सब लिहाज छोड़, आवेश में तेज आवाज में मैंने उनसे कहा—

"आप यहाँ बैठे हैं और उधर गोली चलने को है।"

"तो मैं क्या करूँ?"—मेरी गुस्ताखी पर वे कुछ खीजकर बोले।

मैंने कहा, "आप चलकर लड़कों को समझाइए।"

"लड़के समझ जाएँगे?"—उन्होंने मुझसे सवाल किया।

मैंने कहा, "आप कोशिश तो कीजिए।"

"मैं जोर से बोल भी तो नहीं सकता," अपनी असमर्थता पर थोड़ा दुखी होते हुए उन्होंने कुछ रुककर कहा।

जैसे ही मैंने कहा कि अच्छा, तो मैं जाकर लाउडस्पीकर का इन्तजाम करवाता हूँ कि उधर धायँ-धायँ की आवाज हुई। फायरिंग शुरू थी। कुछ ही देर बाद जब मैं कॉलेज के बरामदे के पास पहुँचा तो देखा, फुलगेंदा भाई (भारतीय योग संस्थान के संचालक डॉ. फुलगेंदा सिंह, जो उन दिनों हमारे ही कॉलेज के छात्र थे) बरामदे पर पेट के बल सरकते हुए, लहू से लथपथ एक जवान लाश दीवार की ओट की तरफ खींच रहे थे ताकि लाश पुलिस के कब्जे में न चली जाए। यह बात भी नहीं भूल पाता कि दीनानाथ की अन्त्येष्टि के लिए चन्दे से उगाहे गए कुछ सौ रुपये जिस छात्र के जिम्मे लगाए गए थे, वे बन्धु सारे रुपये लेकर चम्पत हो गए।

उसके बाद तो राजनीति शुरू हो गई। लाश गिर जाए और राजनीतिक गिद्ध उस पर न मँडराएँ, यह कैसे हो सकता है! मंत्रिमंडल के अन्दर महेश बाबू (तत्कालीन उद्योग एवं परिवहन मंत्री) के खिलाफ गुट के लोगों ने भी चुपके-चुपके विरोधी दलों को उकसाया था। माँग शुरू हुई, "सरकार इस्तीफा दे, घटना की न्यायिक जाँच कराई जाए, दोषी अधिकारी बर्खास्त किए जाएँ।"

स्टूडेंट्स ऐक्शन कमिटी ने भी सत्याग्रह करने और 15 अगस्त के स्वतंत्रता-दिवस समारोह का बहिष्कार करने का फैसला किया (सन् '55 का वह गोलीकांड अगस्त महीने में ही हुआ था)। मैं इस बात के बिलकुल विरुद्ध था कि हम छात्र स्वतंत्रता-दिवस-समारोह का बहिष्कार करें और उस रोज काला बिल्ला लगाकर निकलें। सरकार की गलती का गुस्सा हम अपनी आजादी पर उतारें, यह मुझे नितान्त अनर्गल लगता था। लेकिन ऐक्शन-कमिटी में मेरी बात चली नहीं। मैं उससे हट गया। 15 अगस्त को राष्ट्र-ध्वज फाड़ने की भी एकाध घटना हुई।

कुछ दिनों बाद नेहरू जी पटना आए। उनकी सभाओं में लाखों लोग जुटते ही थे, उस रोज भी जुटे। बोलने उठे तो काफी बड़ी चौहद्दी खींचनी शुरू की। बीस-पचीस मिनट तक इधर-उधर की बातें—अपने आसाम दौरे का जिक्र, रूस-भ्रमण का वृत्तान्त, चीनी प्रगति की प्रशंसा आदि-आदि। पटना फायरिंग की कोई चर्चा ही नहीं। और लोग-बाग उनसे फायरिंग के बारे में सुनने को बेताब। बिहार सरकार ने लड़कों पर गोली चलवाई थी, पंडित जी भी सरेआम बिहार सरकार पर अपनी प्रताड़ना की गोली दागें, तो उनका मन जुड़ा जाए। फायरिंग से दुखी तो पंडित जी भी थे। परन्तु उन्हें ज्यादा गुस्सा राष्ट्रीय झंडे के अपमान का था। सो, बीच-बीच में उठ रहे शोरगुल को वे अनसुनी कर रहे थे। लेकिन जव बार-बार आवाजें आनी शुरू हुईं, "फायरिंग पर बोलिए...फायरिंग पर बोलिए" तो उनका दबा गुस्सा उबल पड़ा : "...ऐक्शन कमिटी बनाई है...ये ऐक्शन लेंगे... झंडा फाड़ेंगे...बड़ी कुरबानी देकर इस झंडे को हमने लहराया है, इस झंडे की शान रखने में चाहे जितनी भी जानें जाएँ, कम हैं। इसे ऊँचा रखने के लिए हम हर कुरबानी देने को तैयार हैं...!" कहीं से आवाज आई, "गोलीकांड के दोषी अफ़सरों को सजा दीजिए," तो वे तुनकते हुए बोले, "हाँ, ठीक है। सारे मामले की जाँच कराई जाएगी, अगर अफसर दोषी निकले तो उन्हें सजा मिलेगी"...इस घोषणा का तालियों की गड़गड़ाहट से जब लोगों ने स्वागत किया तो पंडित जी ने झट जोड़ दिया, "...और अगर लड़के दोषी पाए गए तो उन्हें भी सजा मिलेगी..." और कटाक्ष करते हुए लोगों से कहा, "...अब बजाइए ताली...अब ताली बजाइए...अब क्यूँ नहीं बजाते?" किन्तु ताली नहीं बजी। थोड़ी देर बाद जब पंडित जी जरा नरम पड़े तो उनकी आवाज में भविष्य की दुश्चिन्ता भर गई, "...मेरा क्या! मेरी जिन्दगी की तो शाम होने को आई और सूरज ढलनेवाला है...फिर देश तो आपको चलाना है। कैसे चलाएँगे आप देश को? कैसे महफूज रखेंगे अपनी आजादी को...?"

लेकिन पंडित जी के वे प्रश्न आज तक अनुत्तरित ही रह गए। तब से आज़ तक न जाने कितनी बार गोलियाँ चलीं और दीनानाथ की तरह नाहक शहादत

पानेवालों का सिलसिला फिर भी बन्द नहीं हुआ। जिन लोगों ने ये नारे लगवाए, "...लाठी गोली की सरकार नहीं चलेगी, नहीं चलेगी..." वे जब स्वयं सत्ताधारी बने, तो उन्होंने भी गोलियाँ चलवाईं। साम्यवादी, संविद, जनता—सभी सरकारों में गोलियाँ चलीं। पता नहीं, यह कैसा जादू है कि प्रतिपक्षी चश्मे से देखने पर भीड़ निहत्थी तथा शान्तिपूर्ण मालूम होती है और सत्ता का चश्मा लगा लेने पर वही भीड़ हिंसक दीखने लग जाती है। और यह भी एक सर्वविदित तथ्य है कि गोलीकांड की जाँच के लिए अब तक जितने भी आयोग गठित हुए हैं, प्राय: सभी ने अपनी-अपनी रिपोर्ट में फायरिंग को उचित बताया है। हाँ, फायरिंग में अक्सर 'एक्सेसेस' (अतिरेक) भी हुए हैं, यह रिपोर्ट भी आई है। लेकिन तटस्थ भाव से किसी बीती घटना पर राय देना एक बात है तथा उस घटना से झुलसना-जूझना, बिलकुल ही दूसरी। विध्वंसक उपद्रवों से निबटते वक्त सबसे बड़ा सवाल तो यह होता है कि उपद्रव को जल्द-से-जल्द कैसे रोका जाए। दिक्कत यह भी है कि पुलिस की आँखों में कोई 'एक्स-रे प्लांट' तो लगा होता नहीं कि घटनास्थल पर इकट्ठे लोगों के सीने के अन्दर पैठ कर वह झाँक लें कि उनमें किसके दिल में तमाशा-भर देखने का शौक है और किसके दिल में दंगा करने का इरादा। और न तो अब तक किसी ऐसी चलनी की ही ईजाद हुई है जो एकत्रित भीड़ में से बेकसूर तमाशबीनों को जल्दी-जल्दी छाँटकर अलग कर ले और बाकी खुराफातियों को गिरा दे। उत्तेजक और विध्वंसात्मक स्थिति को शीघ्रातिशीघ्र नियंत्रित करने के प्रयास में अतिरेक से बचना सामान्यतया सम्भव नहीं। वैसे में, जौ के साथ घुन पिस ही जाएँगे। लेकिन हर फायरिंग के बाद पुलिस के खिलाफ जन-आक्रोश की एक प्रचंड लू चलेगी। उसमें निकलने-झुलसने का किसी में साहस नहीं। कोई दल या नेता तथ्य को सच्चाई के साथ नहीं बताएगा। और इसका प्रमुख कारण, राजनीतिज्ञों का अपना-अपना स्वार्थ—वोट बटोर लेने का लोभ और उसे खो देने का भय। अब तक बस एक बार और एक ही आदमी ने हिम्मत की थी, और वह थे बिहार के तत्कालीन मुख्यमंत्री (स्व.) कृष्णवल्लभ सहाय—

> उस बार भी झगड़ा बस डिपो से ही शुरू हुआ था। तोड़-फोड़, लूट-मार के बाद लोगों ने गांधी मैदान के पास वाले खादी भवन में आग लगा दी। गोली चली। कुछ ही दिनों बाद आम चुनाव आया। कृष्णवल्लभ बाबू पटना से खड़े हुए। साहित्य-सम्मेलन भवन में आयोजित चुनाव सभा को सम्बोधित करने और अपने लिए वोट माँगने पहुँचे तो पिछले गोलीकांड को लेकर लोगों ने उन पर बौछारें शुरू कर दीं। मगर दाद देनी होगी उन मरहूम को। चुनाव की उस नाजुक घड़ी में भी वे दबे नहीं और नतीजे की कोई परवाह किए बिना उन्होंने डटकर कहा, "...शहर जलता रहे और सरकार तमाशा देखती रह जाए, यह

नहीं हो सकता...जो हालत पैदा कर दी गई थी, उसमें फायरिंग बिलकुल जरूरी थी...और यह भी साफ-साफ सुन लीजिए, अगर मैं फिर मुख्यमंत्री बना और वैसी हालत फिर पैदा हुई, तो मैं फिर फायरिंग करवाऊँगा..." उस दिन की अपनी स्पष्टवादिता और दृढ़ता की कीमत उन्हें चुका देनी पड़ी। वे चुनाव हार गए।

मैं यह नहीं समझ पाता कि हिंसक घटनाओं में नौजवानों के घायल या मृत होने पर जिन लोगों को पीड़ा होती है, पुलिस जवानों के घायल या मृत होने पर उनका दिल क्यों नहीं दुखता! छात्र-नौजवान अगर हमारे अपने देश के लोग हैं, अपने समाज के ही भाई-बन्धु हैं; तो पुलिस सिपाही किस दुनिया का जीव है जो उसके मरने की हमें कोई परवाह नहीं होती! मारे गए अन्य लोगों की तरह वह भी तो किसी बूढ़ी माँ का सहारा, किसी अबला की मांग का सिन्दूर, किसी अबोध बालक का अवलम्ब होता है, जिसके मरने पर वे सब अनाथ और असहाय हो जाते हैं। यह फर्क भी जरूर समझिएगा कि उपद्रवों में और लोग तो मारे जाते हैं, लेकिन सिपाही ससंकल्प मरता है। और यह भी तो कोई कम अजीब बात नहीं कि वही छात्र जो कभी भीड़ की तरफ से पुलिस पर ईंट-पत्थर बरसाता था, पढ़ाई छोड़ने के बाद पुलिस की नौकरी में जाते ही, लाठी-गोली लेकर स्वयं क्रुद्ध हो भीड़ पर क्यों टूट पड़ता है!

हमने कभी ठंडे दिल से नहीं सोचा कि सरकारी या अर्द्ध-सरकारी प्रतिष्ठानों पर हमला कर जिन सार्वजनिक सम्पत्तियों को हम नष्ट कर देते हैं, असल में वे किसकी सम्पत्ति हैं—सरकार की या जनता की? उनके निर्माण, पुनर्निर्माण या मरम्मत पर जो धन खर्च होता है, वह किसकी जेब से आता है? वह सब हमारा-आपका और हमारी-आपकी तरह लाखों-करोड़ों लोगों की कड़ी मेहनत, गाढ़ी कमाई और खून-पसीने के ही पैसे तो हैं जो प्रत्यक्ष-अप्रत्यक्ष करों के रूप में हम भरते हैं। करों से एकत्रित वे ही पैसे अपनी आकृति बदलकर सड़क-पुल, रेल-बस, अस्पताल-डाकखाना, बिजलीघर और अन्य छोटे-बड़े कारखानों का रूप धारण कर हमारे समक्ष फिर आ खड़े होते हैं। तब हम उन्हें नहीं पहचानते। उनकी अवहेलना करते हैं, उन्हें तोड़ते-फोड़ते, जलाते और नष्ट करते हैं। वे गिड़गिड़ाते हैं, तड़पते-चिल्लाते हैं, "हमें बचाओ, हम तुम्हारे हैं," लेकिन हम उनकी एक नहीं सुनते। हम भारतवासी गरीबी और पिछड़ेपन से अभिशप्त लोग हैं। पिछड़ापन और गरीबी दूर करने के लिए सार्वजनिक सम्पत्ति अत्यन्त महत्त्वपूर्ण साधन है। अज्ञानता और आक्रोश में हम उन्हीं साधनों को नष्ट कर देते हैं। तो गरीबी से हम उबर कैसे सकते? जो लोग यह मानते हों कि गरीबी के कारण ही हमारा गुस्सा है, वे यह क्यों नहीं समझते कि ऐसे गुस्से के कारण ही तो हमारी गरीबी

है। कल्पना कीजिए उस स्थिति की जब मात्र दो-चार हफ्तों के लिए रेल-बस सेवाएँ बिलकुल बन्द हो गई हों, सड़क-पुल टूटे पड़े हों, बिजली और पानी की सप्लाई रुकी हो, अस्पतालों में ऑपरेशन ठप पड़े हों, डाकखाने बन्द पड़े हों, तारघर और टेलीफोन एक्सचेंज बेकार पड़े हों; तो क्या हाल हो जाएगा आपका? और यदि आप कलकत्ता, बम्बई, दिल्ली, मद्रास जैसी किसी महानगरी के निवासी हों जहाँ पचास-साठ-सत्तर-अस्सी लाख लोग बसते हैं, तब कैसी त्राहि-त्राहि मच जाएगी! सो, सरकार के विरुद्ध अपने क्रोध का शिकार हम उन निर्दोष सामग्रियों को क्यों बनाते हैं जो स्वयं हमारे अपने लिए ही नितान्त उपयोगी एवं आवश्यक हैं? परम अहिंसावादी संत विनोबा तक ने कभी इस आशय की बात कही थी कि गुस्सा उतारना ही हो तो आदमी पर ही उतारिए, सम्पत्तियों को छोड़ दीजिए; वे सबके काम आएँगी।

आपको स्मरण होगा, राष्ट्रीय स्तर के एक महान श्रम-नेता ने, जो उन दिनों केन्द्रीय सरकार के कैबिनेट मंत्री भी थे, बड़े गर्व के साथ संसद को बताया कि रेल-सैबोटाज (अन्तर्ध्वंस) के पचासों मामलों में उनका हाथ था। वे पिछली सरकार को सबक सिखाना चाहते थे। लेकिन उनसे किसी ने यह भी पूछ लिया होता कि रेल में यात्रा सरकार कर रही थी या जनता? उन दुर्घटनाओं में जो यात्री मरे होंगे, उन बेचारों का क्या कसूर था? अब इस पागलपन को क्या कहिएगा? और तुर्रा यह कि पागलपन भी आज गर्व की बात हो गई है। दुर्भाग्यवश आज जीवन के सारे क्षेत्रों में असामाजिक तत्त्वों का प्रवेश हो चुका है। असामाजिक तत्त्व—जिन्हें समाज के हित-अहित की कोई चिन्ता नहीं होती। वैसे तत्त्व आज न केवल गली-बाजारों में घूमते-फिरते हैं, बल्कि दफ्तरों, कारखानों, स्कूल-कॉलेजों में तथा व्यापार-राजनीति सभी में जमे बैठे हैं।

राज्यक्रान्तियों के काल में व्याप्त हिंसा एवं अराजकता की अस्थायी स्थिति का सैद्धान्तिक औचित्य भले ही हो सकता है—क्योंकि उसके पीछे परिकल्पना है उस स्थिति की जिसमें सुव्यवस्था स्थायी रूप से स्थापित हो जाती है और अराजकता समाप्त—परन्तु, आए दिन की समस्याओं को लेकर जब हम ध्वंसात्मक उपद्रवों में संलग्न हो जाएँ, तो अनवरत अराजकता की यह स्थिति कैसे सहन की जा सकती है? हिंसा बिलकुल अच्छी बात नहीं, परन्तु, मैं आप प्रबुद्धजनों से पूछता हूँ—प्रच्छन्न असामाजिक तत्त्वों और नियंत्रित पुलिस फोर्स द्वारा सम्पादित हिंसा में किसी एक को ही चुनना पड़ जाए, तो आप किसे चुनेंगे?

पंडित जी को गुलाब बहुत प्रिय थे और गुलाब की ही तरह बच्चे भी। उन्होंने

कभी कहा था कि भारत का भविष्य जानने के लिए वे जंत्री-पतरों में नहीं, देश के लाखों-करोड़ों बच्चों की आँखों में झाँका करते हैं। वे नौनिहाल, जो भारत के भविष्य थे, देश के भावी भाग्य-निर्माता; उन्हें सयाना और जवान होते पंडित जी स्वयं तो देख नहीं सके। उन्होंने हमें यह भी नहीं बताया कि क्या पढ़ा उन्होंने उनकी आँखों में; कैसा भविष्य झलका था उन्हें?

पंडित जी को गुजरे सत्रह साल हो गए। दिल्ली के शान्ति-वन में, जहाँ उनकी समाधि है, रंग-बिरंगे गुलाबों से घिरे वे चिरनिद्रा में लीन, सोए हैं। उनकी पावन-स्मृति में प्रतिवर्ष लोग मौन और शान्त भाव से गुलाबों की पुष्पांजलि अर्पित कर आते हैं उनकी समाधि पर। लेकिन, इन गुलाबों में अब न वो रंग-ओ-बू है, न वो तरो-ताजगी। फीके-फीके खिलते हैं, मुरझाए-मुरझाए दीखते हैं। और वे प्यारे बच्चे, जो उनके सामने मंजुल-मुकुल थे, अब फूल बनकर सयाने तो हो गए हैं, लेकिन सयाना होकर गम्भीर राष्ट्रीय समस्या भी।

एक व्यक्ति के शक्ति-सामर्थ्य में जो कुछ भी सम्भव था, वह सब किया पंडित जी ने देश के लिए; देश का भविष्य सँवारने के लिए। पंडित जी के युग का भविष्य रूपान्तरित होकर आज हमारा वर्तमान बन गया है। यदि सत्रह वर्ष पीछे हम लौट सकें, जब उनका निधन हुआ था, तो सन् '82 का हमारा यह वर्तमान उस काल-बिन्दु का भविष्य है जिसे वे उन बच्चों की आँखों में पढ़ने की कोशिश करते थे जो अब सयाने होकर कॉलेजों और यूनिवर्सिटियों में दाखिल हो चुके हैं। कॉलेज और यूनिवर्सिटी के इन छात्रों की बाबत उस रोज जब बात चली तो पटना यूनिवर्सिटी के तत्कालीन वाइस चांसलर डॉ. टी.बी. मुखर्जी ने, जो कॉलेज के दिनों में हमारे प्राध्यापक थे, मुझसे कहा, "भोले! एक वक्त वह था जब तुम लोग कॉलेज में थे और हम लोग किसी भी स्टूडेंट का कान पकड़ लेते तो वह हँसकर रह जाता था, और एक आज का वक्त है..." तो मैंने उनसे कहा कि, सर! बात तो आज भी वैसी ही है, मगर उलटकर। पहले प्राध्यापक छात्र का कान पकड़ लेते और वह हँसकर रह जाता था, आज छात्र प्राध्यापक का कान पकड़ लेते हैं और उन्हें हँसकर रह जाना पड़ता है।

छात्र चुपचाप अकेले में शिक्षक का कान पकड़ लेते तो दोनों की ही इज्जत बच जाती। भंडाफोड़ नहीं होता। लेकिन जब सब कुछ सरेआम होने लगा है, छात्र शिक्षकों का अपहरण तक करने लग गए हैं, तो बात थानों से गुजरती हुई दूर-दूर तक फैल ही जाती है। समाचार-पत्रों में समाचार छपा था कि मध्य प्रदेश के भिलाई में, रविशंकर विश्वविद्यालय छात्रसंघ के भूतपूर्व अध्यक्ष बालकृष्ण अग्रवाल ने कल्याण कॉलेज के प्राचार्य का इसलिए अपहरण कर लिया कि उन्होंने अपने कॉलेज में अग्रवाल को फिर से दाखिल कर लेने से इनकार कर

दिया था। वह उन छात्रों में एक था जिसे सरकार ने किसी भी कॉलेज में नामांकन से वर्जित कर रखा था।

ये छात्र कॉलेजों में नाम लिखवाने को इतना परेशान क्यों रहते हैं जब ये पढ़ेंगे ही नहीं! उनकी उत्तर-पुस्तिकाएँ भले ही 'सवाले दीगर, जवाबे दीगर' से रँगी हों, लेकिन उन्हें इम्तिहान तो पास करा ही देना होगा। कलकत्ते की सड़कों से गुजरते परीक्षार्थियों के जुलूस का वह नारा कभी आपने सुना—"फेल करा; चौलबे ना, चौलबे ना" (फेल कराना नहीं चलेगा, नहीं चलेगा)। परीक्षाओं में पुस्तकों से नकल करना अब कोई कदाचार नहीं, वीक्षकों की चेतावनी के लिए डेस्क पर छुरा गड़ा रहेगा। उन्होंने विघ्न डाला तो परीक्षा-भवन के बाहर निकलते ही छुरा उनके कलेजे में। वीक्षकगण कृपया शान्तिपूर्वक सहयोग करते रहें।

अध्यापक-छात्र सहयोग का कीर्तिमान स्थापित तो किया था दरभंगा चन्द्रधारी मिथिला कॉलेज के परीक्षा-केन्द्र-संचालकों ने। कॉलेज कार्यालय की खिड़की खुली छोड़ दी गई थी। परीक्षार्थियों को छूट थी कि वे उत्तर-पुस्तिकाएँ बाहर कहीं भी ले जाकर लिख लें। आग्रह बस इतना था कि शाम ढलने तक उन्हें खिड़की के अन्दर गिरा जाएँ।

दृश्य उस रोज भी देखने लायक था जब मुजफ्फरपुर के लंगट सिंह कॉलेज से एक छात्रा एम.ए. की परीक्षा देकर बाहर निकली तो, अपने पिता को पास आते देखकर, जो उसे घर ले जाने के लिए आए थे, तमतमाए चेहरे और डबडबाई आँखों से घूरते हुए उन पर बरस पड़ी—"ए ही से साल-भर पहिले से कहइत रहलियो ह जे पढ़ऽ पढ़ऽ लेकिन तू बात न मान लऽ सब सवाल के गलती जवाब तैयार कर देले रहऽ हम उहे सब कौपी में उतार के चल अइली। हमर सब चउपट हो गेल!" हुआ यह था कि परीक्षा समाप्ति के बाद हॉल से बाहर निकलने पर अपने उत्तर संगी-परीक्षार्थियों से मिलाने शुरू किए तो उसे पता चला कि अधिकांश उत्तर उसने गलत लिख दिए थे। दोष तो उसके पिताजी का था जिन्होंने सवालों को बगैर ठीक से समझे उलटा-सीधा जवाब तैयार कर उसे थमा दिया था। उस बेचारी ने तो अपने पूज्य पिताजी की योग्यता पर सहज विश्वास के कारण अपनी उत्तर-पुस्तिका में उन सबकी नकल भर कर दी थी। बात भी सही थी। इम्तिहान ठीक जाए, इसके लिए पढ़ना तो पड़ेगा ही। हाँ, प्रश्न अवश्य उठ खड़ा होता है कि पढ़े कौन—बेटा-बेटी या माँ-बाप?

एक विद्यालय-परीक्षा में प्रश्न आया था कि उप-राष्ट्रपति के क्या-क्या कार्य हैं तो उत्तर में एक विद्यार्थी ने कई अन्य बेतुकी बातों के अलावा यह भी लिखा था कि उप-राष्ट्रपति भगवान से यह मनाता रहता है कि राष्ट्रपति जल्दी से मर जाए जो उसकी जगह पर मैं राष्ट्रपति बन जाऊँ।

यह बात तो सभी जानते हैं कि आजकल कॉलेजों में पढ़ाई नहीं होती; तब फिर होता क्या है? आजकल महाविद्यालय परिसरों में एक अत्यन्त क्रूर मनोरंजन का रिवाज चल पड़ा है। लोग उसे रैगिंग के नाम से जानने लगे हैं। रैगिंग के दौरान सीनियर छात्र कॉलेज के नवागन्तुक छात्रों को असह्य शारीरिक यातनाएँ और मानसिक यंत्रणाएँ देकर अपना मनोरंजन किया करते हैं। शायद ही कोई वर्ष ऐसा बीतता होगा जब इस क्रूर-क्रीड़ा के क्रम में किसी-न-किसी की जान न जाती हो या किसी का भविष्य नष्ट न होता हो—

> कालीकट इंजीनियरिंग कॉलेज के एक छात्र ने रैगिंग की यंत्रणाओं से त्रस्त होकर आत्महत्या कर ली। लखनऊ मेडिकल कॉलेज के एक फ्रेशर को जब उसके सीनियरों ने हॉस्टल के पतले छज्जे पर दौड़ने के लिए मजबूर कर दिया, तो बेचारा नीचे जा गिरा। जान तो बच गई मगर एक पाँव कटवाना पड़ा। एक नौजवान जीवन लँगड़ा होकर तबाह हो गया केवल यारों के मनोरंजन के लिए। लड़कियाँ भी अब इस मामले में इतना आगे बढ़ गई हैं कि लखनऊ के ही एक गर्ल्स-हॉस्टल की एक नई छात्रा को, जो अल्सर की पुरानी मरीज थी, मिर्च की चाय पीने पर मजबूर होना पड़ा। और दिल्ली की बात तो पूछिए ही मत। वहाँ के हॉस्टल्स में नई छात्राओं को निर्वस्त्र नृत्य तक का आदेश पालन करना पड़ जाता है। ऐसी बहुत सारी बातें होती हैं, जो कही भी नहीं जा सकतीं।

असल में रैगिंग के रूप में अनेक कुकर्म और कुत्सित इच्छाएँ सुविधापूर्वक पूरी कर लेने के लिए छात्र-छात्राओं को एक मुखौटा हाथ लग गया है। वैसे, हर कर्म-कुकर्म को एक दार्शनिक कलेवर दे देने का आज जो बौद्धिक-शोभाचार चल पड़ा है, उसके तहत कुछ लोग रैगिंग को युवामन का विक्षोभ और विद्रोह का दर्जा दे देने की व्यर्थ चेष्टा कर रहे हैं। ऐसी ही चेष्टा करते हुए बम्बई के एक शोध छात्र ने 'धर्मयुग' के प्रतिनिधि, श्री सतीश अग्निहोत्री से कहा था, "जहाँ समाज की बुजुर्ग पीढ़ी एक ओर सारे आदर्श, मूल्य और मर्यादा युवा पीढ़ी पर थोपती है, वहीं अपने वास्तविक जीवन में वह स्वयं इन आदर्शों को ताक पर रख देती है।...रैगिंग इसी विद्रोह का एक रूप है..." शोध-कार्य की संपुष्टि में भले ही यह मीमांसा थोड़ी सहायक सिद्ध हो जाए, लेकिन मेरे जैसे लोग केवल इतना ही जानना चाहते हैं कि, छात्रगण क्या सचमुच इतना सब सोच-समझकर करने लग गए हैं? यदि ऐसी बात है, तब तो यह एक अति शुभ-लक्षण है! यह तो द्योतक है जागृत चेतना और चिन्तन का। अपनी चेतना और चिन्तन को जागृत कर जिस घड़ी छात्र (और शिक्षक भी) बातों के तल में डूबने का प्रयास प्रारम्भ कर देंगे,

उसी घड़ी से सौभाग्य की उषाबेला का आविर्भाव होने लग जाएगा। लेकिन रोना तो इसी बात का है कि सोचने का कष्ट तो कोई उठाता ही नहीं; चाहे वह गलत सोच ही क्यों न हो। क्योंकि, चिन्तन यदि एक बार चल पड़े तो, उसका स्वभाव ही ऐसा है कि वह गहन और गम्भीर बनता चला जाएगा। और चिन्तन-प्रेरित कर्म, देर-सबेर, सही स्थल पर पहुँचा ही देते हैं। लेकिन यह सब जो होने लगे हैं, वे तो नितान्त दिशाहीनता के लक्षण हैं। वह व्यक्ति सच्चाई के अधिक निकट पहुँच पाया था जिसने इस सम्बन्ध में यह कहा था कि सामाजिक, आर्थिक और राजनीतिक दबावों ने सोचने-समझने के सारे रास्ते बन्द कर दिए हैं और हर क्षेत्र में आज अराजकता का बोलबाला है।

पूर्वी उत्तर प्रदेश के कुछ कॉलेजों में देहातों से आए नये लड़कों के साथ रैगिंग की छेड़-छाड़ को लेकर लाठी-डंडे, छुरे, बम-पिस्तौल, सब चल गए। मामला जब यूनिवर्सिटी गेट के बाहर सड़कों पर जा पहुँचा तो प्रशासन के समक्ष 'लॉ एंड ऑर्डर' का प्रश्न उठ खड़ा हुआ। पुलिस को लाठी-गोली चलानी पड़ी। यूनिवर्सिटी बन्द कर दी गई। हॉस्टल्स खाली करवाकर लड़के घर भेज दिए गए। पठन-पाठन से उन्हें दीर्घकालीन विश्राम प्राप्त हुआ। महीनों बाद जब कॉलेज खुले तो मामला फिर गरमाना शुरू हुआ। फिर धमाके। फिर कॉलेज बन्द। इन्हीं धमाकों और छुट्टियों के बीच साल-दर-साल गुजरने लगे हैं। समय पर न कोई सेशन शुरू हो पाता है और न इम्तहान। जायदाद-जेवर गिरवी रख, पेट काटकर माँ-बाप पढ़ाई के लिए जो पैसे जुटा देते हैं, उनसे चलती है रैगिंग, यूनियनबाजी; उनसे होते हैं धमाके। और लाड़ला हर महीने-दो महीने बाद लम्बी-लम्बी छुट्टियों में घर बैठ माँ-बाप के सुनहले सपनों को तोड़ता जाता है।

ट्रेड-मार्कों में 'लीडर-मार्का' और 'स्टूडेंट-मार्का' का रुतबा ही अलग है। जहाँ यह मार्का लगा, कि सौ खून माफ। कैसा भी लीडर बन जाओ—स्टूडेंट लीडर, यूथ लीडर, ट्रेड यूनियन लीडर, एम्प्लाएड या अन-एम्प्लाएड लीडर। उसके बाद तो मजे-ही-मजे हैं। सो ढेर सारे असामाजिक तत्त्व 'स्टूडेंट-मार्का' लगवा लेने के लिए किसी-न-किसी कॉलेज में दाखिल हो जाते हैं। उन्हें न तो ज्ञान की पिपासा है और न पेट की क्षुधा। सेशंस जितने लम्बे होते जाएँ, परीक्षाएँ जितनी टलती जाएँ, मौज-मस्ती के उतने ही अधिक दिन उन्हें बेरोक-टोक उपलब्ध होते रहेंगे। इसीलिए तो कई छात्रनेता दो-एक परचों के इम्तहान देकर बार-बार ड्रॉप करते रहते हैं या जान-बूझकर फेल हो जाते हैं।

छात्रों के मन में एक गलत धारणा घर कर गई है कि उनका वर्ग कानून की पकड़ से बाहर है—मानो उन्हें वैधानिक विमुक्तियाँ प्राप्त हो गई हों। इतनी मामूली-सी बात भी उन्हें नहीं मालूम कि 'रूल ऑफ लॉ' का मूलभूत सिद्धान्त

यह है कि 'अबव दी लॉ' (कानून से ऊपर) कोई भी नहीं होता। स्वयं कानून बनानेवाला व्यक्ति या वर्ग भी नहीं। लेकिन, यह जानने की कोशिश भी तो कोई करे! और पढ़े तब तो जाने! तथाकथित उच्च शिक्षा प्राप्त लोग भी पुलिस द्वारा परिसर की पवित्रता भंग किए जाने का वितंडावाद खड़ा कर देते हैं। इतनी सी बात उनकी समझ में नहीं आती कि परिसर की पवित्रता बची हो, तब तो उसके भंग होने का प्रश्न उठता है। कॉलेज हाते में लड़कों के बीच डंडा-छुरा चलने, स्टाफ रूम में लेक्चरर को कुर्सी से धकेलकर गिरा देने, प्रिंसिपल का अपहरण कर लेने, वाइस-चांसलर के बँगले में घुसकर गाली देने और ईंट-पत्थर बरसाने की दैनिक घटनाओं के बाद भी परिसर की पवित्रता बच गई है क्या? और जब पवित्रता लुप्त ही हो चुकी है, तो पुलिस द्वारा भंग क्या होती होगी? आपमें से जो लोग परिसर से सम्बन्ध और मोह रखते हों, पहले वे तो परिसर की पवित्रता अक्षुण्ण रखें। परिसर की पवित्रता निस्सन्देह अत्यन्त महत्त्वपूर्ण बात है। उसे हर हालत में बनाए रखना होगा। यदि आप स्वयं वह नहीं कर पाए, तो बाध्य होकर प्रशासन को करना पड़ेगा। मगर अराजकता की स्थिति में उसे कदापि छोड़ा नहीं जा सकता। क्योंकि, विश्वविद्यालय परिसर वह स्थल है जहाँ देश के भविष्य-निर्माण का अति महत्त्वपूर्ण कार्य चलाया जाता है।

ऐसे महत्त्वपूर्ण स्थल की आज ऐसी लज्जाजनक स्थिति हो गई है कि अलीगढ़ मुस्लिम यूनिवर्सिटी के प्रो. इर्तेजा हसन ने एक स्थानीय पत्रिका में प्रकाशित अपने आलेख में विश्वविद्यालय छात्रावास के घिनौने वातावरण का विवरण प्रस्तुत करते हुए उसकी तुलना वेश्यालय से की थी। सच कहने के इस जुर्म में उन्हें मुअत्तल होना पड़ा। और सन् '81 की 13 जनवरी को दिल्ली के एक अंग्रेजी समाचार-पत्र में इसी यूनिवर्सिटी के सोशल साइंसेज के डीन, इतिहास के प्रसिद्ध विद्वान प्रो. इरफान हबीब की एक भेंट-वार्ता प्रकाशित हुई। छात्रावासों में हुल्लड़बाजों के निवास, परिसर के अन्दर कुख्यात अपराधियों की उपस्थिति तथा प्रशासन की पूर्ण शक्तिहीनता पर घोर चिन्ता व्यक्त करते हुए अपनी भेंट-वार्ता में प्रो. हबीब ने यह भी कहा कि इन सब बातों के कारण वहाँ का शैक्षणिक स्तर इतना नीचे गिर गया है कि स्वयं मुस्लिम व्यवसायियों ने अपने संस्थानों में नियुक्तियों के लिए अलीगढ़ यूनिवर्सिटी के स्नातकों को काली सूची में दर्ज कर रखा है। बस प्रो. हबीब के इस वक्तव्य पर आग लग गई और प्रो. हबीब के विरुद्ध परिसर के अन्दर-बाहर जिहाद छिड़ गया। 'टाइम्स ऑफ इंडिया' की ओर से स्थिति का अध्ययन करने श्री जे.डी. सिंह जब अलीगढ़ पहुँचे तो उनकी भेंट विश्वविद्यालय के अनेक छोटे-बड़े अधिकारियों, प्राध्यापकों, शहर के कई मान्य लोगों तथा 'हबीब-हटाओ आन्दोलन' के सूत्रधारों से भी हुई। तीन किस्तों में छपी अपनी रिपोर्ट में श्री सिंह ने लिखा था

कि लड़कों के एडमिशन और प्रशासकीय अधिकारियों की नियुक्ति में जो भ्रष्ट तरीके अलीगढ़ यूनिवर्सिटी में अपनाए जाते रहे हैं, उसकी वजह से भी वहाँ बहुत कुछ चौपट हुआ है। मात्र एक मैट्रिकुलेट यूनिवर्सिटी रजिस्ट्रार बनाया गया और रसूख के बल पर ही निहायत निकम्मे और उत्तरदायित्वहीन लोग ऊँचे-ऊँचे पदों पर जा बैठे हैं। पैरवी के बलबूते पर ही अनेक प्राध्यापक स्टाफ रूम की कुर्सियों पर विराजमान हैं। औसत से भी नीचे दर्जे और घटिया किस्म के बहुतेरे लड़के यूनिवर्सिटी में दाखिल कर लिये गए हैं। सत्रह हजार लड़कों में तकरीबन चार सौ खुराफाती लड़के और ग्यारह सौ प्राध्यापकों में केवल पन्द्रह ऐसे लोग हैं जिन्होंने, अन्य तत्त्वों के साथ मिलकर, सारा हंगामा खड़ा कर रखा है।

प्रो. हबीब के बारे में बात चली तो एक आन्दोलनकारी छात्र ने उत्तेजित होकर श्री सिंह से पूछा, "आप ही बताइए, क्या एक मार्क्सवादी की शुमार भी उदारवादियों में की जा सकती है? दुनिया के उन मुल्कों की ओर जरा नजर तो डालिए जहाँ मार्क्सवादियों की हुकूमत है। क्या वे उसी मायने में उदारवादी हैं जैसा इस लफ्ज के मुतल्लिक हमारा खयाल है?" बड़ा उम्दा और माकूल जवाब दिया श्री सिंह ने इस सवाल का। यद्यपि मैं खुद ही मार्क्स का मुरीद नहीं हूँ लेकिन मेरी भी तबीयत खुश हो गई। उन्होंने कहा, "इसका स्पष्ट-सा उत्तर तो यह है कि अलीगढ़ मुस्लिम यूनिवर्सिटी में धर्मान्ध कट्टरपंथियों के मुकाबले एक मार्क्सवादी अधिक उदारमना माना जाएगा।"

असल में प्रो. हबीब एक प्रगतिशील व्यक्ति हैं—मार्क्सवादी रुझान के एक उदारमना बुद्धिजीवी, जिन्होंने अपनी दिमागी खिड़कियाँ खुली छोड़ रखी हैं। वे एक ऐसे प्रकांड विद्वान हैं, जिन्हें अपने विषय का गहन ज्ञान है। वे चाहते हैं कि उनके छात्र भी विद्यानुरागी बनें, और उनके भी आचार-विचार का स्तर ऊँचा उठे। इन उद्देश्यों की प्राप्ति के लिए जो शैक्षणिक वातावरण अपेक्षित है, उसे ही अपनी यूनिवर्सिटी में फैलाने के लिए वे संघर्षरत हैं। यही सब उनके अपराध हैं जिनकी वजह से उन्हें भी मुअत्तल होना पड़ा था।

देश-भर में प्राय: सभी विश्वविद्यालयों की एक जैसी स्थिति हो गई है। मुट्ठी-भर शिक्षक और सौ-सैकड़े छात्र साथ मिलकर, हजारों-लाखों का भविष्य बिगाड़ रहे हैं। छुरा लेकर जिन्होंने परीक्षाएँ दीं, पैरवी से जो डिविजन ले आए, वे ही छात्र तिकड़म लड़ाकर कॉलेजों तथा यूनिवर्सिटियों में दाखिला भी पा लेते हैं। माध्यमिक बोर्ड ने भी वैसे लड़कों को, परोक्ष रूप से, इस मामले में बड़ी मदद पहुँचाई है। फिजिक्स के टीचर को इकोनॉमिक्स की कॉपियाँ जाँचने को दी जाती हैं और संस्कृत वाले, सामाजिक विज्ञान की उत्तर-पुस्तिकाएँ देख देते हैं। समझ लीजिए कैसा मूल्यांकन करते होंगे। कंप्यूटर कमबख्त भी इतना लापरवाह हो गया है कि

जिसे 63 अंक प्राप्त हुए हैं, उसे उलटकर 36 टंकित कर देगा और 51 पानेवाले को 15। उसके बाद लिपिक महोदय अहमद की टोपी महमद के सर और मंसूर का पायजामा मंजूर को पहनाते चले जाएँगे। दीपक को प्रथम श्रेणी के अंक प्राप्त हुए थे तो वह द्वितीय श्रेणी में उत्तीर्ण घोषित किया जाएगा और मंगनीलाल को थर्ड डिविजन के मार्क्स आए थे तो उसका रिजल्ट फर्स्ट डिविजन में निकलेगा। और ऐसे ही फर्स्ट डिविजन वालों से कॉलेजों की ज्यादातर सीटें भर जाया करती हैं। बिहार के विश्वविद्यालयों में तो ऑनर्स और एम.ए. परीक्षाओं में क्लास और पोजीशन देते समय जाति का सबसे अधिक ध्यान रखा जाता है। डिपार्टमेंट के हेड, फर्स्ट क्लास फर्स्ट या कम-से-कम सेकेंड पोजीशन सजातीय छात्र को ही देने की फिक्र में रहते हैं। और जब लेक्चरर की नियुक्ति का अवसर आता है, तब भी ज्यादातर यही सब बातें चला करती हैं। बेचारी योग्यता आहत हो कहीं कोने में कराहती पड़ी रह जाती है।

विश्वविद्यालयों के वातावरण आज जो इतने विषाक्त और दूषित हो गए हैं, उसमें दोष केवल छात्रों का ही नहीं, वह समान रूप से अभिभावकों, प्राध्यापकों और जननायकों का भी है। छात्रों पर इनहीं लोगों के प्रभाव तो रहते हैं। यही लोग तो हैं जिनसे छात्रों को अब तक प्रेरणा मिलती रही है। बाप को अब पैसा कमाने से फुरसत नहीं। दिन-रात हाय पैसा! हाय पैसा! घूस-रिश्वत, काला-बाजारी, तस्करी—जैसे भी हो, जल्द-से-जल्द और ज्यादा-से-ज्यादा बटोर लो। तब फिर उन्हें समय ही कहाँ जो लड़कों की ओर ध्यान दें? उन्हें यह भी तो देखना चाहिए कि उन पैसों का क्या उपयोग कर रहे हैं परिवार के लोग, बाल-बच्चे! अक्सर होता तो यही है कि दिन-रात के छल-कपट और अधर्माचरण से बटोरे गए पैसों से ही उनके लड़कों का सत्यानाश हो जाता है। हराम के ढेर टके मिलते गए, लड़कों की लत बिगड़ती गई। बाप थके तो उनकी जिन्दगी में ही, आँखों के सामने, या मरे तो परलोकवास के कुछ ही दिनों के अन्दर, सारी धन-सम्पत्ति फूँक-फाँककर स्वाहा कर दी 'दुलरुआ' ने। जाने कितनों की जेब काटी थी बाप ने, कितनों के पेट पर लात मारी थी, कितनों की गर्दन मरोड़ धान बटोरा था कि छोड़ जाएँगे बेटों के लिए। और आवारागर्दी में मस्त बेटे, बाप के मरते ही कंगाल हो गए। यही तो गति है धन की। कितनी पते की बात कह गए थे कबीर—'पूत कपूत तो का धन संचै, पूत सपूत तो का धन संचै'—बेटा कपूत निकल जाए तो उसके लिए धन संचय करना बेकार; जो छोड़ जाइएगा, सब स्वाहा कर देगा। और पूत यदि सपूत निकला, तो उसके लिए धन संग्रह करने की आवश्यकता ही क्या? वह तो स्वयं ही सब कर लेगा। लेकिन कबीर तो अनपढ़-गँवार थे। उनकी सुने कौन! सो, जीवन-भर बेचैन रहते हैं बाप, धन-संचय की धुन में। क्या प्रेरणा

मिल सकती है बेटे को वैसे बाप से जो धन खसोट लेने की अपनी व्यग्रता में कर्म-कुकर्म, उचित-अनुचित, किसी भी बात की कोई परवाह नहीं करता, और न ही यह देख पाता है कि उस धन का परिवार में क्या उपयोग हो रहा है। समय ही नहीं बाप के पास कि अपने अनुभव की दो अच्छी बातें बेटे को भी बता दें, दो सद्गुण सिखा जाएँ उसे। वे तो समझते हैं कि पैसा दे देंगे, तो बेटा बाजार से खुद ही सब खरीद लेगा—सज्ञान, सद्विचार, सद्गुण, सदाचार। लेकिन बेटा तो सीख लेता है गली-बाजारों से हुल्लड़बाजी और कॉलेजों में पहुँचकर खड़ा करता है हंगामा।

एक समय था जब अध्यापकों में से कोई-न-कोई, हर छात्र के लिए आइडियल (आदर्श) हुआ करता था। छात्र उनके अनुरूप ही अपने को ढालने का प्रयास करते थे। अध्यापकों के पहनने-ओढ़ने, उठने-बैठने के ढंग तथा उनके बोलने-पढ़ाने का तरीका—सब नकल करने की कोशिश करते थे छात्र। अध्यापकों के व्यक्तित्व की छाप पड़ जाती थी छात्रों पर। उनकी विद्वत्ता, उनके आचार-विचार से प्रेरित होते थे विद्यार्थी और आजीवन याद रखते थे अपने श्रद्धेय गुरु की सिखावन। लेकिन आज के अधिकांश शिक्षकों में ऐसा है ही क्या जिसे छात्र श्रद्धापूर्वक ग्रहण कर सकें और उनसे अनुप्रेरित हों। कदाचारिता से जो परीक्षा देते हैं, पैरवी से जो क्लास पा लेते हैं, भाई-भतीजावाद के प्रसादस्वरूप जो पद प्राप्त कर लेते हैं; नोट्स पढ़कर जो क्लास-लेक्चर देते हैं और चाटुकारिता के बल पर जो निरन्तर प्रोन्नति पाते जाते हैं—वैसे अध्यापकों के पास कदाचार, भाई-भतीजावाद, पैरवी, चाटुकारिता आदि के अतिरिक्त और है ही क्या छात्रों को देने के लिए। ऐसे शिक्षकों के साथ दुर्व्यवहार कर छात्र उन्हें अपमानित करते हैं, तो इसमें छात्रों का क्या दोष!

पढ़ने-पढ़ाने से आज कितने शिक्षकों का लगाव रह गया है? आज कितने ऐसे शिक्षक हैं जिन्होंने, कम-से-कम अपने विषय की भी, दस-बीस मौलिक पुस्तकों का अध्ययन किया हो, उस विषय पर चल रहे सामयिक चिन्तन से जिनका संक्षिप्त-सा भी परिचय हो, अथवा क्लास-लेक्चर के लिए जो घर पर स्वयं कुछ तैयारी कर लेते हों? एक नया चस्का लग गया है उन्हें भी राजनीति का। सो, दिन-रात गुटबाजी, दिन-रात तिकड़म। बराबर नेताओं के पीछे भाग-दौड़, किसी-न-किसी मंत्री का स्वागत-समारोह आयोजित करने का चक्कर। नेताओं की-सी पोशाक पहन लेंगे। नेताओं की भाषा बोलेंगे और नेताओं जैसा ही आचरण करेंगे। न बात का कोई भरोसा, न व्यवहार का ठिकाना। राजनीति करनी है तो छोड़ दें नौकरी। निकल पड़ें झोला टाँगकर और खाक छानें कुछ बरसों तक। लेकिन इन्हें तो सब मजे एक साथ ही चाहिए—सुरक्षित नौकरी, बँधी-बँधाई तनख्वाह, वानरसेना का बल और राजनीतिक चमक-दमक; परिसर में छात्र भी नतमस्तक रहें, बाहर लोग

भी जिन्दाबाद करें और चौराहों पर पुलिस भी सलामी ठोंके। यह सब इकट्ठे चल नहीं सकते। इनमें जिसका सबसे अधिक आकर्षण हो, उस पर अनुरक्त हो अन्य की ओर से विरक्त होना ही पड़ेगा अध्यापकों को।

राजनीति के हम जैसे साधारण लोगों को तुम्बाफेरी से फुरसत ही कहाँ कि गहन अध्ययन कर सकें, किसी विषय का, गम्भीरतापूर्वक चिन्तन कर सकें उन पर। सोचते थे, जब कभी कोई ऐसी जटिल समस्या उत्पन्न होगी, जिसके समाधान के लिए विशेष जानकारी की आवश्यकता हो, तो उस विषय के किसी विद्वान प्राध्यापक से परामर्श कर लेंगे। परन्तु वैसे कुछ अवसरों पर अपने किसी मित्र या परिचित प्राध्यापक के पास सहायता के लिए जब कभी गया हूँ, तो बड़ा दुख हुआ है यह देखकर कि उनमें से अधिकांश ऐसे रिक्त थे जिन्हें उलटे हमें ही कुछ भरना पड़ गया। पुस्तकों की पंक्तियों के बीच हमने आप ही सावधानी से जो पढ़ा है, जीवन की चुनौतियों से जूझते हुए स्वयं ही जो कुछ सीखा है, छोटे-बड़े, भले-बुरे लोगों से निपटते समय हमने स्वयं ही जो अनुभव प्राप्त किए हैं—वे ही समय पर हमारे काम आ पाए हैं। तब भला बेचारे अपरिपक्व छात्रों को क्या मिल पाता होगा ऐसे शिक्षकों से?

यह भी ठीक है कि आज देश में छात्रों की जितनी विशाल सेना खड़ी हो गई है, उस पर नियंत्रण रख पाना बड़ा कठिन है। कक्षाओं में छात्रों की विशाल संख्या के सामने यह सम्भव ही नहीं कि शिक्षक सब पर सम्यक् ध्यान दे सकें। छात्रों को व्यक्तिगत रूप से प्रभावित करने के लिए, प्राध्यापक का उनके साथ सम्पर्क आवश्यक है और सम्पर्क के लिए सामीप्य। सम्पर्क-सामीप्य दोनों तभी हो सकते हैं जब छात्रों की संख्या कम हो। तभी उनका सही-सही मूल्यांकन भी हो सकता है। लेकिन आज स्कूलों-कॉलेजों-यूनिवर्सिटियों में छात्रों की संख्या विकराल रूप धारण करती जा रही है। देहातों के कॉलेजों में भी हजारों की संख्या हो गई है लड़कों की। ये कॉलेज तो ऐसे कारखाने बन गए हैं जिनकी भोंड़ी-भद्दी मशीनों से नौकरी तलाशनेवाले घटिया किस्म के थोक स्नातकों के अलावा अन्य किसी माल का उत्पादन किया ही नहीं जा सकता। इनसे निकले स्नातक न तो शिक्षित ही कहे जा सकते हैं और न प्रशिक्षित। पश्चिमी दुनिया में यूनिवर्सिटी की उच्च शिक्षा प्राप्त करने केवल वे ही छात्र जाया करते हैं जिनकी अभिरुचि किसी विषय का विशेष ज्ञान अर्जित करने की होती है तथा जो अध्ययन के पश्चात् अपने शोध-कार्य द्वारा ज्ञान-जगत को अपनी ओर से भी कुछ देकर समृद्ध कर जाना चाहते हैं। अन्यथा, हाईस्कूल के बाद, बाकी सभी लड़के किसी-न-किसी व्यवसाय का प्रशिक्षण प्राप्त कर उस धन्धे द्वारा अपनी आजीविका अर्जित करने लग जाते हैं।

विश्वविद्यालय परिसर के बाहर भी कहीं कोई ऐसा प्रकाश-स्तम्भ नहीं दीखता जिससे युवा-वर्ग का मार्गदर्शन हो सके। समाज के विभिन्न क्षेत्रों में जो तथाकथित गण्यमान्य लोग हैं, उनका निजी जीवन पाखंड और मिथ्याचार से इतना भरा है कि किसी को भी उनसे घृणा और वितृष्णा हो जाए। जीवन के किसी भी क्षेत्र में ऐसा कोई प्रेरणादायक व्यक्तित्व नहीं बचा जिससे कोई नवयुवक अनुप्राणित हो पावे। कहीं कोई ऐसा सिद्ध-पुरुष नहीं जो इन युवकों में जीवन को रूपान्तरित कर देने का मंत्र फूँक दे। सो, अँधेरे में आज भटक रहे हैं देश के वे करोड़ों नौजवान जिनके निश्छल नयनों में निहारा करते थे कभी पंडित जी भारत का भविष्य।

आत्म दीपो भव:

अपराध की दुनिया भी कितनी बदल गई! केवल बीस-पचीस वर्षों में इतना बड़ा अन्तर हो आया कि जो बात सैकड़ों वर्षों से कहावत के रूप में प्रचलित थी, वह आज सत्य बनकर सामने नाच रही है। सुनते आए थे, "उलटे चोर, कोतवाल को डाँटे।" आज आए दिन कोतवाल पर चोरों को डाँट ही नहीं, मार भी पड़ रही है। कल तक कोतवाल से अपराधकर्मी भय खाते थे, आज अपराधकर्मियों से कोतवाल घबराने लगे हैं। ज्यादा नहीं, केवल बीस-पचीस वर्ष पहले गाँव का एक पुलिस-चौकीदार, हथियार के नाम पर एक लाठी या ज्यादा-से-ज्यादा भाला लेकर भादों की घुप अँधेरी रात में भी अकेला पहरे पर निकल जाया करता था। उससे बचकर भले ही चोरी कर लें या डाका डाल दें, लेकिन सामना होने पर बड़े-से-बड़े चोर-डकैत की मजाल नहीं थी कि चौकीदार पर एक कंकड़ भी फेंक सके। भाग खड़े होते थे उस निहत्थे चौकीदार की एक ललकार पर। आज़ तो डटकर सामना होता है—चौकीदार-सिपाही की तो बात छोड़िए—एस.पी. और आई.जी. तक से। दोनों ओर से बराबरी के स्तर पर गोलियाँ चलती हैं। अब इसमें जो भी मारा जाए। मेरे दादा अंग्रेजों के जमाने में पुलिस अफसर थे। उनसे अक्सर सुना करता था, "...राज हैबत से चले ला; हैबत खतम, राज खतम..." बहुत पहले उन्हें यह भी फिक्र करते सुना था, "अभी का देख लऽ! जमाना आई जब बड़का-बड़का घर के लड़िका चोरी-डकैती करे लागी। तब देखिहऽ तमाशा।"

उनका कहा सच निकला। अपराध की दुनिया पर काबू पाने में आज वे ही दो बातें सबसे बड़ी मुश्किल बनकर खड़ी हुई हैं—पुलिस के रोब का समाप्त हो जाना और तथाकथित बड़े घरानों के बेटों का अपराध-कर्मों में हाथ। टूट चुका है पुलिस का मनोबल। यह कोई खुश होने की बात नहीं। खुश तो आप तब होते

जब अपराधकर्मियों से स्वयं निबट लेने का आपमें बल होता या पास-पड़ोस के लोग आपकी पीठ पर खड़े हो जाते। किन्तु ऐसा तो है नहीं। दिन-दहाड़े आप लुटते-पिटते रहेंगे और आपकी गुहार के जवाब में अगल-बगल के दरवाजे-खिड़कियाँ फटाफट बन्द हो जाएँगी। सबको अपनी-अपनी फिक्र है, आपकी खातिर कोई अपनी जान नाहक खतरे में क्यों डाले! ले-देकर बस पुलिस का आसरा। और उसी पुलिस का हौसला पस्त कर क्रिमिनल्स का हौसला हमने बुलंद कर दिया है। मेरी उम्र के जो लोग होंगे उन्हें जरूर याद होगा कि यही कोई बीस साल पहले एक निहत्था आदमी डट-डपटकर कूद पड़े, तो चारों ओर से 'पकड़ो...मारो' की ललकारें पड़ने लगती थीं और अपराधकर्मी भाग खड़े होते थे; किन्तु आज दृश्य यह होता है कि दिन-दोपहर की चहल-पहल में एक आदमी बस एक छुरे के बल पर किसी को भी लूट ले सकता है, उसकी हत्या कर दे सकता है। और अगल-बगल के सैकड़ों लोग तकते-तमाशा देखते रह जाएँगे। कोई आगे नहीं आएगा। आँखों के सामने हुई घटनाओं का गवाह बनने तक की कोई हिम्मत नहीं करता।

पहले रात के सन्नाटे में अपराध हुआ करते थे; अब दिन की चहल-पहल में। पहले चोरियाँ ज्यादा, डकैतियाँ कम हुआ करती थीं। पर, अब तो डकैतियाँ ही ज्यादा होने लगी हैं। पहले एक की ललकार पर दो-चार अपराधकर्मी भाग खड़े होते थे, अब एक अपराधकर्मी की धौंस पर सैकड़ों लोग ठिठक जाते हैं। ट्रेन और बस में डकैती होते पहले हमने नहीं सुना। मध्ययुग के उत्तरार्द्ध में, मुगल साम्राज्य की जड़ें जब हिल गई थीं, तो काफिले लूट लिये जाते थे। लेकिन अंग्रेजों ने ठगों और पिंडारियों का जब से सफाया कर दिया, राह चलते लूट-पिट जाने का खौफ करीब-करीब खत्म हो गया। स्वतंत्र भारत में वह अब फिर पनप उठा है। अखबारों में समाचार पढ़कर उस दिन मैं चौंक गया था जब ट्रेन-यात्रा में भारत के तत्कालीन राष्ट्रपति (स्व.) डॉ. राजेन्द्र प्रसाद की धर्मपत्नी का सामान लेकर अपराधकर्मी चम्पत हो गए। वे एक विशेष सैलून में सफर कर रही थीं जिनके साथ सिक्युरिटी गाड्‌र्स चल रहे थे। उसी दिन स्पष्ट दिखने लगा था कि भविष्य में अपराधकर्मों की कितनी भयावह स्थिति होनेवाली है। भावी परिणामों की दृष्टि से वह घटना अत्यन्त महत्त्वपूर्ण थी।

मुश्किल यह नहीं है कि चोरी-डकैती, हत्या-बलात्कार की वारदातें बढ़ गई हैं। असल मुश्किल तो यह आन पड़ी है कि जुर्म करनेवालों में डॉक्टरों-इंजीनियरों के लड़के, बड़े-बड़े अफसरों के बेटे, एम.एल.ए., एम.पी., मिनिस्टरों के सगे-सम्बन्धी, यहाँ तक कि उनके स्टाफ के लोग भी शामिल पाए जाने लगे हैं। दिल्ली में गाजियाबाद के निकट बस-यात्रियों को लूटते हुए जो छह लुटेरे गिरफ्तार

हुए उनमें फिजी-स्थित भारतीय उप-उच्चायुक्त का बेटा भी था। बलात्कार और हत्या के संगीन मामलों में उत्तर प्रदेश के कृषि-मंत्री के सुपुत्र, 'शम्पू साहब', पर मुकदमे चले (अन्ततोगत्वा वे स्वयं ही एक प्रतिशोधी की गोली के शिकार हुए) जैसे ही वे वी.आई.पी. क्रिमिनल्स गिरफ्तार हुए, थाने की घंटी टनटनानी शुरू हुई। थानेदार को ऊपर का गुप्त आदेश मिलेगा, "मामले को दबाइए।" वह यदि अड़ियल आदमी निकला, तो यही नहीं कि केस हस्तान्तरित और थानेदार स्थानान्तरित, बल्कि बेचारे पर और कई संकट आ जाएँगे। ऐसे में कोई क्या ऐक्शन ले? अपराधकर्मी जब एसेम्बली और पार्लियामेंट में जगह पा चुके हों, तो साँप के बिल में कौन हाथ डाले? सन् '77 और सन् '80 की जनता और इंदिरा लहर में विधानसभाओं और संसद में अनेक ऐसे लोग पहुँच गए जिन पर भारतीय दंडसंहिता के अन्तर्गत कई गम्भीर अपराधों के आरोप थे। आज पुलिस पर तो, "भइ गति साँप छछूँदर केरी" की कहावत चरितार्थ हो रही है। पुलिस यदि ऐक्शन ले तो मुश्किल (भागलपुर के अँखफोड़वा-कांड को याद कीजिए) और न ले तो मुश्किल बेचारी पुलिस करे तो क्या करे? प्रसंगवश कृष्ण वल्लभ बाबू की ही एक बात याद आ जाती है—

> तब वे मुख्यमंत्री न थे। चुनाव हार गए थे। लेकिन तेवर उनका वही था। पटना आते तो अपने पुत्र, रामबाबू (एम.एल.सी.) के सरपेंटाइन-रोड स्थित बँगले पर ही ठहरा करते। एक सुबह मैं पहुँचा तो पहले से (स्व.) सहदेव महतो और अन्य कई लोग बैठे 'लॉ-आर्डर' की शोचनीय स्थिति की चर्चा कर रहे थे। बरामदे में पास ही बैठे कृष्ण वल्लभ बाबू दाढ़ी बनाने में जुटे थे, किन्तु उनका ध्यान बातों की ओर ही था। लॉ-ऑर्डर की बात जब उनके कान में पड़ी तो तैश में आ गए और झट शेविंग ब्रश चेहरे पर घुमाना बन्द कर, उसे टेबल पर पटकते हुए बोले, "लॉ-ऑर्डर...लॉ-ऑर्डर, लॉ-ऑर्डर नहीं सँभलेगा? कुछ मुश्किल नहीं। बस आई.जी. को बुलाना है और उनसे कहना है कि ये-ये सब वारदातें हो रही हैं। इन्हें रोकने के लिए आपको क्या रिक्वायरमेंट्स (आवश्यकताएँ) हैं, बताइए! सरकार सब मुहैया करेगी और पन्द्रह दिनों का टाइम लिमिट होगा। उसके बाद फिर कोई घटना हुई तो 'आई शैल हैव अनदर आई.जी. नाट यू! (मैं दूसरा कोई आई.जी. रखूँगा, आप इस पद पर नहीं होंगे) और बस, लॉ-ऑर्डर दुरुस्त..." और यह कहते हुए उन्होंने फिर ब्रश उठा लिया, "मगर इसके लिए चीफ मिनिस्टर में गट्स (दम) होना चाहिए।" तो, गट्स वाला चीफ मिनिस्टर अब है कहाँ? श्री बाबू, कृष्ण वल्लभ सहाय की तरह अपनी ताकत पर मुख्यमंत्री अब बनता ही कौन है? जिसके लिए ऊपर से फरमान आया, वही बन गया

मुख्यमंत्री। लेकिन कृष्ण वल्लभ सहाय जैसे गट्सवाले चीफ मिनिस्टर भी आई.जी. को 'पॉलिटिकल प्रेशर एंड इंटरफीअरन्स' से मुक्त रखे बिना, उनसे लॉ-ऑर्डर दुरुस्त नहीं करवा पाते। गिरफ्तार अपराधकर्मी के कोतवाली पहुँचने से पहले मंत्री की पैरवी वहाँ जा पहुँचे, तो हवालात में स्वयं लॉ-ऑर्डर ही बराबर बन्द पड़ा मिलेगा।

आई.जी. की प्रोन्नति में राजनीति चले, एस.पी. की नियुक्ति में जाति चले, दरोगा की बदली में राजनीतिक छुटभइयों की पैरवी चले, तो प्रशासन क्या खाक चलेगा? लॉ-ऑर्डर की बात करनी ही फिजूल है।

लेकिन सिक्के का दूसरा पहलू भी है। अपनी साख पुलिसवालों ने स्वयं भी तो खोई है। घूसखोरी तो उनका सनातन अधिकार ही रहा है। किन्तु स्वतंत्र भारत में जब से उन्होंने उसका आधुनिकीकरण कर दिया, स्थिति और बिगड़ गई। रिश्वत पहले जहाँ दारोगा-इंस्पेक्टर तक जाकर रुक जाती थी, अब उसकी पहुँच एस.पी. और उससे भी ऊपर होने लगी है। अंग्रेजी जमाने में, और बाद के भी कुछ वर्षों तक, कलक्टर, एस.पी. घूस लेते हों, यह किसी ने नहीं सुना। घी-मुर्गा, मेवा-मिष्टान्न की डाली लेकर दारोगा जी या इंस्पेक्टर साहब, एस.पी. के बँगले पर चुपके से खानसामा को थमा, साहब को सलाम ठोंक आएँ—सो ही बहुत हुआ। लेकिन अब तो बँगलों पर सीधे पब्लिक से ही सौदे हो जाते हैं। गजब तो यह होने लगा है कि स्वयं पुलिस के लोग अब अपराध के क्षेत्र में उतर आए हैं। डक़ैती के सिलसिले में पुलिस सिपाही पकड़े गए हैं और बलात्कार के आरोप में डी.एस.पी. पर कोर्ट-वारंट जारी हुए हैं।

इंग्लैंड में पुलिस की बड़ी धाक और इज्जत है। वहाँ कहते हैं, 'पुलिसमैन इज द बेस्ट फ्रेंड' (पुलिस का आदमी सबसे अधिक बढ़िया मित्र होता है)। बाप-भाई की तरह लोग उसे अवसर पड़ने पर याद करते हैं। हथियार के नाम पर बस एक छोटा-सा 'बैटन' (डंडा) पास रखेगा। सो, पुलिसमैन पर हल्के हिंसक आक्रमण की जब कुछ घटनाएँ हुईं, तो जनमत भड़क उठा। ब्रिटिश पार्लियामेंट में प्रतिपक्ष के एक सदस्य ने (गौर कीजिए, सदस्य विरोधी दल का था) घोर चिन्ता प्रकट करते हुए सरकार से माँग की कि आत्मरक्षा के लिए पुलिस को पर्याप्त शस्त्रास्त्र दिए जाएँ। सरकार की ओर से जवाब में जो कहा गया, वह एक क्लासिक था, शास्त्रीय स्तर का वक्तव्य। मंत्री ने कहा, "ए पुलिसमैन कैरीज विथ हिम दि अथॉरिटी ऑव हर मैजस्टी द क्वीन। इफ दैट इज नॉट एनफ टू प्रोटेक्ट हिम, नो अमाउंट ऑव ऐम्युनिशन कैन डू।" (पुलिसमैन महागरिमामयी महारानी का प्रभुत्व संग लेकर चलता है। उसकी सुरक्षा के लिए यदि वह यथेष्ट नहीं, तो शस्त्रास्त्रों की कितनी भी मात्रा उसे क्यों न दे दी जाए, वे उसे नहीं बचा सकते)। कौन

समझेगा अपने देश में पद और दायित्व की इस गरिमा को? आशा अवश्य थी कि स्वतंत्रता-प्राप्ति के पश्चात् मूल्यों और मान्यताओं का हमारा स्तर भी वैसी ऊँचाई तक पहुँच जाएगा, परन्तु ऐसा हुआ नहीं। हमारी पुलिस अपने सुकृत्यों द्वारा तो लोकप्रिय कभी बन ही नहीं पाई, दूसरी ओर राज्य-संचालकों की भी वह गरिमा नहीं जिसका आधार लेकर पुलिस कुछ जन-सम्मान प्राप्त कर सके।

बिजली आई और चली गई। फिर आई और फिर चली गई। ऐसे ही निरन्तर चल रहा है। और इसके साथ ही उम्मीद की रोशनी भी आती और चली जाती है। कभी लगता है, सब कुछ ठीक-ठाक हो जाएगा। हम आगे बढ़ेंगे। तभी रोशनी फिर गुल हो जाती है। फिर वही अँधेरा। और उस अँधेरे में ही हम टटोलना शुरू करते हैं। टकरा जाते हैं। पास रखा लैम्प का शीशा चूर-चूर हो जाता है। जो कुछ भी बचा-खुचा तेल था उसमें, वह भी फर्श पर गिरकर फैल जाता है, तब घबड़ाहट होती है—रात अँधेरे में ही काटनी पड़ेगी। न जाने इस बीच क्या हो जाए!

इन सबको आप प्रतीक ही समझिए। और प्रकाश तो प्रतीक है भी सत्य और सौभाग्य का। जब प्रकाश ही अनियमित और अनिश्चित हो जाए, तो देश का भाग्य-भविष्य सन्दिग्ध हो ही जाता है।

लेकिन अँधेरे की भी अपनी एक छटा है, श्याम-छटा। उसकी भी एक चमक है, काली चमक। उसका भी एक साम्राज्य है, काला साम्राज्य। और उस काले साम्राज्य की अपनी अलग चहल-पहल है, अलग ऐश्वर्य है : काला व्यवसाय, काला बाजार, काला धन और उसका काला ऐश्वर्यं। इस काले बाजार में बसने-बटोरनेवालों की संख्या भी अनवरत बढ़ती ही जा रही है। अपनी श्री-समृद्धि का सहायक अँधेरा जिन्हें सुखद और सुहावना लगता है, वे प्रयत्नशील रहते हैं इस अँधेरे को और अधिक फैलाने और इसे गहन और गरिष्ठ बनाने के लिए।

विद्युत बोर्ड और उसमें नियुक्त हजारों लोग—लाइनमैन, टेक्नीशियंस, छोटे और बड़े बाबू, कनिष्ठ और वरिष्ठ अभियन्ता से लेकर बोर्ड के अध्यक्ष और मंत्री तक, जिनका जिम्मा घर-घर प्रकाश पहुँचाने का है—दो खेमों में बँटे दीखते हैं। एक छोटे से खेमे में वे थोड़े-से लोग, जो प्रकाश पहुँचाने-फैलाने को व्यग्र हैं; और दूसरे बड़े खेमे में वे ढेर सारे लोग, जो रोशनी गुल करने को बेताब। अँधेरे-उजाले की यह आँख-मिचौनी सभी सरकारी उद्योगों और महकमों में चल रही है। सारे देश में ऐसे ही परस्पर विरोधी छोटे-बड़े खेमे आपको दीख पड़ेंगे। लेकिन छोटा खेमा छोटा है। उसमें लोग थोड़े हैं। वे कमजोर पड़ जाते हैं। उनका वश नहीं चल पाता। देश में प्रजातंत्र जो चल रहा है! सो सर्वत्र संख्या के बाहुल्य

का प्रताप ही चलेगा। तो रोशनी भी बार-बार गुल होती रहेगी। और बहुत देर तक गुल रहेगी। तब क्या हमें अँधेरे में ही जीना सीखना पड़ेगा?

सार्वजनिक क्षेत्र के चार बड़े उद्योग—बिजली, कोयला, इस्पात और रेलवे—में जिस बड़े पैमाने पर लूट चल रही है उसका अन्दाजा लगाना मुश्किल है। पहले जरा इन चारों का पारस्परिक सम्बन्ध देखिए : बिजली न पहुँचे तो खदानों से कोयला निकालना मुश्किल। और कोयला न मिले तो बिजली बनना बन्द। फिर बिजली और कोयला कारखानों तक न पहुँचे तो फाउंडरियाँ इस्पात उगलने से इनकार कर दें। और यदि बिजली, कोयला और इस्पात मुहैया न हों तो, न रेल की लाइन बनें, न डब्बे-वैगन तैयार हों, न इंजिन में स्टीम बने और न गाड़ी का पहिया हिले। और जब रेल का चक्का जाम, तो खदानों से कोयला न तो पावर-हाउस तक पहुँचेगा, न इस्पात भट्ठियों तक और न लोकोशेड में ही। इस तरह, ये चारों या तो एक-दूसरे को आगे बढ़ाते हैं या फिर पीछे ठेलते हैं।

सच पूछिए तो सम्पूर्ण सार्वजनिक उत्पादन-व्यवस्था बैक गियर में डाल दी गई है। हम पीछे ही हटते जा रहे हैं। हैवी इंजीनियरंग कॉरपोरेशन को चालीस करोड़ पंचानबे लाख का घाटा। भारत हैवी इलेक्ट्रिकल्स के मुनाफे में आठ करोड़ तीस लाख की कमी। हिन्दुस्तान मशीन टूल्स के मुनाफे में लगभग सात करोड़ का ह्रास। देश के सोलह सार्वजनिक उद्योगों में कुल मिलाकर तैंतीस करोड़ तिरसठ लाख का घाटा। ये सब सरकारी आँकड़े बोल रहे हैं—1980-81 के वित्तीय वर्ष से सम्बन्धित भारत सरकार के उद्योग मंत्रालय द्वारा प्रसारित आँकड़े। वैसे इन आँकड़ों का ज्यादा भरोसा नहीं। ये इस हिकमत से तैयार किए जाते हैं कि सुनकर अचानक सांघातिक झटका न लग जाए।

बोकारो इस्पात कारखाने के भंडार से हर रोज करीब दो लाख का सामान चोरी हो जाता है। बिजली बोर्ड के ट्रांसफार्मर, छोटे-बड़े पार्ट-पुर्जे, कॉपरवायर (ताँबे के तारों) आदि की चोरी, खदानों के हजारों ट्रक कोयले की तस्करी, रेलवे वैगन को तोड़कर निकाले गए माल और रेलवे क्लेमों के घपलों का ठीक से हिसाब लगाया जाए, तो मामला हर साल कुछेक अरब का निकले। और ये सब घपले एवं कांड बड़े ही संगठित एवं नियोजित ढंग से चल रहे हैं—प्रतिष्ठानों के मजदूर, ऑफिस के छोटे-बड़े बाबू, विभागीय अधिकारियों, ट्रेड यूनियनों के नेताओं और ठेकेदारों की मिलीभगत से। और वो जिसे आप निगरानी विभाग कहते हैं न, उसकी निगरानी के बावजूद।

शायद यह कहानी रवि बाबू ने लिखी थी : किसी राज्य के बाजारों में पानी मिला दूध बिकना शुरू हुआ तो जन-स्वास्थ्य तेजी से बिगड़ने लगा। शिकायत राजा तक पहुँची। इस हानिकारक धन्धे को रोकने के लिए राजा ने कई निगरानी

अफसर बहाल किए। नतीजन दूध और पतला हो गया। राजा को हैरत हुई तो खुफिया भिड़ाया। भेद यह खुला कि धन्धे के मुनाफे में निगरानी अधिकारियों का भी हिस्सा बँध गया था। मुनाफा पतला न होने पावे, इसलिए दूध में ही और ज्यादा पानी मिलाने की जरूरत पड़ गई थी।

पचासों बरस पुरानी वह कथा अब जाकर पूरी तरह सार्थक हुई है। यह तो हाल हो गया है हमारे उद्योग-धन्धों का। कमाल कर दिखाया है राष्ट्रीयकरण और ट्रेड-यूनियन्स ने : आम जनता के भाग्य में शोषित-पीड़ित होना लिखा है, वे शोषित-पीड़ित होते रहेंगे। सदियों पूँजीपतियों ने शोषण किया, अब सरकारी अधिकारी और संगठित श्रमिकों की भी बारी है।

राष्ट्रीयकरण का भी जनता के शोषण में बड़ा योगदान है। जब खदानों का राष्ट्रीयकरण नहीं हुआ था तो, कोयला आपके दरवाजे तक लुढ़कता चला आता था। पाँच रुपये मन के भाव। गृहिणियाँ एक बार अँगीठी सुलगा लेतीं तो थाल में पाँच पकवान परोस दिए जाते। अब बोरा लेकर तलाशते फिरिए कोयला, और मिल जाए तो अट्ठारह-बीस रुपए गिन दीजिए एक मन के। और ऐसा मत समझिएगा कि बोरे में आप कोई असली काला बाघ मार लाए। श्रीमती जी उसकी नस्ल पहचानकर जब हाथ-पाँव पटकना शुरू करेंगी तो भीगी बिल्ली की तरह सहम जाना होगा। भात पसा नहीं कि ताव ठंडा पड़ गया। और कोयला डालिए। दाल अभी पकी नहीं कि चूल्हा फिर खुराक माँगने लगा। इस तरह कोयले की माहवारी खपत तिगुनी बढ़ गई और घंटे-सवा घंटे की रामरसोई तीन-चार घंटों की कसरत।

और बिजली! उसकी तो पूछिए ही मत। कभी-कभार केवल इसलिए चली आती है कि लोग-बाग उसे बिलकुल भूल न बैठें। कम-से-कम इतना तो याद रखें कि बिजली नाम की भी एक चीज होती है—अति चपला-चंचला। और उस बिजली के जो बिल आपके पास आते हैं; वे कोई मीटर पढ़कर तैयार नहीं किए जाते। थाक का थाक बिल-फॉर्म लेकर बिजली-कर्मचारी किसी चाय की दुकान पर बैठ जाएगा। घंटों चाय की चुस्कियाँ लेता रहेगा। आपसे जैसा नेह-नाता रहा और आपकी किस्मत से उस वक्त जैसा उसका मूड रहा, उसी के अनुसार वहीं बैठे-बैठे बिल फॉर्म में भुगतान की रकम बैठती जाएगी। उसके बाद आप चक्कर लगाते रहिए बिजली ऑफिस का। बिल ब्रह्मा की लकीर है : कोई खेल नहीं जो आसानी से बदल जाए। और जो कल-कारखाने वाले चिल्लाते हैं, "बिजली नहीं मिलती तो, काम ठप हो जाता है, नुकसान सह रहे हैं," वे कोई मूर्ख नहीं कि अपना अलग जेनरेटर लगा लें। दो नम्बर के धन्धे में, दो नम्बर की बिजली उन्हें ज्यादा बरकत देती है। सलामत रहे दस्तूरे सलामी। बाबुओं का हाथ गर्म रखते जाएँ तो, पाँच हजार की भी बिजली खर्च कर लें, कोई परवाह नहीं। बिल डेढ़ ही

दो हजार का आएगा। अपना जेनरेटर चलाने से यह दो नम्बर की बिजली ज्यादा सस्ती पड़ेगी। कहीं कोई देखने-सुननेवाला नहीं। अधिकारियों की मजाल नहीं कि बेईमान मुलाजिमों को मुअत्तल या बर्खास्त कर दें। जबरदस्त ट्रेड यूनियन्स हैं, 'मजदूर एकता जिन्दाबाद' घेराव, पथराव, साहब को मार भगाओ।

उत्तर प्रदेश इलेक्ट्रिसिटी बोर्ड के अध्यक्ष पर कर्मचारियों द्वारा घातक आक्रमण हो चुका है, और इधर बिहार बिजली बोर्ड के अध्यक्ष भी पिट चुके हैं। उसके पहले, फौजी कोचर साहब जब बोर्ड के चेयरमैन हुए थे और तमाम गड़बड़ियों को दूर करने के लिए फौजी सख्ती से काम लेना शुरू कर दिया था तो, धन्धा चलानेवाले छोटे मुलाजिमों से लेकर बड़े इंजीनियर तक ने कोहराम मचा दिया और जनता सरकार के विद्युत मंत्री महोदय ने ब्रिगेडियर कोचर को 'एबाउट टर्न' का कमांड कसते हुए, उन्हें अपने घर की ओर 'क्विक मार्च' करवा दिया। आज तो स्थिति यह है कि मंत्री यदि ठान ले तो बड़े-से-बड़े अफसर को मामूली चूक पर भी घर बिठवा दे सकता है; किन्तु एक चतुर्थ वर्गीय चपरासी अथवा अराजपत्रित बाबू को, गम्भीरतम अपराध पर भी आसानी से हिलाया नहीं जा सकता। मुअत्तल या गर्खास्त करने की बात तो दूर रही। अगर बर्खास्त हो भी गया, तो समझ लीजिए, उसकी किस्मत खुल गई। वह 'हीरो' बन जाएगा।

कोई अट्ठारह-बीस साल पहले, पटना सचिवालय के एक बाबू ने अराजपत्रित कर्मचारी संघ द्वारा आयोजित एक सभा में भाषण देते हुए तत्कालीन मुख्यमंत्री को गालियों से सराबोर कर दिया। उसकी बर्खास्तगी हो गई। समाजवादी नेता (स्व.) रामानन्द तिवारी ने बिहार राज्य अराजपत्रित कर्मचारी संघ पर अपना प्रभाव जमाने के लोभ में उस बाबू को उछालना शुरू किया। पहले उसे अपनी पार्टी में खींचा। फिर थोड़े ही दिनों बाद, जब विधान परिषद का चुनाव आया, तो उसे पार्टी टिकट दे दी। वह जीतकर एम.एल.सी. हो गए। कुछ वर्षों बाद एम.पी. भी बन बैठे—राज्य सभा के माननीय सदस्य। सन् '74-'75 में वह 'नॉन-गजटेड हीरो' जार्ज फर्नांडीस के डायनामाइट केस में सह-अभियुक्त बनाए गए थे। और जब इमरजेंसी लागू हुई तो उन्हें लकवा मार गया और प्राण-दान याचना में वे एक सरकारी गवाह बन बैठे। जिन दिनों वे नौकरी से बर्खास्त हुए थे, मैं भी प्रजा सोशलिस्ट पार्टी से सम्बद्ध था। किन्तु मुझे यह बात बिलकुल अच्छी न लगी थी कि जो सरकारी कर्मचारी जनसभा में सरेआम मुख्यमंत्री को गाली दे, उतनी घोर अभद्रता प्रदर्शित करे, ऐसे दुर्विनीत एवं अनुशासनहीन कर्मचारी को उतना ऊँचा उछाला जाए, विधान परिषद की सदस्यता से विभूषित कर दिया जाए। सोचिए न! यदि अवज्ञाकारिता और अनुशासनहीनता का इतना मूल्यवान पुरस्कार प्राप्त होने लग जाए, तो कोई भी कर्मचारी विनयी, आज्ञाकारी, संयमी तथा शिष्ट रहना क्यों

चाहेगा? उस घटना के बड़े घातक मनोवैज्ञानिक दुष्परिणाम हुए। तभी से सभी वर्गों के अराजपत्रित कर्मचारी अनियंत्रित होते चले गए। भाग्य का बुलंद दरवाजा खुलवाने के लिए, अधीनस्थ कर्मचारियों ने उच्च अधिकारियों पर दुलत्तियाँ चलानी शुरू कर दीं। अब तो इन बाबुओं की हेकड़ी के सामने सारा प्रशासन हाथ बाँधे खड़ा है। लाखों की संख्या और उस पर संघ-बल का जोर। संघ-बल बुरी बात नहीं थी यदि उसमें दायित्व और कर्तव्य-बोध का भी समावेश होता। किन्तु इन्हें तो आनन्द आता है दोष निकालने, अड़चन डालने और काम रोकने में। इन बातों से इनका मुख्य उद्देश्य यह प्रकट करना होता है कि, हुआ करे कोई मिनिस्टर, सेक्रेटरी, डाइरेक्टर; मगर, 'हम किसी से कम नहीं।' मनोवैज्ञानिक विश्लेषण से यह बात स्पष्ट हो जाएगी कि इन बाबुओं के अचेतन मन में जो हीनभाव-मनोग्रन्थियाँ हैं, उनके ही हिलोरों से उद्वेलित होकर वे वैसा आचरण करते हैं।

शायद किसी बाबू से ऑफिस में मिलने का आपको भी कभी तजुर्बा हुआ हो। बाबू साहब टेबल पर पाँव पसारे बैठे दिखेंगे। जैसे ही आप पर नजर पड़ी कि झट पाँव नीचे किया और एक फाइल खींचकर आँख गड़ा ली। आप खड़े रहिए। अपने होंठों पर चुटकी-भर मुस्कान लेपते हुए सादर निवेदन कीजिए, "बड़ा बाबू! प्रणाम।" (बड़ा बाबू व्यक्तिवाचक संज्ञा से रूपान्तरित होकर जातिवाचक संज्ञा बन गया है। दफ्तरों में कुर्सी पर बैठे सभी बाबू, गरजमन्द लोगों द्वारा, 'बड़ा बाबू' ही सम्बोधित किए जाने लगे हैं।) बड़ा बाबू आपकी ओर ताकेंगे नहीं। मगर आप हिम्मत मत हारिए। पुनः प्रणाम निवेदन कीजिए। आप पाएँगे, बड़ा बाबू फाइल में अब कुछ नोट करने लग गए हैं। सो, आप अभी धैर्यपूर्वक खड़े रहिए। बड़ा बाबू बहुव्यस्त व्यक्ति हैं। पुनः प्रणाम निवेदन कर उनका ध्यान आकृष्ट करने की चेष्टा कीजिए। एक नजर आपकी ओर फेंकते हुए बड़ा बाबू कागज के खेत में कलम की नोक से हल जोतते ही जाएँगे। आपको बैठने के लिए कहना उनकी शान के खिलाफ पड़ता है, इसलिए पास में कोई खाली कुर्सी या स्टूल मिल जाए, तो खींचकर खुद ही बैठ जाइए। बीच-बीच में हल्के-हल्के टुभुकते रहिए, "...बाप रे! काम का कितना बोझ रहता है आप पर...आप ही हैं जो सब चल भी रहा है, नहीं तो यहाँ किसी को मालूम भी है कि किस गुत्थी को कैसे सुलझाया जाए..." आदि, आदि। तब जाकर उनके श्रीमुख से संक्षिप्त वाणी प्रस्फुटित होगी, "कहिए, क्या काम है?" इस पर सीधे काम की बात सीधे कह डालने की आतुरता यदि आपने दिखा दी तो आप चूक गए। बस इतना ही आग्रह कीजिए, "बड़ा बाबू! अभी काम-वाम छोड़िए काम करते-करते तो आप चूर हो गए हैं। चलिए, थोड़ी चाय-वाय हो जाए।"

तो बड़ा बाबू जम्हाई लेते हुए उठेंगे और चलते-चलते दो-चार संगी-साथियों

को भी बटोर लेंगे। हलवाई के यहाँ मिठाई मुफ्त मिल जाने पर बाबा के नाम फतवा पढ़नेवालों की दुनिया में कमी नहीं। सो सारी मंडली बड़ा बाबू के नेतृत्व में उस पूर्वपरिचित एवं पूर्ण प्रशिक्षित दुकान पर पहुँच जाएगी जहाँ आपको कुछ कहने की जरूरत नहीं। अभी आप पूछ ही रहे होंगे कि क्या मँगवाया जाए तब तक टेबल पर तड़ातड़ बड़े-बड़े समोसे, सेव-दालमोठ, तीन-चार किस्म की मिठाइयों की तश्तरियाँ सबके सामने बिछ जाएँगी। अगर आपकी जेब भारी न हुई तो पसीना छूट आएगा घबड़ाहट से कि इतने सारे व्यंजनों का बिल न जाने कितना हो जाए। संकोच से आप यह भी नहीं कह सकते कि फलाँ चीज ले जाओ और फलाँ रहने दो। आप चौबे जी चले छब्बे बनने, दूबे बनकर निकले। इस तरह चाय-पान पर पचीस-पचास रुपये खर्च करने के बाद, मंडली से अलग फुटकाकर, तब बड़ा बाबू से काम और बच्चों की मिठाई के रुपयों की बात कीजिए। उसके बाद आपकी गाड़ी बढ़ती चली जाएगी।

हाँ, अगर आप पहले ही सीधे अफसर से मिल आए, तो उनका छोटा-सा रूखा जवाब होगा—"जाइए! साहब से ही कहिए, वे ही कर सकेंगे।" और साहब फाइल माँगते रह जाएँगे, फाइल मिलेगी ही नहीं। चक्कों में आप तेल-मोबिल न डालिए तो सचिवालय की एक मेज से दूसरी मेज की दो-चार गज दूरी तय करने में फाइल को सामान्यतः छह महीने लग जाते हैं। ऐसी स्थिति में, अन्तिम निष्पादन तक कई टेबलों का चक्करदार सफर पूरा करने में कुल कितना समय लगेगा, सो जोड़ लीजिए।

ये बाबू लोग संघ और भाईचारे की बात करते हैं। आपसी भाईचारा तो अब ये ऐसा निभाने लगे हैं कि अपने ही विभाग के दूसरे सेक्शन के चपरासी-किरानी का निजी एरियर बिल पास करने या बकाया भुगतान देने के लिए उनसे घूस ले लेने में इन्हें थोड़ी भी हिचक नहीं होती। इतना अधःपतन हो गया है इनका।

सारी प्रगति रोक रखी है ऑफिस के इन बाबुओं ने। एक इंच भी गाड़ी सरकने नहीं देते अपनी मर्जी के खिलाफ। हर कदम पर जंजीर खींच देंगे, हौज-पाइप काट देंगे। देश रसातल में चला जाए, इनको क्या? देश का इन्होंने कोई ठेका ले रखा है? इनकी अपनी तनख्वाह बढ़ती रहनी चाहिए, महँगाई-भत्ते बढ़ते रहने चाहिए, मेडिकल एलाउंस, हाउस-रेंट, छुट्टियाँ सब मिलती रहनी चाहिए; नहीं तो घेराव-पथराव, जुलूस-हड़ताल जैसे हठयोग में इन्हें सिद्धियाँ तो प्राप्त हैं ही। कैसा-कैसा मंत्र फूँक गए महारथी लोग! "हमारी माँगें पूरी हों, चाहे जो मजबूरी हो...जो हमसे टकराएगा, चूर-चूर हो जाएगा..." आप समझते होंगे, सरकार इनसे टकराती होगी और प्रशासन चूर-चूर होता होगा। असल में टकराने तो लगा है इनसे करोड़ों देशवासियों का हित और चूर-चूर होता जा रहा है भारत का भविष्य।

पहले कहते थे : वेतन कम मिलता है, गुजारा नहीं होता; काम क्या करें? लेकिन अब? अब तो वेतन, भत्ते सब काफी मिलते हैं। पन्द्रह वर्ष पहले जिन्हें डेढ़ सौ मिलते थे, अब वे हजार-बारह सौ पाने लगे हैं। चपरासी तक पाँच-छह सौ महीना उठाते हैं। कहेंगे, महँगाई भी तो बढ़ गई है। महँगाई सारा देश झेल रहा है या सिर्फ इनका ही वर्ग? और महँगाई के सम्बन्ध में यह बात भी तो विचारणीय है कि महँगाई के कारण वेतन तो बढ़ जाता है, किन्तु वेतन बढ़ते ही बाजार भाव भी तो बढ़ जाते हैं। यही चक्र चलता रहा, तो मुक्ति कहाँ? जो भी हो, यह सब अभाव के कारण नहीं बल्कि उस ललक के कारण ज्यादा है जो दूसरों से बढ़-चढ़ जाने के लिए आदमी को व्याकुल रखता है। केवल पैसों की कमी के कारण ही सारी बेईमानी चलती होती, तब तो जो लाख-करोड़ कमा चुके हैं, उन्होंने कब का अपना सारा गोरखधन्धा बन्द कर दिया होता। असल में इन सबका सम्बन्ध बोध, विचार और संस्कार से है। नौकरी केवल जीविका का साधन ही तो नहीं, लोक-सेवा का माध्यम भी है। लोकसेवा के लिए कोई दूसरा शरीर मिलेगा क्या? स्वार्थ और परमार्थ, दोनों तो इसी तन से करना है। इसी तन को खटा कर अपना और बाल-बच्चों का पेट भी भरना है, और इसी से तथा उतने ही समय में, जो इस धरती पर जीने के लिए हमें और आपको मिले हैं, समाज का भी ऋण चुकाते चलना है। बस इतना-सा ही बोध हो, तो बात, बिलकुल बदल जाए।

अलबर्ट आइंस्टीन एक विलक्षण वैज्ञानिक ही नहीं, युगस्त्रष्टा, महामानव भी थे। पुलकित हो उठता है तन-मन जब उनकी अमरवाणी स्मरण आती है। उन्होंने लिखा है—

> प्राय: चौबीस घंटों में न जाने कितनी बार मुझे स्मरण हो आता है कि मेरे अन्तर और बाहर का विकास अगणित जीवित और मृत मनुष्यों के परिश्रम का फल है। जैसे मैंने उन व्यक्तियों से बहुत कुछ पाया है, ठीक उसी तरह मुझे भी अपने परिश्रम से समाज को दान भी करना है।

इस चेतना का अंश मात्र भी हम ग्रहण कर सकें, तो हमारा वैयक्तिक और सामाजिक जीवन धन्य हो जाए। किन्तु स्वार्थ और लोभ ने हमें इतना अन्धा बना दिया है कि हम देख ही नहीं पाते, समाज और अपनी ही सन्तति को हम क्या दिए जा रहे हैं; उनके लिए क्या छोड़े जा रहे हैं। नौकरी-पेशा लोगों ने जो तरीके अपना लिये हैं, उनसे अब सारा समाज लज्जा, विक्षोभ और संकट से ग्रस्त हो गया है।

ये बिजली बोर्डवाले जब हड़ताल पर गए तो बिजली चालू रखने के लिए प्रशासन ने वैकल्पिक व्यवस्था की। सेना के लोग और दूसरे विभागों के कर्मचारी

साथ मिलकर सप्लाई जारी रखने का प्रयास करते रहे। किन्तु हड़तालियों ने सीढ़ी और पिलास लेकर रात के अँधेरे में चुपके-चुपके घूमना शुरू कर दिया और जब जहाँ मौका मिला, ट्रांसफॉर्मर को क्षतिग्रस्त कर देते और लाइन काट देते थे। सारा नगर अँधेरे में डूब जाता था।

सबसे निकृष्ट काम तो उस दिन हुआ जब सन् '72 के दिसम्बर में पटना अस्पताल के हड़ताली कर्मचारियों ने प्रशासन को मजबूर कर अपनी माँगें तुरन्त मनवा लेने के लिए, हॉस्पिटल वार्ड्स के अन्दर और बाहर बरामदे में पाखाना उड़ेल दिया। उतने पर भी उनका जी ठंडा नहीं हुआ तो रसोईघर के अन्दर पाखाने से भरे कुछेक कनस्तर रख आए। सभी मेहतर-स्वीपर तो हड़ताल पर थे, उसे साफ कौन करता? सो, दो-एक दिनों तक सब वैसे ही पड़ा रहा।

तो, ऐसे चुकाने लगे हैं लोग समाज का ऋण—अपने परिश्रम से समाज को हम जो दान दे रहे हैं, वह सब कैसा है सो देख लीजिए! स्वर्ग और नरक का अन्तर है आइंस्टीन के उस विचार और हमारे ऐसे आचरण में।

और देशों में भी हड़तालें होती हैं। जरा उनका ढंग भी देखिए! सुनते हैं, जापान के मजदूर जब हड़ताल पर जाते हैं तो, केवल एक काला बिल्ला बाँध लेते हैं जिस पर लिखा होता है—'हड़ताल पर हूँ।' काम रोकते नहीं। नित्य की भाँति उसी निष्ठा और नियमितता से काम करते रहते हैं। प्रशासन भी इतना संवेदनशील कि उतने से ही बेचैन हो उठता है। निबटारे के लिए फौरन सन्धि-वार्ता प्रारम्भ हो जाती है। जापानी हड़ताल का एक और अनूठा तरीका सामने आया है : कुछ ही दिनों पहले एक जूता-कारखाने के मजदूरों ने हड़ताल शुरू कर दी। ठीक समय पर फैक्ट्री पहुँचे और पूरी मेहनत-मुस्तैदी से काम शुरू कर, शाम तक अपना दैनिक कोटा पूरा कर दिया। हजारों जूतों की ढेर लग गई। लेकिन यह क्या! सब जूते तो केवल बाएँ पाँव के ही हैं। ये कहाँ और कैसे बिकेंगे? मालिक-मैनेजर सर के बल दौड़े आए। मजदूरों से सन्धि हुई। दूसरे दिन मजदूरों ने 'ओवर टाइम' मुफ्त खटकर सारे जूतों का जोड़ा लगा दिया। एक घड़ी का भी 'प्रोडक्शन-लॉस' नहीं। यही रहस्य है उस देश की अनुपम उन्नति का। द्वितीय विश्वयुद्ध में ध्वस्त हो चुका था जापान। राख की ढेर से उठकर विश्व के अति-विकसित औद्योगिक देशों की अगली पंक्ति में खड़ा हो गया है। प्रगति एवं समृद्धि में आज उसका सीधा मुकाबला अमेरिका से है।

स्व. टी. परमानन्द जी सुना रहे थे। वे एक पुराने ट्रेड यूनियन लीडर थे। आज के तथाकथित मजदूर नेताओं से भिन्न। ऊँचा स्तर था उनका। पढ़ने-लिखने से काफी लगाव। विश्वविख्यात विप्लवी-विचारक एम.एन. राय के निकट रह चुके थे। इसलिए परमा बाबू के व्यक्तित्व और विचारों पर राय का भी प्रभाव

था। भारतीय मजदूरों की ओर से एक शिष्टमंडल में बरसों पहले परमा बाबू कहीं विदेश गए थे। ठीक याद नहीं किस देश का नाम बताया था, शायद पश्चिम जर्मनी का ही। वहाँ किसी फैक्ट्री में जब उन्हें घुमाया जा रहा था तो, उनकी दृष्टि एक ऐसे मजदूर पर पड़ी जो स्पष्टत: भारतीय दीखता था। परदेश में अपने लोग ज्यादा आकर्षक होते हैं न, सो उसकी ओर लपकते हुए उन्होंने अंग्रेजी में पूछा, 'आर यू ऐन इंडियन?'—उतर में केवल अपना सिर हिलाकर स्वीकारात्मक संकेत प्रकट करता हुआ वह व्यक्ति तेजी से आगे बढ़ गया। उसका वैसा रूखा व्यवहार टी. परमानन्द जी को थोड़ा अखरा। भारतीय समझकर उसकी ओर लपके थे और था भी वह एक भारतीय ही, किन्तु उसने बिलकुल बेगानापन ही दिखलाया। कुछ देर बाद जब फैक्ट्री का सब काम-काज बन्द हुआ तो वही आदमी लपका हुआ उनके पास पहुँचा और अत्यन्त सौजन्यतापूर्ण ढंग से हिन्दी में बोला, "माफ करिएगा! उस वक्त वर्किंग-आवर (काम का समय) था, काम का हर्ज हो जाता इसलिए आपसे बात नहीं कर सका। अब सब निबटा चुका हूँ। सचमुच आपसे यहाँ मिलकर बड़ी खुशी हुई। कृपया हमारे घर चलकर परिवार के लोगों को भी खुशी का मौका दें। हम सब साथ-साथ चाय तो पिएँ।" घर गए तो उसने बड़ी खातिरदारी की।

ऐसा वातावरण है उन देशों का। वातावरण और संगति का प्रभाव भी कितना रूपान्तरकारी होता है, सो भी आपने देख लिया। वास्तव में अनुकरण करने की बातें तो यही सब हैं जिनसे हम भी निहाल हो सकते थे, और हो सकते हैं।

चार

उस दिन प्रधानमंत्री ने एक अत्यन्त विचारोत्पादक प्रसंग छेड़ा। उन्होंने चिन्ता व्यक्त की कि सत्ता के प्रति जन आदर का भाव क्रमशः लुप्त होता जा रहा है। एक महीना भी नहीं व्यतीत हो पाया था कि जैसे प्रधानमंत्री के उस कथन की पुष्टि में उनके ही दल के एक विधायक ने पूर्वी चम्पारण के जिलाधीश पर जूते से प्रहार कर दिया। ढाका थाना के इंदिरा-कांग्रेस विधायक ने अपने क्षेत्र के कुछ लोगों को सामाजिक सुरक्षा पेंशनें दिलवाई थीं। छानबीन कर अधिकारियों ने रिपोर्ट दी कि उन लोगों को जीविका के अन्य साधन उपलब्ध हैं। इसलिए, नये जिलाधीश के आदेश से पेंशनें रद्द कर दी गईं। जिलाधीश की धृष्टता और अपने अपमान का प्रतिकार विधायक ने जूते से लिया। अखबारों में मैंने जब समाचार पढ़ा, तो मुझे इकबाल का वह शे'र याद आ गया—

थीं पेशे-नजर कल तो फरिश्तों की अदाएँ
आईना-ए-अय्याम में आज अपनी अदा देख

हममें से जिन भाग्यशाली लोगों ने आजादी के फरिश्तों की अदाएँ देखी थीं, राजनीति और सत्ता के इन खिलाड़ियों के करतब देखकर उनका दम घुटने लगता है। कैसे-कैसे लोग सत्ता में आ बैठे। किस रास्ते वे आए, किन उद्देश्यों की प्राप्ति के लिए और किन उपायों से वे सत्ता का उपयोग कर रहे हैं—इन बातों पर प्रधानमंत्री ने ध्यानपूर्वक विचारा होता, तो उन्हें न केवल सत्ता के प्रति जन-सम्मान के लोप का कारण ही मालूम हो जाता बल्कि वर्तमान और भविष्य के लिए उनकी चिन्ता भी दूर हो जाती। क्योंकि, कारण जान लेने के बाद निदान तो बहुत कुछ उनके अपने ही वश की बात थी। लेकिन एक पुरानी कहावत ठीक ही चलती आई है कि जो सचमुच निद्रामग्न हो, उसे तो जगाया जा सकता है, किन्तु जो स्वाँग-निद्रा में लीन हो, उसे कोई कैसे जगाए! पिछले कुछ वर्षों की घटनाओं को बहुधा जब पलटकर देखता हूँ और जब यह खयाल आता है कि इन वर्षों में हमारे बीच अपूर्व क्षमता और सामर्थ्य से युक्त दो महान हस्तियाँ मौजूद

थीं—जे.पी. और इंदिरा गांधी—तब तरस आता है कि कितना अभागा है यह देश जिसने उन दोनों चमत्कारी शक्तियों का दुरुपयोग ही अधिक किया।

प्रधानमंत्री पद पर कोई व्यक्ति कितने दिनों तक बना रहा इसका कोई विशेष महत्त्व नहीं। वास्तविक महत्त्व तो इस बात का है कि अपनी कार्यावधि में वह क्या कुछ कर पाया और किस ढंग से कर गया। उपलब्धि और ख्याति की पराकाष्ठा को प्राप्त कर चुकी थीं इंदिरा जी। इतिहास में प्रमुख स्थान प्राप्त कर दीर्घ स्मरणीय बने रहने के लिए उतना ही पर्याप्त था। शेष काल यदि उन्होंने जनजीवन में नैतिक मूल्यों और राजनीतिक मर्यादाओं की स्थापना और उनके उन्नयन के प्रयास में लगा दिया होता, तो युग-युग तक लोग उनके नाम जपते रहते। स्थिति और सामर्थ्य की दृष्टि से उन जैसा सम्पन्न नायक देश में अभी अन्य कोई नहीं। लेकिन लिप्सा जो न अन्धेर करा दे। मुझे इस बारे में रंचमात्र भी सन्देह नहीं कि भावी इतिहासकार इंदिरा जी की अनेक शानदार उपलब्धियों का बखान करते समय इतनी आह अवश्य भरेंगे कि उच्च आदर्शों के लिए उनका व्यक्तित्व सर्वथा प्रेरणाशून्य था। पिता और पुत्री के बीच का यह अन्तर भी इतिहास का एक दुखद प्रकरण रहेगा।

इस प्राचीन अध्यात्मवादी देश में सत्ता के प्रति अब कोई अनासक्त दीखता ही नहीं। एक फरिश्ता था—और चूँकि फरिश्ता था इसलिए अपवाद भी—देशरत्न डॉ. राजेन्द्र प्रसाद, जो अब स्वर्ग में हैं। लेकिन यादों के झकोरों के साथ उसकी भीनी-भीनी सुगन्ध जब-तब धीरे से हमें छूकर फिर दूर चली जाती है। भारतीय गणराज्य के सर्वोच्च संवैधानिक पद पर आसीन राजेन्द्र बाबू जब राष्ट्रपति के पदभार से निवृत्त हुए, तो अपनी विदाई की सौम्य-सन्ध्या-वेला में, बाल-सुलभ अनुतोष प्रकट करते हुए बोले, "...दिन-भर की पढ़ाई के बाद छुट्टी मिलने पर बच्चों को जैसी खुशी होती है, अपने पदभार से मुक्त होने पर वैसी ही खुशी मुझे आज मिल रही है...।"

लेकिन, अब तो जिनके पाँव कब्र में लटक चुके हैं, उन्होंने भी हाथ कुर्सी की ओर ही फैला रखे हैं। मोरारजी भाई, चरण सिंह, जगजीवन राम, सब एक ही जैसे हैं। असल में पिरामिड बनवाने का समुचित स्थान तो भारत ही था, सो भी आजादी के बाद का भारत। पंचवर्षीय योजनाओं पर अरबों-खरबों रुपये खर्च कर दिए गए, किन्तु किसी को भी यह नहीं सूझा कि दो-एक पिरामिड यहाँ भी बनवा दें ताकि कुर्सीनशीन लोगों के मरने के बाद उनकी लाश के साथ उन सबकी अपनी-अपनी कुर्सी भी उसमें दफन कर दी जाए।

सत्ता अपने-आपमें तो मात्र एक भाववाचक संज्ञा है, एक अमूर्त एवं निष्क्रिय अवधारणा। जब वह मूर्तरूप धारण करती है तभी वह क्रियाशील होती है। और सत्ता मूर्तिमान होती है सत्ताधारियों में। उनके ही आचार-विचार, स्वभाव-शैली,

गुण-दोष निर्धारित करते हैं सत्ता की मर्यादा, महिमा और गरिमा को। सो, लोग जब सत्ता के प्रति समादर अथवा निरादर का भाव प्रकट करते हैं, तो उनका लक्ष्य सत्ताधारियों की ओर ही होता है।

21 जून (1981) के 'टाइम्स ऑफ इंडिया' में एक समाचार के मोटे शीर्षक को प्रधानमंत्री सहित देश और दुनिया के अनेक लोगों ने पढ़ा होगा : 'मिनिस्टर्स हैंड इन रेप केस रॉक्स कर्नाटक'। कर्नाटक के पुलिस डी.आई.जी. श्री एन. डी. भट्ट ने आरोप की छानबीन के बाद यह रिपोर्ट दी कि राज्य के योजना एवं वक्फ मंत्री श्री सी. एम. इब्राहीम पर अपहरण तथा बलात्कार के दुष्प्रेरण के अभियोग में भारतीय दंड संहिता की धारा 107, 362 एवं 375 के अन्तर्गत फौजदारी मुकदमा चलाया जाए। ज्ञातव्य है कि वक्फ मंत्री के एक भाई कुछ ही दिनों पहले एक गिरोह-द्वंद्व में मारे गए थे और हिन्दू महासभा के एक कार्यकर्ता की हत्या में उनके दूसरे भाई, खदर, का नाम लिया जाता है। उससे पूर्व, श्री भट्ट ने राज्य के एक अन्य 'कैबिनेट' मंत्री श्रीमती रेणुका राजेन्द्रन के विरुद्ध एक बेरोजगार स्नातक को पुलिस सब-इंस्पेक्टर के पद पर नियुक्ति का आश्वासन देकर पचीस हजार रुपये रिश्वत लेने के आरोप की जाँच-पड़ताल की थी। बाध्य होकर मंत्री महोदया को पदत्याग करना पड़ा था। परन्तु श्री इब्राहीम के मामले में गृह-सचिव के आदेश पर स्वयं श्री भट्ट को ही अवकाश पर जाने के लिए बाध्य होना पड़ा।

यह तमाशा हम केवल इंदिरा-राज में ही देखते हैं, सो बात नहीं। जनता सरकार में भी बिहार के कल्याण मंत्री एक रात पटना सिटी स्थित 'केयर होम' में अबलाओं का कल्याण करने पहुँच गए थे तो मुहल्ले वालों ने उनकी खूब खातिरदारी की थी। और जब एक अन्य कैबिनेट-मंत्री अपने सचिवालय कक्ष में ही रासलीला करने लगे, तो कर्मचारियों ने हो-हल्ला मचाकर उनका सारा मजा किरकिरा कर दिया। किन्तु राज्य-व्यापी हल्ले के बावजूद मंत्रीद्वय अपने-अपने पद पर बने ही रहे। जनता सरकार के ही एक तीसरे मंत्री की गर्वोक्ति उस रोज सुनते ही बनती थी जब बिहार विधान सभा में डंके की चोट पर उन्होंने एलान किया कि वे गुंडों को पालते हैं और तब तक पालते रहेंगे जब तक गुंडागर्दी चलती रहेगी। लेकिन यह सब कोई तसल्ली की बात नहीं। कुदृष्टान्त, कुकृत्यों के औचित्य को प्रतिष्ठित नहीं कर सकते। तब तो देखा-देखी ही चलती रहेगी। कदाचारों का सिलसिला कभी टूटेगा ही नहीं। मंत्री चाहे जनता सरकार के हों चाहे इंदिरा सरकार के, प्रश्न तो यह है कि सत्ताधारियों के ऐसे कुत्सित आचरण से लोगों के मन में क्या उमड़ेगा—सत्ता के प्रति आदर या निरादर? प्रश्न यह भी है कि ऐसे लोग सत्ताधीश बन कैसे गए, सत्ता में स्वयं आ टपके या उन्हें लाया गया? इंदिरा जी केवल देश की प्रधानमंत्री

ही नहीं, देश के सबसे प्रबल राजनीतिक दल की सर्वशक्तिमान नेता भी हैं, और साथ ही अपने दल के पार्लियामेंटरी बोर्ड की अध्यक्ष भी जो पार्टी के उम्मीदवारों का चयन करता है। किसकी मजाल थी कि उनकी मर्जी के खिलाफ वैसे लोगों को पार्टी टिकट दे देता। तब फिर यह सब कैसे और क्यों चल रहे हैं?

असल में दोष हमारी निर्वाचन-पद्धति का ही है जिसमें घुन लग गया है। चुनाव की जो प्रक्रिया चल पड़ी है उसमें योग्यता, निष्ठा और चरित्रवाला कोई व्यक्ति शायद ही उभरकर सामने आ सके। जब सारी सीटों को गुट और जाति के कोटा में खपा देने का रिवाज चल पड़े, जब बम-पिस्तौल से लैस मुस्टंडों द्वारा पोलिंग बूथों की घेराबन्दी का जंगी तरीका अपना लिया जाए, जब एक-एक सीट पर पचास-पचास लाख रुपयों को नचाने-लुढ़काने की कीमती रस्म अदा करनी लाजिम हो जाए, तब निर्धनों का वहाँ क्या काम? यह तो शाही जश्न है जिसमें शरीक होने का अधिकार गरीबी की रेखा से नीचे जीनेवाले या मध्य स्तर पर बसर करनेवाले इस देश के करोड़ों-करोड़ लोगों को बिलकुल नहीं। उनके लिए कोई गुंजाइश नहीं जिनकी आँखों में देश को बनाने का कोई सपना है, जिन्होंने निष्ठा की आग में वर्षों से निज को तपाया है, जिन्होंने वर्षों अपने चरित्र को सँवारा और सजाया है, जो ज्ञान और अनुभव का एक-एक दाना इसलिए सावधानी से चुनते-बटोरते चले आए हैं कि कभी देश के काम आएगा। अभी तो वे अपने-अपने घर बैठे चाटते रहें अपना चरित्र, अपनी निष्ठा, अपनी योग्यता, अपना अनुभव और देश-प्रेम की अपनी आन्तरिक आग से आप ही जल-जल कर राख होते जाएँ।

हमारे फरिश्तों का सपना और संकल्प यह था कि स्वतंत्र भारत में जन्म, जाति और जायदाद का भेद छोड़, केवल सुपात्रता के आधार पर सबको जीवन में समान अवसर उपलब्ध कराए जाएँगे। लेकिन हमने उन सबको झुठलाया। उनके सपनों और संकल्प के साथ धोखा किया और उन तमाम शहीदों के अरमानों को रौंद डाला जो अपने को मिटाकर आजादी का नायाब तोहफा हमें दे गए थे। जब अवसर प्रदान करने का अवसर आया तो हमने जन्म, जाति और जायदाद को ही मान्यता दी। जिसने मंत्री-पुत्र के रूप में जन्म लिया, उसका स्थान सुरक्षित। मंत्री परलोक-सभा सिधारे, तो उनकी विधवा का आसन लोकसभा में बिछ गया। जिसके पास जाति की मजबूत लाठी हुई, मतदान की भैंस वही हाँक ले गया। जिसने तस्करी के थैले खोले, टिकट की तश्तरी उसके सामने पेश हुई। जाति की जकड़ और साजिश मजबूत कर रखी है उन राजनीतिक गुटबाजों ने जिनके पास सद्गुणों की कोई पूँजी नहीं, बेटी-रोटी के मामले को छोड़, जनसाधारण के लिए जाति का कोई विशेष प्रयोजन नहीं होता। ऊपर ईमानदारी से टिकट बँटे तो नीचे वोट करने में लोग भी जात-पात भूल जाएँ। सन् '77 की जनता-लहर में हमने देख लिया

था। उस बार लोकसभा प्रत्याशियों के चयन में जब नेतागण ने जाति-पाँत रोक दी थी, तो जनता उम्मीदवारों को वोट देने में निर्वाचक भी जाति-पाँत बिलकुल भूल गए थे! तीन ही चार महीने बाद जब विधान सभाओं का चुनाव आया और नये पापियों ने भी पुराने पाप शुरू कर दिए और प्रत्याशियों के चयन में जाति-पाँत खूब चलाई, तो उसका नतीजा भी सामने आ गया।

समाजवाद के स्तुति-गायक श्रीमान मधु लिमये, जो जाति और वर्ग-विहीन समाज का अखंड गुण-कीर्तन करते फिरते हैं, उनको गिला यह हो आया कि कमबख्त कायस्थ लोग किस बूते पर उतना टिकट माँगने लगे थे। हजरत को यह खयाल ही नहीं रहा कि व्यक्ति का असल बूता तो होता है उसका चरित्र, उसकी निष्ठा, उसकी योग्यता, उसका जुझारूपन, उसके कष्टभोग जिसे आस्था और साहस के साथ उसने संघर्ष के दिनों में झेला था। ऐसे लोगों में कायस्थों की संख्या कुछ कम न थी। बिहार सरकार ने तो आन्दोलन को केवल कायस्थों का हंगामा घोषित कर दिया था और जब इमरजेंसी लागू हुई तो एक-एक कायस्थ अफसर के गले पर तलवार झुला दी। और विडम्बना देखिए कि तब अफसर इसलिए कटने लगे कि वे कायस्थ थे और जब तख्ता पलटा, तो लिमये जैसे निर्णायकों के हाथों कई योग्य उम्मीदवार इसलिए कट गए कि वे कायस्थ थे। लिमये साहब और उनके दोस्तों का भरोसा जाति, लाठी और पैसे के बूते पर था। सो, उनसे ज्यादा जाति, लाठी और पैसा लेकर सन् '80 में जब इंदिरा-कांग्रेस के लोग जुट आए, तो लिमये एंड कम्पनी का दिवाला पिट गया। वे मुँह के बल अचेत हो गिर पड़े। खासकर बिहार में तो कायस्थों का अजीबो-गरीब हाल कर रखा है। कमजोर और पिछड़े वर्ग के लिए आरक्षण की जो व्यवस्था चल पड़ी है, उस लाभ के भागीदार कायस्थ लोग इसलिए नहीं हो पाते कि उनकी गणना 'फॉरवर्ड क्लास' में होती है। और फॉरवर्ड का सारा कोटा राजपूत, भूमिहार और ब्राह्मणों में ही इसलिए खपा दिया जाता है कि कायस्थों के पास कोई 'बूता' नहीं, वे कमजोर हैं। वैसे कायस्थों में जो 'कास्ट-कान्शसनेस' या 'कास्ट-फनैटिसिज्म' की कमी है, उसे मैं बड़ा शुभ लक्षण मानता हूँ। यह और बात है कि आप अपनी जाति भले ही भूल जाएँ, लेकिन लोग आपकी जाति जरूर याद रखेंगे। जाति के मामले में राजनीतिक लोगों की स्मरणशक्ति बड़ी तीव्र हो गई है। लानत है आधुनिक विज्ञान और तकनीक को जो और देश के लोगों को तो धरती से लाखों मील ऊपर चाँद तक पहुँचा आया, लेकिन इस देश के लोगों को जाति की चन्द फुट ऊँची सतह से ऊपर नहीं उठा सका।

मध्य '78 में जनता पार्टी छोड़कर कांग्रेस में सम्मिलित होने के पूर्व मैं इंदिरा जी से मिला था। श्री केदार पांडेय ने पहल की थी। इंदिरा जी तब चिकमगलूर भी

नहीं पहुँची थीं सो कुछ इत्मीनान से बात करने का मौका मिला। पुरानी बातों की चर्चा छिड़ने पर मैंने उनसे कहा कि मेरी समझ में बिहार की तत्कालीन सरकार से सबसे बड़ी भूल यह हुई कि उसने जे.पी. के नेतृत्व में चल रहे आन्दोलन को कायस्थों का फसाद करार दे दिया और उससे भी भयंकर काम यह कर दिया कि चुन-चुनकर कायस्थ अफ़सरों के गले पर तलवार झुला दी। तो, उन दिनों वैसा कहने-करने की चाहे जो विवशता रही हो, मगर अब तो सच्चाई को स्वीकारने में कोई कठिनाई नहीं होनी चाहिए। तथ्य तो यह है कि वह एक जन-आन्दोलन था जिसमें सभी जाति, सभी वर्ग तथा सभी धर्म के लोग सम्मिलित थे। किन्तु निशाना जब केवल कायस्थ अफ़सरों को ही बनाया गया तो अपनी सुरक्षा के लिए उनके पास सिवाय इसके चारा ही क्या था कि वे सरकार के विरुद्ध हो जाते। सो वे हुए और उसका असर भी हुआ। मगर जनता सरकार में भी सबसे दुखी कोई रहा तो वे ही। और इसका सीधा-सादा कारण यह था कि राज-काज से कायस्थों का सदियों पुराना सम्बन्ध रहा है। इसलिए राज-काज की दुर्गति उनसे सही नहीं जाती। वे यह भी मानते थे कि परिवर्तन लाने की शक्ति यदि किसी में है तो इंदिरा जी और उनकी पार्टी में ही है, लेकिन उन्हें यह भी भय था कि यदि पुराना गुस्सा नहीं भुलाया गया, तब उनका क्या होगा? इंदिरा जी ने मुझे आश्वस्त करते हुए कहा, "पुरानी बातें फिर नहीं दुहराई जाएँगी।" बात कुछ आगे चली तो उन्होंने मुझसे पूछा—

> "अच्छा यह बताइए, मेरी कौन जाति है?"
>
> मैंने कहा, "मैं तो आपको और आपके परिवार को अन्तरराष्ट्रीय जाति का मानता रहा हूँ।"
>
> इस पर वो बोलीं, "सो ही तो! हमारे तो सारे शादी-सम्बन्ध गैर-जाति और गैर-मजहब को तो छोड़िए, गैर-मुल्क के लोगों में हुए हैं। इसके बाद भी लोग मुझे किसी खास जाति से जोड़ लेते हैं, तो मैं क्या करूँ!"

बिहार की चुनाव-राजनीति में जाति की भूमिका की असलियत बताते हुए जब मैंने उनसे यह कहा कि मेरा अनुभव मुझे बताता है कि प्रत्याशियों के चयन में 'पार्टी बॉसेज' जितनी जाति-पाँत करते हैं, प्रत्याशियों को निर्वाचित करने में जनता उतनी जाति-पाँत नहीं करती, तो सर हिलाकर इंदिरा जी ने अपनी सहमति प्रकट की थी। लेकिन सन् '80 के चुनाव के लिए इंदिरा-कांग्रेस के प्रादेशिक नेताओं ने उम्मीदवारों की जो लिस्ट तैयार की उसका सारा ताना-बाना फिर जात के ही तारों से खून दिया। बिलकुल मनमाने ढंग से सारे निर्वाचन क्षेत्रों पर अलग-अलग जाति की मुहर लगाकर उसका आवंटन करते चले गए—अमुक चुनाव-क्षेत्र, अमुक जाति का और अमुक, अमुक का।

यह बात बिलकुल समझ में ही नहीं आती कि आम तौर से एक विधान सभा निर्वाचन क्षेत्र में निर्वाचकों की संख्या जब डेढ़-पौने दो लाख के करीब होती है, तो केवल दस-बीस हजार जनसंख्या वाली किसी जाति-विशेष का ही क्षेत्र उसे कैसे मान लिया जाता है? उस क्षेत्र में रहनेवाले दूसरी जातियों के शेष सवा-डेढ़ लाख लोग कहाँ गुम हो जाते हैं? उन्हें चुनाव से कुछ लेना-देना नहीं रहता क्या? चुनाव-आयोग का दस्तूर यह है कि हर जनगणना के बाद नई जनसंख्या के आधार पर चुनाव क्षेत्रों का पुन: परिसीमन कर उसे वह घोषित कर देता है। लेकिन राजनीतिक गुटबाजों का अघोषित तरीका यह बन गया है कि हर चुनाव के वक्त, जाति के भ्रामक आधार पर क्षेत्रों को निर्धारित कर वे उसे चुपचाप आपस में बाँट लेते हैं। और दलों की केन्द्रीय चुनाव समिति से प्राय: उसे मान्यता भी मिल जाया करती है। संसदीय निर्वाचन प्रणाली के संसारव्यापी इस विरोधाभास ने यों ही लोगों को मुश्किल में डाल रखा है कि, संसद से बाहर जो अल्पमत में है, वह दल संसद के अन्दर बहुमत का ताज पहन सत्ताधारी बन जाता है। उस पर भारतीय राजनीति के जाति-तिकड़म की मार से हमारे संसदीय लोकतंत्र का तो भविष्य ही चूर होता जा रहा है। यही नहीं कि भारतीय राजनीति राष्ट्रीयता से प्रादेशिकता और प्रादेशिकता से जातीयता पर उतर आई है, बल्कि अब तो लोग जाति से भी लघु, उपजाति, और उससे भी सूक्ष्म, गोत्र का गुप्त मंत्र फूँकने लग गए हैं। भारत के वैज्ञानिक देश को आणविक युग में पूर्णरूपेण कब तक प्रवेश करा पाएँगे, यह कहना तो कठिन है, किन्तु इस दिशा में यहाँ के राजनीतिक लोगों ने अवश्य बाजी मार ली है। जिस तेजी से उन्होंने जातीयता के अणु-युग में हमें पहुँचा दिया है, वह बड़े-से-बड़े मेधावी वैज्ञानिकों के लिए प्रतिस्पर्धा की बात है।

गत वर्ष जो संसदीय उप-निर्वाचन हुए, उनमें दो क्षेत्रों की ओर भारत से बाहर के लोगों का भी ध्यान गया : गढ़वाल, जहाँ से लोकतांत्रिक समाजवादी मोर्चा के अध्यक्ष श्री हेमवतीनन्दन बहुगुणा और अमेठी, जहाँ से प्रधानमंत्री के ज्येष्ठ पुत्र श्री राजीव गांधी चुनाव लड़े। रिपोर्ट है कि अमेठी में निर्वाचन तिथि की घोषणा से लेकर मतदान के दिन तक, लगभग तीन सौ जीप और मोटरें दौड़ती रहीं जिन पर पेट्रोल और सर्विसिंग आदि के तीस लाख रुपये खर्च आए थे। सात सौ पचास मतदान केन्द्रों को सँभालने में जुटे चालीस हजार कार्यकर्ताओं ने पन्द्रह दिनों के अपने घनघोर अभियान में खाना-दाना, चाय-पान, बीड़ी-सिगरेट पर तीस लाख और उड़ा दिए। पाँच लाख रुपयों के झंडे-पताके और पोस्टर सट गए। इस अवसर पर सरकार ने जो खर्च किया उसका तो हिसाब ही अलग है। निरीक्षण बँगलों की सजावट, टेलीफोन के सैकड़ों नये कनेक्शन, बिजली के खम्भे, सड़कों की

मरम्मत, इमरजेंसी-वर्क के लिए तैनात पी.डब्ल्यू.डी., बिजली, सिंचाई, स्वास्थ्य, वन-विभाग के हजारों स्टाफ और मजदूरों पर सरकारी खजाने के दो-चार करोड़ तो गल ही गए होंगे। और ध्यान रखिए! वे ढेर सारे रुपये उस उम्मीदवार के चुनाव में खर्च कर डाले गए जिसकी जीत में यों भी विशेष सन्देह नहीं था। जिस सहज और स्वाभाविक ढंग से श्री राजीव गांधी की छवि चुनाव के पहले से ही यदा-कदा झलकती रही थी, उससे किसी भी निष्पक्ष मन में उनके प्रति प्रेम और आशा के भाव जग उठते थे।

गांधी और नेहरू परिवार के दो दीप अनेक भारतवासियों का ध्यान बरबस अपनी ओर खींचते रहे हैं। गांधी जी के पौत्र श्री राजमोहन गांधी—जिनकी रगों में गांधी और राजा जी का रुधिर-संगम प्रवाहित होता है—एक ऐसे प्रतिभावान व्यक्ति हैं जिनमें श्रेष्ठ गुरुजनों के गाम्भीर्य, प्रौढ़ता और शील विद्यमान हैं। जब कभी उनका कोई लेख मैं समाचार-पत्रों एवं पत्रिकाओं में पढ़ता हूँ, तो स्वर्गीय राजा जी के विचार तत्त्व, तर्कणा और तीक्ष्णता का स्मरण हो आता है। साथ ही मन इस विषाद से भी बच नहीं पाता कि क्यों उन्होंने अपने को राजनीति से सदा दूर ही रखा। यह राजनीति भी अभागी न होती, तो स्वयं राजमोहन गांधी के पास चली गई होती, जैसे राजीव गांधी के पास गई। राजनीति, राजीव गांधी के भी मनोनुकूल तो न थी। किन्तु, आज जब वे राजनीतिक गगन में दिखने लगे हैं, तो इस सुहृद, सौम्य, शिष्ट और विचारवान नये व्यक्तित्व को उभरते देखकर मन को कितना तोष होता है। किन्तु इस तोष की ओर चिन्ता की काली छाया तब बढ़ने लग जाती है जब खयाल आता है : राजीव गांधी का सबसे बड़ा दुर्भाग्य यह हुआ कि मातृकोख से उनके अनुज (स्व.) संजय गांधी, राजनीतिक रंगमंच पर उनके अग्रज बनकर उतरे थे। सुप्राण राजीव गांधी का ढेर सारा समय तो संजय गांधी के संचित कुप्रभावों को मिटाने में ही निकल जाएगा। उच्छृंखलता और हुड़दंग की जिस राजनीति का बीजारोपण डॉ. राममनोहर लोहिया कर गए थे, संजय गांधी ने उसे सींच-सींचकर सयाना कर दिया। इस मायने में संजय गांधी लोहिया जी की शिष्य-परम्परा के ही एक सिद्ध युवक थे जो लोहिया जी के सभी स्वीकृत-शिष्यों से बाजी मार ले गए। लोहिया जी में तो विद्वत्ता थी, चिन्तन था; जनकल्याण के उच्च आदर्श और नि:स्वार्थ देशप्रेम की पवित्र आग तथा पूर्व स्वातंत्र्य-युग के अनेक शुभ संस्कार सुरक्षित थे; लेकिन उनके अनुगामी उन सभी गुणों से रिक्त ही रहे। तालाब में कंकड़ फेंकते समय जब स्वयं विद्वान लोहिया ने ही इस बात की चिन्ता न की कि उत्पन्न लहरियाँ कहाँ जाकर शेष होंगी, तब भला उन संस्कार-शून्य लोगों से क्या आशा की जा सकती थी जो कंकड़ों की जगह पत्थरों की बौछार करने लग गए।

अपनी जन्मगत स्थिति के कारण राजीव गांधी को जिस व्यापक प्रचार-प्रसार की सुविधा स्वत: उपलब्ध है, वह औरों का नसीब कहाँ! देश और दुनिया के अनेक छोटे-बड़े अखबार, पत्रिकाएँ, रेडियो, टेलिविजन आदि स्वयं ही दौड़-दौड़ कर उनके समाचार बटोरेंगे, उनकी तस्वीर खींचेंगे और उन्हें प्रकाशित और प्रसारित करेंगे। इन सबके बावजूद जब राजीव गांधी के चुनाव में लाखों-करोड़ों खर्च कर दिए जाएँ, तो फिर एक साधारण राजनीतिक कार्यकर्ता का मार्ग कितना अवरुद्ध हो जाता है। कहाँ से लाएँगे वे लाख और करोड़, और वोट की क्यारियों में कहाँ से डालेंगे उतने ढेर सारे चाँदी के बीज? कितना फीका-फीका रंग रहेगा क्षेत्र में उन उम्मीदवारों का जिनकी जेबें फटी होंगी और जिनका झोला मुँह बाए कन्धे से लटक रहा होगा।

चुनाव में उतने रुपयों का खेल बिहार में पहली बार मैंने (स्व.) ललित नारायण मिश्र का ही देखा था। अन्तिम बार संसदीय उप-निर्वाचन में ललित बाबू दरभंगा से चुनाव लड़े और जीते। उस चुनाव में दरभंगा शहर की जो चहल-पहल और रौनक मैंने देखी तो दरभंगा महाराज के बड़े भतीजे कुमार जीवेश्वर सिंह का उपनयन समारोह याद हो आया जो शायद सन् 1940-41 में हुआ था। देश के कई छोटे-बड़े रजवाड़ों के राजे-महाराजे और अंग्रेज लाट आए थे। यद्यपि समारोह-स्थल तो राज कम्पाउंड था, परन्तु प्रतिबिम्ब सारे नगर में फैला हुआ था। फिर भी, उस जमाने में न तो उतनी मोटरें थीं, न उतने होटल और रेस्तरां; और न उतने लोग ही। सो, ललित बाबू के उस चुनाव की चहल-पहल और गहमागहमी के सामने राज दरभंगा का वह उत्सव मेरी याद में फीका ही पलटा। मेरा माथा उसी दिन ठनका था। कांग्रेस सोशलिस्ट फोरम के राँची सम्मेलन में जब मैंने यह समस्या उठाई, तो कई नेता कुड़बुड़ाने लगे।

मुझे याद है सन् 1957 का वह चुनाव जब अपने गृह-क्षेत्र केसरिया से लोक सभा के लिए मेरे पिताजी प्रजा सोशलिस्ट पार्टी के उम्मीदवार बनकर चुनाव लड़े थे। मुकाबला कांग्रेस के पं. द्वारिकानाथ जी तिवारी से था। तिवारी जी को पचास-साठ हजार वोट मिले। वे जीते। कम्युनिस्ट उम्मीदवार को लगभग चौंतीस हजार और पिताजी को लगभग बाईस हजार वोट मिले थे। तिवारी जी के यही कोई पन्द्रह हजार रुपये खर्च हुए होंगे। और आपको विश्वास नहीं आएगा, किन्तु विश्वास कर लीजिए कि जमानत की राशि के अतिरिक्त मात्र डेढ़ हजार रुपयों में हम लोक सभा का चुनाव लड़ गए थे।

उससे पहले, सन् '52 में हुए देश के प्रथम आम चुनाव में, भारत के तत्कालीन संसदीय कार्य मंत्री सत्यनारायण सिंह के विरुद्ध जब बिहार के प्रसिद्ध समाजवादी नेता पं. रामनन्दन मिश्र चुनाव लड़े थे, तो उनका खर्च मुश्किल से पाँच हजार

हुआ था। वे कुछ ही वोट से हारे थे, किन्तु खर्च की कमी के कारण नहीं, बल्कि कांग्रेस की साख के कारण। आज वह सब सपना-सा लगता है।

अब जो चुनाव में इतने बेशुमार खर्च किए जाने लगे हैं, वे सिर्फ चुनाव जीतने के लिए नहीं, बल्कि चुनाव को चंगुल में कैद रखने के लिए। 'बैलट्स' पर 'मनापलि' रखने के लिए। साजिश बड़ी गहरी है। यों समझ में नहीं आए।

भारतीय राजनीति के एक मनीषी हुए हैं, राजा जी—चक्रवर्ती राजगोपालाचारी। अंग्रेजी में सी.आर. के संक्षिप्त नाम से विश्वविख्यात। उनके प्रखर-मतित्व के सभी प्रशंसक थे—गांधी, पं. नेहरू, पटेल, प्रसाद, जे.पी. आदि, आदि। चिदम्बरम के अपने भाषण में पंडित जी ने उनके सम्बन्ध में कहा था, "राजा जी देश के श्रेष्ठतम पुरुष हैं...हममें सबसे अधिक बुद्धिमान..." जे.पी. भी राजनीतिक प्रज्ञा और परिपक्वता में गांधी के बाद राजा जी को ही स्थान देते थे। तो, राजा जी की एक बोधमय लघुकथा है। शीर्षक है—'पुरस्कार'। पहले वह कथा ही बता देता हूँ। धरातल से उनकी चिन्तन चोटी की ऊँचाई आप नाप सकें, तो इसी कथा से नाप लें। कथा यों है—

> महाराज ने बूढ़े राजशिल्पी को सभा में बुलाकर आदेश दिया, 'नदी के दक्षिण तट पर एक ऐसा भवन बनाओ, जो सौन्दर्य और सुविधा की दृष्टि से राज्य-भर में अद्वितीय हो।' और तत्काल ही महाराज की आज्ञा से भवन-निर्माण के निमित्त राजशिल्पी को सम्भावित धनराशि भी दे दी गई। इतनी धनराशि अपने अधिकार में देखकर शिल्पी का मन डोल गया। उसने सोचा—क्यों न घटिया और नकली सामग्री से ही भवन खड़ा कर दूँ और इस रकम का शेष अंश बचाकर लाभान्वित हो जाऊँ? लोभ ने विवेक की आँखों को अन्धा बना दिया—भवन तैयार हो गया। महाराज बड़े प्रसन्न हुए। भवन के उद्‌घाटन के लिए एक विशाल समारोह आयोजित हुआ। हर्षोत्फुल्ल चेहरे से महाराज उठे और जन-समूह की ओर उन्मुख होकर बोले, 'आज मेरी एक पुरानी साध पूरी हुई है। कई वर्षों से राजशिल्पी की एकनिष्ठ कर्तव्यपरायणता और राजभक्ति को मैं पुरस्कृत करना चाहता था। आज वह पुरस्कार तैयार हो गया है। अपने राज्य का यह सबसे सुन्दर-सुखद भवन मैं राजशिल्पी को पुरस्कार में देता हूँ।'

इन शब्दों के साथ महाराज ने भवन की चाबियाँ शिल्पी के हाथों में सौंप दीं। महाराज के औदार्य ने सारे समाज को जय-जयकार से प्रतिध्वनित कर दिया।

हमारे ही अपने छल क्या हमें जीवन में इस प्रकार सैकड़ों बार नहीं छला करते हैं?

राजा जी 'पॉलिटिशियन' नहीं, 'स्टेट्समैन' थे। अन्तर है दोनों में, पॉलिटिशियन (राजनीतिज्ञ) केवन वर्तमान देखता है; स्टेट्समैन (राजदर्शी) भविष्य भी। राजनीतिज्ञ केवल अपनी ही पीढ़ी से जुड़ा होता है, राजदर्शी भावी सन्ततियों से भी सम्बद्ध। सो अपने जीवन के सप्तम दशक में जब उनका जीवन-सूर्य अस्ताचल की ओर था और उन्हें स्वयं कोई चुनाव लड़ना नहीं था, तब भी भावी भारतीय सन्तति की चिन्ता उन्हें सता रही थी। चुनाव राजनीति जिस ओर रुख कर चुकी थी, उन्होंने देख लिया कि आगे सत्ताधारी दल से सम्बद्ध व्यक्तियों के अतिरिक्त किसी भी अन्य प्रत्याशी में चुनाव का अतिव्ययसाध्य भार वहन करने की सामर्थ्य नहीं रहेगी। वे भाँप गए कि खर्चीला चुनाव एक भयंकर साजिश है। यह साजिश किसने कर रखी है, की है तो क्यों और कैसे; इसी बात को उजागर करते हुए वर्षों पहले उन्होंने लिखा था—

> 'चुनाव को बेहद खर्चीला बना देने में उस व्यक्ति का ही स्वार्थ निहित है जो नई दिल्ली में राजसत्ता के शिखर पर पहुँचकर, सत्ता को सदा थामे रखने की अपनी व्यग्रता में, आचारशीलता की कोई परवाह ही नहीं करता। सत्ताधिकारी जितनी भी धनराशि चाहे, प्राप्त कर ले सकता है...चुनाव का अत्यधिक व्यय-भार प्रधानमंत्री को एक ऐसा प्रभावशाली अस्त्र उपलब्ध करा देता है कि, संसद सदस्यों की निजी अवधारणा चाहे जितनी भी प्रबल हो, उनका दमन कर यदि वे प्रधानमंत्री के आज्ञाकारी न बने, तो संसद को भंग कर उन सबको चुनाव के खर्चीले बवंडर में फिर झोंक देने का भय दिखाकर ही प्रधानमंत्री उन्हें या मंत्री की कुर्सी पर बैठे किसी भी व्यक्ति को काबू में ले आ सकता है।' तो यह हथकंडा है!

एक तरफ हम संसदीय प्रणाली द्वारा समाजवाद लाने की बात करें और दूसरी ओर चुनावों को इतना महँगा बना दें कि चुनाव लड़ने की सामर्थ्य केवल टाटा-बिड़ला सरीखे करोड़पति लोगों में ही रह जाए, तो समाजवाद कभी आ भी पाएगा? देश के बड़े उद्योगपति या धन्नासेठ खुद चुनाव न भी लड़ें तो भी क्या फर्क पड़ता है उनके लिए—यदि चुनाव लड़ने या लड़ानेवालों को उन्हीं की तिजोरी का आसरा रहे? मोटी रकम का चन्दा देना उनके व्यवसाय का ही एक अंग है। चन्दे की वैसी धनराशि 'दान' नहीं, एक बारीक 'इनवेस्टमेंट' हुआ करती है। लाख देंगे तो करोड़ कमा लेंगे। जो पैसा ले जाएगा वह काम करेगा, बात मानेगा। पेशेवर राजनीतिज्ञ पैसेवालों के साथ ज्यादा बेमुरव्वत नहीं हुआ करते। सरकार की इनायत चाहिए : नमक पर पाँच पैसे, दियासलाई पर सात पैसे, साबुन पर चार आने, मिट्टी तेल पर आठ आने, सरसों के तेल पर एक रुपया, डालडा पर

डेढ़ रुपये, कपड़ों पर दो रुपये, स्पेयर-पार्ट्स पर पाँच-दस रुपये भी बढ़ाने की छूट मिल गई तो करोड़ों का वारा-न्यारा हो गया। इसी कारण तो हर चुनाव के बाद मूल्य बढ़ ही जाते हैं।

इसलिए सेठों के पैसे उदारतापूर्वक उन्हें ही मिल पाते हैं जो सरकार में हैं या सरकारी पार्टी के हैं। विरोधी दल वालों को तो, चूँकि 'मुँह खोला, इसलिए लाज भर रख दी। और आम जनता के पास पैसा है कहाँ कि कोई उससे ले। खाना-दाना तो मुश्किल से चल पाता है, चन्दा कहाँ से देंगे? फिर रुपये-दो रुपये, दस-पाँच टके के लिए दरवाजे-दरवाजे कौन झोली फैलाता फिरे? आपको चन्दा देने के लिए अपना दरवाजा खोलकर कौन बैठा प्रतीक्षा करता मिलेगा? जाइए, खटखटाइए; कुछ सुनिए, कुछ सुनाइए, बात कुछ समझ में आई तो, आज नहीं कल आइए! भर दिन दौड़ते फिरिए तो मुश्किल से दस-बीस दहलीज लाँघ पाइएगा। और उतना सारा पहाड़ खोदने पर निकलेंगी कुछ चुहिया। अस्सी-नब्बे-सौ मिल गए, तो आप बड़े खुशनसीब हैं। हाँ, दादागीरी करना जानते हों, तो बात दूसरी है। तब तो माँगने की भी जरूरत नहीं। सीधे तिजोरी में हाथ डाल दीजिए, सब तो आपका ही है। किन्तु खुदरा-बटोर अभियान से लाख-करोड़ बटोरने का सपना मत देखिए। कई युग बीत जाएँगे; समय और श्रम का निर्मम अपव्यय! जल्दी है तो थोक माल बटोरिए। और थोक मिलेगा, जब आप कोटा-परमिट, लाइसेंस, ट्रांसफर-पोस्टिंग कराने की क्षमता रखते हों। हाँ चुनाव, भाषणों में गला फाड़-फाड़कर भ्रष्टाचार मिटाने का वादा जरूर करिएगा! कितना हास्यास्पद है भ्रष्टाचार मिटाने का कौल—'हम भ्रष्टाचार मिटाएँगे!'

एक घटना याद आ जाती है। श्री केदार पांडेय बिहार के मुख्यमंत्री थे। उनके खाद्य एवं आपूर्ति मंत्री श्री बोदरा ने विधानसभा में कह दिया कि जब ऊपर मंत्री से लेकर नीचे चपरासी तक घूस लेता हो तो भ्रष्टाचार मिटाने की बात करनी फिजूल है। पांडेय जी तिलमिला गए थे। मंटो दा (पी.टी.आई. के पटना ब्यूरो प्रमुख श्री एस. के. घोष) ने मुझे बताया कि केदार पांडेय अपने निकट के कुछ लोगों के बीच सिर धुन रहे थे कि लोग बात समझते नहीं और उन पर भ्रष्टाचार का आरोप लगा देते हैं। वे करें तो क्या! उन्हें पचीस लाख रुपये केन्द्र को देने पड़ते हैं। बंसीलाल (हरियाणा) को पचास लाख और नायक (महाराष्ट्र) को पचहत्तर लाख केन्द्र को पहुँचाना पड़ता है। कुछ दिनों बाद (मई या जून, '73) में जब मैं दिल्ली गया, तो श्री पी. एन. हक्सर से उनके निवास पर भेंट की। प्रधानमंत्री के मुख्य सचिव पद से अवकाश ग्रहण के पूर्व की छुट्टी में वे थे। कोई सवा घंटे तक उन्होंने प्रेमपूर्वक बातें कीं। बिहार के बारे में बहुत कुछ जानना चाहते थे, सो बहुत कुछ पूछते रहे। जब मैंने उन्हें केदार पांडेय जी की

बात सुनाई, तो दोनों हाथ कान पर रखते हुए वे बोले, "माई गॉड! सच ऐन इर-रिस्पॉनसिबल आटरेन्स।" (हे भगवान, इतनी गैर-जिम्मेदारी का वक्तव्य!) मैंने उन्हें कहा कि वे केवल मेरी बातों पर ही न जाएँ बल्कि अपनी एजेंसी से भी पता करवा लें। मुझे तो पाजामा-गंजी पहने हुए ही बाहर पोर्टिको तक छोड़ने आए और यह कहते हुए विदा दी, "चलो! बिहार के एक ऐसे नौजवान से तो भेंट हुई जिसके अन्दर इतनी आग है।" मगर कह नहीं सकता, क्या हुआ जो उस बार पांडेय जी को (वे भी उन दिनों दिल्ली पहुँचे थे) तीन बार कोशिश करने पर भी इंदिरा जी से भेंट न हो सकी। उसके कुछ दिनों बाद तो उन्हें मुख्यमंत्री पद से हट ही जाना पड़ा।

और जनता सरकार में भी कुछ लोगों के रेकॉर्ड कोई कम शानदार नहीं रहे। उस राज में भी कई केन्द्रीय मंत्रियों के ड्राइंग रूम के सुराखों से निकलकर बात बाहर हवा में तैरने लगी थी कि चुनाव कोष के नाम पर कई बड़े व्यवसायियों से उनके खासे अच्छे सौदे पटे। बहुत बाद, टाइम्स ऑफ इंडिया के एक आलेख में पढ़ने को मिला कि उन दिनों बोकारो स्टील कम्पनी के कुछ बड़े अफसरों की मध्यस्थता से चुनाव-कोष के लिए जो रुपये इकट्ठे किए गए थे उसके बदले में कम्पनी के एक ठेकेदार ने तीस लाख के बिल वसूल किए। उन दिनों श्री बीजू पटनायक केन्द्रीय उद्योग मंत्री थे। तो ऐसे चलती है राजनीति।

पैसों की राजनीति करनेवालों में बिहार के ललित नारायण मिश्र नामी लोगों में थे। वैसे कृष्ण वल्लभ बाबू इस मामले में उनके अग्रज ही थे। उनका अपना जीवन तो सीधा-सादा था। भात-दाल-भरता पर भी चल जाता था। आदिवासी क्षेत्र का एक प्रभाव था, सो भी महँगा नहीं। लेकिन ललित बाबू ज्यादा नफीस थे। उनके औदार्य की चर्चा खूब चलती थी। बिहार आते, तो स्टेट गेस्ट हाउस के अहाते में 'जलढरी' का दृश्य उपस्थित हो जाता। 'कृपा-प्रसाद' के लालायित लोगों की रेल-पेल। अब तो दोनों ही स्वर्गवासी हो चुके हैं। ईश्वर उनकी आत्मा को शान्ति दे। लेकिन बिहार के राजनीतिक कार्यकर्ताओं की आदत बिगाड़ गए।

25 अप्रैल, 1972 को अखिल भारतीय कांग्रेस के तत्कालीन महामंत्री श्री चन्द्रजीत यादव पटना आए थे तो बिहार प्रदेश कांग्रेस अध्यक्ष श्री विद्याकर कवि ने सदाकत आश्रम में प्रदेश के प्रमुख कांग्रेसजनों की एक बैठक बुला ली। रामलखन बाबू, जगन्नाथ मिश्र जी, रामदुलारी जी, मुंगेरी बाबू आदि कई नेता बैठे थे। मैं तो कोई मंत्री या विधायक था नहीं। लेकिन कांग्रेस समाजवादी मंच का बवाली-नेता जरूर गिना जाता था। तो मेरा भी शायद कुछ उपयोग दीख पड़ा हो, इसलिए कवि जी ने मुझे भी आमंत्रित कर लिया था। उस दिन मैं पहला आदमी था जो बोलने उठा। मैंने अपने संक्षिप्त भाषण में कहा—

कांग्रेस का जैसा कार्य-कलाप चल रहा है, और जिस ढंग से राजनीति चलाई जा रही है, उससे मुझे भय है कि कांग्रेस को फिर '67 जैसा दुर्दिन देखना पड़ जाएगा। प्रधानमंत्री, जिनका आज सारे देश और दुनिया की राजनीति पर प्रभाव है, बिहार के मामले में एक व्यक्ति-विशेष के प्रभाव में दीखती हैं (मेरा संकेत ललित बाबू की राजनीति की ओर था)...

गुण-कीर्तन करनेवालों से समाजवाद नहीं आएगा। समाजवाद अगर आएगा तो समाजवाद में आस्था और निष्ठा रखनेवालों से ही। यदि वैसे लोगों को आगे नहीं बढ़ाया गया, तो प्रधानमंत्री के बहुत-बहुत मजबूत हाथों से बहुत ही कमजोर किस्म का समाजवाद आ सकेगा। यह बात आप इंदिरा जी तक अवश्य पहुँचा दें।

मैं तो उन नासमझों में हूँ जो पानी में रहकर मगर से बैर रखते हैं। मेरे कुछ गुरुजन और हितेच्छु मेरी चिन्ता करते हुए ईश्वर से प्रार्थना करते हैं कि वह कभी तो मुझे सुबुद्धि दे, लेकिन उनकी दुआएँ काम नहीं करतीं। कहीं बहुत दूर छिपा बैठा है उनका ईश्वर। मैं तो उसे अपनी अन्तरात्मा में ही ढूँढ़ने की कोशिश करता रहा हूँ। खैर, '73 का अन्त होते-होते मैंने कांग्रेस छोड़ दी और सोशलिस्ट पार्टी में चला आया। लेकिन चार-छह महीनों के अन्दर ही बिहार में अचानक जो बवंडर उठा, उसने, '77 में कांग्रेस को घोर दुर्दिन दिखाकर ही छोड़ा।

'स्टेट-पॉवर' (राज-बल) और 'मनी-पॉवर' (अर्थ-बल) के दुरुपयोग पर राजा जी सरीखे बुजुर्गों ने तो बहुत सिर धुने थे, लेकिन 'मसल-पॉवर' (भुज-बल) का उन्हें कोई खयाल ही न आया। असल में यह है भी एक नई उपज। जिस रोग को आज 'बूथ-कैप्चरिंग' के नाम से लोग जानने लगे हैं, उसके कीटाणु '67 के चुनाव में छिटपुट ढंग से पैदा हो गए थे। दूषित राजनीतिक जलवायु पाकर वे बढ़े और धीरे-धीरे एक प्रदेश से दूसरे और दूसरे से तीसरे में संक्रामक रोग की तरह फैलते चले गए। '77-'80 आते-आते तो उन्होंने महामारी का रूप ले लिया। इस भयंकर कदाचार का व्यापक पैमाने पर लाभ उठाकर, सरकार बना लेने के बाद, सब सत्ताधारी दल सदा ढोल पीट-पीटकर यही कहता आया है कि चुनाव नितान्त निष्पक्ष, निर्भय और नियमित रूप से सम्पादित हुए हैं, देश की जनता उनके साथ है। लेकिन जब स्वयं चुनाव आयोग ने ही गढ़वाल उप-चुनाव के ऊपर पड़े हुए मोटे काले पर्दे को खींचकर अलग फेंक दिया, तो उसके अन्दर छिपे मतदान का भयंकर काला चेहरा देख अनेक लोगों की आँखों के आगे घुप अँधेरा छा गया। सन्देह की कोई गुंजाइश न रह गई कि अगर ऐसे ही सब कुछ चलता रहा तो, मतदान के कन्धों पर ही एक दिन लोकशाही का जनाजा निकालकर लोग-बाग उसे गहरे दफना आएँगे।

बहुगुणा जी ने इंदिरा कांग्रेस छोड़ी तो लोकसभा की अपनी सदस्यता भी त्याग दी। जनता ने उन्हें कांग्रेस के टिकट पर चुना था इसलिए, नये सिरे से मतदाताओं का विश्वास प्राप्त करना उन्होंने अपना नैतिक दायित्व समझा। इस देश में आम तौर से लोग ऐसा नहीं किया करते। एक महापुरुष थे, आचार्य नरेन्द्र देव—लोकप्रतिष्ठित समाजवादी नेता—उन्होंने ऐसा किया था जब सोशलिस्ट पार्टी कांग्रेस से अलग हुई थी। आचार्य जी के संग उनके आठ-नौ साथी-सहयोगियों ने भी उत्तर प्रदेश विधान सभा से त्यागपत्र दे दिया था। इस बार बहुगुणा जी ने उस उच्च लोकतांत्रिक परम्परा की पुनरावृत्ति की। लेकिन 14 जून, 1981 को गढ़वाल संसदीय क्षेत्र में जो मतदान हुए, तो उनकी कुछ झाँकियाँ देखिए—

1. मैं, सिपाही अशोक कुमार, सुमारी पुलिस स्टेशन से जान बचाकर भागा क्योंकि सरदार गुंडे ने गोली चलाते हुए पोलिंग पर कब्जा कर लिया।

   (मतदान केन्द्र संख्या-16 पर तैनात यू.पी. पुलिस कांस्टेबल का बयान)

2. दिन के ग्यारह बजे, हथियारों से पूरी तरह लैस एक जत्था आया। मेरे सीने पर पिस्तौल तानते हुए उन्होंने मुझे काउंटर फ्वाएल पर अपने दस्तखत करने को मजबूर कर दिया और बैलट पेपर्स पर मुहर लगाकर उन सबको मतपेटी में डाल दिया।

   (खंडा, मतदान केन्द्र संख्या-13 के प्रिजाइडिंग अफसर का लिखित बयान)

3. दिन के साढ़े बारह बजे तक मतदान शान्तिपूर्वक चलता रहा। तभी हथियारों से लैस दस लोगों का एक जत्था आया जिसने मतदान केन्द्र पर कब्जा कर लिया, जबरदस्ती मतपत्रों पर दस्तखत कराया, उनमें कांग्रेस के चुनाव-चिह्न पर मुहर लगाकर, मतपेटी में डाल दिया।

   (क्यार्क, मतदान केन्द्र संख्या-26 के प्रिजाइडिंग अफसर का लिखित बयान)

4. दिन के लगभग दो बजे, छह-सात सिक्ख और हरियाणा पुलिस के सिपाही सादे लिबास में आए। जैसे ही वे पहुँचे कि मतदान केन्द्र पर तैनात हरियाणा पुलिस ने मतदाताओं को अन्दर आने से रोक दिया। उन सशस्त्र घुसपैठियों ने मतपत्र संख्या, 62518-62550 जिन पर हस्ताक्षर किए हुए थे, छीनकर कांग्रेस (इ) के पक्ष में मुहर लगाई और उन्हें मतपेटी में डाल दिया। उन्होंने फिर मतपत्र सं. 625201-625250 वाला दूसरा थाक भी छीना, उन पर कांग्रेस (इ) के पक्ष में मुहर लगाई, उनमें से कुछ को मतपेटी में डाला और बाकी सब लेकर चले गए।

   (गहरकल, मतदान केन्द्र संख्या-95 के प्रिजाइडिंग अफसर की लिखित रिपोर्ट)

5. पौड़ी गढ़वाल के पहाड़ी क्षेत्रों में जिन छप्पन मतदान केन्द्रों पर कब्जा कर ठपामारी की गई, उनमें से अधिकांश में मात्र साढ़े तीन घंटों के

अन्दर मतदान कार्य समाप्त हो गया, क्योंकि उसके बाद एक भी बैलेट पेपर नहीं बचा।

6. कुछ केन्द्रों पर तो वोटरलिस्ट में जितने मतदाताओं के नाम दर्ज थे उनसे कई वोट अधिक गिरा दिए गए।

मतदान-समाप्ति के दूसरे दिन, 15 जून को, श्री बहुगुणा ने चुनाव आयोग के पास लिखित शिकायत पेश करते हुए यह आरोप लगाया कि भारत सरकार के गृहमंत्री सहित पाँच राज्यों के मुख्यमंत्री तथा अनेक केन्द्रीय कैबिनेट एवं राज्य मंत्रियों का दल क्षेत्र में कैम्प डाले रहा और उन सबों ने मिलकर चुनाव-धाँधली की रूप-रेखा तैयार की। पंजाब, हरियाणा तथा हिमाचल प्रदेश के सीनियर सिविल और पुलिस अफसरों ने उनकी योजनाओं को तैयार तथा लागू करने में भरपूर मदद पहुँचाई। श्री बहुगुणा के समर्थकों का यह भी आरोप था कि लोगों को आतंकित करने और मतदान केन्द्रों पर कब्जा करने के लिए काफी बड़ी संख्या में पंजाब और हरियाणा से सशस्त्र अपराधकर्मी बुलाकर क्षेत्र में उतार दिए गए थे जिन्होंने मतदान समाप्ति के बाद क्षेत्र में तैनात हरियाणा पुलिस के साथ मिलकर, चलते-चलते, लोगों पर गोलियाँ चलाईं जिससे कई लोग जख्मी हुए।

छोड़ दीजिए बहुगुणा जी अथवा उनके समर्थकों के आरोप। स्वयं चुनाव-आयोग ने क्या कहा, उसी को देखिए। भारत के तत्कालीन मुख्य चुनाव आयुक्त श्री एस.एल. शकधर ने 20 जून, 1981 को गढ़वाल उप-चुनाव को रद्द कर सारे क्षेत्र में फिर से मतदान कराने का आदेश देते हुए कहा—

1. श्री बहुगुणा ने छप्पन मतदान केन्द्रों पर कब्जा किए जाने का पूर्ण विवरण पेश किया है।
2. मैंने जल्दी से जाँच-पड़ताल पूरी करा सकने के प्रयोजन से उत्तर प्रदेश सरकार से हेलिकॉप्टर की माँग की थी। दुर्भाग्यवश, यू.पी. सरकार ने आयोग को हेलिकॉप्टर उपलब्ध नहीं कराया।
3. मैंने तुरन्त आयोग के सचिव श्री गणेशन के नेतृत्व में अधिकारियों का एक दल, जाँच-पड़ताल के लिए पौड़ी और देहरादून भेजा।
4. आयोग के जाँच दल की तथा पौड़ी गढ़वाल के जिलाधीश की रिपोर्ट से यह पूर्णत: स्पष्ट हो जाता है कि क्षेत्र में काफी बड़ी तादाद में हरियाणा पुलिस के लोग तैनात किए गए थे।
5. क्षेत्र के रिटर्निंग अफसर ने, जो पौड़ी गढ़वाल के जिलाधीश हैं, आयोग को दी गई अपनी रिपोर्ट में कहा है कि गढ़वाल जिले में पंजाब और हरियाणा पुलिस को चुनाव के बीच तैनात किए जाने की न तो उन्होंने

कोई माँग की थी और न उनके आदेश से वे तैनात किए गए थे।

6. बाहर से पुलिस बल को बुलाकर क्षेत्र में तैनात किए जाने के सम्बन्ध में आयोग को कोई सूचना तक नहीं दी गई जब कि, चुनावों की निगरानी, निर्देशन और नियंत्रण का अधिकार आयोग में ही निहित है...आयोग की जानकारी और अनुमति के बिना, राज्य से बाहर की पुलिस को बुलाकर क्षेत्र में तैनात किए जाने को मैं एक गम्भीर बात मानता हूँ और इससे निष्पक्ष एवं मुक्त मतदान सम्पादन में बाधा उत्पन्न हुई है।
7. प्रिजाइडिंग अफसरों की डायरी और रिपोर्ट, सेक्टर मजिस्ट्रेट्स, पर्यवेक्षकों, रिटर्निंग अफसर तथा असिस्टेंट रिटर्निंग अफसरों की रिपोर्ट के आधार पर छानबीन कर, आयोग के सचिव ने जो विशद प्रतिवेदन प्रस्तुत किया है, उससे मतदान केन्द्रों पर कब्जा किए जाने के आरोप सिद्ध हो जाते हैं।

नई दिल्ली, —(ह.) एस.एल. शकधर
20 जून, 1981 (भारत के मुख्य चुनाव-आयुक्त)

अपने लोकतांत्रिक चुनावों के सम्बन्ध में, बस दो-एक और सूचनाएँ देकर अभी यह प्रकरण स्थगित करता हूँ—

उत्तरी बिहार के एक क्षेत्रीय डकैत के मन में एम.एल.ए. बनने की महत्त्वाकांक्षा जगी। विगत आम चुनाव में वह उम्मीदवार बना तो घर-घर घूमकर मतदाताओं को अपना 'वन-प्वाइंट मेनिफेस्टो' बता आया—'चैन की नींद सोना चाहते हो तो मुझे चुनकर यहाँ से पटना भेज दीजिए, वरना रात में ही नहीं, दिन में भी कराम-कराम (पिस्तौल की आवाज)। सबको अपनी जान और नींद प्यारी थी सो वोट देकर लोग सस्ते छूटे। जनदाहा क्षेत्र से जीतकर कराम-कराम बिहार विधान सभा के अन्दर पहुँच गया। और उधर चम्बल के डकैतों ने जब देख लिया कि नेता लोग उनके ही बल पर चुनाव जीतने लगे हैं, तो विजय मुकुट स्वयं धारण करने की लालसा नितान्त स्वाभाविक रूप से उनके मन में भी जागृत हुई है। आपने भी अवश्य पढ़ा-सुना होगा कि चम्बल घाटी के कई खूँखार दस्यु सरदार भविष्य में चुनाव लड़ने की योजना पर गम्भीरतापूर्वक विचार कर रहे हैं।

एक गँवई कहावत है : 'भूत के कानहा हवाखोरी...' भूत के कन्धे पर बैठ हवाखोरी को हरगिज मत निकलिए। पता नहीं कब पटककर आपकी गर्दन ही मरोड़ दे।

पाँच

भारत की खोज में, सुदूर अतीत और विस्तृत वर्तमान के वैचारिक देशाटन पर पंडित जी जब निकले थे, तो उन्हें अपना प्रयास मात्र एक धृष्टता लगी। अपनी प्रसिद्ध पुस्तक 'दी डिस्कवरी ऑफ इंडिया' में उन्होंने लिखा है कि इस देश के करोड़ों नर-नारियों के विचारों और भावनाओं का अपना निजी संसार भी है जिसमें वे बसते आए हैं; फिर भी एक ऐसा तन्तु है जिसने उन सबको आपस में बाँध रखा है। वर्षों बाद पंडित जी जब प्रधानमंत्री बने तो, विदेश के कुछ लोगों ने उनसे यह जानना चाहा कि उनकी सरकार के समक्ष कितनी समस्याएँ हैं। उत्तर में पंडित जी ने कहा कि भारत में जितने लोग बसते हैं, उतनी ही समस्याएँ हैं। तात्पर्य यह कि लगभग साठ करोड़ आबादीवाले इस देश में साठ करोड़ समस्याएँ भी मौजूद हैं। हर व्यक्ति जो यहाँ रह रहा है उसकी एक न एक समस्या—या यों कहिए, वह स्वयं में ही एक समस्या है। दर्शनशास्त्र और तत्त्व-मीमांसा की दृष्टि से भी यह एक दिलचस्प बात है।

मेरे ननिहाल मिश्रटोला (दरभंगा) के दीघी पोखर पर एक गरीब ब्राह्मण वैद्य बसते थे—बिन्दा मिश्र। बहुत मामूली पढ़े-लिखे। शिक्षित नहीं, केवल सुसाक्षर। वैद्यक के नाम पर पाचक चूर्ण बेचकर बेचारे बसर कर लेते। कविता करने का भी शौक था उन्हें। और कविता क्या, मात्र तुकबन्दी कहिए, किन्तु एक तुकबन्दी में ही अति उत्तम बात पैदा कर दी। पंक्तियाँ थीं—

हर दिल, हर दिमाग, हर दुनिया
क्या सुनिया, क्या धुनिया
हर राग, हर वोल, हरमुनिया

—इस धरती पर बसनेवाले प्रत्येक व्यक्ति का अपना स्वतंत्र मन है, औरों से भिन्न मस्तिष्क है और उस मस्तिष्क से उपजे विचारों के अनुरूप, उन सबके निजी संसार भी। विचारों के ऐसे संसार केवल धनवान ही नहीं, निर्धन भी सृजित कर लेते हैं। हारमोनियम की रीड की तरह हर आदमी का अपना एक अलग राग

है, उसकी अपनी अलग बोल है जिसे मौके-बेमौके वह गाता-गुनगुनाता रहता है। वादक यदि सिद्धहस्त हो तो, उन भिन्न-भिन्न सुरों को सँवारकर एकलयता उत्पन्न कर दे और उनसे कर्णप्रिय राग-रागिनी छेड़ दे।

अशिक्षित बिन्दा ने पंडित जी सरीखे लोगों को कभी पढ़ा नहीं होगा। उनके चिन्तन-विचारों से सर्वथा अनभिज्ञ था। लेकिन कैसी अचरज की बात है कि जो बात महापंडित जवाहरलाल नेहरू कह गए, प्रकारान्तर से वही बात अनपढ़ बिन्दा ने भी कही। आपको तरस आती होगी मेरी बुद्धि पर कि मैंने राई को पर्वत के समकक्ष कर दिया। जिस प्रसंग में लोकविख्यात अविस्मरणीय पंडित जवाहरलाल नेहरू की चर्चा की, उसी में गरीब-गुमनाम बिन्दा कवि का भी जिक्र ले आया। लेकिन कभी आपने यह भी सोचा कि जो सूरज महासागर की अथाह जलराशि में झलकता है, वही छोटे से गड्ढे के जकड़े गँदले पानी में भी प्रतिबिम्बित हो उठता है! प्रकृति की इस रहस्य लीला की ओर जब आपका ध्यान जाएगा तो बिन्दा कवि की तरह कई छोटे-छोटे लोग आपके स्मृति-पटल पर भी थोड़ा सुगबुगाकर फिर शान्त हो जाएँगे। सारी महिमा उस तेज की है जो न जाने किस घड़ी किस कण को छू जाए। उस किरण के स्पर्श मात्र से ही वह कण चमक उठेगा; प्राण-कमल खिल उठेंगे।

प्रकृति की यह विराट सम्भावना अनादि काल से संसार के प्रज्ञावान प्राणों को आन्दोलित करती चली आई है। जिस ऋषि ने अपनी ऋचा में यह रहस्योद्घाटन किया : 'यथा पिंडे तथा ब्रह्मांडे', उसने एक सार्वभौम सत्य उद्घाटित किया था। जिसने 'सोऽहं' कहा था, परमात्मा का अंश उसे केवल अपनी ही आत्मा में नहीं झलका। सूफी फकीर मंसूर ने हँसते-हँसते अपने प्राण इसलिए न्योछावर नहीं कर दिए कि 'अनलहक' का एकमात्र दावेदार वह अपने को ही सिद्ध करना चाहता था। परमात्मा और उसकी परम चेतना का अंश प्रत्येक मनुष्य की आत्मा में विद्यमान है। अपने प्रारम्भिक काल में ईसाई तत्त्ववेत्ताओं ने भी जब लोगों को बताया कि मनुष्य में ईश्वर ने अपना ही प्रतिबिम्ब आरोपित कर रखा है और ईश्वर के समक्ष सब मनुष्य बराबर हैं, तो उनका उद्देश्य भी व्यक्ति की गरिमा को ही मान्यता प्रदान करना था। लेकिन, इस विवेकपूर्ण अवधारणा के जब नितान्त तर्कसंगत निष्कर्ष प्रतिपादित किए जाने लगे तो समस्त ईसाई-साम्राज्य की भृकुटी तन गई : ईश्वर यदि परम चैतन्य है और उस परम चैतन्य प्रभु ने मनुष्य के रूप में स्वयं अपनी ही प्रतिमूर्ति सृजित कर दी है तो, यह नितान्त युक्तिसंगत बात है कि मनुष्य का व्यक्तित्व आदर का पात्र है तथा ईश्वर की वाणी ही मनुष्य की अन्तरात्मा में प्रतिध्वनित होती है। अन्तरात्मा की वह प्रतिध्वनि मुखरित होती है मनुष्य के विचारों में। और विचार ही संचालित करते हैं कर्म को। तब तो यह भी

नितान्त युक्तिसंगत बात है कि अपने कार्य-कलापों में व्यक्ति अपने विचारों द्वारा ही नियंत्रित हो। इसका अर्थ तब तो यह भी हुआ कि विचार-विश्वास, आराधना-उपासना की स्वतंत्रता मानव-व्यक्तित्व के अभिन्न सूक्ष्म अंग हैं तथा उनके अनुसार जीवन-यापन करने के मनुष्य के अधिकार नैसर्गिक हैं। और जो अधिकार नैसर्गिक हैं, वे अनतिक्रम्य भी।

अपने व्यक्तित्व के समुचित विकास के लिए अनुकूल अवसर और साधन प्राप्त करना मनुष्य का जन्मसिद्ध अधिकार तो है, किन्तु यह अधिकार सिद्धान्त-रूपेण भी मनुष्य को सहज ही प्राप्त नहीं हो सका। और व्यवहार में तो पूर्णरूपेण यह कब उपलब्ध होगा, सो पता नहीं। आधुनिक प्रजातंत्र के आधारस्तम्भ :

—सामाजिक, आर्थिक और राजनीतिक न्याय

—विचार, अभिव्यक्ति, विश्वास, धर्म और उपासना की स्वतंत्रता

—स्थिति और अवसर की समता

जिनका अपने संविधान की प्रस्तावना में उल्लेख कर हमने भी भारत को एक सम्पूर्ण प्रभुत्व-सम्पन्न, लोकतंत्रात्मक गणराज्य निर्मित करने का संकल्प किया था; वह वास्तव में व्यक्ति की गरिमा को ही सुनिश्चित रूप से स्थापित करने का संकल्प है, जिसके आधार पर बन्धुत्व की भावना और राष्ट्र की एकता सुदृढ़ करने का लक्ष्य हमने निर्धारित किया है।

सच तो यह है कि मानवीय व्यक्तित्व की गरिमा को मान्यता दिलाने के लिए मनुष्य को सदियों संघर्ष करना पड़ा है। इस अभीष्ट सिद्धि के लिए वह व्यष्टि रूप से भी लड़ा और समष्टि रूप से भी। विचार और अभिव्यक्ति की स्वतंत्रता के लिए व्यक्तिगत रूप से उसने अनेक कठोर यातनाएँ सहीं : विषपान किया, सूली चढ़ा, जिन्दा जला, बरसों बन्दीगृह में जंजीरों से जकड़ा रहा, अन्धा बनाया गया, अपनी प्यारी जन्मभूमि से निर्वासित होकर अनजाने देशों में दर-दर ठोकरें खाता रहा। लड़ते-लड़ते मिट गया, लेकिन डिगा नहीं। यूनान के सुकरात, नजारथ वासी यहूदी ईसा, फारस के हल्लाज मंसूर, पोलैंड के कापरनिकस, इटली के ब्रूनो, इटली के ही गैलीलियो, स्विट्जरलैंड के रूसो तथा जर्मनी के यहूदी मार्क्स की तरह न जाने कितने उदाहरण हैं।

सुकरात एक महान सत्यान्वेषी दार्शनिक था। उसने आजीवन सत्य की खोज जारी रखी। राह चलते लोगों को रोक वह उनसे वाद-विवाद छेड़ देता और प्रचलित विचार-विश्वास-रीतियों पर बुद्धि और तर्क की सहायता से पुनर्विचार करने के लिए उन्हें झकझोरा करता था। एथेंस की सरकार ने उस पर नौजवानों को बहकाने और

दूसरे देवताओं पर विश्वास करने के आरोप में मुकदमा चलाया और मौत की सजा सुना दी। न्यायाधीश ने सुकरात के समक्ष यह शर्त रखते हुए कहा कि यदि वह लोगों से वाद-विवाद करना छोड़ दे और अपना ढंग बदल ले, तो उसे मृत्युदंड से मुक्त कर दिया जाएगा। उत्तर में सुकरात ने न्यायाधीश एवं एथेंसवासियों को सम्बोधित करते हुए कहा—

> यदि आप मुझे इस शर्त पर रिहा करना चाहते हैं कि मैं सत्य की खोज छोड़ दूँ, तो मैं यही कहूँगा कि ऐ एथेंसवासियो! आप लोगों को धन्यवाद। परन्तु मैं आपकी बात मानने के बदले ईश्वर की आज्ञा मानूँगा जिसने, जैसा कि मेरा विश्वास है, मुझे यह काम सौंपा है। जब तक मेरे शरीर में प्राण है, मैं अपनी दार्शनिक लगन नहीं छोड़ूँगा। मैं अपनी यह रीति बराबर जारी रखूँगा कि जो कोई मुझे मिले, उसे रोककर यही पूछूँ—क्या तुम्हें ग्लानि नहीं होती कि तुमने अपना चित्त केवल धन और प्रतिष्ठा प्राप्ति में ही लगा रखा है और सत्य या ज्ञान को ढूँढ़ने अथवा आत्मा को निखारने की तुमने तनिक भी चिन्ता नहीं की? और सुकरात ने जहर का प्याला पी लिया। यह घटना 399 वर्ष ईस्वी पूर्व की है।

ईसा बन्दी बनाकर यरुशलम के रोमन गवर्नर, पौंतियस पाइलेत के सामने हाजिर किए गए। काउंसिल भवन में एकत्रित क्रुद्ध प्रधान पुरोहित और जन-समुदाय ने आरोप लगाया कि यह पाखंडी जीसस अपने को ईश्वर-पुत्र और यहूदियों का राजा घोषित करता है तथा लोगों को पथभ्रष्ट कर उन्हें सम्राट (अगस्तस) सीजर को खिराज देने से मना करता है।

अनुसदों ने जब ईसा से पूछा, "क्या तू मसीह है?" तो ईसा ने कहा, "अगर मैं कहूँ, तो तुम यकीन नहीं करोगे और तुमसे ही पूछूँ तो जवाब नहीं दोगे।"

अनुसदों ने दूसरा प्रश्न किया, "क्या तू ईश्वर का पुत्र है?" परमशान्त चित्त से ईसा ने कहा, "हाँ, सो तो मैं हूँ।"

एक सवाल गवर्नर पाइलेत ने स्वयं भी किया—"क्या तू यहूदियों का राजा है?" ईसा ने व्यंग्य भाव में उत्तर दिया, "यह तो खुद तू ही कह रहा है।" पाइलेत को ईसा पूर्ण निर्दोष दीखे। लेकिन प्रधान पुरोहित, उपस्थित सभासदों और एकत्रित जनसमूह ने जब आवेग और उत्तेजनापूर्ण आवाज में ईसा को सूली चढ़ा देने के लिए चिल्लाना शुरू किया, तो विवश होकर गवर्नर पाइलेत ने जलपात्र मँगवाया और अपना हाथ धोकर जनसमुदाय की ओर झाड़ते हुए कहा, "इस निरपराध के खून का दोष मुझ पर नहीं।" और अनिच्छापूर्वक, ईसा को क्रूस पर ठोंक देने की सजा सुना दी।

सिपाही जब यीशु को पकड़ ले गए, तो उन्होंने उनके साथ प्रहसन प्रारम्भ कर दिया : ईसा के कपड़े उतार उन्हें लाल लबादा पहना दिया, सर पर काँटों का ताज रख दिया, दाहिने हाथ में राजदंड के बदले एक सरकंडा थमा दिया और तब उनके सामने घुटने टेककर अभिवादन का स्वाँग करते हुए बोले, "जय हो, यहूदी नरेश!" दर्शक-गण भी ईसा की देह पर फूल के बदले थूक बरसाने लगे। उनकी आँख पर पट्टी बाँध, एक ने तमाचे जड़ दिए तो दूसरे ने पूछा, "भविष्यद्रष्टा, बता किसने चपत चलाई?"

क्रूस-स्थल, गौलगौथा (संत ल्यूक के अनुसार कालवरी) में सलीब पर टाँगकर उनके हाथ-पाँव-सर में जब कीलें ठोंक दी गईं, तो उनसे बहते लहू की धार देखकर उपस्थित अनुसदों एवं अन्य पुरोहितों के संग-संग प्रधान पुरोहित ने भी कटाक्ष करते हुए ईसा से कहा, "तू तो दूसरों की जान बचाता फिरता था, अब अपनी जान क्यों नहीं बचा लेता? ऐ प्रभु-पुत्र! बुला ले न अपने पिता को रक्षा के लिए।" सलीब पर टँगे ईसा ने प्रत्युत्तर में प्रभु से प्रार्थना की—"मेरे पिता! इन्हें क्षमा कर दें। ये नहीं जानते कि क्या कर रहे हैं।"

फारस में, अलबैजा के निकट एक अग्निपूजक कुल में जन्मे, हल्लाज मुगीथ अल-हुसैन मंसूर पर पहले तो मुताजिल द्वारा एक ईसाई होने का आरोप लगाया गया। फिर, इमामिया की तौकी और जहीरीया के फतवे के तहत वे धर्म-बहिष्कृत कर दिए गए। इस पर भी मंसूर ने अपना 'दावा' नहीं छोड़ा। दावा था, 'अनल हक—जो वह (ईश्वर) है, वही मैं हूँ।' वजीर इब्न ईसा ने उन्हें गिरफ्तार कर आठ वर्षों तक बगदाद की जेल में कैद रखा। मंसूर अडिग रहे। उन पर मुकदमा चला। वजीर हमीद के हुक्म और मालिकी कादी अबू उमर के फतवे से 26 मार्च, सन् 922, मंगलवार के दिन, बगदाद में नदी के दाहिने किनारे, चौक के पास बा-अल-तक के सामनेवाले नये जेल में उन्हें कोड़े से पिटवाया गया। मंसूर 'अनल हक' की रट लगाते ही रहे। उनका अंग-विच्छेद कर मसलूब पर फेंक दिया गया। अनल हक का दावा फिर भी खामोश न हुआ तो जल्लाद ने उनका सिर काटकर जला दिया।

एक और सुदूर अतीत की यात्रा पर चलें। आज से लगभग साढ़े चार सौ वर्ष पीछे। इस लम्बी काल-दूरी की प्रतिगामी यात्रा-अवधि में यह सूरज एक लाख, उनसठ हजार, नौ सौ बार अस्त हो चुका होगा। परन्तु यात्रा-कष्ट से विचलित न

हो। वहाँ एक ऐसा सत्य-सूर्य आपकी प्रतीक्षा कर रहा है जिसके दर्शन से आप विस्मित रह जाएँगे। उस रोज पोलैंड में सत्य का जो सूरज उगा था, वह आज तक फिर कभी डूबा नहीं। उस सत्य-सूर्य की प्रचंड किरणों ने अज्ञान-तिमिर की न जाने कितनी मोटी परतें जलाकर खाक कर दीं। तभी से लगातार यह धरती अपने सभी संगी-ग्रहों के साथ उसी सूरज के चारों ओर चक्कर काटने लग गई।

पोलैंड के फ्रूनबर्ग गिरजामहल की एक कोठरी में 70 वर्षीय निकोलस कोपरनिकस रोगशय्या पर लेटे-लेटे बड़ी बेचैनी से अपनी साँसें गिन रहा है। प्रतीक्षा में उसके प्राण टँगे हैं—एक ही साथ दो की प्रतीक्षा, एक मृत्यु और दूसरी, वह पुस्तक जिसे तीस वर्ष पूर्व, चालीस साल की आयु में उसने लिखी थी। अधिक बेचैन वह इसलिए है कि कहीं किताब के पहुँचने से पहले मौत ही न आ पहुँचे।[1] उसकी नजर कभी गिरजामहल की ऊँची दीवारों से टकरा जाती और कभी खिड़की के बाहर फैले आकाश से। उन्हीं दीवारों के बीच कहीं एक छोटा-सा सूराख था जिससे बरसों वह चुपके-चुपके नभ के ग्रह-नक्षत्रों को निहारता रहा था; बड़े मनोयोग और सतर्कता से उनकी गतिविधियों का अध्ययन किया करता था। उस सूराख से नील गगन में रंग-बिरंगे नक्षत्रों का जो नृत्य उसने देखा था, उसे कह देता तो दुनिया हिल जाती : अरस्तू कट जाते, अलेक्जेंड्रिया के खगोलशास्त्र-सम्राट टॉलमी का सिद्धान्त चूर-चूर हो जाता जिस पर विगत तेरह सौ वर्षों से दुनिया चलती आई थी, परम्परागत विश्वासों की जड़ें खोखली हो जातीं; और सबसे बढ़कर, बाइबिल झूठा हो जाता। वह इन सबका एक और परिणाम भी जानता था—समस्त ईसाई जगत में क्रोध भड़क उठेगा और 'इनक्विजिशन'[2] का फौलादी पंजा उसकी गर्दन मरोड़कर फेंक देगा। इसलिए कोपरनिकस चुप ही रहा। तीस वर्षों तक इस तरह

1. उन दिनों आज की तरह गली-गली में छापेखाने नहीं थे। यद्यपि 93 वर्ष पूर्व गुटेनबर्ग द्वारा सन् 1450 में प्रिंटिंग प्रेस की ईजाद जर्मनी में हो चुकी थी, परन्तु प्रेसों की संख्या सीमित थी तथा स्कूलों, कॉलेजों, विश्वविद्यालयों आदि ज्ञान-प्रसार के अन्य माध्यमों की तरह, पुस्तकों के मुद्रण-प्रकाशन पर भी चर्च का कठोर नियंत्रण रहा करता था।
2. 15वीं शताब्दी के अन्त में जब ईसाई शासक फर्डीनेंड और आइजाबेला ने मुसलमान अरबों को हराकर स्पेन पर कब्जा कर लिया तो उन्हीं दिनों स्पेन में इनक्विजिशन (धर्माधिकरण) की स्थापना की गई। रोमन ईसाई संघ ने यह भयानक संगठन (इनक्विजिशन) उन तमाम लोगों को कुचलने के लिए स्थापित किया जो उनके सामने झुकने को तैयार नहीं थे। जो अरब सरासीन स्पेन छोड़कर नहीं भागे थे, उन्हें अपना इस्लाम धर्म, अपनी अरबी भाषा, रस्म-रिवाज, यहाँ तक कि अपना नाम बदलने तक को मजबूर किया गया। इनक्विजिशन ने वैसे हजारों अरब नर-नारियों और बच्चों को स्पेन में जिन्दा जलवा दिया था जिन्होंने अपना धर्म और ढंग नहीं बदला। नीदरलैंड में फिलिप द्वितीय के शासन-काल (1568) में इनक्विजिशन ने कुछ गिने-चुने लोगों को छोड़कर, बाकी तीस लाख लोगों को एक ही फैसले में काफिर करार देते हुए मौत की सजा दे डाली।

जिस सत्य को उसने कागज के पन्नों में छुपाए रखा था, उसके प्रकट होने की घड़ी अब आ पहुँची है। अब एक पर्दा गिरनेवाला है, जिसके पीछे कोपरनिकस का पार्थिव शरीर सदा-सर्वदा के लिए छिप जाएगा; और साथ-साथ एक दूसरा पर्दा उठने भी वाला है जिसके पीछे से उसकी ताजा छपी किताब 'कनसर्निंग दि रिवोल्यूशन ऑफ हैवनली बॉडीज' आकर दुनिया के सामने प्रकट हो जाएगी। और तब यह सत्य सदा-सदा के लिए उजागर हो जाएगा कि पृथ्वी के चारों ओर सूर्य नहीं, सूर्य के ही चारों ओर पृथ्वी घूमती है। और इस तरह, 24 मई, 1543 के दिन एक पर्दा उठा, और उसके कुछ ही देर बाद दूसरा पर्दा गिर गया।

कोपरनिकस की मृत्यु के सात वर्ष बाद, इटली के नेपल्स नगर में एक अति साहसी सत्यान्वेषी का जन्म हुआ जिसका नाम था, जियोर्दानो ब्रूनो। था तो वह एक ईसाई मठवासी, लेकिन खगोल विज्ञान का उसे चस्का लग गया था। अपने अति संशयवादी, अनधिकृत मत के कारण चौबीस वर्ष की आयु में ही उसे मठ छोड़कर भागना पड़ा था। वर्षों नगर-नगर, डगर-डगर भटकता रहा वह : रोम गया। रोम से वेनिस पहुँचा। वेनिस में यद्यपि चर्च का उतना बोलबाला नहीं था; चर्च के ऊपर राज्य का ही दबदबा था, किन्तु राज्य स्वयं ही कट्टरपंथी था। गुजर नहीं हुई ब्रूनो की। भागा-भागा पादुआ नगर पहुँचा जहाँ का विश्वविद्यालय उस युग के बौद्धिक कार्य-कलापों का केन्द्रस्थल था। लेकिन वहाँ भी संघर्ष। तो, भाग कर जेनोआ गया। ब्रूनो वहाँ भी अधिक दिनों तक नहीं टिक पाया।[1] फ्रांस की पेरिस यूनिवर्सिटी और इंग्लैंड की ऑक्सफोर्ड यूनिवर्सिटी में भी विख्यात विद्वानों का जमघट रहा करता था। सो, ब्रूनो पेरिस पहुँचा। परन्तु, वहाँ भी जब निराशा ही मिली, तो भागकर वह इंग्लैंड जा पहुँचा। वहाँ भी बात नहीं बनी, तो जर्मनी गया। मुसीबत ने जब जर्मनी में भी पीछा नहीं छोड़ा, तो लौटकर ब्रूनो घर को आए।

1. पता नहीं ब्रूनो दक्षिणी इटली के सैलर्नो नगर क्यों नहीं गया जहाँ का वातावरण वैज्ञानिक जिज्ञासा और विचारों के लिए अधिक अनुकूल था। पादुआ तो 'स्कॉलिस्टिक राशनलिज्म' विचारधारा का अखाड़ा बन चुका था जिससे मुक्तमना रिनासांवादियों की जोरदार टक्करें होती रहीं। एम.एन. राय की प्रसिद्ध पुस्तक 'रिजन रोमांटिसिज्म एंड रेवोल्यूशन' पढ़ने से मालूम होता है कि उस युग में उत्तरी इटली के वेनिस, फ्लोरेंस, जेनेवा, पादुआ आदि नगरों की अपेक्षा दक्षिणी इटली के नेपुल्स, सिसली सैलर्नो आदि नगर संशयवादी एवं मुक्त अन्वेषकों के लिए अधिक अनुकूल थे। सातवीं सदी तक सैलर्नो में हिप्पोक्रिट्स और गेलेन के सिद्धान्तों के अध्ययन के लिए समस्त यूरोप से चिकित्सा-विज्ञान के छात्र सैलर्नो जुटते रहे। पादुआ विश्वविद्यालय तो तेरहवीं सदी में प्रसिद्ध हुआ। पेरिस यूनिवर्सिटी की स्थापना बारहवीं शताब्दी के आरम्भ में तथा ऑक्सफोर्ड यूनिवर्सिटी की स्थापना उस शताब्दी के अन्त में हुई थी।

असल में कोपरनिकस की बेचैन आत्मा प्रवेश कर गई थी ब्रूनो में। मरने को तो कोपरनिकस मर गया, लेकिन अपनी पुस्तक को छपवाकर छोड़ गया था। नाम भी उसने पुस्तक का बड़ा सार्थक रख छोड़ा था—'रिवोल्यूशन ऑफ हैवनली बॉडीज'। रेवोल्यूशन तो आखिर रेवोल्यूशन ही है; 'हैवनली' हो या 'अर्थली'। कोई रेवोल्यूशन तो तृप्त होती नहीं, बिना रक्त के। सो, विधाता ने उसकी तृप्ति का प्रबन्ध भी कर रखा था। आकाशीय ग्रह-नक्षत्रों की लीला ब्रूनो ने जब स्वयं भी देखी, तो उसने पाया—'सितारों के आगे जहाँ और भी हैं।' कोपरनिक्स के सिद्धान्तों पर उसका विश्वास और भी दृढ़ हो गया। उन्हीं सिद्धान्तों को लेकर देश-विदेश वह भटकता रहा। और हर जगह परम्परागत अन्धविश्वासों से उसकी टक्कर होती रही। आखिर इनक्विजिशन ने उसकी गर्दन पकड़ ही ली। छह वर्षों तक रोम की एक कालकोठरी में कैद रखा। प्रलोभन-प्रताड़न, सब प्रयोग में लाए गए। लेकिन सुकरात की भाँति ब्रूनो भी अटल रहा। उसने अपना मत-परित्याग नहीं ही किया।

एक हितैषी धर्माधिकारी ने ब्रूनो को समझाने की चेष्टा करते हुए जब यह कहा कि जो बात सैकड़ों वर्षों से चलती आई है और जिसे सभी लोग मानते आ रहे हैं, उस जन-विश्वास का सम्मान करते हुए उसे भी अपने विचार बदल देने चाहिए, तो उत्तर में ब्रूनो ने कहा कि उतने दिनों तक बहुत सारे लोग एक बिलकुल गलत बात मानते चले आए हैं इसीलिए यह और भी जरूरी है कि उन्हें अब वह सही बात बतला दें। उसके बाद वह जो बोल गया, वह तो वेद-वाक्यों की श्रेणी का था, पत्थर की लकीर की तरह अमिट : "यह तो अनुर्वरक मस्तिष्क का लक्षण है कि जनसाधारण के विचारों को वह केवल इस कारण अपना ले कि बहुसंख्यक लोग उस विचार के पक्षधर हैं। सत्य, अनभिज्ञों के मत और बहुजनों की मान्यता पर आश्रित नहीं।"

न्यायालय में जब उसे सजा सुनाई गई तो न्यायाधीशों को इंगित करते हुए उसने कहा, "मैं तो अपनी निष्ठा पर अडिग रहा। मृत्यु से भी नहीं डरा। मुझे दंडित करके आप स्वयं ही अधिक भयभीत हैं। मेरे लिए तो इतना ही पर्याप्त था कि अपने विचारों के लिए मैं लड़ा।" ब्रूनो को जिन्दा जला देने का हुक्म हुआ। अग्निवेदी की लपटों के बीच, अन्तिम चुम्बन के लिए लोगों ने उसकी ओर जब क्रूस बढ़ाया तो, जियर्दानो ब्रूनो ने अपना मुँह फेर लिया। यह घटना 17 फरवरी, सन् 1600 की है।

ब्रूनो की शहादत के आठवें वर्ष, हॉलैंडवासी लिपरशै ने दूरबीन ईजाद की। ईसाई धर्माधिकारियों ने लोगों को मना किया कि वे इस यंत्र का उपयोग न करें क्योंकि यह शैतान की करामात है जो लोगों में दृष्टि-दोष उत्पन्न कर उन्हें बहकाना चाहता है।

लेकिन इटली के पादुआ विश्वविद्यालय का एक प्राध्यापक, गैलीलियो, उस वर्जना की अवहेलना करते हुए अपने नक्षत्र-निरीक्षण कार्य में उस नव-आविष्कृत यंत्र का प्रयोग करता ही रहा। चार वर्ष पूर्व उसने आकाश में एक नया नक्षत्र देखा था। अब दूरबीन की सहायता से उसने जब नभमंडल को निहारा तो उसे कोपरनिकस के पूर्व प्रतिपादित सिद्धान्तों की परिपुष्टि में पर्याप्त प्रमाण अनंत आकाश में उपलब्ध हुए। उसे और भी कई नये नक्षत्र नजर आए। उसने यह भी स्पष्ट देखा कि सूर्य भी घूमता है और उसमें भी धब्बे हैं। गैलीलियो की हठधर्मिता के कारण जब धर्मसम्मत परम्परागत विश्वासों के पूर्ण खंडित होने का खतरा बढ़ गया, तो इनक्विजिशन ने अपना खूनी पंजा उसकी ओर बढ़ाया। वह आतंकित हो उठा। ब्रूनो-कांड उसकी नजरों के सामने नाच गया। पता नहीं, गैलीलियो ने महाभारत पढ़ा था क्या : कुरुक्षेत्र की समरभूमि में, एक सुनियोजित षड्यंत्र के अन्तर्गत, जब भीम ने अश्वत्थामा नामक हाथी को मार गिराया, तो पांडव पक्ष के योद्धाओं ने 'अश्वत्थामा मारा गया...अश्वत्थामा मारा गया' चिल्ला-चिल्लाकर गगन गुंजा दिया। कौरव-सेनानायक द्रोणाचार्य के प्रतापी पुत्र का नाम भी अश्वत्थामा ही था। द्रोणाचार्य के कान में जब 'अश्वत्थामा' शब्द सुनाई पड़ा, तो पुत्रवध की आशंका से व्याकुल हो वे शिथिल पड़ गए, सत्य बात जानने के लिए उन्होंने सत्यवादी धर्मराज युधिष्ठिर से जिज्ञासा की। कृष्ण ने युधिष्ठिर को मंत्रणा दी कि द्रोण को पराजित करने के लिए इस समय असत्य कथन का महत्त्व सत्य से अधिक है। तो द्रोणाचार्य को सुनाते हुए युधिष्ठिर ने उच्च स्वर में कहा, 'हाँ, अश्वत्थामा मारा गया।' पुनः अपनी सत्यवादिता की रक्षा करते हुए, बहुत धीमे स्वर से बोले, 'परन्तु वह नर नहीं हाथी था।'

कहा जाता है कि गैलीलियो जब घोर कट्टरपंथी संचालक मंडल के सामने पेश किया गया, तो पहले उसने नीति से काम लेकर कोपरनिकस के सिद्धान्तों और अपने ही मतों का प्रतिवाद करते हुए कहा कि यह सब बिलकुल गलत है कि सूर्य में धब्बा है, सूर्य घूमता है और पृथ्वी उसका चक्कर काटती है। सब कहकर जब बैठने लगा तो उससे रहा न गया और वह धीरे से बोला, "फिर भी ग्रह तो घूमते ही हैं।" गैलीलियो को आखिर सजा हो ही गई। अन्धा और असहाय होकर नौ बरसों तक वह कैद रहा। उन्यासी वर्ष की आयु में, कालकोठरी में टिमटिमाता वह चिराग, एक दिन अचानक बुझ गया।

लगभग डेढ़ सौ वर्षों के बाद की एक और घटना : मांटियर्स में उस दिन मेला लगा था। अचानक आधी रात को रूसो के आवास-गृह पर पत्थरों की भयानक वर्षा होने लगी। खिड़की-किवाड़ टूट गए। एक बड़ा-सा पत्थर खिड़की का शीशा

चूर कर रूसो के बिस्तर के पास आ गिरा। वह दौड़कर बगल की कोठरी में जा पहुँचा जहाँ उसकी पत्नी, थेरेसी, भय से काँपती आकर उससे लिपट गई। दीवार की ओट लेकर, प्रस्तर मूर्ति की भाँति, खड़े-खड़े दोनों सब तमाशा देखते रहे। बाहर शोर मचाते बलवाई लोग इस ताक में थे कि आतंकित होकर रूसो घर के बाहर निकले तो वे उसकी जान ले लें। ढाई साल पहले स्विट्जरलैंड के वर्दू नगर से निष्कासित होने के बाद पर्शिया के राजा ने अपने इस छोटे-से शहर में उसे शरण देने की कृपा की थी। किन्तु यहाँ भी उसके विरुद्ध भयंकर तूफान उठ खड़ा हुआ था।

कोई तीन वर्ष पूर्व, सन् 1762 में, रूसो की दो पुस्तकें प्रकाशित हुई थीं : 'सोशल कंट्रैक्ट' और 'एमिली'। उनके छपते ही मुसीबत के पहाड़ टूट पड़े उस पर। रूसो उन दिनों नगर के कोलाहल से दूर, पेरिस से बारह मील हटकर, मॉन्टिमारेंसी-वन के निकट एक शान्त-सुरम्य स्थल पर रहा करता था। किताबें छपीं तो पेरिस में खलबली मच गई। सामन्त वर्ग और न्यायिक लोग इतना बौखला उठे कि किताबों के बदले स्वयं लेखक को ही जीवित जला देने की बात उन्होंने खुल्लमखुल्ला कहनी शुरू कर दी। पेरिस की अदालतों ने उसे सख्त-से-सख्त सजा देने का मन बना लिया था। रूसो की गिरफ्तारी का वारंट जारी हुआ। कुछ दोस्तों ने उसे चुपचाप फ्रांस छोड़कर रातोंरात भाग निकलने की सलाह दी। विदा लेते समय अपनी पत्नी से उसने कहा, "वैभव की संगिनी रही, अब मेरी विपन्नता की भी सहभागिनी बनना चाहती हो न! तो साहस रखना। घोर मानमर्दन और महाविपदा के दिन आनेवाले हैं। जो दुर्भाग्य आज आरम्भ हुआ है, वह अन्तिम घड़ी तक मेरा पीछा नहीं छोड़ेगा।" और सचमुच उस दिन से दुर्भाग्य छाया की तरह उसके साथ लग गया।

विपन्न और शरणार्थी बनकर रूसो ने जीवन के शेष दिन काटे। लगातार आठ वर्षों तक, अनेक अभियोग एवं अनवरत विचरण से परिक्लान्त, प्रचंड झंझावातों से ध्वस्त वह परम सन्तप्त प्राणी, शरण और शान्ति की खोज में यूरोप के एक देश से दूसरे देश में भटकता ही रहा। करीब-करीब सारे यूरोप में उसके विरुद्ध आँधी उठ चली थी। वह एक ऐसे व्यापक कोप और षड्यंत्र का शिकार बना जिसमें सामन्त और न्यायिक वर्ग, धर्माधिकारी और अनेक प्रतिस्पर्धी एवं ईर्ष्यालु विचारक सम्मिलित थे। उसे अराजकतावादी, गैर-ईसाई और बदचलन बताकर, लोगों को उसके विरुद्ध भड़काया गया। जेनेवा में उसकी किताबें जलाई गईं। पेरिस के प्रकाशकों को धमकाया गया कि वे उसकी कोई रचना न छापें। मांटियर्स के बाजारों में लोग उस पर फब्तियाँ कसते, राह चलते पत्थर मारते। कोई गोली दाग देने की भी धमकी देता।

सर्द मौसम। रोगग्रस्त शरीर। न पूरा कपड़ा और न जेब भारी। कहीं न कोई साथी, न मंजिल। उस स्थिति में सेंट पियरे के टापू से चौबीस घंटों के अन्दर देश की सीमा से बाहर निकल जाने का जब उसे आदेश मिला तो, रूसो अन्दर-ही-अन्दर बिलख उठा। उस घड़ी की अपनी दयनीय अवस्था का बड़ा ही हृदयद्रावक उल्लेख किया है उसने 'दि कन्फेशंस' (स्वीकारोक्तियाँ) नामक आत्म-कथा में। बड़ा कातर होकर उसने आत्म-प्रश्न किया है—'अब कहाँ जाऊँ?' इतना त्रस्त हो चुका था वह कि सेंट पियरे के अधिकारियों से उसने प्रार्थना की कि एक स्थायी शरणार्थी बनाकर, धरती के कोने-कोने में निरन्तर शरण ढुँढ़वाते रहने की अपेक्षा उसे वे आजीवन कैद कर वहीं रख लें।

कसूर बस इतना ही था रूसो का कि उसने 'सोशल कंट्रैक्ट' और 'एमिली' नामक पुस्तकें लिखी थीं। आज हम-आप भले ही न चौंकें, परन्तु उस युग के लोग 'सोशल कंट्रैक्ट'[1] की प्रथम पंक्ति पढ़कर ही चौंक पड़े थे, "मनुष्य स्वतंत्र उत्पन्न हुआ था, परन्तु वह सर्वत्र बन्धनों से ग्रस्त है।" और आगे जब लोगों ने यह पढ़ा, "धरती की देन पर तो हम सबका समान अधिकार है, पर स्वयं धरती पर किसी का नहीं" तो सम्पत्तिवानों को अपने पाँव के नीचे की सारी धरती ही खिसकती नजर आने लगी। इसी विचार को आधारशिला बनाकर, विवेकपूर्ण अनुमान और सरल तर्क की सहायता से, समाज की उत्पत्ति और राज्य के औचित्य की रूपरेखा प्रस्तुत करते हुए रूसो ने बताया कि : समाज की रचना व्यक्तियों के पारस्परिक समझौते से हुई है। सार्वभौमिकता समस्त जनता में निहित है, न कि किसी व्यक्ति या वर्ग विशेष में। सभी व्यक्ति स्वतंत्र और समान हैं तथा सरकार की स्थापना का मूल उद्‌देश्य एवं उसके अस्तित्व का औचित्य भी प्रत्येक व्यक्ति के अधिकारों को सुरक्षित रखने में ही निहित है।

---

1. हालाँकि रूसो के निजी विचार में 'एमिली' ही उसकी सर्वोत्तम कृति थी, परन्तु विश्व की बहुचर्चित पुस्तक बनने का सौभाग्य तथा युग प्रवर्तक माने जाने का श्रेय तो उसकी पुस्तक 'सोशल कंट्रैक्ट' को ही प्राप्त हुआ। यद्यपि सोशल कंट्रैक्ट की सारी ललकार, उसकी पूर्व रचना 'एसे ऑन इनक्वालिटी' में समाई हुई थी (देखें, 'दि कन्फेशंस' पृ. 379, 529)। उस रचना को पढ़कर वाल्तेयर ने बड़ी मजेदार टिप्पणी की थी। रूसो को लिखा, "महाशय! मानव-जाति के विरुद्ध आपकी नवीन पुस्तक प्राप्त हुई। धन्यवाद! हमें पशु की शक्ल में ढाल देने का आपसे अधिक परिहासपूर्ण प्रयास अन्य किसी ने नहीं किया। पढ़कर हाथ और घुटनों के बल चलने को जी चाहता है। किन्तु यह अभ्यास छोड़े मुझे साठ वर्ष हो गए। अत: दुर्भाग्यवश उन्हें फिर से अपना लेना, मेरे लिए तो सम्भव नहीं।"

   फ्लिंट का मत यह था, "मनुष्य स्वतंत्र उत्पन्न नहीं हुआ, अपितु, जितनी मात्रा में वह मनुष्य बनता गया, उतनी ही मात्रा में स्वतंत्र भी..."

दुनिया अब तक यह मान्ती आई थी कि : मनुष्य एक दुष्ट जीव है अतः, उसमें भले-बुरे का ज्ञान आरोपित करना आवश्यक है। यह गुरुतम कार्य चर्च—धर्म के द्वारा तथा राज्य—कानून के द्वारा सम्पादित करते हैं। लोक-विधान केवल कुछ शीर्षस्थ लोगों द्वारा ही निर्मित होने चाहिए तथा शेष जनता को केवल उनका अनुपालन करना चाहिए। उन सारी मान्यताओं को उलटकर उन सबके विपरीत, रूसो ने अपना नया मत प्रकट करते हुए कहा कि : प्राकृतिक मनुष्य से अधिक शुद्ध और भद्र कोई और प्राणी नहीं; क्योंकि उसकी नैसर्गिक संवेदना ही उसे दूसरों को क्षति पहुँचाने से रोक देती है। स्वार्थपूर्ण शिक्षण-प्रशिक्षण द्वारा यदि उसमें विकार उत्पन्न न किए जाएँ तो मनुष्य एक अत्यन्त भला जीव है। अब तक मनुष्य में जो भी ज्ञान आरोपित किए जाते रहे हैं, उन सबका वास्तविक उद्देश्य कुछ लोगों की सम्पत्ति-सुविधाओं को सुरक्षित रखना है। उसने कहा, "सामान्य व्यक्ति ही मानव समाज की आधारशिला है और जो बात सामान्य जन से सम्बद्ध नहीं, वह विचारणीय भी नहीं।"

रूसो के विचार युग-प्रवर्तक सिद्ध हुए। उसने समस्त मानव समाज की चिन्तन-धारा ही मोड़ दी। उन्हीं विचार-लहरियों से अमेरिका का स्वातंत्र्य-युद्ध स्पन्दित हुआ, फ्रांस की राज्य-क्रान्ति आन्दोलित हुई, उन्नीसवीं शताब्दी का उदारतावाद प्रकट हुआ तथा समाजवादी-साम्यवादी राजनीतिक दर्शन प्रभावित हुए। जेनेवा के एक मामूली घड़ीसाज का बेटा, जां जाक रूसो, छियासठ वर्ष की आयु में फ्रांस के एक छोटे से गाँव में, 3 जुलाई, 1778 के दिन, एक मामूली आदमी की तरह ही मरा। सामान्य व्यक्ति की गरिमा को प्रतिष्ठित करने के अपने प्रयास में यद्यपि वह स्वयं विपदाओं के उस विकट संसार में जा पहुँचा था जहाँ घबड़ाकर उसने खुद से पूछा, 'अब किधर जाऊँ?' लेकिन, उसकी मृत्यु के बाद दुनिया को मालूम होते देर न लगी कि लोगों को अब किधर जाना है।

मान लीजिए, कार्ल मांर्क्स की मृत्यु आज इस जमाने में हुई होती; तब बताइए, उनकी शव यात्रा में कितने लोग शरीक होते? मार्क्सवाद का जितना प्रचार-प्रसार हो चुका है, दुनिया के छोटे-बड़े जितने देशों में साम्यवादी सरकारें आज कायम हैं, उनके पक्ष-विपक्ष में जितने तर्क-वितर्क चला करते हैं; उन सबका ध्यान रखते हुए, मेरा तो खयाल है, कम-से-कम पन्द्रह-बीस करोड़ लोग तो उमड़ ही पड़ते। लेकिन, निन्यानबे वर्ष पूर्व, सन् 1883 में मार्क्स की जब मृत्यु हुई थी तो, 17 मार्च को उनके दफन के वक्त लन्दन के हाईगेट कब्रिस्तान पर बस मुट्ठी भर ही लोग थे। मुश्किल से पन्द्रह-बीस। इतने लोग तो एक मामूली-से-मामूली आदमी के जनाजे के साथ लग जाते हैं। फिर भी, मार्क्स का महत्त्व समझने में फ्रेडरिक एंगेल्स को इस बात से कोई फर्क नहीं मालूम पड़ा था कि उस वक्त

कब्रगाह पर कितने लोग आए या न आए थे। मार्क्स के नाम पर कब्र में डालने के लिए उसने जब मिट्टी उठाई थी, तो उसे अपनी मुट्ठी में बड़ा वजन मालूम पड़ा था। कब्रगाह पर उपस्थित उन थोड़े-से लोगों को उसने कहा, "मार्क्स के नाम और कृत्य युग-युगान्त तक कायम रहेंगे।" आशय यह था कि कार्ल मार्क्स एक महापुरुष थे। आनेवाली दुनिया में लोगों को या तो उनके विचारों के पक्ष में होना पड़ेगा या विपक्ष में। किन्तु, उनकी उपेक्षा कदापि नहीं की जा सकेगी। एंगेल्स मार्क्स के परम मित्र एवं अन्नय सहयोगी ही नहीं थे, अपितु, स्वयं ही एक सिद्ध भविष्यद्रष्टा भी। सो, मार्क्स के बारे में उस दिन उन्होंने जो भविष्यवाणी की थी, वह अक्षरश: सत्य सिद्ध हुई।

आज दुनिया के लगभग पौने दो अरब लोग साम्यवादी व्यवस्था के अन्दर जी रहे हैं। क्षेत्र विस्तार एवं संख्या बाहुल्य की दृष्टि से साम्यवाद के प्रभाव और प्रभुत्व को तो व्यापक माना ही जाता है; किन्तु मुख्य रूप से साम्यवादी रूस और चीन के औद्योगिक एवं सैन्यबल के कारण भी, साम्यवाद की गणना आज एक प्रबल विश्व-शक्ति के रूप में की जाती है। मेरे विचार से, मार्क्स का महत्त्व केवल इस कारण ही नहीं है कि साम्यवादी और उनके पक्षधरों ने आज इतनी शक्ति अर्जित कर ली है बल्कि, साम्यवाद के उदय और प्रसार के कारण विपक्षी खेमे में जो परिवर्तन हुए हैं, वे भी अति मंगलकारी हैं। मार्क्स ने यदि नहीं ललकारा होता; साम्यवादी विचारों से जोरदार टक्कर नहीं हुई होती; साम्यवादी अर्थव्यवस्था से तीव्र प्रतिस्पर्धा प्रारम्भ नहीं हो जाती तो पूँजीवाद ने अपना स्वभाव और स्वरूप नहीं बदला होता। मेरी छोटी समझ में, यह मार्क्सवादी मतों का ही प्रताप है कि तथाकथित 'बुर्जुआ डेमोक्रेसी' को बाध्य होकर अपनी अर्थव्यवस्था लोककल्याणकारी साँचे में ढालनी पड़ गई है। इस दृष्टि से मार्क्सवाद के प्रबल प्रतिपक्षी भी उससे प्रभावित हुए बिना नहीं रह पाए। मार्क्स की उपेक्षा कर पाना उनके लिए भी सम्भव नहीं हो सका।

किन्तु मार्क्स जो राह बता गए, उस पर चलकर साम्यवादी राज्य-संचालकों ने आम लोगों को रोटी-कपड़ा और मकान, शिक्षा-दीक्षा और दवा-दारू तो जरूर मुहैया कर दी; जनसाधारण का जीवन-स्तर भी ऊपर उठाया; बड़े-बड़े कल-कारखाने खड़े कर लिये, शक्तिशाली टैंक, बम और रॉकेट बनाकर दुश्मनों के दिल दहला दिए; लेकिन इस क्रम में उन्होंने व्यक्ति की गरिमा नष्ट कर डाली। मनुष्य के व्यक्तित्व और आत्मा को कुचलकर रख दिया। इसी प्रसंग में एक बात याद आ गई जो डॉ. राधाकृष्णन ने स्तालिन से कही थी। डॉ. राममनोहर लोहिया ने अपनी एक किताब में उसका उल्लेख किया है। किताब का नाम तो याद नहीं; अंग्रेजी की ही कोई किताब थी। बहुत पहले, कॉलेज के जमाने में मैंने पढ़ी थी।

डॉ. सर्वपल्ली राधाकृष्णन उन दिनों सोवियत रूस में भारत के राजदूत थे। जहाँ तक मुझे याद है, श्रीमती विजय लक्ष्मी पंडित के बाद ही वे हुए थे। श्रीमती पंडित से तो स्तालिन की नहीं बनी। छोटी-छोटी बातें भी स्तालिन को नागवार थीं : अहले सुबह 'बेड-टी' की उनकी आदत, 'हॉट-बाथ' का आनन्द, स्तालिन की नजर में 'बुर्जुआ-तरीके' थे जिनसे भी वह कुढ़ता था। लेकिन डॉ. राधाकृष्णन से तो वह हिल-मिल गया था। बड़े-बड़े लोगों की स्तालिन से जल्दी भेंट नहीं हो पाती थी। और किसी राजदूत से तो शायद ही वह कभी मिलता हो। यही हाल चीन के चेयरमैन माओ-त्से-तुंग का भी था। सो, क्रेमलिन में पहली भेंट में ही जब स्तालिन ने लगातार तीन घंटे तक डॉ. राधाकृष्णन से बातें कीं, तो समस्त राजनयिक क्षेत्र में सनसनी फैल गई। सुना है, स्तालिन डॉ. राधाकृष्णन को प्रोफेसर कहकर सम्बोधित किया करता था और कभी-कभी स्वयं ही उन्हें बुलवा भेजता था। डॉ. लोहिया ने लिखा है कि एक बार बातचीत में डॉ. राधाकृष्णन ने कहा, "रूस में प्रशंसा योग्य मैंने अनेक बातें पाईं। साम्यवाद में बहुत सारी बातें ऐसी हैं जिनका संसार के लिए बड़ा लाभप्रद उपयोग है। किन्तु, यहाँ मैंने एक चीज आश्चर्यजनक रूप से लुप्त पाई है।"

स्तालिन ने पूछा—"वह क्या है?"

डॉ. राधाकृष्णन ने कहा, "आत्मा।"

तो स्तालिन ने जानना चाहा, "आत्मा क्या चीज है?"

इस पर भारतीय दर्शन में प्रवीण डॉ. राधाकृष्णन ने बेझिझक अपना कटूक्ति बाण छोड़ते हुए कहा, "वह तत्त्व, जो आपके पास नहीं है।"

बाण खाकर उस रोज स्तालिन की क्या दशा हुई, मुझे नहीं मालूम। लेकिन बहुत बाद में समाजवाद के विख्यात विद्वान एवं ब्रिटिश राजनीतिज्ञ, जॉन स्ट्रैची, ने एक अन्तरराष्ट्रीय संगोष्ठी में बोलते हुए बताया था कि स्वयं एंगेल्स को अपने बुढ़ापे में एहसास हुआ था कि बल-प्रयोग द्वारा लोगों को खुशहाल बनाने की चेष्टा एक भयंकर भूल है।[1]

मार्क्सवाद की विवेचना यहाँ मेरा अभीष्ट नहीं। मैं तो केवल मार्क्स के उन कष्ट भोगों का जिक्र करना चाहता हूँ जो अपनी विचाराभिव्यक्ति के कारण उन्हें भोगने पड़े। मार्क्स ने जर्मनी के विभिन्न विश्वविद्यालयों में इतिहास, दर्शनशास्त्र, अर्थशास्त्र, राजनीतिशास्त्र, विधिशास्त्र का अध्ययन किया था। वे एक अति मेधावी छात्र थे। चाहते तो शिक्षा समाप्ति के बाद किसी उच्च राजकीय पद पर नियुक्त हो सकते थे अथवा किसी यूनिवर्सिटी का प्रोफेसर बन सुख-चैन से जी सकते थे। लेकिन बने वे एक समाचार-पत्र के सम्पादक। उस समाचार-पत्र के माध्यम

1. देखें—इनकाउंटर (पैम्फलेट-10) पृ. 25; नवम्बर 1964

से उन्होंने जब अपने प्रगतिशील विचार प्रसारित करने प्रारम्भ किए तो, सरकार ने अखबार बन्द करा दिया। मार्क्स बाध्य होकर पेरिस चले गए। वहीं सन् 1844 में फ्रेडरिक एंगेल्स से उनका परिचय हुआ था जो शीघ्र ही घनिष्ठ मित्रता में परिवर्तित हो गया और आजीवन बना रहा। लेकिन पेरिस से भी वे निकाले गए। तब वे एंगेल्स के साथ ही ब्रूसेल्स (बेल्जियम) पहुँचे जहाँ उन्होंने 'जर्मन कामगार संघ' गठित किया और उसका अखबार भी निकाला। मार्क्स का जगत-विख्यात 'कम्युनिस्ट मेनिफेस्टो' जनवरी, 1848 में प्रकाशित हुआ। एक महीने के बाद, फरवरी मास में, पेरिस की क्रान्ति हुई जो अगले माह जर्मनी पहुँच गई। मार्क्स कहीं बेल्जियम में भी इंकलाब न शुरू करा दें, इस डर से वहाँ की सरकार ने उन्हें ब्रूसेल्स से निष्कासित कर दिया। तो मार्क्स फिर जर्मनी लौट गए और वहाँ पुनः एक पत्रिका का सम्पादन करने लग गए। फिर झंझट उठ खड़ा हुआ। अधिकारी वर्ग ने उनके साथ सख्ती बरतनी शुरू कर दी और जून, 1849 में उन्हें प्रशिया से भी निकाल बाहर किया। तो मार्क्स फिर पेरिस जा पहुँचे। लेकिन फ्रेंच सरकार ने भी अपने देश में उन्हें टिकने न दिया। कोई पाँच बरसों की लगातार भाग-दौड़, लुका-छिपी के बाद, अन्ततोगत्वा उन्हें इंग्लैंड में शरण मिली जहाँ वे अन्त तक रहे। और इस तरह मार्क्स, मार्क्स बने और उस मार्क्स के विचारों ने दुनिया बदली।

पूर्ववर्णित सभी व्यक्ति, चाहे सुकरात हों या ईसा; ब्रूनो हों या गैलीलियो; रूसो हों या मार्क्स—निस्सन्देह, सबके सब महाप्राण थे। उन्होंने सत्य को ढूँढ़ निकालने का प्रयास किया। सत्य को जाना—वे सत्य जो जगत और जीवन को संचालित करते हैं। और जो स्वयं जाना, उसे सबों को बता देना चाहा ताकि उनके आधार पर दुनिया सँवारी जा सके, समाज सुव्यवस्थित किया जा सके, मनुष्य का जीवन सुख-शान्ति से व्यतीत हो पावे। यही उनका सपना था, इतना ही उनका आग्रह था। वे सबके सब प्रतिभावान लोग थे। उनमें उतनी योग्यता अवश्य थी कि भँजा लेते तो उन्हें ऊँचे से ऊँचा पद प्राप्त हो जाता। समाज के प्रचलित विचार और व्यवस्था को स्वीकार कर लेते तो, आजीवन सुख-चैन की वंशी बजाते रहते। लेकिन, वे समाज और संसार से लेने को नहीं, बल्कि उसे देने को व्याकुल थे। और यह नहीं कि वैसे दान का तात्कालिक परिणाम उन्हें मालूम न हो। लेकिन सब जान-समझकर भी वे सब कुछ झेलने-सहने को तैयार हुए। वह जो शे'र है—

कुछ सोचकर ही हुआ हूँ मौजे दरिया का हरीफ
वरना मैं भी जानता हूँ, ऑफियत साहिल में है

—वह ऐसे ही लोगों पर चरितार्थ होता है। दरअसल दुनिया भी ऐसे ही लोगों ने बदली है।

अब तक इस धरती पर कितने लोग आए-गए; ठिकाना नहीं! असंख्य लोग। दुनिया भी कितनी पुरानी है, और यहाँ मनुष्य कब से बसने लगा; यह भी अभी तक अनुमान-भरोसे है। लेकिन इतनी पुरानी दुनिया से, उतने अनगिनत लोगों में से मात्र कुछ सौ-सैकड़े लोगों को छाँट दीजिए, तो दुनिया फिर कैसी दिखने लगेगी? जीवन तब फिर कैसा हो जाएगा? आप पाएँगे कि मनुष्य कन्दरा और गुफाओं में चला गया, अपनी भूख मिटाने के लिए घने जंगलों में डालियों पर लटकने-कूदने लगा; जानवरों को खदेड़ने लगा और अक्सर खुद ही खूँखार जानवरों का शिकार बन गया। हमें मनुष्य तो बना दिया उस एक आदिम चौपाए ने जो अपनी कुछ दिनों की लगातार कोशिश के बाद एक दिन अचानक अपने पिछले दो पैरों पर खड़ा हो गया और आगे के दो पैर मुक्त कर लिये। उस व्यक्ति के वे ही दो मुक्त-पैर, मानव-जाति के हाथ बन गए और उन्हीं दो हाथों ने इतनी करामात कर दिखाई। वह भी कोई व्यक्ति ही था जिसने फल तोड़ने के लिये पहले-पहल लकड़ी के डंडे का सहारा लिया था और तब देखा-देखी दूसरे भी वैसा ही करने लग गए थे। वह भी तो एक व्यक्ति ही था जिसने पत्थरों को घिस-घिसकर शिकार के लिए हथियार बनाए। और पत्थरों को टकराकर जिसने आग पैदा कर ली, वह भी एक व्यक्ति ही था; समूह नहीं। समूह के सर्द जीवन में तो उस व्यक्ति ने ऊष्मा भर दी। बहुत आगे चलकर जब फिर किसी व्यक्ति ने अपनी बुद्धि और बाहुओं के बल पर गोल चक्का बना डाला, तो उसी दिन से समस्त मानव-जीवन क्रमशः गतिशील होने लगा। प्रकृति ने बस उतने ही कुछ लोगों को नहीं पैदा किया होता तो, आज भी हम-आप गुफाओं में ही रहते न? जंगलों की इस डाल से उस डाल पर कूदते फिरते! नंग-धड़ंग हो, बेतहासा जानवरों के पीछे दौड़ते फिरते—भूख-प्यास, धूप-वर्षा, आँधी-ओले से त्रस्त मरते-जीते रहते।

इस सिलसिले में उदाहरण के तौर पर केवल दो बातें और : इस धरती पर जब से पेड़ उग आए, पेड़ों से फल भी तभी से गिरते रहे हैं। जरा खयाल कीजिए! आदिम-युग से 17वीं शताब्दी के लाखों-लाख वर्ष में न जाने कितने अरब-खरब लोगों ने पेड़ों से फल गिरते देखा होगा। किन्तु फलों के गिरने में 'गुरुत्त्वाकर्षण का नियम' तो सर्वप्रथम केवल न्यूटन ही देख पाया था न? बाइबिल, रामायण, महाभारत, मेघदूत, पैराडाइज लॉस्ट में ऐसे कौन से शब्द हैं जो हिब्रू, संस्कृत, अंग्रेजी या हिन्दी के शब्दकोश में न हों? तो क्या, उन शब्दकोशों की सहायता से समूह या समाज उन पुस्तकों को लिख लेगा? देखते रह जाएँगे सबके सब जीवन-भर और बात न बन पाएगी। बाइबिल तो लिखेगा कोई मैथ्यू या मार्क, ल्यूक या जॉन; रामायण रच पाएगा कोई वाल्मीकि या तुलसी; महाभारत—वेदव्यास,

मेघदूत—कालिदास और पैराडाइज लॉस्ट—मिल्टन ही लिख पाएँगे और उन्हें शब्दकोश की ओर ताकने की भी जरूरत न पड़ेगी।

मानव सभ्यता के लगभग पाँच हजार वर्ष के लम्बे इतिहास से केवल हजार-दो हजार व्यक्तियों के विचार एवं कृत्यों का पूर्ण परित्याग कर दिया जाए, तो ज्ञान-विज्ञान, विचार-चिन्तन का समस्त संसार वीरान हो जाता है और उसके साथ ही लुप्त हो जाती है सारी की सारी सभ्यता। मैं यहाँ उन लोगों की कोई चर्चा करना नहीं चाहता जिन्होंने व्यक्तिगत महत्त्वाकांक्षाओं से अभिभूत होकर बड़ी-बड़ी लड़ाइयाँ जीतीं या बड़े-बड़े साम्राज्य स्थापित किए। यद्यपि वैसे युद्धों अथवा साम्राज्यों के कई महत्त्वपूर्ण परिणामों एवं उपादेयता को अस्वीकारा नहीं जा सकता, किन्तु दुनिया तो वास्तव में ज्ञान और विचारों से ही बदली है और साम्राज्य अथवा समाज भी वे ही मजबूत और महत्त्वपूर्ण हुए हैं जिनमें ज्ञान और विचारों का आदर हुआ है और उन्हें आगे बढ़ाया गया है। महत्त्वपूर्ण प्रश्न भी यही है कि कैसे वैसा समाज बनाया जाए, कैसे वैसी परिस्थितियाँ पैदा की जाएँ जिनमें ज्ञान और विचारों का उन्मुक्त विकास और व्यापक प्रसार हो सके। मानव व्यक्तित्व की विशेषताओं में उसकी सर्जनात्मक क्षमता भी एक है। ऐसी क्षमता से युक्त लोगों में दो प्रकार के व्यक्ति होते हैं—एक वे जो लेकर ही पैदा होते हैं और दूसरे वे जो पैदा होने के बाद प्राप्त करते हैं। लेकर ही पैदा होनेवालों की संख्या तो बिलकुल ही नगण्य रही है। अधिकतर संख्या तो ऐसे लोगों की ही है जो निजी उद्यम एवं अध्यवसाय से वैसी क्षमता अर्जित-विकसित कर लेते हैं। वास्तविक प्रश्न तो है अनुकूल परिस्थिति पैदा करने का, उपयुक्त साधन उपलब्ध कराने का जिनकी सहायता से व्यक्ति की गर्भित सर्जनात्मकता प्रस्फुटित, पल्लवित और पुष्पित हो सके और जिनके परिणामस्वरूप समस्त समाज का जीवन सौरभ और पराग से परिपूर्ण हो जाए; सम्पन्न और समृद्ध बन जाए। अनुकूल परिस्थिति और साधन के अभाव में न जाने कितनों की अन्त:शक्ति कुंठित रह जाती है। इससे हानि तो अन्ततोगत्वा समस्त समाज की ही होती है जो उनकी सम्भावित अमूल्य देन से वंचित रह जाता है।

मानवीय व्यक्तित्व के विकास की सर्वाधिक वांछित परिस्थिति स्वतंत्रता और समता है : स्थिति और अवसर की समता तथा विश्वास, विचार और अभिव्यक्ति की स्वतंत्रता—जिनके अभाव में न जाने कितने सुकरातों को जहर पीना पड़ा, कितने ईसा मसीहों को सूली पर चढ़ना पड़ा, कितने मंसूरों के अंग-विच्छेद हुए, कितने ब्रूनों को जिन्दा जलना पड़ा, कितने गैलीलियो अन्धे बने, कितने रूसो विपन्न हुए, कितने मार्क्स भटकते रह गए और कितने बिन्दा कवि कुंठित हो लुप्त हो गए।

स्वतंत्रता अथवा मुक्ति, एक ही बात है। मुक्ति, मानव-मन की प्रथम पुकार है; आत्मा की सहज तड़प है। उसी तड़प ने मनुष्य को झकझोरा है, जगाया है। उसकी चेतना को अनुप्राणित किया है, उसकी रगों में गर्मी लाई है, उसके व्यक्तित्व में ऊर्जा भर दी है; जीवन की चुनौतियों को स्वीकारने के लिए उसे ललकारा है और संघर्ष के लिए प्रेरणा एवं शक्ति दी है। मनुष्य की सारी उपलब्धियों का श्रेय उसके संघर्ष को ही है। संघर्ष द्वारा ही प्रकृति और समाज की प्रतिकूल परिस्थितियों से मनुष्य अपने को मुक्त करता चला आया है। संघर्ष उसका अनवरत मुक्ति अभियान है—

जिन्दगी हमारी मुसलसल सफर है
कि मंजिल पै पहुँचे तो मंजिल बढ़ा दी

मनुष्य नितान्त निस्सहाय होकर जन्मा। जन्मते ही संघर्ष के लिए बाध्य हुआ और संघर्ष से ही क्रमशः अपनी निस्सहायता दूर करता चला गया। जिसे आप सहयोग समझते हैं, असल में वह भी समझदारी के साथ संघर्ष का ही एक उपाय है। एक प्राणी के रूप में, प्रतिकूल प्राकृतिक परिस्थितियों के बीच, इस धरती पर अपने अस्तित्व की रक्षा के लिए मनुष्य ने जो संघर्ष प्रारम्भ किया था, उसी की कहानी मानव-जाति के अब तक के सभी सुख-दुख, लाभ-हानि की कहानी है। संघर्ष मनुष्य ने स्वेच्छा से प्रारम्भ किया, सो बात नहीं। संघर्ष उसकी विवशता थी। प्रकृति ने ही उस पर संघर्ष थोप दिया था। वह संघर्ष नहीं करता तो नाना प्रकार के अनगिनत जीवों की भाँति उसका भी इस धरती से पूर्ण लोप हो जाता। मनुष्य के अस्तित्व-संरक्षण के लिए मुक्ति अनिवार्य थी—प्रकृति की विघ्न-बाधाओं से मुक्ति; प्रतिकूल प्रकृति के प्रतिबन्धों से मुक्ति। अपनी मुक्ति के लिए मनुष्य ने जो अनवरत अभियान आरम्भ किया, वह अस्तित्व-संरक्षण हेतु पशुवत संघर्ष में ही सन्निहित था। उसने अब तक जो कुछ भी किया है—चाहे सभ्यता का विकास हो या सांस्कृतिक उत्थान, वैज्ञानिक प्रगति हो अथवा औद्योगिक परिवृद्धि, सबके सब उसी मूल संघर्ष के ही प्रतिफल हैं। मानवीय स्वातंत्र्य पर विचार करते हुए एम.एन. राय ने लिखा है, "मानवीय विकास की समस्त प्रक्रिया उसी (मूल) संघर्ष का विस्तार है जो (क्रमशः) उच्च धरातल पर उठता हुआ, सहज-वृत्ति तथा प्रकृत-चयन के बदले, बुद्धि, निर्णय एवं युक्ति द्वारा संचालित होता चला गया।"

अन्य प्राणियों की भाँति मनुष्य ने भी अपना अस्तित्वात्मक संघर्ष अपनी सहजवृत्ति (इन्सटिंक्ट) के बल पर ही छेड़ा था। किन्तु कालक्रम में उसने एक अद्भुत क्षमता उपार्जित कर ली जिसने उसे न केवल अन्य प्राणियों के बीच वरेण्यता

प्रदान की, अपितु स्वयं उसे ही प्राणी से नर और नर से नियन्ता बना दिया। मनुष्य की वह विलक्षणता बुद्धि के रूप में प्रस्फुटित हुई थी। बुद्धि ने अनुभव दिया; अनुभव ने तुलना दी और तुलना ने, तर्कणा। इन सबका सामंजस्य ज्ञान में हुआ। और ज्ञान से विज्ञान उत्पन्न होने लगा।

अस्तित्वात्मक संघर्ष के निजी अनुभव ने मनुष्य को बताया कि अपनी योनि के अन्य प्राणियों के साथ, समाज के रूप में संगठित होकर, अपना संघर्ष वह अधिक सफलतापूर्वक संचालित कर सकता है। इस भाँति बुद्धि ने मनुष्य से समाज की रचना करवा ली। समाज में सहयोग विकसित हुआ। सहयोग ने शक्ति दी। मनुष्य बढ़ता चला गया। बुद्धि की सहायता से उसने पहले तो स्वयं अपने को ही प्रकृति के अधिक अनुकूल बनाया। ज्ञान की सहायता ली, तो प्रकृति को अपने पक्ष में लाना प्रारम्भ किया। और जब विज्ञान उसकी मदद को आ पहुँचा, तो उसने प्रकृति के रहस्यों और नियमों को पहले की अपेक्षा अधिक अच्छी तरह समझ लिया। विज्ञान ने अपनी देह में तकनीक रूपी हाथ जोड़ लिये, तो उन तकनीकी हाथों से मनुष्य धीरे-धीरे प्रकृति को नियंत्रित करने का प्रयास करने लग गया। इस धरती पर मनुष्य की स्थिति आज यह हो चली है कि यद्यपि वह स्वयं धरती तो नहीं बना सकता, परन्तु धरती के रूप और गुण को बदल दे सकता है। जिस जगह पहाड़ खड़े हैं, वहाँ समतल मैदान बना ले सकता है और समतल की जगह पहाड़ खड़ा कर दे सकता है। मरुभूमि को शस्य-श्यामला और सहारा को गुलिस्तान बना दे सकता है। वह चाहे तो धरती की उर्वरता को पूर्णतः नष्ट कर दे अथवा अनुर्वरक मिट्टी को उपजाऊ बना दे। वह चाहे तो नदी की धारा को नियंत्रित कर बिलकुल विपरीत दिशा में मोड़ दे अथवा उसमें बड़े-बड़े डैम बनाकर उनसे बिजली पैदा कर ले। प्राकृतिक भूचाल को मनुष्य अभी रोक तो नहीं सकता, लेकिन उसके दुष्प्रभाव को वह बिलकुल कम कर दे सकता है। हाँ, कृत्रिम भूचाल तो वह ला ही दे सकता है। प्रकृति के विशाल साम्राज्य में ऐसे अनेक हस्तक्षेप मनुष्य के लिए आज मामूली बातें हो गई हैं। अध्यात्म और दर्शन की शब्दावली का प्रयोग करें तो, साइंस ज्ञानेन्द्रिय है, टेक्नोलॉजी कर्मेन्द्रिय। साइंस ने आधुनिक मानव को टेक्नोलॉजी की वह करामाती चाबी थमा दी है जिससे प्रकृति की विराट सम्भावनाओं का लौह-द्वार खुल गया है और खुलता जा रहा है। पर यह कैसी अजीब बात है कि भौतिक अथवा प्राकृतिक संसार—जिसे मनुष्य ने स्वयं नहीं बनाया—उसे अपने अनुकूल बनाने और नियंत्रित करने में तो वह दिनोदिन सफल होता जा रहा है; किन्तु मानवीय संसार—जो पूरे के पूरे तौर पर उसका अपना ही बनाया हुआ है—उसे सँवारने-सजाने में मनुष्य की कठिनाइयाँ बढ़ती ही चली जा रही हैं।

मनुष्य के सामने असल कठिनाई स्वयं समाज की ओर से ही आ खड़ी हुई। समाज ने अपने सहयोग द्वारा मनुष्य को एक ओर जहाँ प्रकृति की विघ्न-बाधाओं एवं प्रतिबन्धों से मुक्ति दिलाने में सहायता पहुँचाई, वहीं दूसरी ओर उसे अनेक स्व-निर्मित विघ्न-बाधाओं और प्रतिबन्धों से जकड़ लिया। समाज ने राज्य का निर्माण किया और राज्य ने कानून बनाए। व्यक्ति की स्वतंत्रता पर सबसे बड़ा प्रतिबन्ध उसी राज्य और कानून के हाथों ही लग जाता है। राज्य-सत्ता बनाम वैयक्तिक स्वातंत्र्य एक अति प्राचीन विवाद है। बहुत दिनों से राजनीतिशास्त्री इस दुरूह प्रश्न से जूझते चले आए हैं कि क्या राज्य और कानून को विसर्जित ही कर दिया जाए। बर्ट्रेंड रसेल, जो वैयक्तिक स्वातंत्र्य के स्वयं एक प्रबल समर्थक थे; उन्होंने इस समस्या की जटिलता की ओर संकेत करते हुए लिखा है[1]—

> परायी स्वतंत्रता के प्रति आदर-भाव अधिकतर लोगों की स्वाभाविक प्रवृत्ति नहीं होती। विद्वेष एवं प्रभुता-प्रेम सामान्यजनों को उस दिशा की ओर अग्रसर करते हैं जहाँ अन्य लोगों के जीवन में हस्तक्षेप द्वारा ही उन्हें सुखानुभूति होती है। बाह्यसत्ता यदि लोगों के कार्य-कलापों को पूर्णतया अनियंत्रित छोड़ दे तो हमें वह संसार कदापि उपलब्ध नहीं हो सकता जिसमें सभी व्यक्ति स्वतंत्र रह सकें। बलवान निर्बल को सताएँगे, बहुसंख्यक अल्पसंख्यकों का दमन करेंगे, अथवा हिंसाप्रेमी शान्तिप्रिय लोगों का उत्पीड़न करेंगे...वर्तमान स्थिति में यद्यपि राज्य और कानून की आवश्यकता को किसी-न-किसी रूप में स्वीकारना ही होगा, फिर भी यह याद रखना जरूरी है कि कुछ मात्रा में ही सही, लेकिन सरकार और कानून आखिर हैं तो बुरी बला ही, जो केवल उसी दशा में समर्थनीय हैं जब वे दूसरी बड़ी बुराइयों को रोक दें। अतः राज्यशक्ति के प्रत्येक प्रयोग की बारीकी से छानबीन जरूरी है। उसके शक्तिक्षय की हर सम्भावना स्वागत योग्य है, बशर्ते कि उसका नतीजा निजी अत्याचार न हो जाए।

मेरी समझ में नियंत्रण से पूर्णतया मुक्त हो पाना न तो सम्भव है और न वांछित ही। अनुशासन में तो रहना ही पड़ेगा। चाहे आत्मानुशासन में रहें अथवा राज्यानुशासन में। बाह्यसत्ता द्वारा नियंत्रित होने की आवश्यकता निश्चय ही उनके लिए अधिक है जो आत्म-नियंत्रण में नहीं रहते। समाज में न्याय-स्थापना के लिए शक्ति-प्रयोग भी आवश्यक है। समस्या यह है कि शक्ति को भी न्याय के नियंत्रण

1. बर्ट्रेंड रसेल : रोड्स टू फ्रीडम, पृ. 122-124

में कैसे रखा जाए। एक अन्य स्थल पर रसेल ने इसी प्रश्न को दूसरे रूप में उठाते हुए कहा है[1]—

> विचारणीय प्रश्न यह नहीं है कि सत्ता को हम समाप्त कैसे कर दें; बल्कि प्रश्न तो यह है कि स्वतंत्रता में न्यूनतम हस्तक्षेप करते हुए सत्ता का अधिकतम लाभ कैसे प्राप्त किया जाए।

आधुनिक लोकतंत्र इसी प्रश्न का एक उत्तर है, इसी समस्या का समाधान; या यों कहिए, समाधान का एक प्रयास है। प्रयास ही कहना अधिक उपयुक्त होगा, क्योंकि, मानव-जीवन को अनेक विघ्न-बाधाओं से मुक्त कर, सामान्यजनों को भी सुख-सुविधा पहुँचा पाने में लोकतंत्र यद्यपि अपेक्षाकृत अधिक सफल हुआ है, परन्तु आधुनिक सभ्यता की कई ऐसी गम्भीर चुनौतियाँ हैं जिनका सफलतापूर्वक सामना कर पाना लोकतंत्र के लिए भी सम्भव नहीं दीख रहा। प्रजातंत्र के भी अपने भयंकर अन्तर्विरोध हैं, अपनी विफलताएँ हैं। उन सबको ध्यान में रखते हुए इससे अधिक उपयुक्त अन्य कुछ नहीं कहा जा सकता, जो विंस्टन चर्चिल ने कहा था। उन्होंने कभी टिप्पणी की थी "संसार की अन्य शासन-पद्धतियों से तुलना न करें तो लोकतांत्रिक सरकार सर्वाधिक अनुपयुक्त शासन-व्यवस्था है।" प्रजातंत्र पूर्णत: सन्तोषजनक राज्य-व्यवस्था नहीं है। फिर भी इसमें कोई सन्देह नहीं कि मानव-जाति ने अब तक जितनी प्रकार की शासन-व्यवस्थाएँ बनाई हैं, उन सबमें लोकतंत्र ही बेहतर साबित हुआ है।

लोकतंत्र की नीति-रीति यद्यपि एक पुरानी बात है—यूनान का एथेंस और स्पार्टा तथा भारत के लिच्छवी गणराज्य इसके दृष्टान्त हैं—फिर भी प्रजातंत्र के आधुनिक स्वरूप और स्वभाव का आरम्भ यही कोई दो सौ वर्ष पूर्व माना जाएगा।

जिस लोकतंत्र से आज हमारा परिचय और सम्बन्ध है, उसके विकास में तीन युगान्तरकारी घटनाएँ हुई हैं : 1776 का अमेरिकी स्वातंत्र्य युद्ध, 1789 की फ्रांसीसी राज्य-क्रान्ति तथा इंग्लैंड का 1832 का 'रिफॉर्म्स ऐक्ट'। ये तीनों घटनाएँ सह-उत्प्रेरक भावनाओं की प्रतिफल थीं। उनके लक्ष्य एवं प्रयास एक ही दिशा में थे—शासित नागरिकों के बीच स्थिति और अवसर की समता, शासितों के हित में शासन-व्यवस्था तथा शासकों पर शासितों का नियंत्रण स्थापित करना। इसी क्रम में प्रजातंत्र ने प्रतिनिधि सरकार अथवा उत्तरदायी सरकार का विकास किया। उत्तरदायी सरकार, जिसका अर्थ है कि सरकार का गठन न केवल जनता द्वारा निर्वाचित प्रतिनिधियों के बीच से ही होगा, बल्कि, इस भाँति गठित सरकार अपनी सम्पूर्ण कार्यावधि में, अपने समस्त कार्य-कलापों के लिए जन-प्रतिनिधियों के प्रति

1. देखें—बर्ट्रेंड रसेल : स्केप्टिकल एसेज, पृ. 120

उत्तरदायी बनी रहेगी। सरकार को गठित, विघटित तथा नियंत्रित करने की ऐसी सक्षम यंत्रावली आधुनिक लोकतंत्र की एक महत्त्वपूर्ण उपलब्धि है।

लेकिन दुर्भाग्य यह है कि लोकतंत्र का महत्त्व हम भारतवासी ठीक से समझ ही नहीं पाए। जब हमने अपनी स्वाधीनता का ही मूल्य नहीं समझा, जिसे प्राप्त करने में हमारे ही बुजुर्गों ने उतनी कुरबानियाँ दी थीं, तब भला हमें लोकतंत्र के लिए क्या दर्द हो जिसे उपलब्ध, विकसित और सुदृढ़ करने के लिए सारे संघर्ष भारत की सीमा से बहुत दूर—यूरोप और अमेरिका की धरती पर हुए हैं। अपने देश में लोकतंत्र के भविष्य की थोड़ी चर्चा मैं इसलिए करना चाहता हूँ क्योंकि लोकतंत्र में मेरी आस्था है। असल में लोकतंत्र के जो शुभाकांक्षी हैं, वे ही इसके भविष्य के लिए चिन्तित भी हैं। लेकिन यह चर्चा मैं यहाँ नहीं, अन्यत्र करूँगा। यहाँ तो आपको बस 'ग्रेशम्'स लॉ ऑफ करेंसी' की याद भर दिला देना चाहता हूँ—

> विख्यात अर्थशास्त्री डब्लू.एच. ग्रेशम ने बताया था कि मुद्रा-प्रचलन की रीति यह रही है कि गन्दे और घिसे सिक्के, नये और बढ़िया सिक्कों को प्रचलन से बाहर ठेल देते हैं। अच्छे सिक्के घरों में बन्द पड़े रहते हैं और बाजारों में ज्यादातर लेन-देन घिसे-पिटे सिक्कों से ही चलता है। मुद्रा-प्रचलन सम्बन्धी ग्रेशम का यह अर्थशास्त्रीय नियम यदि कहीं पूर्णरूपेण प्रभावकारी हो पाया है, तो वह क्षेत्र अर्थ-व्यापार का नहीं, भारतीय राजनीति और लोकतंत्र का है। हमारे लोकतंत्र की नीति-रीति आज तो यही हो गई है कि घटिया लोगों ने बढ़िया लोगों को राजनीति और राजकाज से ठेलकर किनारे कर दिया है और स्वयं सब जगह छा गए हैं।

छह

भारत के प्रधानमंत्री तो पंडित जी थे, लेकिन सरदार वल्लभभाई पटेल जब तक जीवित रहे, घर के असल मालिक-मुख्तार वे ही थे। एक तौर पर पार्टी और सरकार, दोनों ही के गार्जियन। यद्यपि, वे अपना नेता पंडित जी को ही मानते थे, और कहते थे, "यदि मैं अपने लीडर का साथ न दे सकूँ और उनके पैर मजबूत न कर सकूँ, तो मैं एक मिनट भी गवर्नमेंट में नहीं रहूँगा...इस तरह की बेवफाई मेरे चरित्र में नहीं।" लेकिन उनकी वास्तविक स्थिति इसी से स्पष्ट हो जाती है कि प्रसिद्ध अमेरिकी पत्रकार एडगर स्नो को खुद पंडित जी ने ही कहा, "...मैं जानता हूँ कि मैं इशारा कर दूँ तो सरदार मंत्रिमंडल छोड़ देंगे, और वे भी जानते हैं कि उनका इशारा पाते ही मैं मंत्रिमंडल से निकल आऊँगा।"

बड़े आत्मबली और आत्माभिमानी थे सरदार। धौंस में तो उन्हें कोई ला ही नहीं सकता था। एक छोटा-सा किस्सा हमारे बिहार का ही है। जमींदारी मुआवजा और साठी-कांड को लेकर गांधी मैदान के अपने भाषण में सरदार ने बिहार सरकार को बहुत खरी-खोटी सुनाई। मुख्यमंत्री श्री बाबू थे—बिहार केसरी डॉ. श्रीकृष्ण सिंह। याद रखिए! एक जंगल में दो शेर नहीं रहा करते। यही स्थिति श्री बाबू की थी बिहार में। जब तक जीवित रहे, मुख्यमंत्री रहे। लगातार पन्द्रह वर्षों तक। तो, सरदार ने सार्वजनिक रूप से बिहार सरकार की जब भर्त्सना कर दी, तो श्री बाबू को असह्य हो गया। उन्होंने अपने इस्तीफे की धमकी दे डाली। सरदार अभी पटना ही में थे। श्री बाबू का पैगाम लेकर केन्द्रीय सरकार के जो बिहारी मंत्री महोदय सरदार पटेल से मिलने राजभवन पहुँचे और उन्होंने जब इस्तीफे की बात कही, तो सरदार और भी सख्त हो गए और बोले, "ठीक है। जाकर कह दो श्री बाबू से, अपना इस्तीफा भेज दें। मैं कल सुबह रुक जाता हूँ। नया मंत्रिमंडल बनवाकर ही शाम को दिल्ली लौटूँगा।" श्री बाबू पर बिजली गिरते-गिरते बची।

पाकिस्तान के बहकावे में जूनागढ़ के नवाब ने जब बेजा हरकत कर दी, तो सरदार ने जूनागढ़ को दबोच लिया। पाकिस्तान ने शोर मचाया, तो सरदार ने ललकारा, "तुम्हें क्या जरूरत थी कि बाकी हिन्दुस्तान में घुसने की कोशिश करो? आप क्यों

जूनागढ़ के दरवाजे पर आ बैठे? वहाँ तक कहाँ से आया पाकिस्तान? आपके कहने से ही तो इस तरह हिन्दुस्तान के दो टुकड़े बनाए गए। उसके बाद और भी टुकड़े करने हों, तो मैदान में खुली बातें करो।" इस पर जफरुल्ला मामले को यू.एन.ओ. ले जाने को छटपटाने लगे। सरदार ने कलकत्ते के अपने भाषण में कहा, "जूनागढ़ को जफरुल्ला साहब ने सलाह दी थी कि तुम पाकिस्तान में शरीक हो जाओ। तो उसका नतीजा तो नवाब साहब को भोगना ही था। वह जफरुल्ला साहब को तो भोगना नहीं था, उन्हें तो खाली बातें ही करनी थीं। जूनागढ़ का फैसला तो अब हो गया। यू.एन.ओ. में जाओ, चाहे जहाँ जाओ; उससे कोई नई बात नहीं बन सकती।" हैदराबाद के बारे में दुनिया के देशों को चेतावनी देते हुए उन्होंने कहा, "निजाम के रखने के लिए या निजाम की डाइनेस्टी रखने या निजाम का कोई इंटरेस्ट रखने के लिए यदि कोई बाहर वाला मदद करेगा, तो पहले उसे हमसे लड़ना होगा। यह हमारा आन्तरिक मामला है, हमारे घर का मामला है। चर्चिल हो या कोई उससे भी बड़ी शक्ति, हम उसे बर्दाश्त नहीं करेंगे। यदि चर्चिल का यह खयाल है कि हिन्दुस्तान को बनानेवाला वही है, तो मेरा कहना है कि पहले इंग्लैंड को बचाए।" (भूतपूर्व ब्रिटिश प्रधानमंत्री विंसटन चर्चिल उन दिनों ब्रिटिश पार्लियामेंट के अन्दर और बाहर, पाकिस्तान की तरफदारी करने लगे थे) कश्मीर के मामले को यू.एन.ओ. भेजने के पक्ष में सरदार नहीं थे। माउंटबेटन के मशवरे और पंडित जी की हठ से झगड़ा पंचइती में अटक गया। लेकिन कश्मीर-विवाद को भारत सरकार ने जब यू.एन.ओ. पहुँचा दिया, तो जनाब जफरुल्ला खुद ही हाय-तोबा मचाने लगे कि मामले को नाहक यू.एन.ओ. क्यों ले गए! जवाब में सरदार ने लखनऊ की एक सभा में कहा, "जफरुल्ला साहब कहते हैं, आप वहाँ (यू.एन.ओ.) क्यों गए।...ठीक है, यदि वह चाहते हैं तो हम अपनी अर्जी वापस ले लेंगे। मगर हमें बताइए कि (कश्मीर जाने का) दूसरा रास्ता क्या होगा? फिर तो हमें स्यालकोट और लाहौर होकर जाना पड़ेगा।" सभी जानते थे कि सरदार के गम्भीर मेघ गर्जन के बाद बिजली भी गिरा करती है। इसलिए उनकी बातों के बाद लोग सहम जाते थे।

सबसे ज्यादा खलबली तो उन बातों से मची थी जो सरदार ने 18 जनवरी, 1948 को लखनऊ के अपने भाषण में कही। उन्होंने कहा—

> आपका यह लखनऊ शहर हमारे मुल्क का एक बहुत पुराना शहर है, और यह हिन्दू और मुसलमान दोनों की मिश्रित कल्चर का केन्द्र स्थान है...इसी शहर से यह बात निकली कि हम हिन्दू और मुसलमान एक कौम नहीं हैं—इसलिए हमें अलग होना चाहिए...बहुत से मुसलमानों के दिल में यह ख्वाहिश पैदा हुई कि अगर हमारा राज्य अलग हो जाएगा, तो हम स्वर्ग में चले जाएँगे... हम समझ गए कि हिस्सा बाँट चाहे जितनी भी बुरी हो, लेकिन जब उनको

समझाना मुश्किल है, तो उनको लेने दो...गलत समझ से उसने जो काम किया है, उससे भी वह तगड़ा हो जाए, सुखी हो जाए, तो आखिर वह हमारा पड़ोसी है, हमारा भाई है...लेकिन हमने यह कभी नहीं सोचा था कि...अलग होने के बाद भी वह हमें चैन से नहीं बैठने देगा...इधर हिन्दुस्तान में जो मुसलमान हैं, उनकी हालत देखें...उन्हें आपने हम पर छोड़ दिया है। ठीक है, छोड़ दिया। हम तो कोशिश करेंगे। लेकिन वहाँ बैठकर भी आप हमको कुछ चैन लेने देंगे, कि वहाँ से भी तकलीफ करते ही रहेंगे?...हमारे यहाँ साढ़े चार करोड़ मुसलमान पड़े हैं और उनके लिए हिन्दुस्तान के सिवा; कोई दूसरी जगह नहीं है। उनमें से बहुत से मुसलमानों के साथ हमारी जिन्दगी-भर की मुहब्बत है। उनके साथ हम दगाबाजी करना नहीं चाहते। क्योंकि जो कोई छोटी-छोटी चीज के लिए अपने मित्रों के साथ दगाबाजी करता है, वह कोई बड़ा काम नहीं कर सकता...यदि एक भी ऐसे मुसलमान को, जो भारत के प्रति वफादार है और जिसने हमारी आजादी की लड़ाई में हमारा साथ दिया और हमारे साथ मुहब्बत से रहा है, यहाँ से जाना पड़ेगा, तो उससे बड़ी शर्म की और कोई बात नहीं होगी...

(लेकिन) मैं हिन्दुस्तान के मुसलमानों से एक सवाल पूछना चाहता हूँ... आप सब लोगों की अगर यह राय है कि पाकिस्तान कश्मीर में जो कुछ कर रहा है, वह गलत है, तो क्यों आपकी जुबान खुलती नहीं? आप क्यों बोलते नहीं कि यह गलत रास्ता है?...जितने वहाँ बुरे काम होते हैं, उनके बारे में यदि हिन्दुस्तान के मुसलमान नहीं बोलेंगे, खुले दिल से उसे बुरा नहीं कहेंगे, तो फिर उन्हें यह शिकायत नहीं करनी चाहिए कि उनकी वफादारी की तरफ किसी को अन्देशा है...

मैं मुसलमानों का दोस्त हूँ और दोस्त का काम है सच्ची बात कह दे... मैं साफ-साफ कह देना चाहता हूँ कि अब हिन्दुस्तान में मुसलमानों की वफादारी का वक्त आ गया है...उन्हें समझ लेना चाहिए कि पाकिस्तान से उनका कल्याण नहीं होनेवाला है। पाकिस्तान उनकी रक्षा नहीं कर सकता। तब उनका कर्तव्य हो जाता है कि जिस नाव में वे बैठे हैं, उसी नाव का वे हित सोचें क्योंकि उन्हें भी उसी नाव से चलना पड़ेगा...सच्ची बात तो यह है कि दो घोड़ों पर सवारी नहीं हो सकती, एक घोड़े पर ही सवारी होगी। अपना घोड़ा पसन्द कर लो...कोई-कोई कहते हैं, हिन्दुस्तान और पाकिस्तान फिर एक हो जाएँ। मैं कहता हूँ, अब वह सब कुछ नहीं हो सकता...जो कोई पाकिस्तान में चले गए हैं, उनको पाकिस्तान को अच्छा बनाने दो। पाकिस्तान जब स्वर्ग बन जाएगा, तब हमको भी उसकी ठंडी हवा लगेगी...हम भी अब यह नहीं चाहते

हैं कि पाकिस्तान और हिन्दुस्तान अभी जल्दी-जल्दी मिल जाएँ। यह तो तब कह सकते हैं, जब कि पाकिस्तान का स्वाद खाते-खाते दाँत खट्टा होकर गिर जाएँ तब आगे की बातें करेंगे।

सरदार की लखनऊ स्पीच की शिकायत लोगों ने गांधी जी तक से की। पंडित जी, मौलाना आजाद, जे.पी. वगैरह बड़े विक्षुब्ध हुए थे। गांधी जी ने सरदार की ओर से सफाई पेश की थी। लेकिन इससे सरदार के स्वाभिमान को चोट ही पहुँची और उन्होंने कहा, "मुझे दुख है कि गांधी जी को मेरी ओर से सफाई देने के लिए मजबूर होना पड़ा...क्योंकि मैं कमजोर आदमी नहीं हूँ, जिसकी हिफाजत दूसरों को करनी पड़े।"

सरदार मानते थे कि हिन्दुस्तान की सुरक्षा के लिए सेना रखनी ही होगी—एक शक्तिशाली सेना। इस प्रश्न पर भी गांधी जी से उनका मतभेद चल रहा था—"मैं तो हुकूमत लेकर बैठा हूँ। मेरे पर हमला होगा, मैं उसे बर्दाश्त नहीं करूँगा, क्योंकि मेरी जिम्मेदारी है...राज्य चलाना है तो, बन्दूक रखनी है, तोप रखनी है, आर्मी रखनी है। गांधी जी कहते हैं, न करो। तो वह मैं नहीं कर सकता।" उन्होंने गांधी जी से साफ-साफ कहा, "मैं भी जानता हूँ, आपका रास्ता अच्छा है, लेकिन वहाँ तक मैं नहीं जा पाता हूँ।" बँटवारे में पाँच अरब रुपया पाकिस्तान का हिस्सा निकलता था। उन रुपयों को रोकते हुए सरदार ने पाकिस्तान से कहा, "अगर इन रुपयों से आपको कश्मीर में गोली चलानी हो, तो हम इस तरह से रुपया नहीं देंगे। जिस रोज कश्मीर का फैसला हो जाए, उस रोज पैसा ले जाओ...हाँ, तुममें ताकत हो तो (अभी) ले जाओ..."

भारत का नया संविधान जब बन रहा था तो कांस्टीच्यूएंट एसेम्बली में मुस्लिम लीग के एक लीडर ने यह सुझाव रखा कि भारतीय गणराज्य में मुसलमानों के लिए 'सेपेरेट इलेक्टोरेट' और रिजर्वेशन की व्यवस्था कर दी जाए तो सरदार ने उन्हें फटकारते हुए कहा, "यही बातें करके आपने हिन्दुस्तान के दो टुकड़े कराए। अब जो बाकी हिन्दुस्तान बचा है, उसका भी आपको टुकड़ा कराना है क्या? यही इरादा हो, तो अब मेहरबानी करके आप पाकिस्तान में चले जाइए।" और सचमुच लीडर साहब भागकर पाकिस्तान चले गए।

हमारा सौभाग्य था कि पंडित जवाहरलाल नेहरू हमारे देश के प्रथम प्रधानमंत्री हुए थे और लौहपुरुष सरदार वल्लभभाई पटेल, गृहमंत्री। पंडित जी का सिर सदा आसमान की ऊँचाइयों की ओर उठा होता था; सरदार के पाँव बराबर मजबूती से धरती पर जमे रहते थे।

फौलादी साँचे में ढले भारतीय लौहपुरुष सरदार पटेल के मन की एक प्रबल लालसा यह भी थी कि उनके मरने के बाद लोग यह कहें, "...बह बोलता था तो कुछ कड़ी बातें भी कहता था, लेकिन आदमी ठीक था।" सरदार की यह लालसा उस दिन पूरी हुई जब उनकी मृत्यु के पचीसों वर्ष बाद, उनके सबसे बड़े आलोचक जयप्रकाश नारायण ने यह स्वीकारा, "सरदार को हमने गलत समझा। मेरे अन्दर आज प्रधान भावना आत्म-भर्त्सना की है क्योंकि उनके जीवन-काल में मैं महान सरदार का केवल एक आलोचक ही नहीं बल्कि एक प्रतिपक्षी भी रहा।" सरदार की दिवंगत आत्मा को इस बात से भले ही थोड़ी शान्ति मिली हो, लेकिन इसका कोई लाभ न तो स्वयं जे.पी. को हो पाया, और न देशवासियों को ही। अपनी भूल मानकर भी उसे सुधार लेने की स्थिति में जे.पी. तब बिलकुल ही नहीं थे। आयु और स्वास्थ्य उनके विरुद्ध जा चुके थे। सरदार को आँखें मूँदे लगभग तीन दशाब्दियाँ बीत चुकी थीं। और इस बीच देश की गंगा-गोदावरी आदि नदियों से ढेर सारा पानी बह निकला था। तब सम्भव कहाँ था कि लौटकर जे.पी. उस मुकाम पर जाते, जहाँ उनसे गलती हो गई थी, और बिलकुल नये सिरे से अपना सफर शुरू करते। उम्र की रफ्तार के साथ अपनी मंजिल को छोड़कर वे इतना आगे निकल आए थे कि पलटकर आवाज भी देते, तो कोई फायदा न था।

जे.पी. और उनके समाजवादी साथियों को सरदार पटेल उस रोज बहुत बुरे लगे थे, जब उन्होंने कहा था कि नौसिखुए सोशलिस्टों को वे इस बात की इजाजत हरगिज नहीं दे सकते कि सारे देश को ही वे अपनी प्रयोगशाला बना लें। सरदार अपने को चालीस करोड़ देशवासियों का ट्रस्टी मानते थे। स्वाधीनता के साथ उन पर जो जिम्मेदारी आई थी, उसे वे अच्छी तरह निभाना चाहते थे और यह भी चाहते थे कि देश के लोग भी उस जिम्मेदारी को अच्छी तरह समझें। अपनी मातृभूमि के गौरवमय भविष्य की झाँकी, उसके भाग्य और महानता की एक आदर्शमयी कल्पना उनके मन में भी थी, "...इस देश में जो छोटे से छोटा भी है, हमें उसे भी यह महसूस कराना है कि वह आजाद है। खेत में काम करनेवाले किसानों, झोंपड़ों में रहनेवाले गरीबों और कारखानों में काम करनेवाले मजदूरों—सभी को इस योग्य होना चाहिए कि वे गुलामी और आजादी के भेद को समझें। तभी हम यह कह सकते हैं कि हमने आजादी ली है और हम उसके योग्य बन गए हैं।" परन्तु सरदार यह भी जानते थे कि अब तक तो लोग एक ही रास्ते पर चलते आए थे, "कानून तोड़ो, जेल जाओ। आज भी उसी रास्ते पर चले जाओ तो, यह तो खुदकुशी होगी।"

देश की आर्थिक स्वतंत्रता के लिए वे भी व्यग्र थे। मगर फिलहाल सारे उद्योगों का राष्ट्रीयकरण, उनकी समझ में, इसका कारगर उपाय नहीं था। सोशलिस्टों की

राष्ट्रीयकरण की तजवीज से वे चौंक पड़ते थे, क्योंकि वे मानते थे कि अनुभव एक बड़ी चीज है और राष्ट्रीयकरण जैसे बड़े काम को शुरू करने और सँभालने के लिए मुल्क में, और बातों के अलावा, अनुभवी लोग भी बहुत ही कम हैं। उन्होंने कहा, "...वह सब केवल सिद्धान्त की बात है, अनुभव की नहीं। अभी तक हमने कुछ काम तो किया नहीं है, और जो कहते हैं (सोशलिस्ट और कम्युनिस्ट लोग) उन्होंने तो कुछ भी नहीं किया है। वह कब कर पाएँगे, यह तो ईश्वर जाने। अगर आज मैं राष्ट्रीयकरण के बोझ को उठा सकूँ, तो एक मिनट की भी देर नहीं करूँगा..." लेकिन सोशलिस्टों को लगा, सरदार की नीयत साफ नहीं। वे पूँजीपतियों के साथ मिले हुए हैं। गरीब-मजदूरों का भला नहीं होने देंगे। उनके हड़ताल और राष्ट्रीयकरण विरोधी रुख के कारण सोशलिस्टों ने उनके विरुद्ध जो कुप्रचार चलाया, उससे सरदार भिन्ना उठे थे। उन्होंने जनसभाओं में कहा—

> ...आप कहते हैं कि मजदूरों को पैसा मिले, उनकी जितनी जरूरतें हैं, वे पूरी परनी चाहिए। तो इस काम में मेरा आपको पूरा साथ मिलेगा। मजदूरों को जो इंसाफ से मिलना चाहिए, वह उन्हें जरूर मिलना चाहिए। (मगर) हिन्दुस्तान को तो अभी आजादी मिली है। हम दो-चार साल हिन्दुस्तान में कुछ इंडस्ट्री बना लें, कुछ उद्योग पैदा करें। तभी तो मजदूरों के लिए कुछ धन पैदा हो सकेगा और उन्हें हिस्सा मिल सकेगा। जहाँ होगा, वहीं से तो कुछ दिया जा सकेगा। कोई चीज होगी ही नहीं, तो क्या बाँटोगे? तो कुछ पैदा करो...अगर मुझे समझ आ जाए कि हमारे मुल्क में एक-एक कैपिटलिस्ट की कैपिटल को खत्म कर देने से हिन्दुस्तान का भला होगा, तो उसे खत्म कर देने में मेरा नम्बर पहला होगा...
>
> मुझे सोशलिज्म सिखाने की किसी को जरूरत नहीं...जबसे मैंने गांधी जी का साथ दिया, और आज इस बात को बहुत साल हो गए, तभी से मैंने फैसला किया था कि यदि पब्लिक लाइफ में काम करना हो, तो अपनी मिल्कियत नहीं रखनी चाहिए। तब से आज तक मैंने अपनी कोई चीज नहीं रखी। न मेरा कोई बैंक एकाउंट है, न मेरे पास कोई जमीन है और न मेरे पास अपना कोई मकान है...मुझे कोई सोशलिज्म का पाठ सिखाए, तो फिर उसे सीखना पड़ेगा कि पब्लिक लाइफ किस तरह से चलानी है...
>
> जितने लोग सोशलिस्ट का लेबल लगाते हैं, वे सब सोशलिस्ट हैं, ऐसा न मानिए...मैं सोशलिस्ट का लेबल नहीं लगाता, लेकिन मैं अपनी कोई प्रॉपर्टी नहीं रखता...उससे भी आगे जाना पड़े, तो मुकाबला करने को तैयार हूँ : लेकिन हिन्दुस्तान की बरबादी होने के काम में मैं कभी साथ नहीं दूँगा। उसमें आप कहें कि मैं कैपिटलिस्टों का एजेंट हूँ, जो चाहे सो नाम लगाइए...

उस बात को हुए युग बीते। लेकिन मन का अनुताप शेष न हुआ। अपने उस जघन्य अपराध की याद आते ही, मेरा रोम-रोम आज भी मुझे धिक्कारने लगता है। आत्म-ग्लानि के गहरे अँधेरे कूप में डूब जाता हूँ। मन थोड़ा हल्का तब होता है जब सोचता हूँ, उन दिनों मेरी उम्र ही क्या थी! जब बड़े-बड़ों की मति भ्रमित हो गई थी, तो मेरी बिसात ही क्या थी? मैं तो केवल पन्द्रह साल का एक नासमझ नाबालिग था। जोश भर था; उस उम्र में होश-हवास कहाँ था मुझमें जो दुष्प्रचार के कुप्रभाव से बच पाता। वामपंथियों ने उस महान सरदार की छवि पर जैसी कालिख पोतनी शुरू कर दी थी, उससे मेरे मन में पटेल के प्रति इतनी घृणा भर आई कि एक दिन अखबार में छपे उनके फोटो पर जब नजर पड़ी, तो मैंने उसके नीचे 'फिरकापरस्त, पूँजीपतियों का दलाल' लिखकर उस पर थूक दिया। बहुत बरसों बाद, जब अक्ल आई तो समझा, कितना बड़ा पाप कर गया। और तब, घोर अनुताप की मन:स्थिति में एक दिन अपनी बन्द कोठरी में, स्वर्गीय सरदार की तस्वीर के सामने घुटने टेक, थूक गिराकर उसे चाटा भी था। नहीं जानता, मेरा पाप कटा या बाकी है। यह भी नहीं जानता, किससे क्षमा माँगूँ। सरदार तो नहीं रहे। आनेवाली पीढ़ियों के समक्ष भी अपराधी बनकर खड़ा रहूँ, यही आत्म-दंड निश्चित कर पाया हूँ और इसीलिए सच्चाई के साथ अपने उस दुष्कर्म का प्रसंगवश यहाँ जिक्र कर देना मैंने आवश्यक समझा है।

स्वर्गीय सरदार वल्लभभाई पटेल में सच्चाई और साहस कूट-कूट कर भरा था। जो बात ईमानदारी से महसूस करते, उसे साफ-साफ कहने की हिम्मत रखते थे। साम्प्रदायिकता का सवाल हो अथवा समाजवाद और राष्ट्रीयकरण का; उनके कथनी-करनी में कहीं कोई बदनीयती या बेईमानी नहीं थी। विशुद्ध दायित्व और कर्तव्य-बोध था। भारत के जिन कुछ महान सपूतों ने मुख्यत: लोकसेवा एवं व्यापक उद्देश्यों से सत्ता ग्रहण की थी, सरदार उन्हीं विरलों में एक थे। स्वार्थ-सिद्धि की लालसा से सर्वथा अछूते। देश-प्रेम और जन-कल्याण की भावना से ओतप्रोत, उस महापुरुष को निजी लाभ का प्रलोभन देकर, उनसे कोई अपनी दलाली करवा लेता—ऐसा कोई आदमी इस धरती पर पैदा ही नहीं हुआ था। यह ठीक है कि सरदार को जयप्रकाश, लोहिया, नरेन्द्र देव, मसानी, पटवर्धन अथवा पंडित जी की भाँति समाजवाद का कोई गहन शास्त्रीय ज्ञान नहीं था। समाजवाद ही क्यों, सम्भवत: किसी भी 'वाद' का गहन अथवा व्यापक शास्त्रीय अध्ययन उन्होंने किया नहीं था। इसलिए सैद्धान्तिक स्तर पर किसी वाद-विशेष का न तो वे प्रतिपादन करते थे, न खंडन। वे तो विशुद्ध व्यवहारवादी थे और किसी भी समस्या तथा उसके समाधान के व्यावहारिक पक्ष का ही नाप-तौल किया करते थे। उनमें पांडित्य भले ही न रहा हो, परन्तु परख थी। निहायत ऊँचे दरजे की परख। राष्ट्रीयकरण की तजवीज उनकी परख में खोटी पड़ी।

अब आज मैं भी समझता हूँ, जो लोग राष्ट्रीयकरण को लाख दुखों की एक दवा मान बैठे हैं, असल में उन्होंने मानव-मन को ठीक से पहचाना नहीं। राष्ट्रीयकरण की विधि आज लोकशाही में भी चलाई जा रही है, और तानाशाही में भी। लोकतांत्रिक ढाँचे के अन्दर राष्ट्रीयकरण का जैसा स्वाद हम भारतवासियों को मिल रहा है, उससे कई गुना अधिक कड़ुवा स्वाद उन साम्यवादी देशों के नागरिकों को मिलता आ रहा है, जहाँ लाखों लोगों के खून से सींचे जाने के बावजूद, राष्ट्रीयकरण के पौधे कुम्हलाते ही जा रहे हैं। सम्पत्ति-मोह को भंग किए बिना, केवल निजी सम्पत्ति की संस्था को भंग कर देने से अभीष्ट सिद्धि हो जाती, तो रूस और चीन आज सचमुच इस धरती के स्वर्ग बन गए होते। उन देशों में खेत-खलिहान, माल-मवेशी से लेकर कल-कारखाने तक—उत्पादन के सभी छोटे-बड़े साधनों का दशाब्दियों पूर्व राष्ट्रीयकरण किया जा चुका है। फिर भी, कम्यूनों में जीनेवाले और कलेक्टिव फार्म चलानेवाले चीन और रूस के अनेक नागरिकों का हाल आज यह है कि प्रकट साम्यवादी अर्थव्यवस्था के समानान्तर उन्होंने भूमिगत पूँजीवादी अर्थव्यवस्था चला रखी है, जो कानून की लाख सख्तियों के बावजूद, दिनोदिन फलती-फूलती जा रही है।

सोवियत रूस के एक प्लावी नागरिक हैं, कॉन्सटैनटिन सिमिस। के.जी.बी. के आतंक से त्रस्त हो, सन् '77 में वे भागकर अमेरिका चले गए। उन्होंने भूमिगत सोवियत अर्थव्यवस्था पर एक पुस्तक लिखी है, जिसने काफी तहलका मचा दिया है। 'इंडिया टुडे' के प्रतिनिधि, इन्दरजीत बधबार को अपनी भेंटवार्ता में उन्होंने ऐसे कई सोवियत अधिकारियों के वृत्तान्त सुनाए जो गुप्त रूप से दर्जनों कारखानों के मालिक हैं और जिनके पास अरबों की निजी सम्पत्ति हो गई है। इजाक बाच नामक एक व्यक्ति, जो किसी कारखाने का एक सुपरवाइजर था और जिसका मासिक वेतन मात्र 160 रूबल था, उसकी जब धर-पकड़ हुई तो पता चला कि लगभग एक दर्जन कारखानों पर उसका कब्जा था और उसके पास कोई एक अरब की निजी सम्पत्ति थी। एक कॉरपोरेट बोर्ड के चेयरमैन, लाजार ग्लैजेनबर्ग, ने लगभग 64 नगरों में अपने निजी विक्रय केन्द्रों का जाल बिछा रखा था। बोरिस रोइफमैन नामक व्यक्ति पर सन् 1960 में जब मुकदमा चला तो पूरी बात खुली कि वह दो अरब से अधिक की सम्पत्ति का स्वामी बन चुका था।

मजे की बात तो यह है कि रूस में ऐसे पूँजीपतियों के अपने अलग कारखाने नहीं हैं। राजकीय कारखानों में ही वे अपना माल पैदा करते हैं, उन्हीं कारखानों के मजदूरों को सरकारी रेट से ज्यादा मजदूरी देकर काम लेते हैं, सुदूर बाजारों में अपना तैयार माल ठेलने के लिए राजकीय वितरण निकायों का ही सहारा लेते हैं तथा खुदरा बिक्री के लिए सरकारी दुकानों का ही उपयोग करते हैं। रूस में

कानून की सख्ती ने भ्रष्टाचार को कैसे जन्म दे दिया है, सो देखिए : राज्य द्वारा हरेक कारखाने के लिए उत्पादन-कोटा निर्धारित है। उतना उत्पादन यदि नहीं हुआ तो कारखाने के व्यवस्थापक पर संकट आ जाएगा। प्रत्येक कारखाने के लिए कच्चे माल का आबंटन और आपूर्ति, सरकारी विभाग और निकाय द्वारा ही होती है। खुला बाजार तो कहीं है नहीं कि जो मैनेजर जब जितना कच्चा माल चाहे, खरीद ले। सरकारी निकायों ने कारखाने को समय पर पूरा माल नहीं भेजा, तो काम ठप होने की नौबत। इसलिए, कारखाने के मैनेजर को आपूर्ति विभाग के अधिकारियों को दे-लेकर ठीक रखना पड़ता है ताकि कारखाने को उत्पादन के लिए कच्चा माल आवश्यक मात्रा में ठीक समय पर उपलब्ध हो जाए। देश में कच्चे माल की कमी के कारण सरकारी गोदामों में भी अभाव ही चला करते हैं। इसलिए, अपना-अपना कोटा उठा लेने के लिए मैनेजरों के बीच छीना-झपटी रहती है। और इसी छीना-झपटी में रिश्वतखोरी पनपकर पोषित हो रही है। जिस फैक्ट्री मैनेजर ने गोदाम मैनेजर की मुट्ठी गरम कर दी, वह तो दूसरे का हिस्सा कटवाकर भी अपना कोटा उठा ले गया और जो न कर सका, वह मुँह तकता रह गया। और यही नहीं कि कच्चा माल पाने के लिए रिश्वतखोरी चलती हो, बल्कि तैयार माल को फैक्ट्री से बाहर भिजवाने के लिए भी फिर वही सब तिकड़म लड़ानी पड़ती है। सरकारी वितरकों के साथ हिसाब-किताब ठीक रहा, तो फैक्ट्री का सारा माल ठीक समय पर बिक जाएगा। फैक्ट्री मैनेजर को क्रेडिट (श्रेय) मिलता रहेगा। नहीं तो माल पड़ा-पड़ा सड़ता रहेगा और बेचारे फैक्ट्री मैनेजर की जान आफत में पड़ी रहेगी। रिश्वत देने के लिए फैक्ट्री-बजट में कोई प्रावधान तो किया जा सकता नहीं, और बिना रिश्वत दिए फैक्ट्री चलाई जा सकती नहीं। इसलिए कितना सांसत का काम होता होगा फैक्ट्री मैनेजरी, सो समझ लीजिए। नौकरी छोड़कर चला जाए तो दूसरी नौकरी मिल कहाँ पाएगी। सब कुछ तो राज्य के नियंत्रण में है। इसलिए, मैनेजर को वह सब हुनर सीखना पड़ता है, जिसे नम्बर दो का धन्धा कहते हैं।

सिमिस ने बताया है कि इस प्रक्रिया ने सोवियत रूस में अब एक समानान्तर अर्थव्यवस्था को जन्म दे दिया है, जो भूमिगत है तथा जिसमें फैक्ट्री के कर्मचारियों से लेकर प्रशासकीय विभागों के अधिकारी, कम्युनिस्ट पार्टी के पदाधिकारी और ऊपर के अनेक मंत्री तक साझीदार हैं। और मजे की बात यह भी है कि रिश्वत-कमीशन के बाँट-बखरे के बाद भी ऐसे व्यवसायी स्वयं तो धन्नासेठ होते ही जा रहे हैं, साथ ही उनके माल की किस्म और कीमत भी ज्यादा उम्दा और सस्ती हुआ करती हैं। असल में निजी लाभ और सम्पत्ति-मोह की जो दुर्बलता मानव-मन के साथ सहज ढंग से जुड़ी हुई है, उसी की मजबूत डोर ने साम्यवादी रूस में भी

वैसे अवैध व्यवसायियों, पार्टी नेताओं और छोटे-बड़े राजकीय अधिकारियों को कसकर आपस में बाँध रखा है।[1]

सोवियत रूस के पयोला-कांड को उजागर करते हुए विगत वर्ष एडमंड स्टीवेन्स ने ('संडे टाइम्स' में) लिखा था कि चिचिनो-इनजुसेतिया रिपब्लिक में कपड़े की दो फैक्ट्रियाँ वर्षों से घाटे में चलने के कारण जर्जरावस्था में पड़ी हुई थीं। जार्जिया के चार अवैध व्यवसायियों ने मिलकर उस रिपब्लिक के स्थानीय उद्योग मंत्री बागुटीन बुजुर्तानोव को डेढ़ हजार रूबल माहवारी कमीशन बाँध दिया और उन फैक्ट्रियों में गुप्त रूप से निजी उत्पादन करने का सौदा पटा लिया। आश्चर्य यह हुआ कि कुछ ही महीनों में फैक्टरी की काया पलट गई। उसमें तरह-तरह की उपभोक्ता सामग्रियाँ तैयार होने लग गईं और उत्पादन छह गुना बढ़ गया। एक पार्टनर ने तैयार माल खपाने का जिम्मा सँभाला और सरकारी खुदरा विक्रेताओं को बीस प्रतिशत कमीशन तय कर दूर-दूर तक माल ठेल दिया। उस भूमिगत व्यावसायिक सिंडिकेट को दस लाख रूबल वार्षिक मुनाफा होने लगा। व्यवसाय जब खूब बढ़ गया, तो सिंडिकेट और स्थानीय उद्योग मंत्री को जरूरत महसूस हुई—मास्को के किसी वरिष्ठ अधिकारी के संरक्षण और छत्रच्छाया की। सो, स्थानीय उद्योग मंत्री, बुजुर्तानोव ने अपनी उपमंत्री, डिना ओर्सोनोक को पटाया जो एक खूबसूरत महिला थी और जिसका मास्को में, केन्द्रीय सरकार के उप-उद्योग मंत्री से बड़ा मैत्रीपूर्ण सम्बन्ध था। डिना मास्को भेजी गई जहाँ उसने केन्द्रीय उप-मंत्री, आन्द्रे माकोरोव, को एक बड़े होटल में शानदार दावत दी। कुछ रास-रंग भी रहा। अन्त में, पहली किस्त की थैली थमाकर डिना ने उसे पटा लिया। यह घटना 1974 में हुई थी। पाँच बरस बाद सारा भंडाफोड़ हुआ, और तब सब गिरफ्तार हुए। इस सिलसिले में सबसे दिलचस्प बात यह हुई कि एक सोवियत समाचार-पत्र ने अपने सम्पादकीय में उन चोर व्यवसायियों की भर्त्सना करते हुए यह भी लिखा कि उन चोर लोगों में जो अगुआई, लगन, उत्साह और कार्यकुशलता थी, वह स्थानीय उद्योगों के ईमानदार कर्मचारियों और पदाधिकारियों के लिए ईर्ष्या की बात होनी चाहिए।

उधर, चीन में, बत्तीस बरसों तक कम्यून और राष्ट्रीयकरण की लम्बी-लम्बी छलाँगें लगाते रहने के बाद, अपने टूटे-मुचके हाथ-पाँव सहलाते हुए चीनी कम्युनिस्ट पार्टी के नवनिर्वाचित चेयरमैन, हु-या बैंग, ने पार्टी की 60वीं वर्षगाँठ समारोह में स्वीकारा कि दुनिया के उन्नत देशों से अनेक उपयोगी बातें सीखी जा सकती हैं। वर्षों के प्रयोगों और अनुभवों के बाद साम्यवादी चीन जब कुछ सँभला है, तो उसने अपनी अर्थव्यवस्था पर पुनर्विचार प्रारम्भ कर दिया है। अपने उद्योगों की

1. देखें—इंडिया टुडे, 1 अक्टूबर, 1981, पृ. 69

संवृद्धि के लिए अब वह अमेरिकी तकनीक और प्रबन्ध-शैली अंगीकार करने को तैयार हो गया है और उसने कई ऐसे तरीके अपनाने की नीति स्वीकार कर ली है, जो मुक्त व्यवसाय के मान्य-प्रचलन हैं।

उन दिनों कुछ अति उत्साही जनों ने सरदार पटेल से जब कहा कि चीन में जो बातें की जा रही हैं, वही सब यहाँ भी करें, तो उन्होंने कहा था कि समय बताएगा, कौन-सा तरीका ठीक है। कंट्रोल, कोटा, परमिट, लाइसेंस, सरकारीकरण इत्यादि के कारण उतने ही थोड़े समय में जो कुछ चलने लगा था, उन सबकी खबर गृह मंत्रालय को थी। सरदार उससे भिन्ना उठे थे और आगे उस दिशा में सँभल-सँभलकर कदम बढ़ाना चाहते थे। कलकत्ते की जनसभा में उन बातों की चर्चा करते हुए उन्होंने कहा—

> आज हमने व्यापारियों से बिजनेस ले लिया, क्योंकि वे गड़बड़ करते थे। कुछ काला बाजार करते थे, कुछ पैसा ज्यादा लेते थे। तभी हमने कंट्रोल किया... हम कंट्रोल तो करते हैं, लेकिन बिजनेसमैन की जगह पर जिसे रखते हैं, वे अच्छा काम करते हैं, ऐसा कोई नहीं कहता। उनके बारे में भी लोग छींटे डालते हैं कि वे लोग घूसखोरी करते हैं, पैसा खाते हैं। इन बातों से सरकार बदनाम होती है। तो उससे क्या फायदा?

सरदार की आशंकाएँ निर्मूल नहीं थीं। कोटा-लाइसेंस-परमिट के दुरुपयोग ने आज, न केवल देश की अर्थव्यवस्था को ही संकटग्रस्त कर दिया है बल्कि हमारा राजनीतिक जीवन भी भ्रष्ट कर दिया है। आपने जो अन्तुले-कांड सुना है, वह कोटा-लाइसेंस-परमिट की ही तो देन है। महाराष्ट्र जैसे समृद्ध राज्य का मुख्यमंत्री, दरिद्रनारायण की नौटंकी चलाए, गरीबी मिटाओ अभियान में अनेकों निजी ट्रस्ट कायम कर ले, कोटा-लाइसेंस-परमिट बेचकर खुलेआम राजकीय स्तर पर कालाबाजारी करे और चन्द ही महीनों में पन्द्रह करोड़ रुपये बटोरकर अपनी तिजोरी में बन्द कर ले—आखिर यह सब कैसे सम्भव हुआ? हद तो यह हो गई कि अन्तुले ने बड़ी शान से कहा कि उसने छिपाकर कुछ नहीं किया। मानो, भ्रष्टाचार को जनस्वीकृति प्राप्त हो चुकी हो, उसे अब किसी से छिपाने की भी कोई जरूरत नहीं। जैसे, भ्रष्टाचार यदि खुलेआम किया जाए, तो वह अवैध नहीं। इस तर्क की परिणति तब तो यही होगी न, कि दुष्कर्म छिपाकर करो तो अवैध; सरेआम करो तो वैध। इस तर्क के आधार पर चोरी अवैध हुई, चूँकि छिपाकर की जाती है। मगर डकैती को वैध माना जाएगा, क्योंकि वह सरेआम, दिन-दहाड़े की जाने लगी है। अन्तुले ने जिस ढंग से धन बटोरा है, वह एक दूसरी दृष्टि से भी डकैती ही है। डकैती में बन्दूक-पिस्तौल तान, प्राण-भय दिखाकर जबरन धन

छीन लिया जाता है। अन्तुले ने राज्यशक्ति का प्रयोग कर, लाइसेंस-कोटा-परमिट नामंजूर करने का भय दिखाकर लोगों को ब्लैंक चेक काटने को मजबूर कर दिया और पन्द्रह करोड़ रुपये बटोर लिये। उसका लक्ष्य पचास-साठ करोड़ का था। सौभाग्यवश, अरुण शौरी जैसे लोग जब तक देश में हैं, यह कदापि नहीं माना जा सकता कि भ्रष्टाचार को जन-स्वीकृति प्राप्त हो चुकी। हाँ, भ्रष्टाचार को राज्य-स्वीकृति मिल गई है, यह मान लेने में अधिक कठिनाई नहीं। जब प्रमुख राज्यों के मुख्यमंत्री नितान्त निश्चिन्त भाव से यह कहने लग जाएँ कि भ्रष्टाचार हमारे राष्ट्रीय जीवन का अंग बन गया है, तो इससे क्या समझा जाएगा?

बिहार के मुख्यमंत्री डॉक्टर जगन्नाथ मिश्र से एक पत्रकार ने जब यह पूछा कि उनके राज्य में भ्रष्टाचार की चर्चा सब लोग करते हैं और खुद उनके कांग्रेसी नेता लोग भी शिकायत करने लगे हैं, तो मुख्यमंत्री महोदय ने बड़े ही सहज भाव से हँसते हुए पूछा, "भ्रष्टाचार कहाँ नहीं है? भ्रष्टाचार तो हमारे राष्ट्रीय जीवन का अंग बन चुका है और यह सारे देश में व्याप्त है। फिर, बिहार की ही बात क्यों करें!" ठीक है, भ्रष्टाचार लोकाचार बनकर सारे देश में फैल गया है। प्रायः सभी राज्यों में भ्रष्टाचार का बोलबाला है। अनेक मंत्री, मुख्यमंत्री लूट-खसोट कर रहे हैं। भारत में ही क्यों, रूस-चीन तक में भ्रष्टाचार व्याप्त है। तो इसका क्या अर्थ, कि भ्रष्टाचार को चलने दिया जाए? चूँकि, बहुत जगह, बहुत लोग कर रहे हैं, इसलिए, सब जगह, सब लोग करें? चलता आया है इसलिए चलता ही रहे? मूल प्रश्न यह है कि भ्रष्टाचार ठीक चीज है या गलत? सरकार का इरादा भ्रष्टाचार चलाने का है या मिटाने का? जिन मंत्रियों और मुख्यमंत्रियों में इतनी निश्चिन्तता है कि वे डंके की चोट पर घोषणा करें कि उन्होंने छिपाकर कुछ नहीं किया; हँसकर यह पूछें कि भ्रष्टाचार कहाँ नहीं है; वे कृपा करके इस सीधे से प्रश्न का स्पष्ट उत्तर देने का साहस करें कि भ्रष्टाचार को वे गलत मानते हैं या ठीक तथा उनका इरादा भ्रष्टाचार मिटाने का है या चलाने का? उसके बाद का फैसला तो लोग स्वयं ही कर लेंगे; आज न सही, कल ही सही।

बड़े दुख की बात है कि राज्य का प्रधान शासक बनने की ललक तो आज हर ऐरे-गैरे में समा गई है। उनमें से कई तो बन भी चुके हैं। किन्तु, प्रधान की चेतना तथा वांछित चरित्र, किसी में भी नहीं। भारतीय इतिहास का बड़ा बदनाम बादशाह रहा है औरंगजेब। किन्तु उसकी राजकीय चेतना और चारित्रिक ऊँचाई के बारे में कुछ मालूम भी है? वह कहता था, जिन्दगी में उस पर शाही खजाने का पैसा भले ही खर्च हो, क्योंकि, वह सल्तनत का काम कर देता है : किन्तु मृत्यु के पश्चात् उस पर खजाने की एक कौड़ी भी खर्च न की जाए, क्योंकि तब वह सल्तनत की कोई सेवा न कर रहा होगा। वह जो वसीयतनामा लिख गया, सो

पढ़िए। यदुनाथ सरकार की किताब 'ऐनेकडोट्स ऑफ औरंगजेब एंड हिस्टोरिकल एसेज' में मिल जाएगा। अपने वसीयतनामे में मुगलिया सल्तनत का वह शक्तिशाली शाहंशाह हिदायत कर गया—

> मेरे कफन-दफन पर सरकारी खजाने की एक कोड़ी भी खर्च न की जाए। जो चार रुपये दो आने मैंने टोपियाँ सीकर कमाए हैं, वह महलदार के पास जमा हैं। उनसे गजी का कफन खरीदकर मुझे लपेट देना और तीन सौ पाँच रुपये जो मैंने कुरआन शरीफ लिखकर कमाए हैं, वह फकीरों में बाँट देना, क्योंकि, इस्लाम के मुताबिक कुरआन शरीफ की कमाई का खानगी इस्तेमाल हराम है।

खैर, हम लोग लौटकर फिर उसी दिन को चलें जब सरदार ने जे.पी. और उनके समाजवादी साथियों से कहा था कि वे अपनी पसन्द का कोई एक प्रान्त चुनकर वहाँ अपनी सरकार चलाएँ और अपनी योजना लागू करें। उस प्रान्त में सोशलिस्टों की नीति-रीति यदि सफल हो गई, तो आगे लोग स्वयं ही सारे देश के शासन की बागडोर उन लोगों के हाथ में सौंप देंगे। लेकिन जिस काम का कोई व्यावहारिक अनुभव न हो, उसे एकाएक व्यापक पैमाने पर सारे देश में शुरू कर देने की जोखिम उठाने को सरदार बिलकुल तैयार न थे। उन्हें लगता था कि वैसे तो जो आजादी उतनी मुश्किल से मिल पाई थी, स्वयं वही खतरे में पड़ जाएगी।

सरदार का प्रस्ताव चाहे जितना भी व्यावहारिक क्यों न रहा हो, किन्तु लगता है, उससे खासकर जे.पी. के अहंकार को बड़ी चोट लगी थी। वह युग था जब 'भारत का लेनिन जयप्रकाश, लेनिन से आगे जयप्रकाश' के नारों से भारतीय राजनीतिक गगन गूँज जाया करता था। जब, नभ में 'लाल सितारा जयप्रकाश' तेजी से चमक रहा था। जब, महाकवि का ओजपूर्ण छन्दनाद, "नखत अमा के बुझते हैं, सारा आकाश तुम्हारा है..." विशाल जनसमूह की करतल ध्वनियों को चीर, जयप्रकाश की महत्त्वाकांक्षाओं को संग ले अन्नत आकाश में विचरा करता था। भारतीय स्वतंत्रता का कारण यदि अगस्त क्रान्ति को मान लिया जाता, तो 'अगस्त क्रान्ति के अग्रदूत जयप्रकाश' थे। अब वे किसी की अनुकम्पा से नहीं, स्वत्त्वाधिकार से राष्ट्रनायक बन चुके थे। बयालीस-चौवालीस वर्ष की उस मध्य-आयु में उतनी बड़ी उपलब्धि और लोकप्रियता की चकाचौंध में किसी को भी दृष्टि-दोष उत्पन्न हो जाए तो क्या आश्चर्य? लोहिया जी तो उनसे भी पाँच-सात वर्ष छोटे ही थे। और लोक-कथा भले ही जे.पी. के सम्बन्ध में अधिक प्रचलित हो गई हो, लेकिन सबको मालूम था कि 'भारत छोड़ो' के भूमिगत आन्दोलन में लोहिया जी की भूमिका कम शानदार नहीं रही थी। सो, उन लोगों ने शायद सोचा हो कि जब देश की सारी जनता ही उनके पीछे दीवानी है तो बस चुनाव आने-भर की देर है। अभी सरदार से भीख में प्रशासन

क्यों लें? उसी जोश में कांग्रेस सोशलिस्ट लीडरों ने न केवल सरदार के प्रस्ताव को ठुकरा दिया, बल्कि कांग्रेस से निकलकर अपनी अलग सोशलिस्ट पार्टी ही बना ली। आचार्य नरेन्द्र देव और मीनू मसानी कांग्रेस छोड़ने के पक्ष में नहीं थे, लेकिन जब फैसला हो ही गया, तो नरेन्द्र देव जी फैसले के साथ ही रहे। सरदार ने तब कहा था, "ठीक है। जब चुनाव होगा तो पता लग जाएगा।" और सचमुच पता लग ही गया। लोहिया जी के ठेठ शब्दों में, "सोशलिस्ट पार्टी की ऊपरी ताकत का बुलबुला चुनाव में पिचक गया।" प्रथम आम चुनाव में ही (प्रजा) सोशलिस्ट पार्टी ऐसे औंधे गिरी कि फिर कभी सँभलकर खड़ी न हो पाई। उसके बाद तो महारथी लोगों में कोई ईर घाट, कोई मीर घाट; किसी ने कमंडल उठा लिया, तो कोई त्रिशूल ले निकल पड़ा। उनमें से एक तो आज भी आँख-नाक दबाकर ध्यान-प्राणायाम करते ही जा रहे हैं।

सोशलिस्टों की सूझ-बूझ पर सरदार कभी-कभी तरस खा जाते थे। सन् '45-'46 के जमाने में कांग्रेस के शीर्षस्थ नेताओं ने जेल से छूटते ही हवा का रुख देखकर समझ लिया था कि आजादी अब आने ही वाली है। लेकिन सोशलिस्टों को विश्वास ही नहीं था कि अंग्रेज सचमुच इतनी जल्दी भारत छोड़, सात समुद्र पार लौट जाएँगे। कांग्रेस सोशलिस्ट पार्टी के सह-संस्थापक और जे.पी. के घनिष्ठ मित्र, मीनू मसानी, समझाते ही रह गए, लेकिन जे.पी. भारत की संविधान सभा में सम्मिलित होने को तैयार न हुए। उन्हें लगता था, सब कुछ एक नाटक भर है। आजादी के एक महीना पहले तक उनका भ्रम शायद नहीं टूटा, इसलिए, ब्रिटिश पार्लियामेंट में पेश हो रहे भारतीय स्वतंत्रता बिल की वास्तविकता का पता लगाने के लिए अच्युत पटवर्धन साहब को उन्होंने लन्दन भेजा था। वहीं 17 जुलाई, '47 को हाउस ऑफ कॉमन्स में, संसद सदस्य वूडरो यॉट ने पटवर्धन साहब का परिचय माउंटबेटन के प्रेस ऑटैशे, कैम्बेल जॉनसन, से कराया था, जिसका जिक्र कैम्बेल ने अपनी पुस्तक 'मिशन विद माउंटबेटन' में किया है।

पता नहीं, हमारे सोशलिस्ट नेता लोग उन दिनों किस धरातल पर रहा करते थे। आश्चर्य होता है, निर्णायक राजनीतिक गतिविधियों से वे कितने अनभिज्ञ थे! कैसी उनकी सूचनाएँ थीं और कैसा आकलन! संविधान सभा में सम्मिलित होने के प्रश्न पर यद्यपि रजवाड़ों में भी मतभेद चल रहे थे, लेकिन रियासत बीकानेर के दीवान के.एम. पाण्णिकर (बाद में भारत के चीन स्थित राजदूत) ने कैम्पबेल को बताया कि अधिकांश देशी नरेश संविधान सभा में इसलिए सम्मिलित होने को व्यग्र थे ताकि, वहाँ चलकर जयप्रकाश और उनके सोशलिस्ट दल के मुकाबले में दक्षिणपंथी शक्तियों के हाथ मजबूत किए जा सकें। ऐसे महाबली माने जा रहे थे उन दिनों वामपंथी जयप्रकाश कि ग्रेट ब्रिटेन के उप-वित्तमंत्री के समक्ष अपनी विश्रम्भकूट-वार्ता में पाण्णिकर ने उनका नाम लेकर जिक्र किया। और जे.पी. थे

कि देह में माटी मलते रह गए, अखाड़े में उतरे ही नहीं। यही नहीं बल्कि संविधान सभा के अध्यक्ष डॉ. राजेन्द्र प्रसाद को लिख दिया कि संविधान सभा ही भंग कर दी जाए। उनके दल की राष्ट्रीय कार्यकारिणी की दलील यह थी कि इस संविधान सभा का गठन चूँकि देश की स्वतंत्रता और विभाजन के पूर्व हुआ था और इसके सदस्य परोक्ष रूप में उन प्रान्तीय विधान सभाओं द्वारा निर्वाचित किए गए थे जो स्वयं ही सीमित मताधिकार के आधार पर निर्वाचित हुई थीं, तथा चूँकि इस संविधान सभा में देशी नरेशों के भी मनोनीत सदस्य सम्मिलित हैं, इसलिए यह देश की जनता की प्रतिनिधि सभा नहीं मानी जा सकती। अत: इसे देश के भावी संविधान का निर्माण करने का कोई अधिकार नहीं है। कैसी अजीब बात थी : संविधान सभा नये भारत की मूर्ति तैयार करने में जुटी थी और जे.पी. संविधान सभा को तोड़ने की फिक्र में लगे थे। समय तेजी से आगे दौड़ता जा रहा था, और जे.पी. और उनके सोशलिस्ट साथी अपनी सारी शक्ति घड़ी की सूई को पीछे घुमाने में खपा रहे थे।

उन्हीं दिनों दो और ऐसी घटनाएँ हुई थीं जिनसे, खासकर सरदार पटेल, सोशलिस्टों के दोलायमान रवैये से चिढ़ गए : गांधी जी ने जोर दिया कि कंट्रोल उठा लिया जाए। इस समस्या पर विचार और सुझाव के लिए भारत सरकार ने श्री पुरुषोत्तम दास की अध्यक्षता में एक कमिटी बनाई जिसकी सदस्यता के लिए जे.पी. भी आमंत्रित किए गए। किन्तु उन्होंने कहा, "मुझे फुरसत नहीं, हम अपना प्रतिनिधि भेज देंगे।" उन्होंने ही उस कमिटी में डॉ. राममनोहर लोहिया को भेजा था। कमिटी ने जब यह विचार किया कि कंट्रोल धीरे-धीरे समाप्त कर देना चाहिए, तो लोहिया साहब ने बहुत जोर देकर कहा था, "आहिस्ता-आहिस्ता नहीं, आज ही हटा देना चाहिए। उसको तो बिलकुल रखना ही नहीं चाहिए।" फैसला करके तो चले गए, किन्तु कुछ ही दिनों के अन्दर कांग्रेस सोशलिस्ट पार्टी ने एक निन्दा-प्रस्ताव पास करते हुए कहा कि कंट्रोल उठाकर सरकार ने बहुत बुरा काम किया है। ऐसी ही एक दूसरी घटना हुई जिससे सरदार के साथ-साथ पंडित जी भी बड़े खिन्न हुए थे। कपड़े पर कंट्रोल और उसकी उत्पादन वृद्धि की समस्या पर विचार करने के लिए सरकार ने एक कॉन्फ्रेंस बुलाई थी जिसमें उद्योगपति, मजदूर संघ, सोशलिस्ट, कम्युनिस्ट आदि सभी के प्रतिनिधि सम्मिलित हुए थे। उस कॉन्फ्रेंस में प्रधानमंत्री पंडित नेहरू ने सुझाव रखा कि हम सबको आपस में एक ट्रूस (समझौता) कर लेना चाहिए कि तीन साल के लिए हम कोई हड़ताल न करेंगे ताकि उत्पादन कार्य में कोई बाधा न पहुँचे। सबने एक राय से फैसला किया कि हाँ, ठीक है। किन्तु अशोक मेहता साहब को तो बम्बई में अपनी लीडरी जमाने की फिक्र थी। बम्बई के मामले में वे जे.पी. तक का हस्तक्षेप सहन नहीं करते थे। इसलिए, कॉन्फ्रेंस के दो ही तीन दिनों बाद बम्बई पार्टी ने प्रस्ताव पास किया कि सरकार ने ट्रूस का जो फैसला किया है, उसे वे पूरी तरह

नहीं मान सकते तथा सरकार की आर्बिट्रेशन और डी-कंट्रोल की नीति और फैसले के विरोधस्वरूप बम्बई में वे लोग एक दिन की सांकेतिक हड़ताल करवाएँगे। सोशलिस्ट लोग तब तक कांग्रेस में ही थे—कांग्रेस सोशलिस्ट पार्टी के रूप में। सरदार ने उन्हें धिक्कारते हुए बम्बई की चौपाटी सभा में कहा था—

> मुझे बड़ा अफसोस हुआ कि जिन लोगों पर हम आखिर को गवर्नमेंट चलाने का बोझ डालनेवाले हैं, वह इसी तरह से काम करेंगे, तो कौन सी गवर्नमेंट चलेगी? और ऐसा ही रहा तो हिन्दुस्तान के स्वराज्य का क्या भविष्य है? वे (सोशलिस्ट) कहते हैं कि यह गवर्नमेंट बुरी है, ठीक काम नहीं करती... हम कांग्रेस से इस्तीफा देंगे। अच्छी बात है, दो।

जे.पी. को भी सरदार पर बहुत नाराजगी रहा करती थी। सरदार पर एक सशक्त प्रहार करने का उपयुक्त अवसर उन्हें तब मिला जब गांधी जी का निधन हुआ। राष्ट्रपिता की हत्या की सारी जिम्मेदारी जे.पी. ने एक तरह से सरदार के सिर पर ही थोप दी। कांग्रेस सोशलिस्ट पार्टी की ओर से गांधी हत्या-कांड पर एक निर्णायक बयान प्रसारित किया जानेवाला था। बयान जयप्रकाश जी ने ही लिखा। उसके कुछ वाक्यों से लगता था कि हत्या का दोष सरदार पटेल पर ही है। लोहिया जी ने कहा, "ये वाक्य रहेंगे तो मैं इस पर हरगिज दस्तखत नहीं करूँगा। दोष पूरी सरकार का है। खाली पटेल जी नहीं, नेहरू साहब भी तो एक से अधिक विभाग लिये हुए हैं।" लोहिया जी ने वाक्य बदल दिए। दो-तीन दिनों तक बयान रुका रहा। फिर दिल्ली में एक प्रेस कॉन्फ्रेंस हुई। देश-विदेश के 70-80 प्रेस प्रतिनिधि जुटे। जे.पी. और लोहिया, दोनों ही बैठे थे। बयान जे.पी. ने ही प्रसारित किया। लिखित रूप में बयान था तो वही, जैसा लोहिया जी ने संशोधित कर दिया था। किन्तु उस पर टीका करते समय जे.पी. ने सरदार के ऊपर ज्यादा दोष डाल दिया। बयान के सम्बन्ध में जे.पी.-लोहिया मतभेद की भनक कई सजग संवाददाताओं को हो चली थी। सो, जे.पी. की टीका जैसे ही समाप्त हुई, 'हिन्दू' (मद्रास) के प्रतिनिधि ने झट लोहिया जी से बिलकुल सीधे पूछ लिया, "आपकी भी यही राय है क्या?" लोहिया जी उस समय चुप रह गए। उसके बाद जो घटनाएँ हुईं, उनका परिणाम पूर्व विदित था। कुछ महीने बाद जे.पी. जब मुजफ्फरपुर आए तो हमने उन्हें कहते सुना, "कांग्रेस ने हमारे लिए दरवाजे बन्द कर लिये।"

स्थापित कर देने का विचार कर रही थी। पिताजी बिहार के तत्कालीन प्रधानमंत्री[1]

1. सन् 1950 की 26 जनवरी को भारतीय गणराज्य का नया संविधान लागू होने से पूर्व प्रान्तीय मंत्रिमंडलों के प्रमुख भी प्रधानमंत्री ही कहे जाते थे।

डॉ. श्रीकृष्ण सिंह से मिलने गए। श्री बाबू ने जब पिताजी को तरक्की देने और फिर से बहाल करने की बात चलाई तो पिताजी ने कहा, "मैं तो अब नौकरी नहीं करूँगा।"

"तब क्या करोगे?" श्री बाबू ने पूछा।

पिताजी ने कहा, "राजनीति और जन-सेवा।"

"तब तो और अच्छी बात है।" श्री बाबू खुश हुए और बोले, "जुट जाओ कांग्रेस के काम में।"

जब पिताजी ने उन्हें बताया कि वे तो जयप्रकाश जी और रामनन्दन मिश्र के साथ सोशलिस्ट पार्टी में हैं, तो श्री बाबू ने कहा, "राजनीति ही करनी है तो नादानों की जमात में रहकर क्या करोगे? कांग्रेस में हमारे साथ आओ।" अपने डेरे पर पिताजी के सोशलिस्ट साथियों को आपस में उन सब बातों की चर्चा करते हुए जब सुना, तो बीच में टुभक पड़ने से अपने को मैं रोक नहीं पाया, "जयप्रकाश जी क्या, अभी मिसर जी ही श्री बाबू को राजनीति पढ़ावेंगे। नेहरू की मजाल ही नहीं कि जयप्रकाश जी को नासमझ कहें। श्री बाबू राजनीति बतियाने चले हैं।" मैंने किसी अति उत्साही सोशलिस्ट 'भाई' से कभी सुना था, "लेनिन ने रूस में समाजवादी क्रान्ति की थी, जे.पी. तो भारत में समाजवाद का परिशोधन कर रहे हैं।" अपनी किशोर-अहमिता की तुष्टि में अपना ज्ञान प्रदर्शित करते हुए मैंने भी वही बात दुहरा दी। मेरी बात सुनकर पिताजी के एक मित्र ने जब उनसे कहा, "रामेसर भाई! तोहर ई बेटा त पलीता हो, पलीता," तो मैं फूलकर कुप्पा हो गया। मेरी नासमझी के ऐसे अनेक किस्से हैं जिनका आपके लिए भले ही कोई महत्त्व न हो, लेकिन हमारे परिवार की और हमारी तरह अनेक लोगों की जीवन दिशा ही गलत हो गई, जिसके दुष्परिणाम हम आज तक भुगतते ही जा रहे हैं।

छोड़ दीजिए सरदार की बात। सरदार तो सोशलिस्ट नहीं ही थे। लेकिन, पंडित जी तो थे! तीसरी दशाब्दी से ही कांग्रेस के अन्दर सोशलिज्म चलाने की वे जी-तोड़ कोशिश करते आए थे। कई बार उन्हें मुसीबतें झेलनी पड़ी थीं। बहुत पहले, 1936 में जब वे कांग्रेस अध्यक्ष थे, उनकी सोशलिस्ट नीतियों के विरोध में सरदार पटेल, राजा जी, राजेन्द्र बाबू, कृपलानी जी, शंकर राव देव, जयराम दास दौलत राम और जमना लाल बजाज ने कांग्रेस वर्किंग कमिटी से त्याग-पत्र दे दिया था। पंडित जी के पास त्याग-पत्र भेजते हुए राजेन्द्र बाबू ने उन सभी नेताओं के संयुक्त हस्ताक्षर से लिखा था कि कांग्रेस पार्टी ने तो समाजवाद को दे दिया था। पंडित जी के पास त्याग-पत्र भेजते हुए राजेन्द्र बाबू ने उन सभी नेताओं के संयुक्त हस्ताक्षर से लिखा था कि कांग्रेस पार्टी ने तो समाजवाद को स्वीकार नहीं किया था, इसलिए कांग्रेस अध्यक्ष नेहरू और उनकी कार्यकारिणी के अन्य

सोशलिस्ट सदस्यों द्वारा समाजवाद की नीतियों पर बल और प्रख्यान के कारण स्वतंत्रता संग्राम और राष्ट्रहित पर प्रतिकूल प्रभाव पड़ने लग गए हैं। राजेन्द्र बाबू ने यह भी लिख दिया कि पंडित जी और उनके सोशलिस्ट सहयोगियों के समाजवादी व्याखानों के कारण कांग्रेस संगठन ही सारे देश में कमजोर हो गया है। गांधी जी के हस्तक्षेप से सबने अपना त्याग-पत्र वापस ले लिया और तब स्थिति सँभली।

स्वतंत्रता के प्रारम्भिक वर्षों में भी कांग्रेस पार्टी और सरकार के अन्दर अनुदार गृहमंत्री पटेल और उनके दक्षिणपंथी गुट के साथ वामपंथी प्रधानमंत्री नेहरू की कड़ी टक्कर चल रही थी। यद्यपि समाजवादी कार्यक्रमों के प्रश्न पर गांधी जी पटेल के विरोधी रुख का ही अनुमोदन किया करते थे, किन्तु साम्प्रदायिकता और धर्मनिरपेक्षता जैसी समस्याओं पर उनका प्रबल समर्थन नेहरू को ही प्राप्त होता रहा। पाकिस्तान, भारतीय मुसलमान और दिल्ली दंगों के प्रति गृहमंत्री के रुख के कारण नेहरू-पटेल मतभेद इतना गहरा और तीखा हो चला था कि सरदार ने मंत्रिमंडल से त्यागपत्र दे दिया। उन दिनों स्वयं गांधी जी भी उन्हीं प्रश्नों को लेकर उपवास कर चुके थे जिसका सीधा और स्पष्ट अर्थ हो जाता था, गांधी द्वारा पटेल की मौन भर्त्सना। इसलिए, सरदार ने भी अपना त्यागपत्र गांधी जी के पास ही भेजा था। पंडित जी भी सरदार से अपना पिंड छुड़ा लेने के लिए आतुर हो उठे थे। सारी बातें अति गोपनीय ढंग से चल रही थीं। माउंटबेटन को पता चला तो वे बड़े चिन्तित हुए। देश की जैसी संकटपूर्ण स्थिति हो चली थी, उन्होंने महसूस किया—सरदार के हट जाने से सरकार के लिए स्थिति सँभालनी बड़ी मुश्किल हो जाएगी। उन्होंने गांधी जी से नेहरू-पटेल के बीच मध्यस्थता करने का आग्रह किया। तब गांधी जी ने सार्वजनिक रूप से भी कहा : प्रधानमंत्री अपने मंत्रिमंडल में किसे रखें, किसे न रखें; निस्सन्देह यह उनका ही विशेषाधिकार है। किन्तु, सरदार जैसे मूल्यवान सहयोगी को खो देना किसी भी प्रधानमंत्री के लिए अहितकर होगा।

सरदार और नेहरू ने एक-दूसरे को गले तब लगाया जब राष्ट्रपिता के शव के सामने माउंटबेटन ने उनसे यह कहा कि बापू की अन्तिम इच्छा थी कि वे दोनों साथ मिलकर देश को सँभालें। घटनाओं के आघात से, परिस्थितिवश कुछ काल के लिए नेहरू और पटेल का मन भले ही मिला दिखा हो, पर उनका मानस कहाँ मिल पाया था। और जब मानस नहीं मिला, तो उसने मन को भी पूरी तरह मिलने नहीं दिया। गांधी जी की मृत्यु के तीन-चार महीने के अन्दर ही सोशलिस्ट लोग कांग्रेस से निकल गए। भारत में समाजवाद के हितैषियों के लिए यह विषाद का ही विषय बना रहेगा कि जे.पी. और उनके साथियों ने उस संकट की घड़ी में कांग्रेस छोड़ दी जब अनुदार गुट का मुकाबला करने में समाजवादी नेहरू कमजोर पड़ते जा रहे थे।

सात

सरदार की मृत्यु के बाद, जब दल और सरकार में पंडित जी की स्थिति नितान्त सुदृढ़ हो गई, तो उन्होंने अपनी सरकार में सम्मिलित होने के लिए जे.पी. को आमंत्रित किया। यह 1953 की बात है—सरदार की मृत्यु के दो बरस बाद। वैसे तो सरदार के जीवन-काल में भी जे.पी. और उनके साथियों का सहयोग पंडित जी सदा ही ढूँढ़ते रहे। सोशलिस्ट लोग कांग्रेस से तो अलग हो चुके थे, लेकिन पंडित जी के मन से नहीं। अपनी ओर से वे बीच-बीच में इस बात की कोशिश करते ही रहे कि सोशलिस्ट नेता लोग कोई-न-कोई सम्मानजनक उत्तरदायित्व स्वीकार कर उनकी सरकार के साथ सहयोग करें। राष्ट्रहित में उन्होंने दलगत भावनाओं से ऊपर उठकर जे.पी. के समक्ष कई प्रस्ताव रखे थे। एक वैसे ही प्रस्ताव के सम्बन्ध में उन्होंने जे.पी. को लिखा था—

नई दिल्ली
अगस्त 19, 1948

मेरे प्रिय जयप्रकाश,

...शायद तुम्हें मालूम हो कि राष्ट्रसंघ में भारतीय प्रतिनिधिमंडल के साथ मैंने अच्युत पटवर्धन को पेरिस जाने के लिए कहा था। उसने अपनी असमर्थता प्रकट कर दी। मुझे तो सचमुच बहुत ज्यादा खुशी होती अगर तुम ही जाते, लेकिन मैंने तुमसे इसलिए नहीं कहा कि शायद तुम राजी न हो। अच्युत की अस्वीकृति इस बात की भी पुष्टि कर देती है। मेरी कामना यह है कि इस तरह की बातों में तुम्हें और सोशलिस्ट पार्टी के अन्य लोगों को कुछ अधिक सहयोगी बनना चाहिए। हम देश के भविष्य को नहीं सँवार सकते यदि हम ग्रुप या दल की ही ज्यादा फिक्र रखें...

...परिस्थिति की विवशता के कारण मैं सब कुछ अपना ही चाहा नहीं कर पाता। हम सब लोग, कुछ हद तक, भाग्य और परिस्थिति के बन्दी हैं।

फिर भी, सदा की भाँति, आज भी मैं एक विशेष दिशा की ओर बढ़ने और देश को साथ ले चलने के लिए व्यग्र हूँ और मैं आशा करता हूँ, इस काम में मुझे तुम्हारी भी सहायता मिलेगी।

सस्नेह तुम्हारा,
जवाहरलाल

अगले महीने पंडित जी ने अच्युत पटवर्धन को फिर एक नया 'ऑफर' भेजा। इस बार उन्हें वे इटली का राजदूत बनाना चाहते थे। अपने पत्र की प्रतिलिपि उन्होंने जे.पी. को भी भेज दी जिसके आधार पर जे.पी. ने 16 सितम्बर को पटवर्धन साहब को लिखा—

...मैं इस निर्णय पर पहुँचा हूँ कि इस बार तुम्हें उनका प्रस्ताव अस्वीकार नहीं करना चाहिए। आमतौर पर विदेश-नीति एक द्वि-पक्षीय विषय है और सत्ताधारी दल द्वारा प्रतिपक्ष के सदस्यों को भी राजदूत पद पर नियुक्त करना कोई असामान्य बात नहीं। मैं इस बात के लिए भी चिन्तित हूँ कि पंडित जी यह न महसूस करने लग जाएँ कि हम लोग हर बात में उनके साथ असहयोग ही करते हैं। मैं तुम्हें विश्वास दिलाता हूँ कि पार्टी तुम्हारी स्वीकृति को गलत न समझेगी। उसे समझा लेने का जिम्मा तुम मुझ पर छोड़ो।

जहाँ तक मुझे पता है, पटवर्धन साहब ने पद स्वीकार नहीं किया। हाँ, मीनू मसानी साहब उन्हीं दिनों भारतीय राजदूत बनकर ब्राजील गए थे। जे.पी. का अपना ही मन बदल जाया करता था। सरदार से तो नाराज वे रहते ही थे, पंडित जी से भी उन्हें शिकायत हो चली थी। स्वतंत्रता के प्रारम्भिक दिनों में जे.पी., पंडित जी की 'मिश्रित अर्थव्यवस्था' के हिमायती हो गए थे। लेकिन, बरस-दो बरस में ही उन्हें लगा कि पंडित जी ने गलत दिशा पकड़ ली है। अपनी खिन्नता प्रकट करते हुए मीनू मसानी को उन्होंने एक पत्र भेजा। लिखा था—

कदम कुआँ, पटना,
फरवरी 4, 1949

प्रिय मीनू,

...तुम यह जानकर दुखी होगे कि देश में आर्थिक विकास की प्रवृत्तियों ने मुझे अपने उन विचारों को परिशोधित कर लेने के लिए बाध्य कर दिया है जिन्हें मैंने स्वतंत्रता के प्रारम्भिक काल में विकसित किया था। मैंने

सोचा था, मिश्रित अर्थव्यवस्था के साथ हम एक प्रयोग कर सकते हैं, लेकिन अब मेरा निश्चित मत है कि पूँजीवाद को अवश्य समाप्त कर देना चाहिए...

...इंडस्ट्रियल एडवाइजरी कमिटी की हाल की दिल्ली मीटिंग में पंडित नेहरू ने एक तरह से पूँजीपतियों को पीठ ठोंक दी है, मानो उनसे वे कहना चाहते हों, "ठीक है, मैंने समाजवाद के पक्ष में कहा तो बहुत कुछ है, लेकिन उस दिशा में क्या सचमुच कुछ किया भी है? तो फिर, घबराते क्यों हो?" मुझे विश्वास हो चला है, कांग्रेस शासन में समाजवाद की ओर प्रगति की कोई आशा नहीं। उलटे, पूँजीवाद की ही नींव तेजी से मजबूत की जाने लगी है...

तुम्हारा,
जयप्रकाश

मीनू मसानी ने जो जवाब दिया, वह भी पढ़ने लायक है। उसका एक दिलचस्प हिस्सा पेश कर देता हूँ—

ब्राजील,
मार्च 2, 1949

मेरे प्रिय जयप्रकाश,

...उदाहरण के तौर पर, तुम्हारा यह कहना कि मिश्रित अर्थव्यवस्था का असली खतरा यह है कि 'यह समाजवाद के आगमन को सदा के लिए रोक दे सकता है।' मैं अश्रद्धापूर्वक यह पूछना चाहता हूँ, "इसमें हर्ज ही क्या है?" मिश्रित अर्थव्यवस्था यदि अधिकतम लोगों को अधिकतम सुख पहुँचा दे, तो संत मार्क्स के समाजवादी सुसमाचार में ऐसी कौन सी पवित्रता है जिसके लिए हम छाती पीट लें?...

तुम्हारा,
मीनू

समय बीतता गया और समय के साथ कई बातें भी बीत गईं : सरदार चल बसे। प्रथम चुनाव निपट गया। सोशलिस्ट पार्टी का वीरगाथा काल शेष हो गया। जे.पी. इक्कीस दिनों तक उपवास कर चुके। उपवास क्रम में राजनीति और समाजवाद के क्षीर-सागर में आत्ममन्थन कर भूदान का अमृत-पात्र लिये वे बाहर निकले।

इस भाँति सन् '53 का वर्ष आ पहुँचा। पंडित जी ने जे.पी. को साग्रह बुला भेजा। अपना प्रयास असल में वे चला तो उसी समय से रहे थे जब जे.पी. पूना में उपवास पर थे। उन दिनों अपनी चिन्ता और शुभकामना सूचक दो पत्र उन्होंने जे.पी. को भेजे थे। पहले में लिखा : "...तुमने हम सबको बहुत चिन्ताग्रस्त कर दिया है और मेरा ध्यान तुम्हारी ओर लगा है...तुम्हारा जीवन हम सब लोगों और भारत के लिए अत्यधिक मूल्यवान है..." फिर, 12 जुलाई, '52 को जब दूसरी चिट्ठी भेजी, तो उसमें अन्य बातों के अलावा यह भी लिखा कि पिछली भेंट में जे.पी. उनसे फिर मिलने का वादा कर गए थे। उपवास समाप्ति के बाद जब वे बिलकुल चंगे हो जाएँ, तो आकर उनसे भेंट करें। पंडित जी ने स्पष्ट संकेत कर दिया था कि इस बार जे.पी. से वे विशेष महत्त्व की कुछ बातें विस्तारपूर्वक करना चाहते हैं। लेकिन जे.पी. को फुरसत न मिल पाई। वे मिले नहीं। व्यग्रता पंडित जी को ही रही। यद्यपि उनकी सरकार पर कहीं से कोई खतरा न था। संसद में उनके दल को अति प्रबल एवं अजेय बहुमत प्राप्त था जबकि सोशलिस्ट सांसदों की संख्या नगण्य थी। देश के समक्ष भी ऐसा कोई संकट उपस्थित न था कि उन्हें मिली-जुली सरकार बनाने की जरूरत पड़ी हो। लेकिन पंडित जी सन्देश भेजते रहे। जब फरवरी (सन् 1953) का महीना आया, तब जे.पी. ने प्रधानमंत्री भवन में पैर रखा। पंडित जी बड़े प्रेम से मिले। सौहार्द और स्नेहसिक्त वातावरण में, भोजनोपरान्त जे.पी. से उनकी एकान्त-वार्ता प्रारम्भ हुई। देश-विदेश की अनेक चर्चाएँ चलीं। सामयिक समस्याएँ और उनके समाधान पर विचार-विमर्श हुए। मतैक्य और मतभेद के रंग उभरते-मिटते रहे। जे.पी. ने सरकार के रंग-ढंग पर जब असन्तोष व्यक्त किया, तो पंडित जी ने उन्हें समझाया : यह ठीक है कि हम लोगों से बड़ी-बड़ी भूलें हुई हैं। समय, शक्ति और साधन के अपव्यय भी बहुत हुए हैं। मगर इसकी वजह यह नहीं कि हम सबके सब बेवकूफ या बेईमान लोग हैं। बल्कि असली वजह तो यह है कि हमें काम का कोई तजुर्बा नहीं था। चुनांचे गलतियाँ होती चली गईं। और इसीलिए तो चाहता हूँ कि तुम्हें अभी से सरकार चलाने का तजुर्बा हो जाए ताकि आइन्दा तुमसे गलतियों की गुंजाइश कम रहे। एक शुभेच्छु और अनुभवी बड़े भाई की भाँति पंडित जी ने तब उन्हें यह भी कहा था : ऐसा मत समझना जयप्रकाश! कि जब चाहो, सत्ता ग्रहण कर लोगे। राजनीति में ऐसा नहीं हुआ करता...

किन्तु पंडित जी के सिर पटकने से क्या होता? विधाता चाहें, तब तो! विधाता ने जे.पी. के कपाल में अपरिमेय प्रतिष्ठा तो लिख दी थी, पर पद लुप्त कर दिया था। और प्रश्न केवल जे.पी. के ही भाग्य का तो नहीं था—देश के भाग्य का भी था। विधाता देश के भाग्य को एक दूसरे ही ढंग से गढ़ना चाहते

थे—नेहरू और जे.पी. की योजनाओं से सर्वथा भिन्न। नहीं तो, नेहरू-जयप्रकाश वार्ता के अन्ततोगत्वा भंग हो जाने का कोई विवेकसंगत कारण नहीं था। उस सम्बन्ध में हुए नेहरू-जे.पी. पत्राचार को जरा सावधानी से पढ़िए, तो स्पष्ट झलक जाएगा कि वार्ता कोई विशेष मतभेद के कारण नहीं, अपितु, नियोजित मतैक्य द्वारा भंग कर दी गई थी। पत्र लम्बे न होते, तो पूरे के पूरे अनूदित कर प्रस्तुत कर देता। उनके संक्षिप्त रूप में भी तारतम्य-निर्वाह हो जाए, इस चेष्टा के साथ पत्रानुवाद यों हैं—

जे.पी. का पत्र

गया जानेवाली ट्रेन से
4 मार्च, 1953

मेरे प्रिय भाई,

...निस्सन्देह, हम एक ऐसे नव समाज की रचना करना चाहते हैं— जिसमें शोषण न हो, आर्थिक एवं सामाजिक समता हो, सबको मुक्ति मिले तथा सबका कल्याण हो। इतना ही नहीं, हम लोग अथवा कोई भी समाजवादी, इन लक्ष्यों की प्राप्ति सुदूर भविष्य में नहीं, बल्कि शीघ्रातिशीघ्र करना चाहेगा...

...जो प्रस्ताव आपने मेरे समक्ष रखा, वह निर्भीक और अपूर्व था, क्योंकि कांग्रेस पार्टी को केन्द्र अथवा अधिकतर राज्यों में सम्मिलित सरकार बनाने की कोई आवश्यकता न थी। फिर भी, दलगत भावनाओं से ऊपर उठकर आपने राष्ट्रनायक की भाँति पग बढ़ाया। मेरी समझ में आपका प्रस्ताव, किसी भी मान्य अर्थ में, संयुक्त संसदीय सरकार गठित करने का नहीं, (बल्कि) एक नवभारत के निर्माण हेतु संयुक्त प्रयास करने का था...मैं समझता हूँ, आम जनता यही चाहती है कि उसका हित सम्पादित करने और भाग्य सुधारने में उसके नेतावृन्द दलगत भेदभाव भूलकर, परस्पर हाथ बँटाएँ। यदि हम लोगों ने सम्मिलित प्रयास किए, तो वृहद् जनाकांक्षाएँ जाग्रत होंगी, और कहीं हम विफल हुए, यानी हमारे सम्मिलित प्रयास के बावजूद जनता की दशा जैसी की तैसी रह गई, तो उस स्थिति में इतनी घोर निराशा व्याप जाएगी कि तब देश को विप्लव एवं विघटन से उबारा नहीं जा सकेगा...

इसलिए बहुत कुछ इस बात पर निर्भर करता है कि हमारा सहयोग माँगने के पीछे आपका प्रयोजन क्या है। यदि इसका अर्थ केवल इतना ही है कि हममें से कुछ लोग केन्द्र और कुछ राज्यों के मंत्रिमंडलों में सम्मिलित कर लिये जाएँ ताकि आपकी वर्तमान नीतियों को चलाने में आपका और सरकार

का हाथ मजबूत हो सके, तब तो यह प्रयास उपयुक्त नहीं। परन्तु प्रयोजन यदि राष्ट्रीय पुनर्निर्माण के लिए एक साहसपूर्ण संयुक्त अभियान प्रारम्भ करना है, तो निश्चय ही यह एक ऐतिहासिक कार्य होगा। इसी परिप्रेक्ष्य में हमारे कार्यक्रमों की रूपरेखा बनाई गई है। यह कोई अति-महत्त्वाकांक्षी कार्यक्रम नहीं, और यदि हमने कृतसंकल्प हो प्रयास किए, तो अगले चार वर्षों में वे पूरे कर लिये जा सकते हैं।

सर्वप्रथम, हमने कुछ संवैधानिक सुधार के सुझाव रखे हैं। खासकर मैं तो नहीं समझ पाया कि आपने ऐसे प्राणहीन और रूढ़िवादी संविधान का अनुमोदन कैसे कर दिया था।..

....

दूसरा, कि सम्पूर्ण प्रशासकीय प्रणाली का जीर्णोद्धार भी अवश्य किया जाए...राजनीतिक सत्ता और प्रभुत्व का केन्द्रीयकरण सर्वनाशी हुआ करता है।

भ्रष्टाचार की चर्चा सब करते हैं। इस दैत्य से निबटने के लिए एक कारगर यंत्रावली निर्मित की जानी चाहिए।

उसी भाँति कानूनी सुधार की बात लें...एक मामूली आदमी के लिए इंसाफ आज कहीं नहीं है...

मैं यह नहीं कहता कि हमारे पास इन सबके लिए बने-बनाए समाधान मौजूद हैं या हमारे समाधान सर्वोत्तम हैं। लेकिन इन बुराइयों को समाप्त करने के लिए सर्वोच्च स्तर पर ही, दृढ़ निश्चय के साथ, हम अवश्य प्रयास करें।

आप पाएँगे कि हमने दो क्षेत्रों में राष्ट्रीकरण का सुझाव रखा है : (क) बैंकिंग और इंश्योरेंस (ख) खदान...

....

मेरे विचार से हमारे सहयोग के प्रयोजन तथा सम्भावनाएँ, संक्षेप में, यही हैं। यदि आपके भी विचार वैसे ही न हों, तो मैं सादर आग्रह करूँगा कि अपना प्रयास आप बिलकुल छोड़ ही दें...

...चूँकि, लोगों के बीच इस विषय पर बहुत सारी अटकलबाजियाँ हो चुकी हैं, इसलिए किसी उपयुक्त अवसर पर आप यह कह दें कि सहयोग के सम्बन्ध में आपकी हम लोगों से कुछ बातें हुई थीं, परन्तु देश की समस्याओं के प्रति हमारे दृष्टिकोण में भिन्नता के कारण वार्ता समाप्त कर दी गई।

आपका स्नेहाकांक्षी,

जयप्रकाश

पत्रोत्तर

प्रधानमंत्री
भारत

नई दिल्ली,
मार्च 17, 1953

मेरे प्रिय जयप्रकाश,

गया से भेजी हुई 4 मार्च की तुम्हारी चिट्ठी कुछ दिनों पहले मुझे मिली। मैंने जवाब इसलिए नहीं दिया कि तुम तो दिल्ली आ ही रहे थे, और हम लोग कल बात भी कर ही चुके हैं।

तुम्हारी चिट्ठी पढ़कर मैंने महसूस किया कि हमारे आधारभूत दृष्टिकोण तो बहुत कुछ एक ही जैसे हैं, लेकिन रास्तों के बारे में हममें फर्क भी हैं। मुमकिन है, ये फर्क कुछ हद तक इस वजह से हों कि समस्याओं को हम भिन्न-भिन्न कोण से देखते हैं। हम जो कुछ चाहते हैं, उनकी एक लिस्ट तैयार कर लेना तो काफी आसान है। (किन्तु) उचित प्राथमिकता के अनुसार उन्हें पूरा करना अधिक कठिन है। बहुत सारी बातों को एक ही साथ पूरी करने की कोशिश का नतीजा कभी-कभी यह हो जाता है, कि कुछ भी नहीं हो पाता।

आखिर हमारी पंचवर्षीय योजना, तस्वीर को पूरी तरह देखने और प्राथमिकता निश्चित करने की ही तो एक चेष्टा है। बहुत मुमकिन है, तजुर्बे के साथ योजना में सुधार और परिवर्तन किए जाएँ और उन पर पुनर्विचार हो, लेकिन इसका आधार निस्सन्देह वही रह जाएगा...

...मुझे इस बात की अनुभूति होती है कि संसार में एक मौलिक गत्यात्मक परिवर्तन हो रहे हैं जो राजनीतिक, आर्थिक, सामाजिक आदि—मानवीय जीवन के प्रत्येक पक्ष को—प्रभावित करने लगे हैं। अधिकतर ये तकनीकी प्रगति के वेग के ही परिणाम हैं। मैं यह नहीं सोचता कि ये सब परिवर्तन भले के लिए ही हैं, लेकिन वे मौजूद हैं। अगर मैं कह सकूँ, तो मेरा खयाल है, इन तब्दीलियों के मुकाबले हमारे विचार पीछे छूट जाएँगे।

....

तुमने कहा है कि समाजवाद के लक्ष्य तुम्हारे लिए अपरिवर्तनीय रूप में निश्चित हैं और उन लक्ष्यों की तुम्हारी परिभाषा है : एक नये समाज की रचना करना, जिसमें शोषण न हो, जिसमें आर्थिक और सामाजिक समता हो तथा जिसमें सबके लिए मुक्ति और कल्याण हो। निश्चय ही संसार में शायद

ही ऐसा कोई समझदार आदमी होगा जो उस लक्ष्य या उन मूल्यों के साथ सहमत न हो। मैं तो निश्चय ही उन्हें पूर्णरूपेण स्वीकार करता हूँ। इससे आगे मैं यह भी कबूल करता हूँ कि, जहाँ तक मुमकिन हो, उन्हें जल्द-से-जल्द हासिल करने की कोशिश करनी जरूरी है। सवाल है, उस ओर हम कैसे बढ़ें, और इस सिलसिले में तभी जिन मानवीय तत्त्वों का हम उपयोग कर रहे हैं, उनके अतिरिक्त अन्य कई असन्दिग्ध तत्त्वों से टकरा जाते हैं। तुम्हारे साथ इस बात पर मैं सहमत होने के लिए तैयार हूँ कि सामान्यत: अपने देश, और हमारी नीतियों में भी, अविलम्बिता-बोध का अभाव है। मैं उस बोध को प्रगाढ़ करना चाहूँगा।

मैं यह भी कबूल कर लेता हूँ कि भले ही मंजिल साफ हो, फिर भी, मेरी नीयत टटोल-टटोलकर, कदम-ब-कदम आगे बढ़ने की रहती है।

लेकिन इन बातों पर मैं बहस करना नहीं चाहता क्योंकि बहस की कोई हद नहीं होती और अक्सर हम उससे कहीं पहुँच नहीं पाते। जब लोग एक-दूसरे को समझते हों, भले ही उनमें कुछ मतभेद हों, तो उन्हें किसी विलक्षण तर्क की आवश्यकता नहीं हुआ करती।

तुमसे तथा कृपलानी जी और नरेन्द्र देव के साथ बात करने का मेरा प्रयोजन यह था कि अपने कार्य-कलापों के लिए, जितनी अधिक मात्रा में सहयोग सम्भव हो सके, हम प्राप्त करें। साथ ही उस अविलम्बिता-बोध को भी जाग्रत करना तथा अपने गन्तव्यों का स्पष्टीकरण करना भी मेरा अभीष्ट था...

...जाहिर है, यह सब मैंने इस खयाल से भी किया कि इस मुल्क में हमें बड़े काम करने हैं और उनके लिए हमें साथ मिलकर कोशिश करनी है। अगर मैं कह सकूँ तो, अपनी तरक्की की रफ्तार से मुझे खुद भी तसफ्फी नहीं। मैं इसे तेज करना चाहता था और इसे करने में तुम्हारी मदद चाहता था।

इसे करने का कोई मौजूं तरीका भी मैं नहीं सोच पाया था...मैंने महसूस किया कि सहयोग की आवश्यकता का पारस्परिक-बोध हो जाए, तो अन्य बातें उसी से निकल आएँगी। जब तुमने और कृपलानी जी ने मुझे सुस्पष्ट ढंग से कुछ कहने को कहा, तो मैंने कहा था कि इस प्रश्न पर सार्वजनिक और सरकारी, सभी स्तरों पर विचार करने को मैं तैयार हूँ...

...तुमने कार्यक्रम का प्रारूप मुझे भेजा है* जिनमें दूसरी बातों के अलावा, मौलिक संवैधानिक परिवर्तनों की भी बात है। अब यह भी स्पष्ट है कि इन परिवर्तनों को लाना मेरे लिए आसान नहीं है, भले ही मैं उनके विरुद्ध न होऊँ।

---

* नोट : जे.पी. ने अपने पत्र के साथ चौदह-सूत्री कार्यक्रम का प्रारूप भी पंडित जी को भेजा था।

तुमने कानून, विधि-प्रक्रिया और राज्यों के पुनर्गठन आदि अन्य कई प्रकार के परिवर्तनों की बात की है। इन सबके बारे में, अलग-अलग विचार करने पर, मुझे कोई विशेष आपत्ति तो नहीं है, और उनकी ओर ध्यान देने में मुझे प्रसन्नता ही होगी। लेकिन, प्रधानमंत्री और कांग्रेस अध्यक्ष, दोनों ही हैसियत में यह मेरे बूते के बाहर की बात है कि ऐसे अहम सवालों का मैं खुद ही निबटारा कर दूँ और उनके बारे में भरोसा दिलाऊँ। तर्क के आधार पर उनमें से कुछ बातें न्यायोचित हो सकती हैं, फिर भी कई ऐसी अड़चनें हैं जो रास्ता रोक देती हैं। साथ ही यह बात भी है कि कोई आदमी बहुत मुश्किल से ही उन्हें इकट्ठे, एक साथ छू सकता है।

....

इस महीने की 20 तारीख को उत्तर प्रदेश कांग्रेस कमिटी तथा कांग्रेस कमिटियों के कुछ पदाधिकारियों के समक्ष मेरठ में मैं भाषण करनेवाला हूँ। उस अवसर का लाभ उठाकर इस विषय पर वहाँ मैं कुछ बोलूँगा। मैं अलग से नोट कर ले रहा हूँ कि मुझे क्या कहना है।

सस्नेह तुम्हारा,
जवाहरलाल

पत्राचार तो आवरण मात्र था। बात की जड़ कहीं और थी। उनका कोई उल्लेख पत्रों में न तो किया गया है, और न किया ही जा सकता था।

(उपर्युक्त पत्र पंडित जी ने 17 मार्च को लिखा। उस से एक दिन पहले जैसा कि पत्र में संकेत है) अर्थात 16 मार्च को, सहयोग-प्रस्ताव के सिलसिले में जे.पी. ने पंडित जी से अन्तिम बार भेंट की। उसी भेंट में बची-खुची अन्दरूनी बातें हुईं और जे.पी. ने शायद यह सुझाव भी दिया कि पंडित जी उन्हें एक पत्र लिखकर सारी बातें लीप-पोत दें। दोनों नेताओं की आपस में पहले भी राय हो चुकी थी कि बातों को जनता के सामने कब और कैसे रखना है। यह तो पत्र पढ़ने से भी पता चल जाता है, क्योंकि जे.पी. ने अपने 4 मार्च के पत्र में लिखा है, "किसी उपयुक्त अवसर पर आप यह कह दें कि सहयोग के सम्बन्ध में आपकी हम लोगों से कुछ बातें हुई थीं, किन्तु देश की समस्याओं के प्रति हमारे दृष्टिकोण में भिन्नता के कारण वार्ता समाप्त कर दी गई," और पंडित जी ने लिखा, "मेरठ में मैं भाषण करनेवाला हूँ, उस अवसर का लाभ उठाकर इस विषय पर वहाँ मैं कुछ बोलूँगा। मैं अलग से नोट कर ले रहा हूँ कि मुझे क्या कहना है।" उसी भेंट और बातचीत के अगले दिन, अर्थात 17 मार्च को, पंडित जी ने जे.पी. को पत्र लिखा, जिसे ऊपर आप पढ़ चुके हैं। उस दिन भी जे.पी. दिल्ली

में ही थे। कल होकर इस विषय पर अखबारों में पंडित जी का एक बयान भी आया। अपने वक्तव्य के प्रारम्भिक भाग में सोशलिस्ट नेताओं के प्रति पंडित जी ने अपने उद्गार प्रकट किए और कहा, "...उनके लिए मेरे मन में जो सम्मान और स्नेह है, उसमें इस बात से कोई अड़चन नहीं हुई कि अब वे कांग्रेस में नहीं हैं, और अन्य दल के सदस्य होने के नाते, उन्होंने अक्सर कांग्रेस का विरोध भी किया है। वे न केवल हमारे पुराने साथी हैं, बल्कि भारतीय स्वातंत्र्य-संग्राम के परीक्षित सेनानी भी हैं..."

अगले दिन, 19 मार्च को, जे.पी. ने भी दिल्ली में ही एक वक्तव्य प्रसारित किया। आश्चर्य की बात तो यह है कि नेहरू जी और जे.पी., दोनों ही ने अपने-अपने वक्तव्य में एक ही स्वर में स्वीकारा था कि उनके विचार और दृष्टिकोण में यथेष्ट एकरूपता है। जे.पी. ने कहा, "हमारी वार्ता में व्यापक मतैक्य प्रकट हुआ..." और पंडित जी ने कहा था, "...मैंने पाया, जो मैं पहले से ही जानता था, कि हममें बड़ा व्यापक मतैक्य है..." फिर भी वार्ता भंग हो गई! क्यों? यह भेद भी खुल ही जाएगा।

जहाँ तक पत्राचार का सम्बन्ध है, उसके पीछे मानस यह था कि बातों को 'रेकॉर्ड' पर ला दिया जाए ताकि अपने-अपने हित और सुविधा के अनुसार भविष्य में उनका कभी कोई उपयोग भी किया जा सके।

'मेरिट' (गुणवत्ता) की दृष्टि से पंडित जी का पत्र काफी तगड़ा था—अनुभव-सिक्त कहिए। अनुभव के साथ ही, उनके इतिहास-बोध और विज्ञानानुराग की भी स्पष्ट झलक पत्र में थी। समाजवाद के गन्तव्य और मूल्यों के सम्बन्ध में जे.पी. और पंडित जी में भेद ही कहाँ था। जे.पी. के समाजवाद की परिकल्पना से, पंडित जी के शब्दों में, "निश्चय ही संसार में शायद ही ऐसा कोई समझदार आदमी होगा जो उस लक्ष्य या उन मूल्यों के साथ सहमत न हो। मैं तो निश्चय ही उन्हें पूर्णरूपेण स्वीकार करता हूँ," हाँ, अपने लम्बे राजनीतिक संघर्ष और साधना के परिणामस्वरूप पंडित जी ने समग्र जीवन के प्रति जो अभिवृत्ति (एटीट्यूड) विकसित कर लिया था, उसी के प्रभाववश वे कहते थे, "भले ही मंजिल साफ हो, फिर भी मेरी नीयत टटोल-टटोलकर, कदम-ब-कदम आगे बढ़ने की रहती है।" देश की अनेक समस्याओं का कोई असन्दिग्ध समाधान यदि पंडित जी के पास नहीं था, तो जे.पी. ने भी तो वही लिखा, "मैं यह नहीं कहता कि हमारे पास इन सबके लिए बने-बनाए हल मौजूद हैं या हमारे समाधान सर्वोत्तम हैं।" जहाँ तक पंडित जी की नीयत का सवाल है, जब जे.पी. ने स्वयं ही महसूस किया था, "जो प्रस्ताव मेरे समक्ष आपने रखा, वह निर्भीक और अपूर्व था... दलगत भावनाओं से ऊपर उठकर आपने एक राष्ट्रनायक की भाँति पग बढ़ाया...

मेरी समझ में आपका प्रस्ताव एक नये भारत के निर्माण के लिए संयुक्त प्रयास करने का था...तब फिर पंडित जी की मंशा और उदात्त भावनाओं पर भला शंका ही किसे हो सकती थी! और जे.पी. ने यह जो कहा था कि देश और सरकार की नीतियों में अविलम्बिता-बोध (सेंस ऑफ अरजेंसि) का अभाव है, तो उसे पंडित जी स्वयं भी तो स्वीकार करते ही थे। देश की उन्नति की रफ्तार से उन्हें स्वयं सन्तोष नहीं था और उसी रफ्तार को तेज करने के इरादे से ही तो उन्होंने अपना प्रस्ताव जे.पी. के सामने रखा था और उनकी मदद माँगी थी। हाँ, कहने और करने में जो व्यावहारिक अन्तर हुआ करता है, उसका प्रत्यक्ष ज्ञान पंडित जी को ही था, जे.पी. को नहीं। क्योंकि करने का कोई अवसर जे.पी. को कभी मिल ही न पाया था। और यह भी उल्लेखनीय है कि अपनी पार्टी की ओर से उन दिनों जे.पी. ने पंडित जी के समक्ष जो चौदह-सूत्री कार्यक्रम रखा था, उनमें से अधिकतर को, धीरे-धीरे ही सही, कांग्रेस सरकार ने अपनाया और लागू किया। पंडित जी के समय से लेकर इंदिरा जी के शासन-काल तक, सरकार द्वारा समाजवाद की दिशा में जो भी पग उठाए गए, उनमें से अधिकतर वे ही तो हैं जिन्हें जे.पी. और उनके समाजवादी साथियों ने अपने चौदह-सूत्री कार्यक्रम में पंडित जी के समक्ष प्रस्तुत किया था—

> इंश्योरेंस, बैंक, खदान आदि के राष्ट्रीयकरण; प्रिवि पर्सेज की समाप्ति, देशी नरेशों और आई.सी.एस. की गारंटियों की समाप्ति, सीलिंग ऐक्ट, बेदखली इत्यादि, इत्यादि।

निस्सन्देह, सोशलिस्ट पार्टी, जे.पी., लोहिया और उनके साथियों ने देश में समाजवाद की हवा फैलाने का काम जरूर किया, लेकिन उसे कुछ ठोस रूप देने का श्रेय कांग्रेस, जवाहरलाल नेहरू और इंदिरा गांधी को ही जाएगा। पंडित जी ने कितना ठीक कहा था, "सहयोग की भावना का पारस्परिक बोध हो जाए, तो अन्य बातें उसी से निकल आएँगी।"

पत्राचार के प्रसंग में बस एक बात और एक किस्सा और कह देना चाहता हूँ। संवैधानिक सुधार के बिन्दु पर जे.पी. ने अपने पत्र में पंडित जी से यह शिकायत की कि कैसे उन्होंने एक प्राणहीन और रूढ़िवादी संविधान का अनुमोदन कर दिया था। पंडित जी ने उत्तर तो दिया, लेकिन एक मेहरबानी कर दी कि जे.पी. को उन्होंने यह याद नहीं दिला दिया कि संविधान को प्राणवान और प्रगतिशील बनाने के लिए ही तो वे इस बात के लिए व्यग्र थे कि जे.पी. भी संविधान सभा में सम्मिलित हो जाएँ। उस समय तो जे.पी. ने किसी की न सुनी थी और अब वे चाहते थे कि एक ही झटके में ढेर सारे परिवर्तन कर दिए जाएँ!

किस्सा फ्रांसीसी राज्य-क्रान्ति के दिनों का है, किन्तु घटना-स्थल है, रूस। फ्रांस के दार्शनिक दिदॅरा ने राजकीय सुधार सम्बन्धी अपनी विशद-योजना जब मेरे रूस की सम्राज्ञी कैथेराइन के समक्ष रखी, तो सम्राज्ञी ने उससे कहा, "आह, मित्र! आप तो कोरे कागज पर लिखते हो न, जिसकी चिकनी सतह आपकी कलम के लिए कोई रुकावट पैदा नहीं करती। लेकिन मुझ बेचारी महारानी को तो अपनी प्रजा की वैसी त्वचा पर लिखना पड़ेगा जो अत्यधिक संवेदनशील और रोमांचकारी है।"

वार्ता आखिर भंग क्यों हो गई, यह भेद तो पूरी तरह से खुला नहीं। हाँ, एक बात मैंने जरूर सुनी थी। लोहिया और कृपलानी जी को अपने मंत्रिमंडल में सम्मिलित करने के लिए पंडित जी बिलकुल तैयार न थे। लोहिया को इसलिए कि, 'वह थॉरोली अनमैनिजबॅल (बिलकुल बेलगाम) हैं' और कृपलानी जी को इसलिए कि वे 'इक्सट्रीमली पीविश (आत्यन्तिक कर्कश) हैं।' लोहिया जी की 'पंडत' से और पंडित जी की राममनोहर से चिढ़ पुरानी थी। शायद 'आनन्द भवन' के दिनों से ही, जब पंडित जी ने उन्हें वैदेशिक मामलों का सचिव बनाकर अपने साथ रखा था। लोहिया जी में कई भयंकर ऐब थे। एक ऐब यह भी था कि जब किसी के पीछे पड़ते थे तो हाथ धोकर पड़ते थे। उस स्थिति में उन्हें भला-बुरा, मान-मर्यादा, किसी बात का कुछ खयाल ही नहीं रह जाता था। पंडित जी के पीछे भी वे वैसे ही पड़े रहे। वैसे, एक बार जब मैंने उनसे पूछा, "डॉक्टर साहब! पंडित जी के खिलाफ इतने शगूफे आप कहाँ से छोड़ते हैं?" तो उन्होंने मुझे बताया, "अरे! सब उन्हीं के आदमी लोग मुझको बता जाते हैं। गढ़कर मैं कुछ थोड़े ही कहता हूँ। और एक भी बात गिनाओ जो मेरी कही गलत निकली हो।" उसी समय उन्होंने विलायत में इंदिरा जी की शिक्षा-दीक्षा के बारे में भी मुझे कुछ बातें कही थीं, खैर।

मई या जून '46 में, जब पंडित जी कांग्रेस अध्यक्ष चुने गए थे, तो अपनी वर्किंग कमिटी में सोशलिस्टों को वे महामंत्री पद के अतिरिक्त दो और स्थान देना चाहते थे। जे.पी. और लोहिया हाल ही में जेल से छूटे थे। उन्होंने दोनों को बुलाया। वे दोनों तीन बार उनसे मिलने गए। लोहिया जी को नेहरू से तो चिढ़ थी ही, उन दिनों जे.पी. से भी वे चिढ़े रहते थे। नागार्जुन सागर में आयोजित 'समाजवादी शिक्षण शिविर' में लोहिया जी ने स्वयं ही लोगों को बताया था, "सच पूछो तो हमारा-उनका (जे.पी. का) मनमुटाव इतना जबरदस्त हो चला था कि हम जब तीन दफे गए नेहरू जी के यहाँ तो आपस में बिलकुल बात नहीं हुई कि क्या करना है।"

चिढ़ के कई कारण थे। एक कारण तो शायद यह रहा हो कि अगस्त-क्रान्ति के बाद '46 में जब वे दोनों जेल से निकले, तो यशोगान जे.पी. का ही ज्यादा होने लगा था। काम तो दोनों ही ने बराबर-बराबर किया था, मगर नाम जे.पी. ज्यादा लूट ले गए। जनता की नजर जे.पी. पर ही ज्यादा बरसने लगी थी और नेहरू जी की नजर तो उन पर पहले से ही रहा करती थी। स्पष्ट था कि कांग्रेस महामंत्री का पद जे.पी. को ही प्राप्त होता और यदि अंग्रेजों की ओर से सत्ता सचमुच भारतीयों को हस्तान्तरित कर दी जाती, तो यह भी तय था कि कांग्रेस अध्यक्ष ही प्रधानमंत्री बनाए जाते। सो, लोहिया जी ने पंडित जी के सामने तीन शर्तें रखीं : एक, कि कांग्रेस का सभापति, अंग्रेजी सरकार जो भी मंत्रिमंडल बनाएगी, उसमें मंत्री नहीं रहेगा। दूसरा, कि कांग्रेस की कार्यकारिणी के जो सदस्य होंगे, वे मंत्री नहीं रहेंगे। तीसरा, कि कांग्रेस संगठन अपने मंत्रियों की सद्भावनापूर्ण आलोचना कर सकेगा। उन तीनों में अन्तिम शर्त तो अहिंसक थी, सो नेहरू जी मान गए। लेकिन पहली और दूसरी शर्त से उनकी अपनी ही हिंसा हो जाती, इसलिए चाल समझकर वे नहीं माने। तो लोहिया जी भी उठकर चल दिए। अड़चन पड़ गई। महीने-दो महीने बाद, पंडित जी ने जे.पी. को अकेले बुलाया और उन्हें राजी कर कांग्रेस का महामंत्री बना दिया। कांग्रेस सोशलिस्ट पार्टी में जे.पी. के विरुद्ध अन्दर-ही-अन्दर बहुत कानाफूसी, शिकवा-शिकायत हो गई कि अकेले ही चले गए। इस क्रोध को लोहिया जी बहुत दिनों तक ढोते रहे।

सारी बातों को ठीक से समझने के लिए कांग्रेस और सोशलिस्ट नेताओं का राजनीतिक समीकरण भी समझ लेना आवश्यक होगा : कांग्रेस के दो प्रतिस्पर्धी सारथी थे—नेहरू और पटेल। उधर सोशलिस्टों में विद्वत्ता, सम्मान, प्रसिद्धि आदि दृष्टि से वैसे थे तो कई नेता—आचार्य नरेन्द्र देव, अच्युत पटवर्धन, मीनू मसानी, यूसुफ मेहर अली, अशोक मेहता; मगर व्यापक लोकप्रियता के कारण चुम्बकीय ध्रुव दो ही थे, जयप्रकाश नारायण और डॉ. राममनोहर लोहिया। आचार्य जी और मसानी साहब को छोड़कर, बाकी सबमें आपसी खींचा-तानी चला करती थी; खासकर जे.पी. और लोहिया में। उन दोनों के मनमुटाव का जो हाल था, वह तो आपने खुद लोहिया जी की जबान से ही सुन लिया। जे.पी. को सरदार पटेल से 'एलर्जी' थी, तो लोहिया को नेहरू से। नेहरू-पटेल प्रतिस्पर्धा में जे.पी. जब नेहरू के समर्थक थे, तो स्वाभाविक ही था कि पटेल के लिए लोहिया का मन मुलायम हो। हालाँकि लोहिया जी ने खुलकर कभी पटेल का पक्ष नहीं लिया क्योंकि, लोहिया प्रगतिशील सोशलिस्ट विचारों का प्रतिनिधित्व करते थे और पटेल अनुदारवादिता के प्रतीक रहे। एक 'फायर ब्रैंड सोशलिस्ट' के लिए 'आइस-कोल्ड कंजरवेटिव' की खुली हिमायत कितनी असंगत और हास्यास्पद

बात हो जाती। अन्दर मन की धारा भले ही उस ओर मुड़ जाया करे। हिन्दुस्तान को आजादी मिलेगी, तो बिलकुल साफ था कि प्रधानमंत्री नेहरू या पटेल, उन्हीं दोनों में कोई होगा, तीसरा नहीं। राजनीति की मोटी समझ रखनेवाला आदमी भी यह बात जानता था। सो, सन् '46 में, जब स्वतंत्रता के सम्भावित शुभागमन का समाचार हवा में तैरने लगा था और 'पावर-पॉलिटिक्स' की रणनीति अन्दर-अन्दर निर्धारित की जाने लगी थी, तो वैसी घड़ी में कांग्रेस-अध्यक्ष नेहरू के सामने रखी गई शर्तों के पीछे लोहिया जी का क्या इरादा रहा होगा? इसलिए, '53 में बातचीत के लिए पंडित जी ने पहले जे.पी. को ही अकेले बुलाया। बात आगे बढ़ी तो और लोग भी शरीक हुए—कृपलानी जी, नरेन्द्र देव, शायद अशोक मेहता भी। लेकिन, अपनी ओर से पंडित जी ने लोहिया साहब को न तो बुलाया, और न ही वे कभी गए।

जे.पी. को लगा कि लोहिया को छोड़कर वे स्वयं सरकार में शामिल हो जाएँ, तो '46 वाली घटना की पुनरावृत्ति हो जाएगी। लांछना-भय से वे सहम गए। पंडित जी का प्रस्ताव स्वीकार कर लेने के पक्ष में जे.पी. ने लोहिया जी के सामने तर्क तो बहुत किए किन्तु उन्हें असली बात बताई नहीं कि पंडित जी अपने मंत्रिमंडल में उन्हें लेने को बिलकुल तैयार नहीं हैं। लोहिया जी से उन्होंने यही कहा कि तुम लोग तो सरकार में जाओ, मैं बाहर रहकर ही काम करूँगा। लोहिया जी को गुस्सा आया, बोले, "तुमने यह क्या तरीका चला रखा है कि लोगों को तो ठेल देते हो और खुद दूर जा खड़े होते हो। चुनाव में भी यही सब किया था। सबको झोंक दिया और आप बाहर रह गए। अन्दर चलना है, तो साथ चलो; नहीं तो बाहर मिलकर कांग्रेस को तोड़ो।"

वैसे लोहिया जी की अपनी समझ यह थी कि अभी सरकार में जाना ही नहीं चाहिए। क्योंकि कांग्रेस के साथ सरकार चलाकर कुछ किया नहीं जा सकेगा। जनता की हालत जैसी की तैसी रह जाएगी। उससे लोगों को गुस्सा आएगा, सोशलिस्टों पर से भी भरोसा उठ जाएगा और आगे का रास्ता बिलकुल बन्द हो जाएगा। इसलिए वे उस वक्त तक इन्तजार करना चाहते थे जब कांग्रेस अपने गलत रास्तों पर चलते-चलते खुद टकराकर गिर न पड़े। वार्ता तो भंग हो ही गई, जे.पी.-लोहिया मैत्री भी कुछ काल के लिए भंग रही। जे.पी. धीरे-धीरे प्रजा सोशलिस्ट पार्टी से ही नहीं, दलगत राजनीति से भी विलग हो गए। कालक्रम में प्रजा सोशलिस्ट पार्टी में ही विलगाव की स्थिति उत्पन्न हो चली। पार्टी ने लोहिया जी पर अनुशासनिक कार्रवाई करते हुए उन्हें दल से ही निकाल दिया। उन्होंने अपनी अलग पार्टी बना ली। कुछ जानकार लोग तो कहते हैं, लोहिया जी को निष्कासित करने के प्रस्ताव का मसविदा जे.पी. ने ही तैयार किया था। प्रजा

सोशलिस्ट पार्टी जब तक कायम रही, राजनीति से विलग होते हुए भी जे.पी. उसके 'गॉड फादर' रहे थे।

यह भी एक गहन शोध का विषय है कि जे.पी. स्वयं कभी सत्ता में जाना चाहते थे या नहीं। उनके वचन और कर्म से तो यही लगता है कि वे सत्ता सँभालना नहीं चाहते थे। वे तो सत्ता की छाया से भी दूर भागते रहे : संविधान सभा में नहीं गए। कभी चुनाव नहीं लड़े। सरदार का सुझाव ठुकरा दिया। पंडित जी का आग्रह टाल गए। तो फिर राजनीति क्यों करते थे? अपने भाषणों और लेखों में अनेक बार इस प्रश्न का उत्तर उन्होंने दिया होगा। सब संकलित किए जाएँ तो राजनीति-दर्शन का एक उत्कृष्ट महाकाव्य बन निकले। जे.पी. में उतना पांडित्य, उतनी प्रखर बौद्धिक कल्पना-शक्ति तो थी ही कि विचारों का एक सुखद स्वप्नलोक सृजित कर लें; 'लोकनीति' का एक आदर्शलोक गढ़कर देश-विदेश के लोगों को लुभा दें। फिर भी, अनेक वर्षों तक जब कभी देश में यह प्रश्न उभरा—'नेहरू के बाद कौन?' तो लोग बरबस जे.पी. की ओर ही देखने लगते थे। प्रधानमंत्री बनने के छह मास के अन्दर स्वयं पंडित जी ने भी रेडियो पर बोलते हुए जे.पी. के बारे में कहा था, "मुझे विश्वास है कि समय आएगा जब भारत के भाग्य को स्वरूप देने में वे बड़े महत्त्व का भाग लेंगे।" जे.पी. भी बीच-बीच में सत्ता ग्रहण करने की सम्भावना सूचित कर ही देते थे—

> लन्दन में (सन् '58) जब 'गार्डियन' के संवाददाता ने जे.पी. से सत्ता राजनीति में पुनः प्रवेश की सम्भावना के सम्बन्ध में पूछा, तो उन्होंने कहा, "मैं कोई पलायनवादी नहीं। देश-हित में यदि आवश्यक हुआ, तो सत्ता भी ग्रहण कर सकता हूँ।" सत्ता की सुषुप्ताकांक्षा उनके अन्तर्मन का पट खोल, कभी-कभी सकुचाती हुई बाहर भी झाँक जाया करती थी। वैसे ही एक बार पटना लॉन की जनसभा में बोलते हुए लोहिया जी ने जब कहा, 'आप लोग एक सवाल उठाते हो कि पंडित जवाहरलाल नेहरू के बाद कौन? कोई उनके जैसा प्रधानमंत्री हो सकता है क्या? मैं जानता हूँ कि कई लोग हैं लेकिन एक को तो मैं अभी बता सकता हूँ।' इतना कहकर मंच पर बगल में बैठे जे.पी. की ओर इंगित करते हुए उन्होंने आगे कहा, 'यह तो पंडित जवाहरलाल नेहरू से भी ज्यादा अच्छा प्रधानमंत्री बन सकता है...' जोरों की ताली पिटी। लोहिया जी ने पलटकर देखा—जे.पी. मुस्कुरा रहे थे।

एक घटना मुझे फातिमी चाचा ने भी सुनाई थी। (स्वर्गीय अहद फातिमी साहब जे.पी. के बहुत करीबी लोगों में थे) उन्होंने मुझे बताया कि डॉ. जाकिर हुसैन साहब जब राष्ट्रपति पद के उम्मीदवार बने तो उनके समर्थन में जे.पी. ने

संसद तथा विधान सभाओं के सदस्यों के नाम अपना एक पत्र प्रसारित किया जिसके मूल प्रारूप में प्रसंगवश उन्होंने यह भी लिखा था कि वे स्वयं कभी किसी पद के लिए चुनाव नहीं लड़ेंगे। टाइप में जाने से पहले उनके एक विश्वासभाजन ने उस वाक्य की ओर उनका ध्यान खींचते हुए जब यह कहा कि इस स्थल पर अनावश्यक आप ऐसी प्रतिज्ञा क्यों कर रहे हैं, तो जे.पी. ऊपर सिलिंग की ओर देखने लगे। कुछ क्षण तो वे चुप रहे, फिर थोड़ा मुस्कुराए और बोले, "अच्छा, तो इसे काट दो।"

राजनीति से हट जाने के बाद भी जे.पी. दलगत राजनीति की व्यूह-रचना में जुट ही पड़ते थे। सन् '57 के आम चुनाव के वक्त उन्होंने प्रजा सोशलिस्ट पार्टी का कम्युनिस्ट तथा अन्य विरोधी दलों के साथ तालमेल कायम करवाने में बड़ी दिलचस्पी ली थी। तिब्बत, हंगरी, चेकोस्लोवाकिया के प्रश्न को लेकर उन्होंने भारत सरकार की भी विदेश-नीति पर जैसा कड़ा प्रहार किया, उससे अन्तरराष्ट्रीय जनमानस भी आन्दोलित हो उठा था। पंडित जी की नीतियों को भारत के बाहर भी लोग जे.पी. की टीका के बटखरे से तौलते थे। पंडित जी को जे.पी. से शिकायत इस बात की थी कि जब वे इतना सब कुछ करते ही हैं तो फिर खुलकर राजनीति क्यों नहीं करते। जे.पी. को लक्ष्य कर एक बार अपने भाषण में भिन्नाकर उन्होंने कहा : कोई आदमी राजनीति के अन्दर है, यह बात समझ में आ जाती है। कोई राजनीति से बाहर है, यह बात भी समझी जा सकती है। लेकिन कभी राजनीति के अन्दर और कभी बाहर, लगातार ताक-झाँक करते रहना—यह माजरा बिलकुल समझ में ही नहीं आता।"

उधर लोहिया जी को गिला यह था कि जे.पी. कहते हैं, सत्ता राजनीति से उन्हें कुछ लेना-देना नहीं। लेकिन राष्ट्रपति के चुनाव अभियान में पत्र लिखते हैं, उसमें खुलकर भाग लेते हैं। लोहिया जी को इस बात का भी रंज रहा कि डॉक्टर जाकिर हुसैन के निर्वाचन में जे.पी. ने जितनी मदद पहुँचाई थी, उसका दसवाँ हिस्सा भी लोहिया जी के लिए कर देते तो वे चुनाव नहीं हारे होते।

अजीब बात हुई; जे.पी. न तो पंडित जी की बात मानकर सरकार में गए और न ही उन्होंने लोहिया जी की राय के अनुसार बाहर रहकर प्रतिपक्ष को मजबूत बनाने और कांग्रेस को तोड़ने का ही काम किया। उन दोनों से अलग उन्होंने तीसरा ही रास्ता पकड़ा—राजनीति छोड़ अलग हो गए। और छोड़ कहाँ पाए! कम-से-कम राजनीति ने तो उन्हें नहीं ही छोड़ा।

जे.पी. जैसा शायद ही कोई दूसरा व्यक्ति हो जिसे पंडित जी ने उतनी अपेक्षा और उतने आग्रह से आमंत्रित किया हो। जे.पी. ने पंडित जी की बात मान ली होती तो भारत की सत्ता-राजनीति का स्वरूप और स्वभाव निश्चय ही आज दूसरा

कुछ होता। जिसे राजनीतिक संस्कृति कह सकते हैं, उसका आज जैसा पतन तो नहीं ही हुआ होता। ऐसे राजनीतिज्ञ या नेता तो देश में अब भी अनेक हैं जिनसे लोग सत्ता हथिया लेने का हुनर सीख लें, किन्तु जिनसे सत्ता के सदुपयोग की प्रेरणा और शक्ति मिलती हो, ऐसे महान जननायकों को तो आप बस उँगलियों पर ही गिन सकते हैं। जे.पी. उन्हीं गिने-चुने जननायकों में से एक थे। पंडित जी के बाद उस स्तर के दूसरे भारतीय नेता जे.पी. ही थे जिनके साथ देश की जनता का रागात्मक सम्बन्ध था। एक मोह था लोगों को उनसे। देशवासियों का सपना उनके साथ जुड़ा था। वे सब तोड़ गए। विचारों की ऊँचाई, आचार की शालीन्ता, दृष्टिकोण की व्यापकता, देशप्रेम की पवित्र आग, संगठन-शक्ति, संघर्ष, त्याग, कष्टभोग—क्या कुछ नहीं था उनमें! एक अति समृद्ध व्यक्तित्व, जो उपलब्धि से अधिक उत्सर्ग के लिए प्रेरित किया करता था। जनता ऐसे ही उनके पीछे दीवानी नहीं थी! बस, सत्ता सँभालने का उन्हें प्रत्यक्ष अनुभव नहीं था। अनुभव कितनी महत्त्वपूर्ण चीज है, इसका बोध पंडित जी को भी सत्ता में आने के बाद ही हो पाया था। और इसीलिए वे चाहते थे कि जे.पी. सत्ता-संचालन का व्यावहारिक अनुभव प्राप्त कर लें ताकि आगे 'देश के भाग्य को स्वरूप देने में उनका महत्त्वपूर्ण योगदान' हो सके।

भारत के पिछले कुछ हजार वर्षों के इतिहास में चलें, तो आप चरमोत्कर्ष के चार ही युग पाएँगे : मौर्य काल, गुप्त काल, मुगल काल, और ब्रिटिश काल। उस कालावधि में जो चतुर्दिक उन्नत्ति और विकास हुए, अथवा राज्य सुदृढ़ और सबल बन पाया उसका एक प्रबल कारण, मेरी समझ में, यह था कि उन दिनों काफी लम्बे समय तक कुशल प्रशासकों का एक क्रमबद्ध सिलसिला चलता गया। मौर्य वंश में—चन्द्रगुप्त, बिन्दुसार, अशोक; गुप्तवंश में—चन्द्रगुप्त, समुद्रगुप्त, विक्रमादित्य, कुमारगुप्त, स्कन्धगुप्त; मुगल वंश में—बाबर, अकबर, जहाँगीर, शाहजहाँ, औरंगजेब तथा ब्रिटिश काल में—क्लाइव, वारेन हेस्टिंग्स, कार्नवालिस, वेलेजली, बैंटिक, हार्डिज, डलहौजी आदि एक के बाद एक योग्य प्रशासक आते गए जिन्होंने राजकाज को सुव्यवस्थित कर उत्तम प्रशासकीय परम्पराओं का निर्माण और निर्वाह किया। पूर्ववर्ती प्रशासक जितना रास्ता तय कर चुके थे, उनके अनुभव एवं उपलब्धियों से समृद्ध और सबल बनकर उत्तरवर्ती प्रशासक उससे और आगे बढ़े। और इस तरह एक अनवरत अभियान चला जिसमें निरन्तर प्रगति और विकास होता गया। सभ्यता या संस्कृति किसी एक व्यक्ति की देन नहीं हुआ करती। वह तो विकास का एक उत्तरोतर क्रम है जिसमें बारी-बारी से अनेक सिद्ध-पुरुष अपना योगदान कर जाते हैं। एक 'रिले-रेस' समझिए। स्वाधीन और लोकतांत्रिक भारत में सुदृढ़ और स्वस्थ राजनीतिक एवं प्रशासकीय परम्पराओं की स्थापना के लिए भी

यह आवश्यक था कि इस देश को एक लम्बे काल तक नेहरू जैसे कुशल और यशस्वी प्रधानमंत्री उपलब्ध होते रहते। जे.पी. उसी श्रृंखला की एक शानदार कड़ी होते। यह तो मात्र संयोग और सौभाग्य की बात थी कि पंडित जी के बाद (स्वर्गीय) लाल बहादुर शास्त्री अपने अति-अल्प कार्यकाल में ही लोगों को चकित कर अपनी कीर्ति-पताका गाड़कर चले गए। वह तो एक नितान्त आशातीत, किन्तु गौरवपूर्ण लघु-अध्याय हैं। और शुरू में इंदिरा जी भी जब प्रधानमंत्री बनी थीं, तो लोगों को बिलकुल ही आशा न थी कि इतने विशाल देश और प्रशासन तंत्र को सँभाल ले चलने में वे सफल हो पाएँगी। परन्तु, उन्होंने तो लोगों को अत्यधिक विस्मित कर दिया। विपक्षी चाहे जो कहें, किन्तु इंदिरा जी की गणना विश्व के इने-गिने कुशल एवं सशक्त प्रधानमंत्रियों में की जाती है; की जाएगी। कोई स्वयं को या लोगों को धोखे में रखना चाहे तो भले ही इस बात से इनकार करे। हाँ, मुझ जैसे लोगों को भी इतना अफसोस जरूर है कि इतने निपुण और शक्ति-सम्पन्न प्रधानमंत्री से भी देश को अनेक वांछित लाभ न हो पाए। और जिसे राजनीतिक संस्कृति कहते हैं; उसका अधोपतन तो इंदिरा जी बिलकुल रोक ही न पाईं।

लोकतंत्र में जितनी महत्त्वपूर्ण भूमिका, जितना उत्तरदायित्व सत्तापक्ष का होता है, उससे कम प्रतिपक्ष का नहीं। जे.पी. यदि प्रतिपक्ष को ही सबल और मर्यादित बनाते, तो भी भारत के भाग्य को सँवारने में उनका अति महत्त्वपूर्ण योगदान हुआ होता। सत्ता-लिप्सा से मुक्त उनके जैसा समृद्ध व्यक्तित्व वाला नेता, जिसमें उतनी 'मास-अपील' थी, अन्तरराष्ट्रीय जगत में जिसका उतना व्यापक व्यक्तिगत सम्पर्क, सम्मान और नाम था; किसी भी राजनीतिक दल के लिए स्वयं ही कितनी बड़ी पूँजी थे। गांधी जी कांग्रेस को अनुशासित, संगठित और शक्तिशाली इसलिए भी तो बना पाए थे कि उन्हें स्वयं सत्ता की कामना नहीं थी। सब जानते थे, वे नितान्त नि:स्वार्थ और निर्लिप्त भाव से राजनीति कर रहे हैं। इस बात ने उन्हें ऐसी विशिष्टता प्रदान कर दी थी कि कांग्रेस का 'चरनिया मेम्बर' भी नहीं होते हुए वे 'हाई कमांड ऑफ दि कांग्रेस' माने जाते रहे। कांग्रेस संगठन के अन्दर वे एक ऐसी नैतिक शक्ति के रूप में विराजमान रहे, जिसके समक्ष बड़े-से-बड़े कांग्रेसी नेता को झुक जाना पड़ता था। कांग्रेस के अन्दर परस्पर विरोधी तत्त्वों को एकजुट रखने और साथ ले चलने में गांधी जी इसलिए भी सफल हो पाए कि स्वतंत्र भारत का राष्ट्रपति या प्रधानमंत्री बनने की कोई महत्त्वाकांक्षा उनमें कभी नहीं रही। जे.पी. ने भी यदि यही तय कर लिया था कि वे स्वयं कभी सत्ता ग्रहण नहीं करेंगे, तो प्रतिपक्ष के लिए वे कितनी अमूल्य निधि थे। देश का प्रतिपक्ष आज यदि संगठित, अनुशासित, मर्यादित और सशक्त रहा होता, तो भविष्य की ओर से तो हम निश्चिन्त रहे होते।

लोहिया जी ने भी बड़ी-बड़ी भूलें कीं, लेकिन वे मैदान छोड़कर नहीं भागे। उनके अथक प्रयास का परिणाम '67 में निकला जब देश के आठ राज्यों में कांग्रेस पराजित हुई और संविद सरकारें बनीं। हालाँकि, अभूतपूर्व सफलता की उस महत्त्वपूर्ण घड़ी में भी, मेरी समझ में, उनसे भूल हो गई। बिहार के चुनाव परिणाम आने के तुरन्त ही बाद वे पटना आए। गांधी मैदान की विशाल सार्वजनिक सभा में 27 फरवरी की सन्ध्या को उन्होंने अपने दल के पूर्व वक्ताओं की अनेक वैसी घोषणाओं का जोरदार समर्थन कर दिया जिनका उपस्थित जन-समुदाय ने तो करतल ध्वनि से शानदार स्वागत किया, लेकिन मुझे उसी क्षण आशंका हो गई, इससे पराजित कांग्रेसी लोग—जिनकी शक्ति अब भी शेष थी—आतंकित हो उठेंगे और अपनी अस्तित्व रक्षा के लिए वे पुराना पारस्परिक वैर भूल, एकजुट हो मोर्चे पर जा डटेंगे। एक प्राचीन शास्त्रोक्त नीति है—पराजय में धैर्य और विजय में सदाशयता रखनी चाहिए।

सभा समाप्ति के कुछ देर बाद मैं प्रिंसेज होटल में लोहिया जी से मिला और उन्हें समझाने की कोशिश की। वे जल्दी में थे इसलिए भी मुझसे कहा, "तुम भोला[1] से बात कर लेना।" मुझे अच्छा नहीं लगा। मैंने उनसे कहा, "डॉक्टर साहब! जो बात आप सुनने-समझने को तैयार नहीं उसे भोला जैसे लोगों से कहकर क्या फायदा! मैं उन्हें इस लायक नहीं समझता।" लोहिया जी की गाड़ी चल पड़ी और मैं भी प्रेस की ओर निकल पड़ा। उस रात मैंने जो बयान प्रसारित किया वह भी अगली सुबह 28 फरवरी, '67 को बिहार के एक प्रमुख हिन्दी दैनिक, 'प्रदीप' में बड़ी प्रमुखता के साथ छपा। जो बातें मैंने लोहिया जी से कही थीं, वे ही सारी बातें बयान में भी थीं; जिनके कुछ अंश उद्धृत कर देता हूँ—

> ...चौथे आम चुनाव के जो परिणाम प्राप्त हुए हैं, उनसे देश के आठ राज्यों में कांग्रेसी शासन समाप्त हो रहा है और विरोधी दलों को एक मिली-जुली सरकार गठित करने का अवसर प्राप्त हो गया है। बिहार वैसे ही आठ राज्यों में एक है। निर्वाचकों ने इस राज्य में जहाँ एक ओर कांग्रेस को अपनी शक्ति पर सरकार गठित कर लेने में असमर्थ कर दिया है, वहीं दूसरी ओर किसी भी विरोधी दल को इतनी संख्या में नहीं भेजा है कि वे अकेले अपनी सरकार बनाकर अपने दल की नीतियों और कार्यक्रमों को क्रियान्वित कर सकें...
>
> इस सन्दर्भ में 27 फरवरी को पटने की सार्वजनिक सभा में संसोपा के कुछ राज्यस्तरीय नेताओं ने जो घोषणाएँ कीं और जिनका समर्थन

1. श्री भोलाप्रसाद सिंह सन् 1967 में बिहार की संविद सरकार के स्वायत्त शासन मंत्री हुए थे।

डॉ. लोहिया ने और अधिक स्पष्ट और जोरदार शब्दों में किया, वे सब आमूल क्रान्तिकारी कार्यक्रम कहे जा सकते हैं जिनकी घोषणा का उपयुक्त अवसर तब होता जब मतदाताओं ने राज्य विधान सभा में उन्हें स्पष्ट बहुमत देकर भेजा होता।

...डॉ. लोहिया तथा उनके दल के अन्य सदस्यों की इस घोषणा का आज जनता—जो कांग्रेस को हराने की खुशी में मग्न है—भले ही करतल ध्वनि से स्वागत करे, परन्तु संसोपा नेताओं ने यदि अपने आमूल क्रान्तिकारी कार्यक्रमों का अधिक ढिंढोरा पीटा, तो भय है कि शीघ्र ही राज्य के जन्मानस में आतंक छा जाए और गैर-कांग्रेसी मिली-जुली सरकार यदि गठित भी हो जाए, तो उसका अधिक दिनों तक टिकना सम्भव न हो...

और वही हुआ। उस बार बिहार की संविद सरकार मुश्किल से नौ महीने टिक पाई। नई सरकार गठित होने के बाद, अपदस्थ मुख्यमंत्री (स्वर्गीय) कृष्ण वल्लभ सहाय 'रिटायर्ड-लाइफ' गुजारने अपने घर हजारीबाग चले गए थे। कृष्ण वल्लभ बाबू अंग्रेजी साहित्य और भाषा के बड़े अच्छे ज्ञाता थे। अपने जमाने के गोल्ड मेडलिस्ट एम.ए.। मैंने सुना, उन दिनों वे अपने पौत्र-पौत्रियों को शेक्सपियर के नाटक पढ़ाने में रुचि लेने लगे थे। उनकी योजना अपने फार्म की देखरेख करने की भी थी। इसी बीच नवगठित संविद सरकार ने, और कई बातों के अलावा, बिहार के भूतपूर्व मंत्रियों के विरुद्ध 'अय्यर जाँच आयोग' बिठाने की घोषणा कर दी—कृष्ण वल्लभ बाबू, महेश बाबू, सत्येन्द्र बाबू, सबके सब आतंकित हो उठे। आपसी वैर-भाव भूल-भालकर आत्म-रक्षा में एकजुट हो, वे सब निकल पड़े। व्यूह-रचना के पारंगत कृष्ण वल्लभ बाबू ने तीन लाख रुपये थैली में भर लिये। सच तो यह है कि चुनाव में कांग्रेसियों को विरोधी दल वालों ने उतना हताहत नहीं किया था जितना स्वयं कांग्रेसी नेताओं ने एक-दूसरे को किया। अब वे सब प्रायश्चित् ही नहीं, संयुक्त संकल्प कर संविद सरकार को ध्वस्त करने निकल पड़े थे। नौ महीने में ही सरकार समाप्त हो गई।

लोहिया जी तो फिर मुझे नहीं मिले। दुर्भाग्यवश उसी वर्ष अक्टूबर मास में उनका निधन हो गया। लेकिन एक बात मैं जरूर महसूस करने लगा था कि जीवन के अन्तिम कुछ महीनों में उनमें गुणात्मक परिवर्तन के कई लक्षण प्रकट होने लगे थे। बदली हुई परिस्थिति की गम्भीर चुनौतियाँ और नेतृत्व का गुरूतम दायित्व उन्हें अधिक सतर्क और प्रौढ़ बनाता जा रहा था। इसी बीच विधाता हस्तक्षेप कर बैठे।

संविद सरकार की वैसी ही एक और घटना याद आ जाती है। सरकार अभी बनी ही थी कि विधानसभा के नये उपाध्यक्ष महोदय ने अपने एक स्वागत-समारोह

में बोलते हुए लोगों से कहा कि अब राज बदल गया है इसलिए जो भी अफसर भ्रष्टाचार या कोई गलत काम करे, लोग उनका कान पकड़कर सीधे सरकार के सामने हाजिर करें। मोतिहारी में कुछ अफसरों ने उनके उस भाषण की मुझसे बड़ी शिकायत की। जब मैं पटना गया तो (स्वर्गीय) रामानन्द तिवारी से मैंने उसकी चर्चा की। तिवारी जी पी.एस.पी. के एक प्रमुख नेता और बिहार मंत्रिमंडल के एक वरिष्ठ सदस्य थे। मैंने उनसे कहा कि जब ऊँची-ऊँची जगहों पर बैठे लोग ऐसी गैर-जिम्मेदारी की बातें करने लग जाएँगे तो सरकार का क्या हाल हो जाएगा। यह सरकार बस इतनी ही हवा फैला दे, और अफसरों को विश्वास हो जाए, कि इस राज में केवल कर्तव्यनिष्ठा और सच्चाई की ही पूछ होगी; जाति-पाँत, भाई-भतीजा, खुशामद आदि नहीं चल पाएँगे, तो इतने से ही भ्रष्टाचार में कमी होने लग जाएगी। लेकिन बेचारे तिवारी जी को मेरी बात कोई विशेष महत्त्व की नहीं लगी। उन्होंने कहा, "अरे छोड़ऽ इ सब चलेला।" उनका मतलब था कि भाषण में वैसी बात कोई कह भी दे, तो कोई हर्ज नहीं। भाषणों में यह सब तो चलते ही हैं।

कोई दस वर्ष बाद, देश में जब जनता सरकार बनी, तो नये संचारमंत्री, जार्ज फर्नांडीस, पटना आए। हवाई अड्डे पर स्वागत के लिए कर्मचारी संघ के लोग जुटे थे। उनके सामने बोलते हुए उन्होंने कुछ ऐसी बातें कहीं, खासकर उनका तर्ज और तेवर ऐसा था, मानो अब भी वे यूनियनबाजी ही कर रहे हों। भाषण समाप्त हुआ तो अवसर पाकर मैंने उन्हें आहिस्ते से टोका, "जार्ज! अब तो आप मंत्री हैं। ऐसी बातें क्यों करते हैं जिनसे आगे आपकी सरकार कठिनाई में पड़ जाए।" वे चुप रहे। असल में जिस भी काम को एक लम्बे अरसे तक करते जाइए, आपका स्वभाव भी उसी के अनुरूप बन जाएगा। भारत के विरोधी दल, जब सरकार में भी गए, तो उनका संस्कार पुराना ही रहा। उन्हें याद ही नहीं रहा कि अब वे जिम्मेदारी की जगह पर बैठे हैं। ठीक इसके विपरीत, बहुत दिनों तक सरकार में रह जाने के बाद, कांग्रेस के वरिष्ठ लोग जब प्रतिपक्षी बने, तब भी वे अपना संस्कार न भूल पाए। इसका सबसे बड़ा और अच्छा उदाहरण है कि इंदिरा जी अपदस्थ होकर जब विरोधी पक्ष में थीं, तो उन्हीं दिनों रेलवेवाले हड़ताल पर जाने की बात कर रहे थे। यद्यपि सरकार जनता पार्टी की थी, फिर भी उन्होंने कहा कि हड़ताल राष्ट्रहित में अच्छी बात नहीं। इससे देश की समस्या और जटिल हो जाती है। इंदिरा जी का बयान अखबारों में आया था। विरोधी नेताओं में ऐसी बातें केवल मोरारजी भाई से सुनने को मिल जाया करती हैं। और इसका भी कारण फिर वही है—संस्कार।

बहुत पहले सन् '39 में, गांधी जी सारी कांग्रेस पार्टी को ही सोशलिस्टों के हवाले कर देना चाहते थे—ऐसा लोहिया जी ने ही लोगों को बताया था। नागार्जुन

सागर में वे सुना रहे थे, "गांधी जी ने देखा और कहा कि ये कांग्रेस समाजवादी लोग बड़ी लम्बी-लम्बी और गरम-गरम बातें जो करते हैं, इसका सबसे बड़ा कारण यह है कि इन्हें जिम्मेदारी नहीं दी गई, तो इनको जिम्मेदारी दे दो। उनके शब्द थे कि मैं चाहता हूँ कि कांग्रेस इनको सौंपो और खाली कांग्रेस ही नहीं, कांग्रेस का पार्लियामेंटरी बोर्ड भी इनको सौंप दो। इसका नतीजा होगा कि एक तो कांग्रेस के अन्दर जो बुढ़ापा आ गया है, वह दूर होगा, क्योंकि नौजवान लोग कांग्रेस के अन्दर नया खून लाएँगे। दूसरा अच्छा नतीजा यह होगा कि ये खुद आज जैसे बिना सोचे-समझे बातें करते हैं, फिर जिम्मेदारी की बात करेंगे। महात्मा गांधी के ये प्रस्ताव और तर्क कितने अच्छे थे..."

भारत में ही नहीं, विदेशों में भी बड़े-बड़े लोग यही महसूस करते रहे कि सदा विरोधी पक्ष में रहना आदमी को गैर-जिम्मेदारी सिखलाता है। ब्रिटिश लेबर पार्टी के नेता क्लिमेंट ऐटली जब प्रधानमंत्री हुए, तो इंडिया इंडिपेंडेंस बिल पर बहस के सिलसिले में चर्चिल के विरोध का जवाब देते हुए हाउस ऑफ कॉमन्स में उन्होंने कहा था, "...(भारतीयों को) जिम्मेदारी के बदले हमने ही गैर-जिम्मेदारी सिखलाई है। भारत के सभी राजनीतिज्ञ अब तक स्थायी रूप से विरोधी पक्ष में ही रहे हैं, और लम्बे अनुभव के आधार पर मैं कह सकता हूँ कि सदा प्रतिपक्ष में ही रहना अच्छी बात नहीं..."

लोहिया जी को भी इस कटु सत्य का मर्म समझ में आने लग गया था। उस बार नागार्जुन सागर में उन्होंने जो बातें कहीं, वे सब टेप कर ली गई थीं। टेप से लिपिबद्ध हुईं, और फिर पुस्तक बनकर निकलीं—'समाजवादी आन्दोलन का इतिहास' उसी पुस्तक में आप लोहिया जी को कहते पाएँगे—

> ...मुझ जैसे लोगों की तरफ से भी, सिवाय बकवास के और कुछ नहीं हो पाया...मुझे ऐसा लगता है कि किसी संगठन के अन्दर रह करके वामपंथी गुट को चलाना कोई बहुत बुद्धिमानी का काम नहीं...लगातार एक वामपंथी गुट किसी पार्टी के अन्दर बनाकर रखना खाली सम्मेलन में प्रस्ताव पास करने के लिए, तो उससे बड़ी गैर-जिम्मेदारी हो जाया करती है। उसके साथ-साथ एक भावना रहती है कि हम अपने दामन को बिलकुल साफ रखें। हमारा आदर्श बिलकुल पवित्र रहे, हम जुड़ें नहीं किसी चीज के साथ। किसी मिरच गुट का यह तरीका या उद्देश्य होना चाहिए कि अगर अफसरी में जगह मिलती हो तो ले लो और संगठन की अफसरी लेकर अपने विचारों को चलाओ। उसको वह ले नहीं पाता, क्योंकि पवित्र रहने की इच्छा रहती है और पवित्रता को खतरा हो जाता है। संगठन तो मिश्रित होता है और उसकी अफसरी लेने में डर लगता है कि हम भी थोड़े काले

> न हो जाएँ या कम-से-कम मटमैले न हो जाएँ...खाली सिद्धान्त-सिद्धान्त, सच-सच रटते रह जाओ और अगर उसमें ताकत नहीं तो वह कमजोर सत्य बेमतलब हुआ करता है...

एक बहुत कीमती बात कह गया है अनातोले फ्रांस। पता नहीं, लोहिया जी को उन दिनों मालूम था या नहीं। लेकिन सन् '62 में उन्होंने खुद ही उसका जिक्र किया था। अनातोले ने कहा था कि दुनिया निखर जाती अगर जवानी बुढ़ापे के बाद आती। बुढ़ापा पहले आता तो उसके साथ अक्ल भी पहले ही आती आँख खुल जाती। बुढ़ापे के अनुभव के साथ बाद में जब जवानी के तन-मन की शक्ति का संयोग होता, तो निश्चय ही दुनिया बिलकुल दूसरे ढंग से बनाई-सँवारी गई होती।

बूढ़े सरदार और नेहरू बनाम जवान जे.पी. और लोहिया के प्रसंग में अनातोले फ्रांस के उस कथन की सार्थकता भारतीय राजनीति के भाग्य और स्वरूप के लिए मन में बड़ी कचोट पैदा कर जाती है।

आठ

जे.पी. का अहं बड़ा प्रबल था। इस बात को वे भी जानते थे और कई बार उन्होंने स्वयं ऐसा कहा भी था। '74 के आन्दोलनक्रम में जब वे मोतिहारी की विशाल जनसभा को सम्बोधित कर रहे थे, तो वहाँ भी प्रसंगवश उन्होंने कहा था, "मैं तो अपने को गांधी और लेनिन का संगम मानता हूँ। हो सकता है यह मेरा अहं हो—और वह मुझमें है—लेकिन यह भी सच है कि मुझ पर उन्हीं दो महापुरुषों के विशेष प्रभाव रहे हैं।" प्राय: सभी बड़े लोग अहंकारी होते हैं। अहं न हो, तो शायद वे कोई बड़ा काम कर भी न पाएँ। अहं व्यक्ति की ऊर्जा और शक्ति है। दक्षिण अफ्रीका में गांधी ने जो सत्याग्रह प्रारम्भ किया था, उसके पीछे कुछ दूर हटकर उनका आहत अहं ही खड़ा था : फर्स्ट क्लास का टिकट रखते हुए भी बैरिस्टर गांधी को बीच यात्रा में ही गोरे अंग्रेजों ने कम्पार्टमेंट से बाहर धकेल दिया और उस काले यात्री को मोरित्सबर्ग रेलवे स्टेशन के अँधेरे वेटिंगरूम में जाड़े की सर्द रात ठिठुरकर गुजारनी पड़ी थी। आगे की यात्रा जब सिरकम घोड़ा गाड़ी से शुरू की, तो सिरकम कम्पनी के गोरे नायक ने 'सामी' गांधी को अपने पैरों के नीचे गन्दे बोरे पर बैठने को कहा। गांधी ने इनकार किया तो गोरे साहब ने उन पर तमाचों की वर्षा कर दी और नीचे धकेलने पर उतारू हो गया। उस रात वेटिंग रूम में गांधी जी रात-भर अपने कर्तव्य की सोच में डूबे रहे, "या तो स्वदेश वापस चला जाऊँ, या यहाँ जो अपमान होते हैं उन्हें सहन करूँ अन्यथा मुझे अपने हकों के लिए लड़ना चाहिए...छोड़कर भाग जाना तो नामर्दगी होगी।"

अक्सर एक प्रश्न मेरे मन में उभर आता है—जे.पी. के अहं को चोट न लगी होती तो क्या वे '74 के हंगामे में कूदे होते? इतना तो निर्विवाद है कि जे.पी. अगर आगे न बढ़ आए होते, तो बिहार में उन दिनों जो कुछ हुआ, वह एक सशक्त और व्यापक आन्दोलन का रूप ग्रहण न कर पाता। जे.पी. के विशाल व्यक्तित्व ने ही हंगामे को एक जनआन्दोलन की गरिमा प्रदान कर दी। लेकिन प्रश्न यह नहीं है। प्रश्न तो है कि समरक्षेत्र में जे.पी. हठात् कूद कैसे पड़े? ऐसा न था कि उन दिनों बिहार की स्थिति अचानक बिगड़कर विस्फोटक हो गई हो। भ्रष्टाचार,

महँगाई, बेरोजगारी अथवा शैक्षणिक दुर्व्यवस्था—ये सभी समस्याएँ आन्दोलन के बहुत पहले से चलती आई थीं और आन्दोलन के बाद भी चलती रहीं। आज भी देश की प्रमुख समस्याएँ वे ही हैं और पता नहीं, उनका सन्तोषजनक समाधान कब निकले! यह भी सच है कि उस आन्दोलन के लिए पहले से कहीं कोई योजनाबद्ध और संगठित प्रयास नहीं चलाए जा रहे थे।

राजेन्द्रनगर (पटना) में मेरे एक पड़ोसी थे—'भच'। गांधी शान्ति प्रतिष्ठान के भच एक वेतनभोगी कर्मचारी थे। प्रतिष्ठान कार्यालय के ही एक भाग में बाल-बच्चों के साथ रहा करते थे और प्रतिष्ठान की ओर से नियमित-अनियमित रूप से जो अल्प वेतन उन्हें उपलब्ध हो जाता, उसी से वे निर्वाह करते थे। राजनीति का भी थोड़ा चस्का था। पटना यूनिवर्सिटी के कई तथाकथित छात्र नेताओं से भच महोदय का अच्छा सम्पर्क था और अक्सर उन सबकी जुटान 'प्रतिष्ठान कार्यालय' में हुआ करती थी। 18 मार्च, '74 को पटना में जो कांड हुआ, उसकी रूपरेखा प्रतिष्ठान कार्यालय में ही तैयार की गई थी और भच उसके सूत्रधारों में थे। एक बार उन सबने मिलकर व्हीलर सीनेट हॉल में जे.पी. का भाषण भी कराया था। कुलदीप नायर भी आए और बोले थे। रामनन्दन मिश्र जी भी एक बार बुलाए गए थे। उनका भी सीनेट हॉल में ही भाषण हुआ था। दोनों ही मौकों पर एक विशेष आमंत्रित श्रोता के रूप में मैं भी मौजूद था। यह सब आन्दोलन के साल-छह महीने पहले की बात है। उन दोनों मीटिंग में ऐसी कोई विशेष बात न हुई थी जिनका आन्दोलन से कोई सम्बन्ध रहा हो।

मार्च के शुरू सप्ताह में भच ने मुझे बताया था कि आगामी 18 मार्च को छात्र लोग बिहार विधानसभा का घेराव करेंगे—छात्रों के सामने जो कठिनाइयाँ थीं, उन्हीं मुद्दों को लेकर। मैं उन दिनों बिहार राज्य सोशलिस्ट पार्टी का एक सचिव था। छात्रों के उस प्रस्तावित कार्यक्रम में, तब हममें से किसी की कोई खास दिलचस्पी न थी।

18 मार्च की दोपहर को मैं डाकबँगला पर पी.टी.आई. के दफ्तर में ऊपर बैठा था। नीचे सड़क पर वैसे तो सन्नाटा था, लेकिन बीच-बीच में पुलिस की गाड़ियाँ आ-जा रही थीं। लगभग डेढ़ बजे कुछ शोर हुआ तो छज्जे पर निकलकर देखा कि डी. लाल एंड संस की दुकान में लूट मची हुई है। बगल के मारवाड़ी मिष्टान्न भंडार से भी मिठाइयाँ लूटकर लोग खा रहे हैं। कुछ ही देर बाद बगल के सुजाता होटल में आग लगा दी गई। उस हंगामे में मुझे शायद ही ऐसा कोई लगा जो छात्र दीखता हो। घंटे-डेढ़ घंटे बाद पी.टी.आई. में खबर पहुँची कि स्टेशन मालगोदाम में आगजनी और लूट हुई है। ऊपर छत से देखा तो दूर दक्खिन-पश्चिम कोने में लाली छाई थी और धुआँ उठ रहा था। कुछ देर बाद

सरसों का तेल और डालडा के सीलबन्द डिब्बे लिये दो-चार लोगों को पी.टी. आई. की गली से गुजरते देखा। विधान सभा के निकट आर ब्लॉक गोलम्बर के इर्द-गिर्द जो हुआ, उसे मैंने खुद देखा नहीं। शाम पाँच बजे तक पी.टी.आई. में ही बैठा मैं सब तमाशा देखता रहा और शहर का समाचार भी सुनता रहा। जे.पी. उस रोज पटना में नहीं थे। शायद रात में या अगले दिन आए। जे.पी. ने क्या किया या नहीं किया, सो मैं नहीं जानता। हाँ, केन्द्रीय गृहमंत्री उमाशंकर दीक्षित जब उनसे मिलकर बाहर निकले तो उन्होंने कहा, अगर जे.पी. न होते तो सारा पटना धू-धू कर जल जाता।

कोई पाँच-सात दिनों बाद गया में जब गोली चली, तो जे.पी. भी गरमाए। उन्होंने एक जाँच समिति गठित की। लगभग एक पखवारे बाद वे खुलकर सामने आ गए। जे.पी. ने जब नेतृत्व सँभाला तो हम लोगों को भी लगा, मामला अब रंग लाएगा। हम सब लोग अपनी-अपनी देह सेंकने के लिए कसमसा उठे। वैसे, राजनीतिक दलवालों से वे यही कहते रहे, आप सब लोग आन्दोलन से अलग ही रहिए। लेकिन राजनीतिक दलवालों के कूदे बगैर कुछ न हो पाएगा यह बात दलवाले भी जानते थे और जे.पी. भी। अपने दल की राज्य कार्यकारिणी की बैठक में मैंने काफी जोर लगाया था कि छात्रों और नौजवानों के उस आन्दोलन को एक व्यापक जन-आन्दोलन करार देकर हमें भी उसमें सक्रिय योगदान देना चाहिए। इस आशय का प्रस्ताव जब पारित हुआ तो पार्टी की ओर से जनता के नाम अपील तैयार करने का दायित्व मुझ पर ही सौंपा गया था। अपील तैयार हुई, छपी और बँटी। 24 मार्च को धारा 144 और कर्फ्यू का उल्लंघन कर जुलूस निकालते हुए रामानन्द तिवारी, रामसुन्दर दास आदि इक्कीस साथियों के साथ मैं भी गिरफ्तार कर लिया गया। पूरे आन्दोलन के दौरान डी.आई.आर. और मीसा के अन्तर्गत मैं तीन बार गिरफ्तार हुआ था। लेकिन इन सबका कोई विशेष महत्त्व नहीं। वास्तविक महत्त्व की बातें तो दूसरी हैं।

आन्दोलन जे.पी. ने नहीं शुरू किया था, क्योंकि न तो उस दिन वे पटना में थे और न उस साल मार्च से पहले कभी सुना कि वे कोई आन्दोलन छेड़ने की तैयारी कर रहे हैं। देश की स्थिति से वे अवश्य असन्तुष्ट रहा करते थे। लेकिन देश की कुस्थिति और उनका असन्तोष, दोनों ही पुराना था। पिछले पन्नों में वही सब दास्तान तो है। हाँ, इस बीच सार्वजनिक महत्त्व की कुछ ऐसी व्यक्तिगत घटनाएँ अवश्य हो चुकी थीं जिसने जे.पी. के अहम को काफी चोट पहुँचाई थी—

> मार्च 1971 में बांग्लादेश का जो विप्लव हुआ, उसके पक्ष में भारत में प्रबल जनमत जाग्रत करने का सर्वाधिक श्रेय जे.पी. को ही है। इस सम्बन्ध में जब तक जे.पी. का वक्तव्य नहीं आया था, तब तक अच्छे-अच्छे पत्रकार

और बुद्धिजीवी समझ नहीं पा रहे थे कि वे क्या रुख अपनाएँ। एक छोटी-सी मिसाल दे देता हूँ। पटना में एक संस्था चलती थी—'पीस इन एशिया सोसाइटी'। भूतपूर्व सांसद श्री मथुरा प्रसाद मिश्र उसके अध्यक्ष थे, और मैं था महामंत्री। हम लोगों ने तय किया कि बांग्लादेश के वीर स्वतंत्रता सेनानियों को हमें अपना नैतिक समर्थन देना चाहिए। सोसाइटी की ओर से हम लोगों ने एक संयुक्त प्रेस वक्तव्य तैयार किया। वक्तव्य लेकर मैं खुद ही पी.टी.आई. के दफ्तर गया जहाँ मंटो 'दा बैठे मिले। मैंने उन्हीं के हाथ में वक्तव्य थमाया। पढ़ते ही वे झल्ला उठे, "तुम लोगों को क्या फालतू-फालतू काम सूझता रहता है। अरे, इसका इम्प्लिकेशंस भी समझते हो? कल यदि दक्षिण भारत के लोग हल्ला करने लग जाएँ कि भारत से अलग होकर हम अपनी एक अलग 'सावरेन स्टेट' कायम करेंगे तो तुम किस मुँह से उनका विरोध करोगे?" वक्तव्य उन्होंने मेरी ओर फेंक दिया। उसके तीसरे या चौथे दिन बांग्लादेश के समर्थन में जे.पी. का एक बड़ा-सा वक्तव्य सारे देश के अखबारों में आया। उसका जादू फौरन मंटो 'दा के सर पर चढ़कर भी बोलने लगा और उन्होंने स्वयं ही मथुरा बाबू को फोन करके आग्रह किया कि, हमारे उस रोज वाले वक्तव्य की कोई प्रतिलिपि यदि उपलब्ध हो तो उसे वे फौरन भिजवा दें। और तब पी.टी.आई. ने हमारा वही बयान प्रसारित किया जो अगले दिन 30 मार्च, '71 को अंग्रेजी के अखबारों में प्रकाशित हुआ था। यह था जे.पी. के वक्तव्य का चमत्कार जिसने सब लोगों को दिशा दे दी।

बांग्लादेश के प्रश्न पर जे.पी. के भ्रमण और भाषणों से सारे देश में एक ज्वार उमड़ आया। बड़ा व्यापक और प्रबल जनसमर्थन। मैंने यह भी सुना था कि बांग्ला मुक्ति वाहिनी को विदेशों से भी जे.पी. ने अनेक प्रकार की सहायता पहुँचवाने का प्रबन्ध कराया था।

एक रात, जे.पी. जब मुजफ्फरपुर के मुशहरी प्रखंड में थे, तो वहाँ के जिलाधीश उन तक एक अत्यावश्यक सन्देश पहुँचाने दौड़े-दोड़े पहुँचे। प्रधानमंत्री भवन से बिहार के राज्यपाल के पास सन्देश आया था कि जे.पी. से अविलम्ब सम्पर्क स्थापित कर उनसे आग्रह किया जाए कि वे दिल्ली के लिए शीघ्र रवाना हो जाएँ। अगले दिन जे.पी. प्रधानमंत्री भवन पहुँचे। इंदिरा जी ने उनसे बहुत आग्रह किया कि बांग्लादेश के पक्ष में अन्तरराष्ट्रीय जनमत जाग्रत करने के लिए वे विदेश-यात्रा पर भी निकलें। जे.पी. ने कहा कि भारत सरकार की ओर से जब विदेश मंत्री सरदार स्वर्ण सिंह इस अभियान पर निकल ही चुके हैं तो फिर उनके जाने की आवश्यकता ही क्या है। उत्तर में इंदिरा जी ने कहा था कि आवश्यकता

इसलिए है कि जे.पी. और स्वर्ण सिंह के व्यक्तित्व और प्रभाव में बड़ा अन्तर है और फिर, विदेश मंत्री तो भारत सरकार के विचारों का प्रतिनिधित्व करेंगे, लेकिन जे.पी. जन-आकांक्षाओं का। 16 मार्च को वे विदेश-यात्रा के लिए दिल्ली से रवाना हुए और 26 जून को स्वदेश लौटे। दुनिया के पन्द्रह छोटे-बड़े देशों की राजधानियों में वे गए—मास्को, वाशिंगटन, लन्दन, पेरिस, बेलग्राड, बॉन, रोम, हेलसिंकी, स्टॉकहोम, टोकियो, जकार्ता, सिंगापुर, कुआलालम्पुर, काहिरा, ओटावा। जे.पी. के विदेश भ्रमण से बांग्ला मुक्तिवाहिनी का हौसला तो बढ़ा ही, साथ ही भारत सरकार के भी हाथ मजबूत हुए। लेकिन विजय-मुकुट धारण कर बंगबंधु मुजीबुर्रहमान जब लन्दन से ढाका जाते हुए दिल्ली उतरे, तो वहाँ अपने भाषण में उन्होंने भारत सरकार का तो धन्यवाद ज्ञापन किया, किन्तु भारतीय जनता की ओर से जे.पी. द्वारा किए गए सत्प्रयासों का कोई जिक्र नहीं किया। इंदिरा जी भी उस अवसर पर, या बाद के अपने भाषणों अथवा वार्ता में, जे.पी. को बिलकुल भूल ही गई। उन्होंने जे.पी. के भगीरथ प्रयत्न के प्रति कभी कोई आभार प्रदर्शित करने की औपचारिकता भी न निभाई। इस तोताचश्मी रवैये को सहन कर लेना जे.पी. जैसे संवेदनशील व्यक्ति के लिए सहज था क्या?

दूसरी घटना : चम्बल घाटी के डकैतों को अपराध-वृत्ति त्याग कर सामान्य जीवन व्यतीत करने के लिए जे.पी. ने ही प्रेरित किया था। कई वर्ष पूर्व उस दिशा में विनोबा भी अपना प्रयोग चला चुके थे, परन्तु उन्हें कोई विशेष सफलता न मिल पाई थी। तब उन्होंने कुछ इच्छुक दस्यु-सरदारों को जे.पी. के पास भेजा था। उनमें से एक या दो चुपके से पटना आकर जे.पी. से मिले। उनका आग्रह स्वीकार कर जे.पी. ने अपना प्रयास चलाया और उन्हें अभूतपूर्व सफलता मिली। उनके सत्प्रयास से अनेक भयंकर दस्युदल आत्म-समर्पण करने को तैयार हो गए। एक निश्चित तिथि को आत्म-समर्पण समारोह आयोजित किया गया। जे.पी. की बड़ी प्रबल इच्छा थी कि भारत सरकार के फ़िल्म्स-डिवीजन द्वारा उस अभूतपूर्व समारोह का डॉक्यूमेंटरी फ़िल्म तैयार कर लिया जाए ताकि इतिहास का एक दृश्य अंग बनकर वह सुरक्षित रह सके। परन्तु भारत सरकार जे.पी. को गौरवान्वित करना नहीं चाहती थी। सूचना और प्रसारण मंत्रालय ने उस ओर कोई ध्यान ही नहीं दिया।

सबसे बुरा तो यह हुआ था कि ब्रॉडकास्टिंग कॉरपोरेशन की स्थापना के सम्बन्ध में जे.पी. जब इंदिरा जी से बात करना चाहते थे तो उन्होंने कहलवा भेजा कि वे सूचना एवं प्रसारण मंत्री गुजराल से बात कर लें। अनुमान कीजिए, जे.पी. के आत्माभिमान को कितनी चोट पहुँची होगी! इंदिरा जी प्रधानमंत्री थीं तो क्या हुआ? जे.पी. तो उनके गुरुजनों में थे—देश के अतिमहत्त्वपूर्ण श्रेष्ठजनों में

एक। स्वर्गीय प्रधानमंत्री नेहरू के जीवन-काल में ऐसा कदापि नहीं हो सकता था कि जे.पी. जब पंडित जी से कोई बात करना चाहते हों, तो पंडित जो उन्हें अपने किसी 'जूनियर' से मिल लेने को कहला भेजें। लेकिन अब तो सारे मूल्य, सारी मान्यताएँ ही बदल चुकी थीं। स्वाभाविक था कि जे.पी. वैसी अवहेलना, वैसे तिरस्कार से तिलमिला उठे। सत्ताधारी लोग यदि शक्ति का ही सम्मान करने लग गए हैं, तो जे.पी. में अब भी वह शक्ति थी कि चाहें तो सारे देश को हिला दें। और उन्होंने हिलाकर दिखा दिया। यह बात भी भूलने की नहीं कि जे.पी. प्रथम व्यक्ति थे जिन्होंने पराजित इंदिरा गांधी को उनके उज्ज्वल भविष्य के लिए शुभाशीष दिया। जे.पी. को जहाँ तक मैं जान-समझ पाया था, मेरा अपना विश्वास तो यह है कि अपदस्थ होने के बाद इंदिरा जी जिस भाव से जे.पी. से मिली थीं, वैसे यदि आन्दोलन के दिनों में ही मिल ली होतीं तो जे.पी. ने उसी समय अपना वरदहस्त उनके सिर पर रख दिया होता।

अब कारण चाहे जो भी रहे हों, किन्तु अपने पराक्रम-प्रदर्शन का जो समय जे.पी. ने चुना, वह सर्वथा अनुपयुक्त था। आज इन सारी बातों पर जब सोचने बैठता हूँ तो लगता है, उस आन्दोलन की सबसे बड़ी ताकत और सबसे बड़ी कमजोरी भी जे.पी. ही थे। जे.पी. का व्यक्तित्व, जे.पी. की साख, जे.पी. का पुण्य—और कुछ हद तक उनका पवित्र अहंकार—आन्दोलन को प्रचुर शक्ति दे गया। किन्तु उनकी उम्र और उनके उदात्त अन्तर्विरोध, आन्दोलन की दुर्बलता बन गए। उनके मन में एक द्वंद्व-सा चला : आन्दोलन का प्रयोजन पुनर्जागरण हो अथवा सत्ता परिवर्तन? आन्दोलन राजनीतिक दल वालों के साथ मिलकर चलाया जाए या उनके बिना? आन्दोलन की संचालन-शैली विशुद्ध गांधीवादी हो अथवा लेनिनवादी भी? मुझमें तो वह मर्मज्ञता नहीं कि इस विषय पर निश्चयपूर्वक कुछ कह सकूँ, किन्तु मुझे लगता है कि, देर-सबेर, गवेषणा के लिए विद्वज्जन जे.पी. के विचार प्रवाह के उस संगम-स्थल पर अवश्य पहुँचेंगे जहाँ गांधीवादी और लेनिनवादी विचारधाराएँ दो विपरीत दिशाओं से आकर उनके व्यक्तित्व में संयोजित हुई थीं। और तब सम्भवत: वे भी यही पाएँ कि जे.पी. के सम्पूर्ण वैचारिक जीवन में '74 से '77 के वर्ष वे काल-बिन्दु थे जब अपने अन्तर्विरोधों के कारण वह संगम-स्थल सर्वाधिक अशान्त और आन्दोलित हो उठा था। उन दिनों लोकनायक ने एक प्रज्ञा-विस्फोट—सम्पूर्ण क्रान्ति—के लिए भी लोगों का आह्वान किया और सिंहासन खाली करने के लिए भी सत्ताधारियों को ललकारा। उन्होंने राजनीतिक दल वालों की अवहेलना भी की, और उन्हें आमंत्रित भी किया। उन्होंने आन्दोलनकारियों को यह चेतावनी भी दी कि हिंसा की यदि एक भी घटना कहीं होगी तो वे स्वयं आन्दोलन से तत्क्षण विलग

हो जाएँगे; और जब लाखों-लाख नर-नारियों के विशाल प्रदर्शन और शानदार त्रि-दिवसीय बिहार बन्द के बावजूद विधान सभा विघटित न हुई, तब उन्होंने आन्दोलनकारियों को यह भी आदेश दिया कि वे विधायकों को सदन से सदेह निष्कासित कर दें। आन्दोलन जब ठंडा पड़ जाता था तो उसके हवन-कुंड में घी डालने के लिए जे.पी. के अन्दर के लेनिन जग उठते थे। और अग्नि-कुंड जब अत्यधिक प्रज्वलित हो उठता, तो उसके शमन के लिए जे.पी. के अन्दर के गांधी गंगाजल लिये बाहर निकल आते थे।

जे.पी. अब भारतीय इतिहास के एक अविस्मरणीय पात्र बन चुके हैं। उस दिवंगत महापुरुष के विचार और कृत्यों का आकलन करते हुए, उनके कुछ दोष और त्रुटियों की जो चर्चा मैंने कर दी है, मैं जानता हूँ उनसे पाठक को कष्ट होगा। मैं पूरी सच्चाई के साथ कहता हूँ कि उनसे मुझे भी गहन आत्म-पीड़ा हो रही है। तेरह-चौदह वर्ष की अपनी किशोरावस्था में मैं भारत के उस महान सपूत के सम्पर्क में आया था। मैंने उन्हें अपना नेता ही नहीं, पिता भी माना था। प्रभावती जी से मुझे माता का-सा स्नेह प्राप्त हुआ था। तीन दशाब्दियों के सम्पर्क और सान्निध्य से सिंचित मोह मेरे मन में अक्षुण्ण है। और मोह ही दुख का कारण होता है। इसीलिए मैं भी दुखी हूँ। लेकिन मैं जो कुछ लिख रहा हूँ, वह इतिहास के लिए लिख रहा हूँ—इतिहास, जो निर्मोही होता है। इतिहास यदि निर्मोही न हो, तो निष्पक्ष भी न बन पाए। हमारे आपके जैसे जे.पी. के अनेक समसामयिक लोगों की ऐहिक लीला भी अगले दस-बीस-तीस बरसों में समाप्त हो जाएगी। हम सब भी पूर्णत: लुप्त हो जाएँगे। तब उन अज्ञात भावी सन्ततियों के लिए शेष बच जाएँगे वे तथ्य जिन्हें हमने और आपने जाना-सुना, देखा और भोगा है। इन्हीं तथ्यों से निष्कर्ष निकालकर वे अपनी दिशा निर्धारित करेंगे। जे.पी. के साथ अपने रागात्मक सम्बन्ध और मोह के कारण, भावी सन्तति के प्रति हमसे कोई बेईमानी न हो जाए, इस उच्चतर कर्तव्य-बोध ने ही मुझे बाध्य कर दिया कि तथ्यों को मैं नितान्त निष्पक्ष और निष्कपट भाव से प्रस्तुत कर दूँ।

आन्दोलन में जिस प्रकार के लोग जुट आए थे, उनसे न तो प्रखर प्रज्ञा विकिरण की ही कोई सम्भावना दिखती थी और न सत्ता-परिवर्तन के पश्चात् देश के भाग्य सँवर जाने की ही। वे नाश तो कर दे सकते थे, नवनिर्माण नहीं। प्रारम्भ में जे.पी. जिन निर्दलीय तत्त्वों का जन-संघर्ष समितियों में वर्चस्व चाहते थे, वे सर्वोदयी लोग थे—पाखंडी सखी समाजी सर्वोदयी लोग। पौष्टिक तत्त्व चबा-चबाकर तत्त्वविहीन मीमांसा की सिट्ठी उगलनेवाले—सिद्ध ढड्ढर राज। मेरे जिले का जनसंघर्ष-समिति-संयोजक भी एक सर्वोदयी ही था। आन्दोलन के पैसों से बेटे के नाम परिवहन का धन्धा चलाने लगा। शान्ति प्रतिष्ठान के जिस भच

महोदय की चर्चा कर चुका हूँ, आन्दोलन के पचासों हजार रुपये निगल गए और डकार तक न ली। सफाई देने के लिए जे.पी. तक खुद जाने की हिम्मत न थी तो एक बार मुझसे भी अनुनय किया था कि जे.पी. के इजलास में मैं उनकी वकालत कर दूँ। मैं उस तीन-तेरह में पड़ा ही नहीं। उनके ही एक जवारी से मजेदार बात यह सुनने को मिली कि गाँव पर जब नया मकान खड़ा कर लिया तो गाँववाले दंग रह गए कि अचानक अलादीन का चिराग उन्हें कहाँ हाथ लग गया! एक ने पूछा, भच बाबू! पटना में क्या रोजगार चलता है कि आनन-फानन में मकान उठ गया? उनका जवाब था—दोस्तों की मेहरबानी है, वरना मेरी क्या औकात। उनके इस तीर पर एक दूसरे गँवई ने अपना तुक्का चलाते हुए कहा, वैसा ही कोई दोस्त हमको भी खोज दीजिए न! भच महोदय को 'छात्र-कोटा' में टिकट भी प्राप्त हुआ और जनता-लहर के साथ बहकर वे भी विधान सभा में जा डटे। दो वर्ष बाद, अपने क्षेत्र के दौरे पर एक स्थानीय प्राचार्य को संग चलने के लिए कहा तो मर्मज्ञ प्राचार्य ने बड़े निश्चिन्त भाव से उन्हें समझाया, "अरे छोड़िए भी, नाहक अपना समय और गाड़ी का पेट्रोल क्यों बर्बाद कीजिएगा। लहर बार-बार थोड़े आती है।" संघर्ष-कोष के इंचार्ज श्री चन्दावर ने राज्य समन्वय समिति की एक बैठक में हम लोगों के सामने जे.पी. से कहा था कि आन्दोलनकारी छात्र और नौजवान उन्हें छुरा दिखाकर खर्च के लिए उनसे रुपयों की माँग करते हैं। सम्पूर्ण क्रान्ति के एक पवनसुत को, जो भागलपुर जेल में बन्द थे, संघर्ष वाहिनी की एक बहना ने पटना से राखी भिजवाई जिसके सात सौ रुपये टैक्सी खर्च समिति को वहन करने पड़े थे। आन्दोलन समाप्ति के बाद उस क्रान्तिकारी भाई-बहन के रिश्ते में सम्पूर्ण क्रान्ति हो गई और वे पति-पत्नी बन गए। 'सेंटर फॉर न्यू एजुकेशन' के कार्यालय से डुप्लीकेटिंग मशीन और टाइपराइटर टपा दिए गए और शान्ति प्रतिष्ठान का फिल्म-प्रोजेक्टर एक रात अचानक लापता हो गया। ऐसी अनेक कलाबाजियाँ होती रहीं।

जे.पी. के कदमकुआँ निवास पर एक रोज जब राज्य समन्वय समिति की बैठक चल रही थी तो जे.पी. ने आन्दोलन-कार्यक्रमों की प्रगति रिपोर्ट जाननी चाही। बस, शुरू हो गई भूदानी स्टाइल की डपोरशंखी : भूदान में जैसे हुआ करता है—'गोपाल का दस्तावेज' खोल, एलान करते चले गए : फलां जगह ग्रामदान, सारा-का-सारा फलाँ जिलादान और प्रान्त दान वगैरह-वगैरह। ठीक उसी तरह कुछ लोगों ने जे.पी. को बिलकुल झूठी रिपोर्ट देनी शुरू कर दी। एक ने कहा—अमुक जिले के अमुक प्रखंड में जनता सरकार गठित कर ली गई है। तो दूसरे ने कहा, फलां प्रखंड में जनता कचहरी बैठ गई है। किसी ने बताया कि अमुक गाँव में रात्रि को सम्पूर्ण क्रान्ति का दर्शन समझाया जाता है, आदि-आदि। उस गपड़चौथ

में जे.पी. भी अकुला रहे थे। मुझसे नहीं रहा गया तो मैं भी बोलने उठा। कई प्रमुख लोग बैठे थे—ठाकुर दास बंग, ढड्ढा, चौधरी ब्रह्मप्रकाश, महामाया बाबू, गुलाम सरवर, तकी रहीम, शंकर सिंह आदि। मैंने कहा—

> इस आन्दोलन के दो लक्ष्य कहे जा सकते हैं। एक, तात्कालिक लक्ष्य—महँगाई, बेरोजगारी, भ्रष्टाचार दूर करना और शिक्षा में आमूल परिवर्तन लाना। दूसरा, दूरगामी लक्ष्य—सम्पूर्ण क्रान्ति। जनता ने अपनी पूरी शक्ति इस आन्दोलन के पीछे लगा दी है। कई पुराने लोगों का कहना है, इतना जबरदस्त आन्दोलन उन्होंने आजादी की लड़ाई के दिनों में भी नहीं देखा था। सभी मजहब और जात, सभी तबके के लोग; औरत-मर्द, बच्चे-बूढ़े-जवान—सभी जुटे। विराट् जनसभाएँ हुईं। लाखों-लाख नर-नारियों का विशाल प्रदर्शन हुआ। मीलों लम्बा जुलूस निकला। लगातार तीन दिनों तक सारा बिहार बन्द रहा। फिर भी आन्दोलनकारियों की माँग मानने की कौन कहे, सरकार उनसे बात तक करने को तैयार न हुई। तो इसे मैं आन्दोलन की नहीं, सरकार की ही विफलता मानता हूँ; क्योंकि प्रजातंत्र में सरकार को जैसा संवेदनशील होना चाहिए, यह सरकार वैसी नहीं है—इससे यही प्रकट होता है। सुनते हैं, विदेशों में लोग केवल काला बिल्ला बाँधकर उस पर इतना ही लिख दें, 'हड़ताल पर हूँ', तो इतने से ही वहाँ प्रशासन बेचैन हो उठता है और हड़तालियों से समझौता-वार्ता शुरू हो जाती है। और यहाँ इतना सब होने के बावजूद सरकार अपनी हठधर्मिता पर ही अड़ी रही। लेकिन मुझे इसका अधिक रोना नहीं।
>
> असल में मैं चिन्तित हूँ आन्दोलन के दूसरे लक्ष्य के प्रति। जिसे आप सम्पूर्ण क्रान्ति कहते हैं, उसका उद्देश्य तो यही है न कि हमारे जीवन में आमूल परिवर्तन आ जाए। जीवन के प्रति हमारा समग्र दृष्टिकोण, मूल्य-मान्यता हमारे सोचने-समझने का ढंग, हमारा तौर-तरीका, व्यवहार-आचरण, सब कुछ बदल जाए, निखर जाए। अब अगर सम्पूर्ण क्रान्ति की यही परिभाषा है और इसका बिगुल भी बज चुका है, तो इसके साथ एक प्रश्न जुड़ जाता है—इस क्रान्ति के वाहक कौन होंगे? इसे कौन लाएगा? जाहिर है, हम ही सब लोग जो आज और अभी इस आन्दोलन में जुटे हैं। ठीक है, अगर सम्पूर्ण क्रान्ति के वाहक हम ही लोग हैं, तब मैं आप सब लोगों से एक छोटा और सीधा सवाल पूछना चाहता हूँ : हमारे और आपके अन्दर इस बीच ऐसा कौन सा तात्त्विक, मौलिक परिवर्तन हो गया है जिसके आधार पर यह आशा की जाए कि हम समस्त समाज के जीवन में आमूल परिवर्तन ला सकने के योग्य बन गए हैं और अपने अभियान में हम सफल होंगे?

यह प्रश्न उठाकर मैं बैठ गया। मैंने देखा, जे.पी. की मुद्रा गम्भीर हो गई थी।

जे.पी. की कठिनाई असल में यह थी कि वे बहत्तर वर्ष के हो चुके थे। उनका स्वास्थ्य तेजी से गिरता जा रहा था। प्रभावती जी के स्वर्गवास से उनके व्यक्तिगत जीवन में जो रिक्तता आ गई थी, उसने भी उनके अवचेतन मन को आक्रान्त कर दिया था। वैसे, कुछ 'सेल्फ-स्टाइल्ड बेटी-दामाद' उनकी सेवा में अवश्य जुट आए थे। लेकिन मैं निश्चयपूर्वक कह सकता हूँ, प्रभावती जी यदि जीवित होतीं तो उन कुपात्रों को झाड़ू से बुहारकर कूड़ेदान में फेंक आतीं। वे सब सस्ते 'सेल्फ-सीकर्स' थे जिन्हें देवसंयोग से निःसन्तान जे.पी. के सूनेपन का शोषण कर लेने का सुवर्ण अवसर उपलब्ध हो गया था। उस विस्मृति-ग्रस्त बूढ़े बीमार की तीमारदारी में उन दिनों जैसी 'हेल्थ-पॉलिटिक्स' चली, वह खुदा से भी नहीं सहा गया। सारी चांडाल-चौकड़ी में बस एक ही सच्चा आदमी था—टी. अब्राहम। जे.पी. अन्दर से टूटते जा रहे हैं, यह मैंने उसी रोज देख लिया था जब प्रभावती जी की अन्त्येष्टि के लिए हम लोग बाँसघाट गए थे। चिता जब तक जलती रही, हम लोग घाट अगोरे रहे। दिनकर जी और मैं बिलकुल उनकी बगल में बैठे थे। जे.पी. बीच-बीच में धीमे से कराह उठते थे। मेरी भी मनोदशा संयत न रह सकी, इसलिए मेरे मुँह से एक बात निकल गई, "डेथ रियली मैटर्स ह्वेन समबडी डाइज टू यू।" सुनते ही जे.पी. की अन्तर्पीड़ा एक गहरी लम्बी साँस बनकर बाहर निकल पड़ी। घाट से जब लौटने लगे तो सीढ़ियाँ चढ़ने में सहारे के लिए मैंने उनकी बाँह पकड़ रखी थी। चढ़ाई जब खत्म कर चुके, तो उतरते समय मुझसे कहा, "अब छोड़ दऽ" और फिर अत्यन्त दार्शनिक भाव में बोले, "गैटिंग डाउन इज नो प्रॉब्लेम।"

आन्दोलन के शुरू साल में वे अचानक जवानों की तरह जो फड़कने लगे थे—गांधी मैदान के निकट स्टेट बैंक की पाँच फुट ऊँची चहारदीवारी फाँद गए—वह जे.पी. के कायाबल का नहीं, मनोबल का चमत्कार था। गांधी, नेहरू, पटेल, जे.पी., इंदिरा जी, इन सबकी विलक्षणता यह रही है कि चुनौतियों से भिड़न्त के समय उनके अन्दर एक अद्‌भुत शक्ति पैदा हो जाती है। चुनौती जितनी गम्भीर हो, शक्ति भी उतनी ही प्रबल। लेकिन देह और आत्मा के धर्म और नियम तो अलग-अलग हैं। वय-वृद्धि के साथ आत्मा भले ही दोषमुक्त होने लग जाती हो, परन्तु देह तो दोषग्रस्त ही होती जाती है। जे.पी. की एक मनोग्रन्थी यह भी थी कि किया तो उन्होंने बहुत कुछ था, परन्तु पूरी सफलता उन्हें कभी न मिल पाई थी। जीवन में कम-से-कम एक बार भी तो उन्हें पूर्ण सफलता प्राप्त हो जाए, शायद यह कसक उनकी कमजोरी बन गई थी। आन्दोलनकारियों के उतने अनाचार जे.पी. जो सहते चले गए, उसका एक कारण यह भी था कि उस निर्णायक संग्राम में

सूर्यास्त से पहले वे अपनी विजय-पताका गाड़ जाना चाहते थे। उनका जीवन-सूर्य जितनी तेजी से क्षितिज की ओर उतरता चला गया, उतना ही वे आतुर होते चले गए। मीन-मेख निकालने का समय उनके पास बिलकुल न बचा था। कुकर्मियों ने इसी का सारा लाभ लूट लिया।

यह बात भी जरूर कह दूँ कि आन्दोलन धीरे-धीरे बेदम होता जा रहा था और इमरजेंसी लागू होते ही वह करीब-करीब टूट ही गया। जे.पी. सहित जब देश के छोटे-बड़े अनेक विरोधी नेता गिरफ्तार कर लिये गए, तो बिलकुल मुर्दनी छा गई। कहीं कोई प्रतिकार न हुआ। किसकी क्या स्थिति हो चली थी, यह तो जे.पी. के ही उस पत्र से पता लग जाएगा जो 12 नवम्बर, '76 को उन्होंने विनोबा जी को भेजा था? लिखा था—

पूज्य बाबा

> वर्तमान परिस्थिति से व्यथित होकर यह पत्र लिख रहा हूँ। आज से ठीक एक साल पूर्व मैं नजरबन्दी से रिहा हुआ था। तब से जीवन और मृत्यु के बीच झूलता रहा हूँ। आज भी स्थिति कुछ वैसी ही है। फिर भी जीवित हूँ, यही क्या कम है।
>
> इस अरसे में देश कहाँ से कहाँ चला गया। बदल तो मैं भी चाहता था, परन्तु जो बदल हो रहे हैं, वे उलटी दिशा में हो रहे हैं। मैं खुद बीमार हूँ। कुछ कर नहीं सकता। और अपने को इस योग्य नहीं समझता कि आप को सलाह दूँ। केवल अपने अन्तर की व्यथा प्रकट करने के लिए यह पत्र लिख रहा हूँ।
>
> ....
>
> इधर इमरजेंसी के बहाने राष्ट्र के मुँह पर ताला जड़ दिया गया है। कोई कुछ बोल नहीं सकता। आपको भी उम्मीद थी कि इसी अक्टूबर-नवम्बर तक इमरजेंसी उठा ली जाएगी। सेंसरशिप हट जाएगी, जेलों में पड़े राजबन्दी रिहा कर दिए जाएँगे और अगले फरवरी-मार्च में चुनाव कराने की घोषणा भी हो जाएगी। लेकिन कुछ नहीं हुआ। उलटे चुनाव की तारीख और आगे बढ़ा दी गई है। यद्यपि कोई मौजूं कारण नहीं है ऐसा करने का। आज देश में सर्वत्र शान्ति है, कहीं कोई तोड़-फोड़ नहीं हो रही है। फिर भी शासकों की ओर से यह मिथ्या प्रचार किया जा रहा है कि विपक्षी लोग फिर गड़बड़ करनेवाले हैं। इमरजेंसी को कायम रखने का यह एक बहाना मात्र है।
>
> और कांग्रेस, जो आजादी के लिए लड़ी थी, निष्प्राण, निर्जीव-सी हो गई लगती है। उसके वरिष्ठ नेता चुप हैं, भयग्रस्त हैं। जो कुछ हो रहा है, वह गलत

है, ऐसा मानते हुए भी वे उसके विरोध में कुछ बोल नहीं सकते, कोई कदम उठा नहीं सकते। उनकी स्थिति वैसी ही लगती है जो द्रौपदी के चीर-हरण के समय भीष्म, द्रोण आदि की हुई थी।

जो थोड़े लोग बाहर हैं, वे किंकर्तव्यविमूढ़ हैं। शान्ति के रास्ते इस परिस्थिति का प्रतिकार कैसे किया जाए, यह उन्हें नहीं सूझता। मुझे भी नहीं सूझता। ऐसी स्थिति में सारा देश आपकी ओर देख रहा है।

मैं मानता हूँ, और देश मानता है कि आपमें ही वह आध्यात्मिक और नैतिक शक्तिपुंज है जिसके प्रकट होने से स्थिति में परिवर्तन हो सकता है। अत: आपसे मार्गदर्शन की अपेक्षा देश को है।

मैं और क्या लिखूँ। लिखने की आवश्यकता भी नहीं। आप सब कुछ देख-सुन रहे हैं।

सविनय प्रणाम सहित,
जयप्रकाश नारायण

सच्ची बात तो यह है कि इंदिरा जी ने स्वयं ही इमरजेंसी समाप्त करके चुनाव कराने की घोषणा न कर दी होती, तो किसी में शक्ति न थी कि स्थिति को उनकी मुट्ठी से छीन लेता। हाँ, चुनाव होता तो जरूर वे बुरी तरह हार जातीं, और हार ही गईं। लेकिन चुनाव में हरा देने की ताकत और चुनाव करा लेने की ताकत, ये दोनों बिलकुल अलग-अलग बातें हैं। लगता है, इंदिरा जी को उनके अफसरों खासकर इंटेलिजेंस वालों ने शायद जान-बूझकर गुमराह कर दिया। जे.पी. जब चंडीगढ़ जेल से बीमार होकर पटना आए और यहीं रहने लगे, तो उन दिनों मैं उनके यहाँ ज्यादा जाने लगा था। तब इक्के-दुक्के लोग ही उनके यहाँ आते-जाते थे क्योंकि उनकी सारी गली और अहाते में पुलिस और इंटेलिजेंसवालों की घेराबन्दी रहती थी। पूछताछ करते, नाम-पता नोट कर लेते थे। एक दिन तीसरे पहर जब मैं नीचे सच्चिदा जी के कमरे में बैठा यों ही गप-शप कर रहा था, तो वहीं बगल में एक इंटेलिजेंस अफसर भी बैठे अपनी ड्यूटी बजा रहे थे। नाक-नक्श से लगता था, दिल्ली के आसपास कहीं के आदमी हों। तो बात-ही-बात में उन्होंने हम लोगों से कहा, "यू सी, मैडम गांधी इज नॉट गोइंग टू कंटिन्यू ऑफ्टर सेवेंटी-सेवेन।" यह मैं आपको सितम्बर-अक्टूबर, '76 की बात बता रहा हूँ। मैंने उनसे पूछा, "ह्वाई?" उन्होंने कहा, "वेल, दैट इज नॉट फॉर मी टू टेल यू। स्टिल यू मे टेक इट फ्रॉम मी।" थोड़ी देर बाद जब वे साहब हटे तो मैंने सच्चिदा जी से कहा, सुना आपने ये हजरत क्या फरमा रहे थे? उन्होंने कहा, "हम लोगों से हमदर्दी दिखलाना चाह

रहे हैं ताकि हम लोग इनके सामने खुलकर अपनी बात किया करें; और कोई बात नहीं।" शायद बड़े अफसरों के बीच भी इंदिरा जी के विरुद्ध षड्यंत्र चल रहा था। एक शाम दिल्ली में अपने एक परिचित केन्द्रीय अफसर के डेरे पर मैं गया। उनके साथ दो-एक और अफसर मित्र पहले से ही बैठे थे। चुनाव की बात चली तो सभी चुप लगा गए। उससे भी मुझे लगा, सरकार के प्रति अफसरों का रुख ठीक नहीं। क्योंकि वे सरकारी नौकर थे, तो सरकारी पार्टी के समर्थन में तो बोल ही सकते थे। उसमें तो कोई भय नहीं था। 18 मार्च, '77 को मतदान के दिन अफसरों ने जनता उम्मीदवारों को सचमुच बड़ी मदद पहुँचाई। उस दिन मतदान केन्द्रों पर जनता उम्मीदवारों ने तीन-तीन, चार-चार लाख के 'बैलेट-ओवर ड्राफ्ट' जो भँजा लिये वह सब अफसरों का ही कृपाप्रसाद था। दस-बारह साल का लड़का भी वोट डाल आया, वह भी एक बार नहीं, पचीसों-पचासों बार। और कहीं कोई रोक-टोक नहीं।

हालाँकि इमरजेंसी का अपना ही रंग साल-छह महीने में उड़ने लग गया था। इमरजेंसी में कोई खास काम-वाम नहीं हो रहा था, बस हौआ और ढिंढोरा ज्यादा। उसकी भी कुछ झाँकियाँ देख ही लीजिए—

> मोतिहारी में मेरे एक वकील मित्र हैं, आनन्दस्वरूप जी। सदाबहार चेहरा। मस्तमौला आदमी। बिना कोट-पैंट के ही कचहरी कर आते हैं। एक रोज कचहरी जा रहे थे, तो रास्ते में एल.एन.डी. कॉलेज के पास पुलिस सिपाही ने पकड़ लिया—'चलऽ बइठऽ इम्तहान में।' लाख समझाया कि स्टूडेंट नहीं, वकील हैं, पर सिपाही मानने को तैयार नहीं : 'ढेर उड़ जन। चुपचाप चल के इम्तहान द, न त इमरजेंसी बा। सीधे चालान हो जइब।' एक लेक्चरर ने पहिचाना तो उनकी जान बची।

नारायणपुर कॉलेज के प्रिंसिपल आन्दोलन-समर्थक थे। उन्हें डी.आई.आर. के अन्तर्गत गिरफ्तार कर लिया गया। 'ग्राउंड्स ऑफ डिटेंशन' में एक ग्राउंड यह भी था, "आपने परीक्षा में बहुत सख्ती बरती जिसके कारण बहुत से परीक्षार्थी परीक्षा छोड़कर चले गए, इस प्रकार आपने परीक्षा-संचालन कार्य में बाधा पहुँचाई।"

बिहार के एक कैबिनेट मंत्री, बैठाजी ने चम्पारण जिले के अफसरों की मीटिंग में कहा, "सुनिए साहब! हम एके गो बात जानते हैं। भर इमरजेंसी घूस-रिसवत रोक देना है। इमरजेंसी खतम हो जाए, त हम लोग भी चालू हो जाएँगे, आप लोग भी चालू हो जाइएगा।" यह मुझे खुद जिलाधीश महोदय ने सुनाया था। हालाँकि कहीं कुछ रुका नहीं, सब जैसे का तैसे चलता ही रहा।

पटना के बाँकीपुर पोस्ट ऑफिस में एक दिन पोस्टकार्ड के लिए हम लोग

लाइन में काफी देर तक खड़े रहे। काउंटर-क्लर्क नदारद। आध-पौन घंटे बाद चाय-वाय पीकर लौटा तो लोग उस पर बरस पड़े, "...इमरजेंसी को मजाक बना दिया...काम-धाम से कोई वास्ता नहीं...घंटों गायब।" वह पट्ठा भी डट गया, "बेसी बोलिए मत, प्रधानमंत्री जी रोज कहती हैं कि इमरजेंसी में खूब काम हो रहा है...और इ हल्ला किए हुए हैं कि कोई कामें नहीं हो रहा है... चढ़ाइए पैसा।" अजीब अभागा है यह देश, इसका जो हाल सामान्य काल में, वही आपातकाल में।

सन् 1976 के मार्च-अप्रैल में ही लोग जेलों से छूटने लग गए थे। जून-जुलाई आते-आते, कुछ प्रमुख नेताओं और कार्यकर्ताओं को छोड़, बहुत सारे आन्दोलनकारी रिहा कर दिए गए। अधिकतर लोग इमरजेंसी के पाँच-छह महीने बाद से ही उकताने लगे थे और उनका खयाल था कि आन्दोलन में अब कोई दम नहीं है, इसे उठा ही लेना चाहिए। प्रतिष्ठा कैसे बची रह जाए, यही युक्ति किसी को नहीं सूझ रही थी। बिहार के एक प्रमुख नेता और भूतपूर्व मुख्यमंत्री, जो मीसा में गिरफ्तार कर पटना में ही रखे गए थे, बाहर निकलने के लिए इतने बेचैन हो उठे कि उन्होंने कई हिकमतें लगानी शुरू कर दीं। उनसे भी बड़े-बड़े और कई लोग थे जो बीस सूत्री कार्यक्रम तक के समर्थन में इंदिरा जी तक अपना कातर-सन्देश पहुँचवा चुके थे। बाला साहब देवरस बहुचर्चित व्यक्ति रहे हैं। उन्हीं दिनों चौधरी चरण सिंह ने अपने दल के लोगों के पास एक साइक्लोस्टाइल्ड परिपत्र भेजा था जिसमें उन्होंने आन्दोलन और जे.पी. की निन्दा की थी। उन्होंने लिखा था कि इस तरह के आन्दोलन का लाभ बड़े थैलीशाहों और उद्योगपतियों को ही मिलेगा। सत्तापक्ष के लोग तो जे.पी. को फासिस्ट कहने ही लगे थे, चौधरी साहब को भी वे एक तानाशाह नजर आ रहे थे। यहाँ मैं एक यह बात भी कह देना चाहता हूँ कि सत्तापक्ष के समर्थकों ने जे.पी. को फासिस्ट और प्रतिपक्ष के लोगों ने इंदिरा जी को तानाशाह बताकर आरोप-प्रत्यारोप का जो कुत्सित वाक् युद्ध छेड़ रखा था, उसका कोई सम्बन्ध वास्तविकता से नहीं, दोनों पक्षों की कटुता और हठधर्मिता से था। स्वर्ग से देवदूत भी उतरकर धरती के लोगों को यदि यह विश्वास दिलाना चाहते कि जे.पी. फासिस्ट थे, तो उन्हें स्वयं ही उपहासित होकर लौट जाना पड़ता। और जो लोग इंदिरा जी को तानाशाह कहते रहे हैं, असल में उन्हें किसी तानाशाह से कभी पाला ही नहीं पड़ा। इंदिरा जी सचमुच तानाशाह होतीं, तो '77 में संसद का चुनाव हरगिज नहीं हुआ होता। जन-आक्रोश की सच्ची और पूरी खबर यदि उन्हें थी, और उन्होंने जान लिया था कि हवा का रुख बिलकुल उनके खिलाफ है, फिर भी उन्होंने चुनाव कराने की घोषणा कर दी और मुक्त मतदान होने दिया—यह क्या किसी तानाशाह का लक्षण है?

पाकिस्तान तो बिलकुल पड़ोस में ही है। वहीं देख लीजिए। इंदिरा जी एक दृढ़ संकल्प व्यक्ति और अति सशक्त प्रशासक हैं, तानाशाह नहीं। यह बात अलग है कि एक लोकतंत्र को अपने प्रधानमंत्री से संकल्प और शक्ति के अतिरिक्त और भी कई श्रेष्ठ अपेक्षाएँ रहती हैं। लेकिन प्रतिपक्ष से कोई श्रेष्ठ अपेक्षा नहीं रहती क्या? जनता से नहीं रहती क्या? संसदीय लोकतंत्र को इंदिरा जी से तो अपेक्षा थी कि हाईकोर्ट के फैसले के बाद पदत्याग कर सत्ता से विलग हो जाएँ, किन्तु मोरारजी भाई से अपेक्षा क्या यह थी कि संसद में बहुमत खो देने के बाद भी प्रधानमंत्री बने रहने का अपना दुराग्रह कदापि न छोड़ें? इंदिरा जी से अपेक्षा थी कि मारुति के मामले में तुरन्त जाँच आयोग बिठा दें, और कान्ति देसाई के मामले में मोरारजी भाई जाँच की माँग को लगातार ठुकराते ही चले जाएँ? देश का और अपना भला चाहते हैं तो सारी बातों पर सच्चाई और निष्पक्षता से विचार करना होगा। मुझे तो ऐसा लगता है कि इंदिरा जी में शुभ और अशुभ, दोनों ही प्रवृत्तियाँ बड़ी प्रबल एवं अपराजेय हैं। देश का दुर्भाग्य यह हुआ कि इंदिरा जी के प्रधानमंत्री बनने के कुछ ही वर्ष बाद से उनके दल और बाहर के प्रतिपक्षी सदा उनकी अशुभ प्रवृत्तियों से ही अपनी प्रतिस्पर्धा बनाए रहे और निरन्तर पराजित होते चले गए। प्रतिस्पर्धा और टक्कर यदि उभय पक्ष की शुभ प्रवृत्तियों के बीच हुई होती, तो उस पुण्य-पथ में स्वयं पराजित होकर भी लोग देश को निहाल कर जाते।

इमरजेंसी के दिनों में जो लोग बाहर थे, उनमें ऐसे भी कई लोग थे जो आन्दोलन के भोले-भाले समर्थकों और सहायकों के समक्ष बड़ी-बड़ी जीभ निकालकर हाँफते हुए यह प्रदर्शित करना चाहते थे कि वे अकेले अपने ही कन्धों पर सारे आन्दोलन का भार ढोते फिर रहे हैं। यह जताकर कि पाताल लोक में वे एक जबरदस्त गुप्त तैयारी में जुटे हैं जिसके परिणामस्वरूप भयंकर भूचाल होनेवाला है, कई सूत्रों से वे मोटी-मोटी रकमें ऐंठते रहे। पैसा देनेवालों को पाताल लोक का रास्ता कहाँ मालूम था कि स्वयं जाकर देख आएँ कि वहाँ सचमुच क्या हो रहा है। इमरजेंसी जितने अधिक दिनों तक चलती, उन प्रपंचियों के उतने ही अधिक पौ-बारह थे। लेकिन हमारे कुछ ऐसे भी साथी थे जिन्हें लगता था, देशहित में सामान्य स्थिति का लौट आना अत्यावश्यक है। हमने आपस में विचार किया कि अब इस दिशा में कुछ प्रयास चलाना चाहिए। बिल्ली के गले में घंटी कौन बाँधे, यही समस्या थी। मैंने एक छोटा-सा प्रेस वक्तव्य तैयार किया। बिहार के एक प्रमुख अंग्रेजी दैनिक के सम्पादक, जिनसे मेरा प्रेम-भाव चला करता है, उनसे जब मिला तो वक्तव्य पढ़कर वे चौंके। बयान यद्यपि बहुत नपा-तुला और छोटा था, फिर भी उसमें 'रिकैल्सिट्रंस' और 'बिटरनेस' शब्द प्रयुक्त हुए थे जो सरकार पर भी लागू हो जाते थे। उन्होंने मुझे बयान नहीं प्रसारित करने की सलाह दी। इमरजेंसी और

सेंसरशिप के कारण उन्हें भय था कि इससे हम दोनों ही बड़े झमेले में पड़ जाएँगे। मैंने उनसे कहा कि वे मेरी चिन्ता न करें; हाँ, यदि वे स्वयं झमेले में फँसते हों, तो उसे छोड़ दें। बयान अंग्रेजी के किसी अखबार में तो नहीं छपा, लेकिन चार-पाँच दिनों बाद, 2 फरवरी, '76 को बिहार के एक प्रमुख हिन्दी दैनिक, 'प्रदीप', में वह कट-छँटकर प्रकाशित हुआ—

> बिहार राज्य सोशलिस्ट पार्टी के जन-सम्पर्क सचिव श्री अरुण भोले ने एक प्रेस वक्तव्य प्रसारित कर सरकार तथा आन्दोलनकारियों से अपील की है कि वे देश में एक ऐसी सामान्य स्थिति उत्पन्न करें जिसमें देश के समक्ष उपस्थित व्यापक प्रश्नों पर दोनों पक्ष एक-दूसरे के दृष्टिकोण को ठीक-ठीक समझने में समर्थ हो सकें। उन्होंने कहा है कि कटुता और दुराग्रह से मुक्त हुए बिना किसी भी पक्ष के लिए ऐसी स्थिति उत्पन्न करना सम्भव नहीं, तथापि इस दिशा में पहल करने के लिए सरकार ही अधिक सक्षम है।

और भी कई कोने से वैसी आवाज हल्के-हल्के उठने लगी। शनिवार, 13 नवम्बर, '76 को, जे.पी. के कदमकुआँ निवास पर अखिल भारतीय विरोधी दलों के नेताओं की जो बैठक हुई, उसमें राष्ट्रपति श्री फखरुद्दीन अली अहमद से हुई अपनी पिछली भेंट की चर्चा करते हुए जे.पी. ने श्री अशोक मेहता को बताया कि उन्होंने राष्ट्रपति से यह जानना चाहा था कि सामान्य स्थिति की पुन: स्थापना के लिए इंदिरा जी को जे.पी. अथवा विरोधी दलों से क्या अपेक्षाएँ हैं और वे किन बातों से सन्तुष्ट होंगी ताकि उन बातों पर विचार किए जा सकें। लेकिन इंदिरा जी के पक्ष से उस सम्बन्ध में उस दिन तक जे.पी. के पास कोई सन्देश नहीं पहुँचा था।

पटने में विरोधी दलों की वह बैठक दो दिनों तक चलती रही जिसमें संगठन कांग्रेस की ओर से दल के अखिल भारतीय अध्यक्ष अशोक मेहता, महासचिव रानी पटियाला, बिहार राज्य अध्यक्ष सत्येन्द्र नारायण सिंह, भारतीय लोकदल की ओर से भानुप्रकाश सिंह एम.पी., भारतीय जनसंघ की ओर से ओमप्रकाश त्यागी; सोशलिस्ट पार्टी के एन.जी. गोरे, सुरेन्द्र मोहन तथा सर्वोदय की ओर से दादा धर्माधिकारी आदि बैठे थे। नीचे वाले कमरे में रामसुन्दर दास और मंजे लाल के साथ मैं भी बैठा था : मीटिंग ऊपर वाले कमरे में चल रही थी। एक नई पार्टी के गठन की दिशा में पिछले कुछ महीनों से जे.पी. जो प्रयास चला रहे थे, उसमें गतिरोध बना ही रह गया।

पहला विवाद तो यही उठा कि अंडा तोड़कर मुर्गी निकले या निकलकर मुर्गी अंडा तोड़े—पुरानी पार्टियों को पहले विघटित कर दिया जाए, तब नई पार्टी बने

अथवा पहले नई पार्टी बना ली जाए तब पुरानी पार्टियाँ विघटित हों। अशोक मेहता का कहना था कि वर्तमान दलों के विघटन के प्रश्न पर पहले विचार हो जाए, लेकिन लोकदल के भानुप्रताप चाहते थे कि नये दल की उत्पत्ति के सम्बन्ध में ही विचार हो; उसी में जो आना चाहें, आएँ। पुराने दलों के विघटन का प्रश्न, यदि आवश्यक हो तो, बाद में उठे। सुरेन्द्र मोहन ने जब यह कहा कि सभी पार्टियों ने जे.पी. को अधिकृत कर दिया है कि वर्तमान पार्टियों के विघटन तथा नई पार्टी की स्थापना के सम्बन्ध में वे निर्णय लेकर स्वयं ही इसकी घोषणा कर दें, तो अशोक मेहता ने उसका प्रतिवाद करते हुए कहा कि उनकी पार्टी (संगठन कांग्रेस) ने तो ऐसा अधिकार जे.पी. को कभी नहीं सौंपा था। और जब तक ऐसा कहने और करने का स्पष्ट पार्टी-आदेश स्वयं मेहता जी को ही नहीं मिल जाता, पार्टी अध्यक्ष होते हुए भी, अपनी ओर से जे.पी. को ऐसा कोई अधिकार देने में अभी वे अक्षम हैं। इन सब बातों से जे.पी. इतने खिन्न हो उठे कि एक बार झल्लाकर उन्होंने कहा, "मैं अब इन सब झमेलों में नहीं पड़ूँगा। आप लोगों के जो जी में आए, कीजिए।" बैठक अगले दिन रविवार को भी हुई।

सुरेन्द्र मोहन ने एक योजना प्रस्तुत की : एक नया दल बने जिसका नाम नेशनल डेमोक्रेटिक सोशलिस्ट कांग्रेस हो। दल का अध्यक्ष पद, भारतीय लोकदल (चौधरी चरण सिंह) को तथा उपाध्यक्ष पद, संगठन कांग्रेस को दिया जाए। दो महामंत्री हों, जिनमें एक जनसंघ से लिया जाए और दूसरा, चन्द्रशेखर या कृष्णकान्त या अन्य कोई जो रूलिंग कांग्रेस से आएँ, उनमें से ले लिया जाए। कार्यकारिणी की सदस्य संख्या 35-40 हो लेकिन सभी सदस्य निर्वाचित हों, कोऑप्टेड नहीं। सुरेन्द्र मोहन ने जब यह कहा कि ये सब उनके आकस्मिक विचार (स्ट्रे थॉट्स) हैं तो अशोक मेहता ने उनसे कहा कि अच्छा हो, पहले सुरेन्द्र जी अपने विचारों को सुव्यवस्थित (ऑर्गेनाइज) कर लें। जे.पी. ने भी दो बातें कहीं : दल के नाम में 'कांग्रेस' शब्द छोड़ ही दिया जाए तो अच्छा रहे तथा 'कोऑप्शन' की विधि अप्रजातांत्रिक नहीं। जब वे लोग सोशलिस्ट पार्टी में थे, तब भी यह रिवाज था।

गठन-विघटन, नाम, अध्यक्ष पद आदि प्रश्नों पर दलों के पारस्परिक मतभेदों के कारण नये दल की योजना दलदल में ही फँसी रह गई और बैठक उस बार यों ही समाप्त हो गई।

कोई महीना-डेढ़ महीना पहले, अशोक मेहता और चौधरी चरणसिंह के बीच भी नई पार्टी की स्थापना के सम्बन्ध में अलग से वार्ता और पत्राचार हो चुके थे। नई दिल्ली से 28 सितम्बर को अशोक मेहता ने चौधरी साहब के पास जो पत्र लखनऊ भेजा था, उससे लगता है कि उन दोनों के बीच प्रस्तावित पार्टी

के नाम, उद्देश्य, कार्य-पद्धति आदि कई बिन्दुओं पर सहमति हो चुकी थी। केवल अध्यक्ष पद के सम्बन्ध में निर्णय के लिए मोरारजी भाई की रिहाई या राय की प्रतीक्षा की जा रही थी। लेकिन, लखनऊ से 24 अक्टूबर को चौधरी साहब ने अशोक मेहता को जो पत्र भेजा, उसमें वे पिछली बातों से बिलकुल मुकर गए। उन्होंने लिखा कि अपनी ओर से अब तक मेहता साहब को उन्होंने जो भी बातें कही या लिखी थीं, वे सब उनके निजी विचार थे, दल के नहीं। और उन्होंने मेहता साहब को भी उनकी निजी हैसियत में ही लिखा था, संगठन कांग्रेस के अध्यक्ष के नाते नहीं। चौधरी साहब ने आगे यह भी लिखा कि असल में उनसे कुछ जल्दबाजी हो गई जिसके लिए उन्हें खेद है। उनके दल (भालोद) अथवा जनता को उनका निर्णय पसन्द नहीं। और चूँकि वे सभी प्रश्न राष्ट्रीय महत्त्व के हैं, इसलिए दल या जनता के विचारों की अवहेलना बिलकुल नहीं की जा सकती।

नई पार्टी की स्थापना और गठन के सिलसिले में सबसे जटिल प्रश्न, अध्यक्ष-पद बन गया था। उस गतिरोध को दूर करने के इरादे से अपने कुछ मित्रों की आपसी बातचीत में हम इस राय पर पहुँचे थे कि यदि श्री चन्द्रशेखर राजी हो जाएँ, तो अध्यक्ष पद पर उनका मनोनयन वर्तमान परिस्थिति में श्रेयस्कर होगा। साथ ही, हम यह भी चाहते थे कि गांधी जी के पौत्र, श्री राजमोहन गांधी को भी नई पार्टी में सम्मिलित करने का प्रयास किया जाए। चन्द्रशेखर जी जेल में थे और इमरजेंसी का जमाना था। उनसे सम्पर्क करना हम लोगों के लिए सम्भव नहीं था। फिर, जब तक बड़े लोग न पड़ते, इतनी बड़ी बात में हमारे किए कुछ हो भी नहीं सकता था। जयप्रकाश जी बीमार होकर बम्बई के जसलोक अस्पताल में पड़े थे। वहाँ जाना भी कोई आसान न था। सीधे उनके पास पत्र भेजता, तो इंटरसेप्सन का खतरा। इसलिए मैंने सोचा, प्रभावती जी के छोटे भाई शिवनाथ बाबू को कलकत्ता पत्र लिखकर उनसे आग्रह करूँ कि वे जे.पी. तक हमारा संवाद पहुँचा दें। वे जे.पी. को देखने बराबर बम्बई आया-जाया करते थे। मैंने 2 अक्टूबर को पत्र लिखकर उनसे आग्रह किया कि श्री चन्द्रशेखर के अध्यक्ष पद पर मनोनयन एवं श्री राजमोहन गांधी को प्रस्तावित पार्टी में सम्मिलित किए जाने के सम्बन्ध में हमारा सुझाव वे जे.पी. तक यथाशीघ्र पहुँचाने की व्यवस्था कर दें। अगले वर्ष भी, 18 अप्रैल, '77 को इस सम्बन्ध में मैंने जे.पी. को फिर एक पत्र बम्बई भेजा। मैंने उन्हें लिखा कि जनता पार्टी के वर्तमान अध्यक्ष श्री मोरारजी भाई अब तो देश के प्रधानमंत्री बन चुके हैं। सरकार को उनके नेतृत्व की आवश्यकता है। ऐसी स्थिति में जनता पार्टी के अध्यक्ष पद के कार्यभार से भी उन्हें बोझिल रखना शायद उचित न हो। तब जनता पार्टी के अध्यक्ष-पद का

महत्त्वपूर्ण दायित्व सौंपने के लिए किसी अन्य सुयोग्य पात्र के चयन की दिशा में भी लोगों को सर्वाधिक अपेक्षा जे.पी. से ही रहेगी, यह नितान्त स्वाभाविक है। मैंने आगे लिखा कि ऐसे अवसर पर मेरे जैसे अनेक लोगों के मन में भाई चन्द्रशेखर बरबस चले आते हैं। निष्ठा, साहस और सच्चरित्रता जैसे सद्गुणों से युक्त होने के कारण उनकी जन-छवि जितनी आकर्षक और लोकप्रिय बनकर उभरी है, जनता पार्टी के अध्यक्ष पद की गरिमा के साथ उसका संयोजन लोकप्रेरक सिद्ध होगा, हमें इसकी पूरी आशा है।

1 मई, '77 को दिल्ली में जनता पार्टी के उद्घाटन सम्मेलन के एक दिन पूर्व विट्ठलभाई पटेल भवन में सोशलिस्ट पार्टी का समापन सम्मेलन हुआ। अध्यक्षता जार्ज फर्नांडिस कर रहे थे। एक प्रस्ताव था कि मधु लिमये को अधिकृत कर दिया जाए कि सर्वदलीय समिति के समक्ष जनता पार्टी के अध्यक्ष के निर्वाचन के प्रश्न पर सोशलिस्ट घटक के विचारों का प्रतिनिधित्व वे ही करें। अध्यक्ष-पद के लिए लिमये स्वयं ही मन-लड्डू बाँध रहे थे। तब बिलकुल साफ था, कि वे समिति में क्या कहेंगे और क्या करेंगे। इसलिए मैंने उस प्रस्ताव का बहुत विरोध किया। मैंने एक संशोधन रखा था कि सर्वश्री एच.वी. कामथ, समर गुहा, एन.जी. गोरे, जार्ज फर्नांडिस, बसावन सिंह, सरदार हरभजन सिंह आदि नौ सदस्यों की एक उप-समिति गठित कर दी जाए जिसकी राय ही मधु लिमये सर्वदलीय समिति में पेश करें, अपनी स्वतंत्र राय नहीं। जब मैं बोलने उठा, तो लिमये समर्थकों ने हल्ला मचाना शुरू कर दिया, बैठ जाओ...बैठ जाओ। लगभग पन्द्रह मिनटों तक उस शोर-शराबे के बीच मैं डटा रहा। लेकिन लिमये एंड कम्पनी ने मेरे संशोधन का गला घोंट दिया। असल में मेरी नीयत थी कि जनता पार्टी के अध्यक्ष भाई चन्द्रशेखर निष्कंटक निर्वाचित हों। मेरी समझ यह रही कि जनता पार्टी के रूप में जब हमारा नया जन्म हो रहा है, तो हमें अपने पूर्व जन्म की बातें बिलकुल भुला ही देनी चाहिए। एक योग्य और चरित्रवान व्यक्ति, पहले चाहे जिस भी घटक अथवा दल से सम्बद्ध रहा हो; जनता पार्टी के प्रति निष्ठावान और समर्पित है, तो उसकी पूछ पहले होनी चाहिए। मुझे सचमुच बड़ी खुशी हुई जब अन्ततोगत्वा भाई चन्द्रशेखर ही अध्यक्ष बने। लेकिन आगे चलकर मुझे इसकी बहुत बड़ी कीमत चुकानी पड़ी। कुछ ही महीने बाद, टिकटों के बँटवारे के समय जनता पार्टी में मैं सोशलिस्ट घटक का ही विशेष कोपभाजन बना। और जिस चन्द्रशेखर भाई के लिए मैंने उतना सब कुछ किया था, मेरी गुहार पर उनके कान में जूँ तक न रेंगी।

राज्यों में विधान सभाओं के चुनाव अभी हुए नहीं थे, केवल टिकट ही बँटे थे। टिकट बँटवारे के तुरन्त बाद मैंने चन्द्रशेखर को एक पत्र लिखा था। पत्र है

तो लम्बा, फिर भी जब आपने इतना सब कुछ पढ़ा है, तो थोड़ा और धैर्य रखकर इसे भी पढ़ ही लीजिए। रस तो मिलेगा ही, जनता पार्टी की सम्पूर्ण जन्मकुंडली और उसके फलाफल भी इसी से मालूम हो जाएँगे—

राजेन्द्रनगर, पटना
26 मई, 1977

प्रिय चन्द्रशेखर भाई,

शायद आप यह पत्र पढ़ें भी नहीं। पत्रोत्तर की लालसा तो मात्र एक दुराशा है। आपको इतनी फुरसत ही कहाँ होगी! फिर भी अपने को रोक नहीं पा रहा हूँ।

मुजफ्फरपुर से दिल्ली एक लाइटनिंग कॉल पर लगभग अस्सी रुपये खर्च आते हैं। विगत 16 से 18 मई के बीच मैंने आपके पास वैसे तीन लाइटनिंग और कोई चार अरजेंट ट्रंककॉल किए थे। फोन उठानेवाले सज्जन पूछते, "कौन बात करेंगे?" और जब उन्हें मालूम होता कि अरुण भोले नामक कोई अदना आदमी है, तो फिर, "अभी बाहर हैं," कहकर फोन रख देते। मुझे भाँपते देर न लगती कि आप बाहर नहीं, वहीं हुआ करते थे। सोचिए! कितनी निराशा होती होगी। मुझ जैसा मध्यवर्गीय आदमी नाहक लाइटनिंग या अरजेंट ट्रंककॉल की विलासिता की औकात तो नहीं ही रखता। कोई वैसी ही असामान्य स्थिति उत्पन्न हुई होगी या वैसा ही कोई अत्यावश्यक कारण हुआ होगा, तभी तो उतना खर्च उठाने की मैंने हिम्मत की होगी। शायद आपका ध्यान इस मामूली-सी बात की ओर नहीं गया।

कई साल हुए, दिल्ली के 3 साउथ एवेन्यू लेन के अहाते में दक्षिण भारत के किसी एक व्यक्ति के विरुद्ध अनेक व्यक्ति कुछ माँगें लेकर कांग्रेस के युवा तुर्क से बहस कर रहे थे। वह असहाय अकेला आदमी चुपचाप किनारे खड़ा था। तभी उसके कन्धे पर हाथ रखते हुए विपक्षियों से युवा तुर्क दृढ़ स्वर में बोला, "...कल जब बहुत से लोग मेरे साथ नहीं थे, तब इसने मेरा साथ दिया था। आज, जब मेरे आगे-पीछे बहुत से लोग खड़े हैं, और यह अकेला पड़ गया है तो मैं इसका साथ छोड़ आप लोगों का साथ दूँ, यह नहीं हो सकता..." पता नहीं आपको कुछ याद भी है या नहीं। लेकिन उसी घड़ी वह युवा तुर्क चन्द्रशेखर मेरे मन में जम गया। इतना सच्चा साथी, निर्भय योग्य व्यक्ति, राजनीति में मिलता ही कहाँ? उस

चन्द्रशेखर के प्रति मेरे मन में विश्वास जगा। तभी से मैं उसका प्रशंसक एवं समर्थक रहा हूँ।

अपने संकट की घड़ी में मैं भी उसी चन्द्रशेखर भाई को उस दिन फोन पर खोज रहा था। परन्तु वे मिले नहीं। घोर निराशा हुई। शायद, अब वे चन्द्रशेखर नहीं रहे।

उस दिन आपकी सहायता तो मैं अपने लिए ही चाहता था। लेकिन, सच पूछिए तो संकटग्रस्त स्वयं बिहार की राजनीति हो चुकी थी। प्रश्न किसी एक अरुण भोले का नहीं, बल्कि उन मूलभूत नीतियों और सिद्धान्तों का था जिनकी घोर अवहेलना कर अनेक अरुण भोले काट दिए गए। आप पार्टी के अध्यक्ष थे, सामर्थ्यवान थे। अनीतियों को रोकते तो संकट से अरुण भोले ही नहीं, नवजात जनता पार्टी भी उबर जाती। लेकिन समय पर लोग पुकार सुनते ही कहाँ! कुछ करने की बात तो दूर रही। परिणाम? वही, जो होता आया है—स्वास्थ्य के नियमों की अवहेलना कीजिए, शरीर रोगग्रस्त और दुर्बल हो जाएगा, और शायद अकाल मृत्यु भी हो जाए। कारण-कार्य के सार्वभौम नियम का अपवाद नहीं हुआ करता।

उस दिन तो मुझे भी नहीं मालूम था कि टिकट के बँटवारे में जाति-पाँत, भाई-भतीजावाद, व्यक्तिगत सम्बद्धता, कोटा-सिस्टम को आधार मान इतने बड़े पैमाने पर अन्धेर किया जा रहा है। मैं तो समझता था कि मेरे जैसे कुछ ही लोग हैं जो कतिपय कारणों से कुछ सबल लोगों का कोप-भाजन बन रहे हैं। अब, जब सारी बातें सामने आई हैं, तो जान पाया कि टिकट के बँटवारे में पिछले दिनों पटना से दिल्ली तक क्या कुछ नहीं हुआ। अनीतियों की बहती गंगा में सबों ने प्रेमपूर्वक हाथ धोए। किसने कम, किसने ज्यादा—यह प्रश्न निरर्थक है। 'को बड़-छोट कहत अपराधू'।

जनता पार्टी का न कोई अनुयायी था, न नेता। जनता पार्टी—एक ढकोसला : जनसंघ के कोटे में 64, सोशलिस्ट पार्टी के कोटे में 55, 'भालोद' के कोटे में 53, संगठन कांग्रेस के कोटे में 48, कांग्रेस फॉर डेमोक्रेसी के कोटे में 18। अभागी जनता पार्टी के कोटे में एक भी नहीं। कोटा में भी सब-कोटा। कुछ राजपूत कोटा, कुछ भूमिहार कोटा; कुछ ब्राह्मण कोटा, कुछ यादव कोटा; योग्यता कोटा कहीं नहीं। और सबसे ऊपर कुछ सिंह जी के, कुछ तिवारी जी के; कुछ ठाकुर जी के, कुछ राम जी के; और एकाध सहाय जी के भी। इतना ही नहीं : बाप एम.पी. बेटा एम.एल.ए.; पति एम.पी., पत्नी एम.एल.ए.; पत्नी एम.एल.सी., पति एम.एल.ए., बेटा एम.एल.ए.; एक भाई एम.पी. दूसरा भाई एम.एल.ए.; ससुर एम.पी. दामाद एम.एल.ए.; भाई एम.एल.ए., पत्नी

एम.एल.ए., खुद राज्यसभा प्रवेश की प्रतीक्षा में। मात्र दो माह की अल्पावधि में ही, दो चुनावों के बीच, यह सब धड़ल्ले से चला। चाहेंगे, तो नाम गिना दूँगा। इंदिरा गांधी बहुत बुरी थीं। बेटे को बढ़ाकर डाइनेस्टी रूल कायम करना चाहती थीं। अन्धेर कर दिया था! लेकिन यहाँ जो अनेक डाइनेस्टीज पनप रही हैं? इससे अन्धेर नहीं होगा? यह क्या लोकतंत्र के स्वर्णिम भविष्य का द्योतक है? उत्तर समय देगा।

छात्र-कोटा की तो बात ही मत पूछिए। किसी प्रतिष्ठान का कर्मचारी, कॉलेज का व्याख्याता, बरसों पहले शिक्षा समाप्त कर विद्यालय से विलग हुए लोग; अनेक अपराधकर्मी जिनके विरुद्ध बलात्कार, डकैती, हत्या के अभियोग विचाराधीन हैं—ऐसे अनेक लोग छात्र-कोटा में विराजमान हैं, कल एसेम्बली को सुशोभित करेंगे। समझ लीजिए, कैसी राजनीति चलेगी, कैसा प्रशासन होगा। सुनते हैं विगत संसदीय निर्वाचन के दौरान चौधरी साहब ने ऐसे ही एक देदीप्यमान नौजवान की मार्फत 'भालोद' से सम्बद्ध बिहार के कुछ प्रत्याशियों की मदद के लिए एक मोटी रकम भेजी थी। हजरत ने थोड़ा बाँटा और बाकी सब हजम कर गए। अब चौधरी साहब को मुँह नहीं दिखाते। नया आका बनाया है राजनारायण जी को। 18 मई को नामांकन पत्र दाखिल करने मोतिहारी पहुँचे और घोषणा कर दी, "और किसी को हो न हो, मुझे तो मोतिहारी से टिकट मिल गया।" सैकड़ों लोगों ने उन्हें घेरकर गालियों और भद्दे नारों से स्वागत किया—'राजनारायण का (गाली) वापस जाओ, वापस जाओ।' जनता प्रत्याशी की जन-छवि देखिए—

> कहते हैं, बाढ़ संसदीय क्षेत्र से कलकत्ते के जिस बदनाम व्यापारी और पदच्युत मेयर को टिकट मिला, वह राजनारायण का ही कृपा प्रसाद था। सुना है पचहत्तर हजार में सौदा पटा। इधर-उधर के नहीं, जवाबदेह लोगों का कहना है। जाँच करवाइए। मुजफ्फरपुर के एक व्यवसायी, जिन पर तस्करी के आरोप लगाए जाते हैं, आदरणीय श्री कर्पूरी ठाकुर के कृपा-पात्र बन गए हैं। पिछले चुनाव में ठाकुर जी की भक्ति-भाव से भरपूर पूजा की थी। ठाकुर जी ने प्रसन्न होकर संकटग्रस्त व्यापारी को अभयदान दे दिया है। बोकारो के इमामुल हई खाँ और सिन्दरी के तपेश्वर सिंह पर पूज्य रामानन्द तिवारी जी का वरदहस्त है। जनता राज्य में बिहार के औद्योगिक विकास की अच्छी पृष्ठभूमि तैयार हो चुकी है।

प्रत्याशियों के चयन के लिए प्रारम्भ में जो प्रमाप (क्राइटेरिया) बहुचर्चित हुए, वे थे—

(क) विगत आन्दोलन में सक्रिय योगदान तथा गिरफ्तारी

(ख) राजनीतिक सेवाकाल, योग्यता एवं चरित्र

(ग) सम्बद्ध क्षेत्र में लोकप्रियता एवं जनसमर्थन।

इन प्रमापों के सम्बन्ध में जिसने भी सुना, बड़े सन्तुष्ट हुए। लेकिन, तब उन्हें क्या पता था कि वे तो हाथी के दिखानेवाले दाँत हैं। जनता हाथी तो खाएगा अपने अन्दरवाले छिपे दाँतों से ही और चबा-चबाकर सिट्ठी कर देगा सारे मान्य सिद्धान्तों को। टिकट के बँटवारे में जनता नेताओं ने जो पाप किए हैं, मुझे इसमें कतई सन्देह नहीं कि उसका फल पार्टी को भुगतना ही पड़ेगा। सन्तोष की बात इतनी जरूर है कि हमारी संसदीय लोकतांत्रिक पद्धति इससे अवश्य लाभान्वित होगी। सशक्त प्रतिपक्ष संसदीय प्रणाली की रीढ़ है, और टिकट के बँटवारे में जो तरीके अपनाए गए हैं उनके परिणामस्वरूप इस बार सदन प्रतिपक्षी सदस्यों से भी खचाखच भरा रहेगा, इसकी पूरी सम्भावना है। इस दृष्टि से जनता पार्टी के नेताओं ने अनजाने ही लोकतंत्र की एक महत्त्वपूर्ण सेवा कर दी है।

मानता हूँ, जो खेत चिड़िया चुग गई उस पर पछताने से क्या लाभ। लेकिन आगे की खेती तो बचाई ही जा सकती है। अगर वह भी नहीं किया गया तो भयंकर दुर्भिक्ष का सामना करने की तैयारी ही करनी चाहिए। अन्य कोई विकल्प नहीं।

प्रणाम।

भवदीय
अरुण भोले

मेरी तीनों भविष्यवाणियाँ ठीक निकलीं : उस बार बिहार विधानसभा में गैर-जनता सदस्यों की भरमार हो आई—सदन प्रतिपक्षी सदस्यों से खचाखच भर गया। ढाई साल भी बीत न पाए कि जनता सरकार की अकाल मृत्यु हो गई। और तब से आज तक जनता पार्टी को भयंकर 'दुर्भिक्ष' का सामना भी करना पड़ रहा है।

ऐसे कई योग्य लोग थे जिनकी टिकट के मामले में घोर उपेक्षा की गई थी। श्री कृष्णवल्लभ प्रसाद सिंह ऐसे ही उत्तम पुरुषों में हैं जिन्हें उच्च राजनीतिक संस्कार अपने पिता, गंगेया के स्व. बाबू मथुरा प्रसाद सिंह, से विरासत में प्राप्त हुए थे। राजेन्द्र बाबू ने आत्म-कथा में कई जगहों पर बड़े प्रेम और प्रशंसा से मथुरा बाबू का उल्लेख किया है। उनकी गणना मुजफ्फरपुर जिला कांग्रेस के संस्थापक एवं संचालकों में की जाती थी। राजेन्द्र बाबू, श्री बाबू, अनुग्रह

बाबू, सभी लोग उनका बड़ा आदर करते थे। मथुरा बाबू की एकमात्र सन्तान कृष्णवल्लभ जी का लालन-पालन देशप्रेम, संघर्ष और त्याग के वातावरण में हुआ था। एक अति प्रबुद्ध एवं सुसंस्कृत व्यक्ति हैं कृष्णवल्लभ चाचा जिनमें आचार-विचार की सदा से इतनी ऊँचाई रही कि उनसे अधिक उम्र के लोग भी उनकी इज्जत करते रहे हैं। किसी विषय पर बोलना शुरू करें, तो तबीयत होगी, वे बोलते ही जाएँ। आप यदि तत्त्वग्राही हों, तो आपका मन ही न अघाए। लेकिन छाँट दिया जनता लीडरों ने उनको केवल इसलिए कि वे किसी व्यक्ति या जात के गुट में नहीं थे।

ऐसी बेमुरव्वत और कमीनी चीज है राजनीति कि इसमें उसी के हाथों आपकी गरदन उतर जाएगी जिस पर आप फिदा रहे होंगे और जिसके लिए आपने कभी खून-पसीना एक कर दिया होगा। सन् 1977 के लोकसभा चुनाव के वक्त सत्येन्द्र बाबू ने उम्मीदवारों की जो सूची बनाई थी उसमें मोतिहारी लोकसभा क्षेत्र के लिए मेरा नाम पहला रखा। मैंने कहा, ठाकुर साहब हमारे सीनियर लीडर हैं। हमारी पार्टी के राज्याध्यक्ष रह चुके हैं। एम.एल.ए. थे—जे.पी. के आह्वान पर इस्तीफा दे दिया था। मेरे पिताजी के मित्रों में रहे हैं—उनके रहते मैं उस सीट का प्रत्याशी नहीं बन सकता। फातमी चाचा और कुछ लोग जे.पी. से भी कह चुके थे, अरुण पार्लियामेंट में हम लोगों के लिए 'ऐसेट' होगा। लेकिन ठाकुर साहब के लिए अपनी ओर से ही मैंने मैदान खाली कर दिया और उनके चुनाव में तन-मन-धन से जितना परिश्रम किया उससे अधिक यदि मैं स्वयं भी उम्मीदवार होता तो नहीं कर सकता था। मुझमें जितनी शक्ति-सामर्थ्य थी, पूरी-की-पूरी लगा दी। वे विजयी हुए। लेकिन तीन ही महीने बाद जब एसेम्बली का चुनाव आया तो उसी ठाकुर महोदय ने मेरी पीठ में पहला छुरा भोंका था। एक और मित्र थे जिनके बारे में यदि कहूँ कि राजनीति में मैंने ही उनका प्रवेश-परिचय कराया था जब उनकी कहीं कोई हैसियत न थी, तो मेरा कहना गलत न होगा। उनके दुर्दिन में मेरे घर का दरवाजा सदा उनके लिए खुला रहता था। मित्र की हालत जब बहुत नाजुक हो चली थी तो मैंने अपने फूफा के बोकारो सिनेमा में उन्हें काफी अच्छी तनख्वाह और ठाठ की मैनेजरी दिलवा दी। कृष्णवल्लभ चाचा जैसे मुजफ्फरपुर के कई गण्यमान्य लोग सारी बातों के गवाह हैं। लेकिन अपनी राजनीतिक महत्त्वाकांक्षा पूरी कर लेने के लिए उस मित्र ने मेरी तड़पती लाश पर खड़े होकर छलाँग लगाई। जनता सरकार में वे जनस्वास्थ्य अभियंत्रणा मंत्री बने। अब परलोकवासी हो चुके हैं। आगे चलकर कांग्रेस (इ.) में भी मेरे साथ फिर वैसी ही दुर्घटना हुई। उस प्रसंग में केवल इतना ही कह दूँ कि डॉ. जगन्नाथ मिश्र में लोग भले ही कुछ ऐब भी

बतावें, लेकिन बिहार कांग्रेस में मुझे तो ऐसा कोई नहीं दिखता जो उनसे अच्छा हो। डॉ. मिश्र में कई खूबियाँ हैं। एक बहुत बड़ी खूबी मित्रों के प्रति उनकी वफादारी है। वे निभाना खूब जानते हैं। यह एक बड़ी बात है। यद्यपि मैं पहले भी उनका प्रशंसक था और आज भी हूँ, लेकिन मेरा निजी दुर्भाग्य यह रहा कि मैं उनका मित्र नहीं बन पाया इसलिए मुझे उनसे कोई मदद न मिली, तो उनका दोष नहीं। बिहार कांग्रेस की राजनीति के बारे में सब कुछ जान-समझकर भी कोई आत्म-हत्या कर लेने पर तुल जाए तो केदार पांडेय और विद्याकर कवि पर भरोसा कर लेना ही उसके लिए काफी होगा। मैंने भी वही किया था। लेकिन अब छोड़िए उन गन्दी बातों को। वैसे ही लोगों के बारे में कबीर कह गए : गहरा मार कबीर का कि चित से दियो उतार।

मुझे कभी टिकट नहीं मिला उसका उतना रंज नहीं। मेरे बदले किसी ज्यादा लियाकतमन्द को दिया जाता तो सन्तोष होता। किसी बराबरी वाले को भी मिल जाता तो गिला न था। लेकिन संस्कृत का एक श्लोक है—

अग्निदाहात् न मे दुखं न दुखं लौह ताडनात्।
इदमेव मया दुखं गुञ्जया सह तौलनम्॥

सोना सुनार से कहता है जब तू मुझे अग्नि में तपाता है, तो मुझे पीड़ा नहीं होती। जब लोहे के हथौड़े से पीटता है तब भी कष्ट नहीं होता। किन्तु, जब तू मुझे तुच्छ करजनी के साथ तौल देता है तो मेरा हृदय टुकड़े-टुकड़े हो जाता है। अपनी चुनाव-व्यथा के सम्बन्ध में इससे अधिक मैं कुछ कहना नहीं चाहता।

जे.पी. से मेरी अन्तिम बातचीत 24 जनवरी (1978) को हुई थी। कई महीनों बाद गया था। मुझसे पूछ बैठे, "बहुत दिन पर अएलऽ।" मैंने भी अपना क्षोभ प्रकट कर दिया, "एक समय था जब आपसे मिलवाने के लिए लोग मुझको पकड़ते थे। अब अगर खुद मुझे ही आपसे मिलने के लिए दूसरों को पकड़ने की जरूरत पड़ जाए, तो अच्छा है मैं नहीं ही मिला करूँ।" उन्होंने पूछा, "हुआ क्या?" मैंने कहा, "बस इतना ही कहूँगा।" लेकिन उतने से ही वे सब समझ गए। (सदा की भाँति उस बार भी हम लोगों की सारी बातें अपनी घरेलू बोली भोजपुरी में ही हुई थीं लेकिन यहाँ उनका उल्लेख मैं हिन्दी में कर दे रहा हूँ) पाँच-सात मिनटों के बाद मैं उठने लगा तो उन्होंने रोका, "अभी बइठऽ।" मैं बैठ गया। तब लगभग सवा घंटे तक उनके पास बैठा चर्चाओं में भाग लेता रहा। गंगा बाबू और श्री धर्मवीर भी बैठे थे। कर्पूरी-सरकार के कार्य-कलापों का प्रसंग छिड़ गया। धर्मवीर कर्पूरी बाबू की बड़ी नुक्ता-चीनी कर रहे थे। जे.पी.

मुझसे पूछ बैठे, "यह सब ऐसे क्यों चल रहा है?" जी में आया कह दूँ, मैं न तो मंत्रिमंडल में हूँ, न विधानमंडल में; तो मैं क्या जानूँ? किन्तु जब एक अवसर मिल ही गया, तो मैं चूकना भी नहीं चाहता था। एक बात जबान पर आते-आते रुक गई; कहना चाहता था, "जमानतदार तो आप ही बने थे।" लेकिन बड़ी जबानदराजी हो जाती, सो मेरी भाषा बदल गई। मैंने उन्हें याद दिलाते हुए कहा, "गांधी मैदान की जनसभा में आपने ही कहा था, 'जब तक मैं हूँ, एक भी गलत आदमी एसेम्बली या पार्लियामेंट में नहीं जाने पावेगा', लेकिन जब एसेम्बली का चुनाव आया, तो दुर्भाग्यवश आप अलग रहे। नतीजा यह हुआ कि सही लोग एसेम्बली में मुश्किल से पहुँच पाए। वहाँ गलत लोगों की ही भरमार हो आई। अब सरकार चाहे कर्पूरी जी बनावें या सत्येन्द्र बाबू अथवा कैलाशपति मिश्र या रामानन्द तिवारी; एसेम्बली में जैसे तत्त्व उपलब्ध हैं, सरकार गठित करने में उन्हीं का उपयोग तो करना होगा।" जे.पी. को मेरी बात कुछ लग गई, सो झुँझलाते हुए बोले, "मैं नहीं मानता कि वे लोग हैं तो सब गड़बड़ है, तुम रहते तो सब ठीक रहता।"

मैं तो पहले से ही जला था, उस पर यह नमक पड़ गया तो जवाब भी तीखा ही निकला, "मैं यह नहीं कहता कि मैं अकेले सब ठीक कर देता, लेकिन मेरे ही जैसे लोग ज्यादा रहते तो जरूर सब ठीक कर देते। मेरी एक कठिनाई यह भी रही कि आपके-मेरे बीच पिता-पुत्र का-सा सम्बन्ध रहा और बेटा बूढ़ा भी हो जाए, तो भी बाप की नजर में नाबालिग ही बना रहता है। असल में आपको मेरा मोल कभी समझ में आया ही नहीं।" अपना सन्ताप प्रकट करते हुए कर्पूरी बाबू ने एकाधिक बार मुझसे कहा था कि जितने भी एम.एल.ए. उनसे मिलने आते थे, उनमें सैकड़े में से 95 लोग केवल ट्रांसफर-पोस्टिंग के चक्कर में ही पहुँचते। जनता की समस्याओं की तो कोई बात ही नहीं करता। और भारी विपदा यह कि पाँच विधायक चिल्लाते, अमुक अफसर बड़ा बेईमान है उसको तुरन्त हटाइए और पाँच कहते, वह बड़ा ईमानदार अफसर है, उसको हटाना अन्याय होगा। मैंने वह सब भी जे.पी. को बता दिया।

उन दिनों जे.पी. के इर्द-गिर्द जिस 'कॉकस' की घेराबन्दी हो चली थी उसमें कोई मोरारजी भाई से तो कोई चौधरी चरण सिंह से, कोई जगजीवन राम से तो कोई कर्पूरी जी आदि से पोषित होता था। तटस्थ और निष्पक्ष लोगों का जे.पी. तक पहुँच पाना लगभग असम्भव था। बीमार और विस्मृतिग्रस्त जे.पी. के दुरुपयोग की होड़ में अक्सर अखबारों में खंडन-मंडन के समाचार आ जाते। जे.पी. के दस्तखत से अनेकों अजीबो-गरीब चिट्ठियाँ शायद अब भी बिहार और भारत सरकार की फाइलों में कहीं-न-कहीं दबी पड़ी हो। उन दिनों

बहुत-सी ऐसी बातें हुईं जिनकी चर्चा करूँ तो आपको दिलचस्प लगे। लेकिन कहानी लम्बी है और दिक्कत है—

जमाना बड़े शौक से सुन रहा था
हमीं सो गए दास्तां कहते-कहते

सच्चाई यह है कि जनता पार्टी या जनता सरकार में सिद्धान्त की नहीं, स्वार्थ की ही सारी लड़ाई चली। इससे बड़ी सच्चाई यह है कि जनता पार्टी कभी बन ही न पाई। तो उसके चलने का सवाल कहाँ था? चली थी जनता सरकार और लोग भ्रम में रहे कि जनता पार्टी चल रही है। समस्त संसार के लिए यह एक अति विस्मयकारी ऐतिहासिक तथ्य है कि किसी राजनीतिक दल के जन्म लेने से पहले उस दल की सरकार बन गई हो। जनता पार्टी की विधिवत स्थापना 1 मई, 1977 को दिल्ली के प्रगति मैदान में हुई थी जबकि सवा महीने पहले ही केन्द्र में जनता सरकार गठित हो चुकी थी। जनता पार्टी के बनने के पहले ही जनता सरकार का बन जाना यदि सम्भव था, तो यह भी सम्भव था कि जनता पार्टी के बिना भी जनता सरकार कुछ दिनों तक चल जाए। सो लस्टम पस्टम दो-ढाई साल तक भारत में जनता सरकार चल गई।

सन '74 से '79 के पाँच बरसों में जो कुछ भी हुआ, उसका सबसे दुर्भाग्यपूर्ण नतीजा यह निकला कि अब लाख कोई चिल्लाए, 'बचाओ! बचाओ! भेड़िया आया भेड़िया आया' किन्तु उसकी गुहार पर कोई भी न दौड़ेगा; भले ही एक दिन सचमुच भेड़िया आकर उसे खा जाए। भारतीय लोकतंत्र के सामने यह खतरा आने ही वाला है। और ऐसा न समझिएगा कि खतरा इंदिरा जी की ओर से आएगा। खतरा तो वास्तव में आएगा इंदिरा जी के बाद। तब देश को विप्लव और विघटन से बचानेवाला शायद कोई न हो। इंदिरा जी एक क्रूर तानाशाह कदापि नहीं बन सकतीं। मुझे इसके दो अति प्रबल कारण दीखते हैं : एक तो, उनकी रगों में जवाहरलाल नेहरू का लोकतंत्रवादी खून और दूसरा, उनका दैव-भीरु होना। ईश्वर का अस्तित्व हो, न हो, यह बिलकुल अलग बात है, लेकिन ईश्वर का भय मनुष्य को अत्याचारी बनने से तो रोक ही देता है।

प्रश्न इंदिरा जी या किसी की अच्छी या बुरी नीयत का नहीं है। प्रश्न है कर्म-फल का। कार्य-कारण नियम द्वारा संचालित विश्व में कर्म अवश्य फलित होंगे—आज फलें, कल फलें; परसों या बरसों बाद फलें। हो सकता है किसी निर्दोष को ही उनका सारा दंड भुगतना पड़ जाए, जैसे फ्रांस की राज्यक्रान्ति के दिनों में वहाँ के राजा सोलहवें लूई और उसकी पीढ़ी के लाखों लोगों को भुगतना पड़ गया था। सैकड़ों वर्ष से राजकाज के कुप्रबन्ध और कुव्यवस्था का प्रतिफल

थी फ्रांस की राज्यक्रान्ति। उन्नीस वर्षों के अपने शासन काल में सोलहवें लूई ने फ्रांस की दशा सुधारने के अनेक यत्न किए थे, किन्तु पूर्व-कुकृत्यों के डोरे आपस में इस तरह उलझे पड़े थे कि उन्हें सुलझा लेना किसी के लिए भी आसान न था। पाप पूर्वजों का था, गर्दन लूई की उतर गई। उसके बाद लगभग बारह वर्षों तक फ्रांस में खून की होली मची रही। जिन लोगों ने क्रान्ति की शुरुआत की थी, उनकी नीयत अच्छी थी। उनका इरादा नेक था। वे विशुद्ध लोकतंत्र की स्थापना करना चाहते थे। उन्होंने राजा को सूली चढ़ा दी। रानी को मार डाला। उसके बच्चों को भी नहीं छोड़ा। राजतंत्र को मिटा दिया। किन्तु क्रान्ति स्वयं भटक गई। वह ऐसी दिग्भ्रमित हुई कि जिस फ्रांस की जनता ने लूई का सिर उतारकर राजतंत्र का उन्मूलन कर दिया था, उसी ने मात्र बारह बरसों के अन्दर, 18 मई, 1804 को, नेपोलियन के सिर पर बादशाहत का ताज रख दिया। बीच के बारह बरसों में क्रान्ति स्वयं अपने ही पुत्रों को एक-एक कर चबाती गई। क्रान्ति-नायकों ने एक-दूसरे को ढूँढ़-ढूँढ़कर मारा : दान्ते, राब्सपियर, मादाम रोलां, मिराबू, मारा, लाफायत, बेली, बार्नवे, हरबर्ट, फिलिप समता, प्रसिद्ध कवि आंद्रे चानियर, आधुनिक रसायनशास्त्र का जनक लेवेजियर, विख्यात विचारक कोन्दरसे—सब मरे, सब मिटे। सब संचित कुकर्मों का फल ही तो था।

जिस कुप्रबन्ध और कुव्यवस्था ने उन दिनों फ्रांस की वैसी दुर्दशा कर दी थी, वही भारतीय लोकतंत्र का भविष्य भी धुँधला करती जा रही है। स्थिति कब बिगड़ जाए और बिगड़कर कहाँ से कहाँ चली जाए, कहना कठिन है। देश की स्थिति सँभाल ले चलने के लिए जिन विचारशील, चरित्रवान, कुशल और कर्मनिष्ठ प्रशासकों की आवश्यकता है, वैसे लोगों की संख्या दल और सरकार में निरन्तर घटती जा रही है। सत्ताधीशों से कौन कहे कि उनके दलीय अनुशासन और वफादारी का अर्थ यदि वाणी की कैद और कर्म की स्वच्छन्दता है, तो वैसी वफादारी की प्रचुरता चापलूसों के ही पास है और वैसे अनुशासन का अधिकतम उपयोग कुकर्मों के लिए ही किया जाता रहेगा।

अब तक सत्ता में जितने लोग आए-गए, उन्होंने बहुत कुछ लूटा, लेकिन सबसे अनमोल रत्न लूट लेने का सौभाग्य बिहार के भूतपूर्व मुख्यमंत्री जनाब अब्दुल गफूर साहब को ही प्राप्त हुआ। लगता है सत्ता से हटने के बाद ही वे सही मुकाम पर पहुँच पाए। लेकिन मेरे जैसे लोगों के दिल में उनके लिए अब पहले से भी ज्यादा इज्जत हो गई। उन्होंने एक ऐसा अनमोल बोध-रत्न प्राप्त कर लिया जिसकी चमक सत्ता में बैठे लोगों की आँखों की पट्टी गिरा दे। हाँ, जिनकी आँखें बैठ गई हों, उनका कोई इलाज नहीं। गफूर साहब ने अपने एक संस्मरणात्मक लेख में लिखा है—

> जैसे ही आपने मुख्यमंत्री पद की शपथ ली, आप वैसे लोगों के हुजूम से घिर जाएँगे जिन्हें आपने पहले कभी देखा न होगा। हाथों में पुष्पहार लिये विह्वल उच्च स्वर में वे घोषणा करेंगे कि वे आपके मित्र हैं। सच तो यह है कि वे बिलकुल नहीं हैं। वैसे लोग फकत चापलूस हैं जो उसी वक्त तक आपको घेरे रहेंगे जब तक आप सत्ता में हैं—उसके एक भी दिन बाद नहीं। कुछ ही दिनों में लत इतनी बिगड़ जाती है कि वैसे चापलूसों के बिना जी ही नहीं लगता। आपके सच्चे दोस्त आपसे छूटने लग जाते हैं। उनका स्वाभिमान उन्हें आप तक पहुँचने से रोक देता है। जैसे-जैसे वक्त गुजरता जाता है, मुख्यमंत्री और उसके सच्चे दोस्तों के बीच का फासला भी बढ़ता जाता है। जल्द ही वह गाढ़ा वक्त भी आ पहुँचता है जब बेचारे मुख्यमंत्री को कहीं कोई सच्चा मददगार नहीं मिल पाता।

काश! यह बोध सत्ता में बैठे वर्तमान लोगों को भी हो जाए, तो देश का भाग्य सँवर जाने की उम्मीद बँध जाती।

भारत में अब तक जो भी राजनीतिक गैर-जिम्मेदारियाँ बरती जाती रही हैं उनका नतीजा देश को भुगतना ही पड़ेगा। देश में तानाशाही अगर कभी आई तो किसी के बुलावे पर नहीं आएगी। वह तो परिस्थितिवश स्वयमेव चली आएगी। वचन से लोकतंत्र का स्तुतिगान तो हमने बहुत किया किन्तु अपने कर्म से हम सबने मिलकर उसकी जड़ें खोखली कर दी हैं : प्रतिपक्ष विरोध की राजनीति से पीड़ित है, सत्तापक्ष खुशामद की राजनीति से ग्रस्त। जनता का दल पर कोई प्रभाव नहीं। दल का सरकार पर अंकुश नहीं। सरकार का प्रशासन पर कोई नियंत्रण नहीं। तो लोकतंत्र के उज्ज्वल भविष्य की लालसा भी लड़खड़ाते-लड़खड़ाते एक न एक दिन गिर ही जाएगी। लोकतंत्र का दर्शन या सिद्धान्त जीवन के प्रति एक व्यापक दृष्टिकोण की उपज है। मनीषियों ने बिलकुल ही ठीक कहा है, कि राजनीतिक दर्शन और व्यवहार के बीच जो वैचारिक रिश्ते हैं, उन्हें भुला दिया जाए, तो राजनीति गन्दी होकर सिर्फ सत्ता की छीना-झपटी तक सिमट जाती है। और राजनीति जब मात्र सत्ता और सफलता की बात बनकर रह जाए, तो लोकतंत्र क्या, स्वतंत्रता भी सुरक्षित बचे तो गनीमत मानिए। अभी भी हम एक ऐसे स्वाधीन देश के गुलाम लोग हैं जहाँ लोकतंत्र की काया तो खड़ी है लेकिन उसमें लोकतंत्र की आत्मा का निवास नहीं। लोकतंत्र के ऊपरी ढाँचे में हम चाहे जितना भी रद्दोबदल कर दें—पार्लियामेंटरी गवर्नमेंट की जगह प्रेजिडेंशियल गवर्नमेंट—किन्तु उससे कोई अन्तर नहीं पड़ेगा, क्योंकि अपने देश में विफल संसदीय प्रणाली नहीं, बल्कि देश के लोग हो रहे हैं। लोग यदि वैसे ही रहे तो वैकल्पिक प्रणाली भी निश्चय

ही निरर्थक सिद्ध होगी। इस प्रसंग में डॉ. लोहिया की एक बात मुझे याद आ जाती है : भारतीय गणतंत्र के प्रथम राष्ट्रपति डॉ. राजेन्द्र प्रसाद के कार्यकाल में हल्के से यह विवाद उठा था कि राष्ट्रपति की वास्तविक संवैधानिक स्थिति क्या है? उसकी संवैधानिक शक्तियाँ अपने व्यवहार रूप में असल में उसकी ही हैं या प्रधानमंत्री की? दूसरे शब्दों में, राष्ट्रपति और प्रधानमंत्री में वस्तुत: अधिक शक्तिशाली कौन है? इस विवाद पर एक अत्यन्त सारगर्भित टिप्पणी करते हुए डॉ. लोहिया ने कहा था कि इसका उत्तर संविधान से नहीं मिलेगा। उत्तर चाहते हो तो जवाहरलाल को राष्ट्रपति और राजेन्द्र बाबू को प्रधानमंत्री बनाकर देख लो; सारी स्थिति स्पष्ट हो जाएगी।

देश के सामने जो समस्याएँ हैं, उन्हें गिना देना तो किसी के लिए भी आसान है किन्तु उन समस्याओं के समाधान, सच पूछिए तो, किसी के पास नहीं हैं, क्योंकि समस्याओं की गहराई में कोई जाना नहीं चाहता। गहराई में दम फूलने लग जाते हैं। साँस उतने सधे नहीं। किसी में वह वैज्ञानिक दृष्टिकोण नहीं जो समस्याओं की तात्त्विक समीक्षा कर सके और न ही किसी में वह सर्जनात्मक शक्ति है जो उनके असन्दिग्ध और उत्कृष्ट समाधान प्रस्तुत कर दे। भाड़े के बुद्धिजीवियों का नौटंकी-सम्मेलन चाहे हम जितना भी करते रहें, रोग उनके वश का नहीं। जो स्थिति साहित्य की, सो ही राजनीति की। साहित्यिक जगत में किसी काव्य के आलोचक तो अनेक मिल जाएँगे, किन्तु स्वयं जो एक उत्तम काव्य की रचना कर सकें—ऐसे रचयिता दुर्लभ हैं। भारत के छिछले और स्वार्थी राजनीतिज्ञों ने राजनीति को नाहक विपदा ढूँढ़ निकालने का विज्ञान और उनके गलत समाधान प्रस्तुत कर देने की कला बनाकर छोड़ दिया है।

दोष बहुत हद तक हमारे राष्ट्रीय चरित्र और सांस्कृतिक परम्पराओं का भी है। ढोल तो हमने बहुत पीटे : हम उस पवित्र देश के वासी हैं जहाँ भगवान भी अवतरित होने को तरसते रहे—राम-कृष्ण का अवतार हुआ; मुनि-महात्माओं की पुण्यभूमि—महावीर-बुद्ध पैदा हुए, गांधी जी जैसे महापुरुष आए; गौरवपूर्ण-इतिहास से युक्त एक महान राष्ट्र रहा हमारा, आदि-आदि। सोचिए, सब कुछ सचमुच उतना शानदार और गौरवपूर्ण था, तो हम बार-बार गुलाम क्यों होते रहे? इतिहास साक्षी है, एक भी बाहरी हमलावर हिन्दुस्तान से असफल नहीं लौटा—शक आए, हूण आए; यूनानी और तुर्क आए, पठान-मुगल आए; डच-फ्रांसीसी और अंग्रेज आए। सबने विजय पाई और इस देश पर अपना राज्य स्थापित कर लिया और सबसे बड़ा आश्चर्य यह है कि जो भी आए, मुट्ठी भर आए। उनके मुकाबले के लिए इस देश के लोगों और फौज की संख्या बेशुमार रही। फिर भी वे ही जीते। यहीं के लोगों ने उनकी मदद की। यही है

हमारा राष्ट्रीय चरित्र। डॉ. लोहिया ने एक बार कहा था, "पिछले हजार बरस में भारत के राष्ट्रीय चरित्र को समझने के लिए एक वाक्य काफी है कि यहाँ एक हल्दी घाटी है तो पचास या सौ बक्सर हैं।" हल्दी घाटी वह जगह है जहाँ 18 जून, 1576 को अकबर की सेनाओं के साथ मेवाड़ के राणा प्रताप का घनघोर युद्ध हुआ था। राणा प्रताप करीब-करीब आखिरी सिपाही तक लड़ते रहे। लेकिन 22 अक्टूबर, 1764 को बक्सर के मैदान (बिहार) में जब अंग्रेज और भारतीयों का मुकाबला हुआ तो बंगाल के नवाब मीर कासिम, अवध के नवाब शुजाउद्दौला और दिल्ली के बादशाह शाह आलम की सम्मिलित सेना में लगभग पचास हजार सिपाही थे और अंग्रेजों की तरफ बस, तीन-चार हजार। लेकिन लड़ाई मुश्किल से पाँच मिनट चली और फतह अंग्रेज सेनापति मेजर हेक्टर मुनरो की हुई। है न चौंकनेवाली बात?

लोग कहेंगे कि हमारे यहाँ ऐसे-ऐसे चमत्कारी तपस्वी, ऋषि-मुनि हो गए जो साधना और तपोबल से शरीर को अजर-अमर बना देने की युक्ति जान गए थे। ऐसी काया-कल्प कर देते कि सौ साल का बूढ़ा भी फड़कता जवान बन जाए। फूँक मार दें तो महारोग भाग जाए। मान लीजिए ये बातें ठीक भी हों, तो भी उसका लाभ? बताया तो किसी को नहीं। गए, तो सब साथ लिये गए। और उधर विलायत में जिसने पेनिसिलिन की ईजाद की थी, दवा कम्पनियाँ लाखों डॉलर लिये गिड़गिड़ाती रहीं कि कम्पनी को वह अपनी विधि गुप्त रूप से बताकर पेनिसिलिन उत्पादन का एकस्व अधिकार (पेटेंट राइट) दे दे, लेकिन उसने यह कहते हुए सारी दुनिया पर अपना गुप्त-ज्ञान प्रकट कर दिया, "नो, दिस इज इन दि सर्विस ऑफ मैनकाइंड" (नहीं, यह समस्त मानव-जाति की सेवा में अर्पित है) पेनिसिलिन की विधि सब जान गए और समस्त चिकित्सा-जगत में एक चमत्कार हो गया। कहिए! कौन महान था—हमारे ऋषि-मुनि या पेनिसिलिन का आविष्कर्ता अलेक्जेंडर फ्लेमिंग?

शाहजहाँ के शासन काल में एक अंग्रेज सौदागर-यात्री (बाउटन) भारत आया। दवा-इलाज का भी ज्ञान था उसे। बादशाह की बेटी बीमार थी। यात्री ने इलाज किया। वह चंगी हो गई तो बादशाह ने खुश होकर पूछा, माँगो, क्या माँगते हो? लेकिन बाउटन ने अपने लिए नहीं, अपनी सारी कौम के लिए माँगा कि उसके देश को हिन्दुस्तान के साथ व्यापार करने की इजाजत दे दी जाए। इसे कहते हैं राष्ट्रीय चरित्र। लोग कहेंगे, हम तो महान थे लेकिन विदेशियों ने हमें गुलाम बनाकर अधम बना दिया। जरा ठीक से सोचिएगा : विदेशियों ने हमें गुलाम बनाकर हमारा नैतिक और चारित्रिक पतन कर दिया या हमारी नैतिक और चारित्रिक निर्बलताओं के कारण विदेशी हमें बार-बार गुलाम बनाने में सफल होते रहे? आत्म-प्रवंचना के

लिए कहीं हमने एक झूठा इतिहास तो नहीं गढ़ लिया ताकि नैतिक और चारित्रिक संकट के निराशापूर्ण वातावरण में, भारत के कभी उतना महान होने का विश्वास हमें कुछ सान्त्वना प्रदान कर दे? सब कुछ एक सतर्क और सत्यनिष्ठ अन्वेषण का विषय है।

इस धरती की अधिकतम ऊँचाई है हिमालय की चोटी। न जाने कब से हिमालय धरती के उस भूभाग, जिसे भारत कहते हैं, की सभ्यता-संस्कृति का एक मूक द्रष्टा रहा है। विश्व की दो प्राचीन संस्कृतियों—भारत और चीन—के मध्य खड़ा गिरिराज हिमालय साक्षी है, न केवल भारत के, बल्कि उन सभी देशों के इतिहास का जहाँ तक उसका उन्नत नेत्र देख पा सकता है। बहुत दुनिया देखी है हिमालय ने। अपने तूफानी जीवन के अन्तिम दशक में उसी हिमालय के चरणों में जा पहुँचे थे एम.एन. राय। उनके जीवन का अन्तिम भाग देहरादून में बीता था। वहीं उन्होंने एकान्त में और निर्लिप्त भाव से अपने सारे ज्ञान और विचारों की समीक्षा शुरू की थी। अपने जीवन के अनुभव को हिमालय के चिर-अनुभव के साथ जोड़ने का प्रयास किया था। भारत के वर्तमान का, इस देश के भूत और भविष्य के साथ तारतम्य स्थापित करने की अपनी चिन्तन-प्रक्रिया में भारतीय गणराज्य की उद्घोषणा के ठीक दसवें दिन, 5 फरवरी, 1950 को, कलकत्ते के अपने भाषण में एम.एन. राय ने कहा था—

> देश की अवस्था, जिसकी जड़ सांस्कृतिक परम्परा में बहुत गहरी है, को एक यथार्थपूर्ण दृष्टिकोण से देखने पर जनतंत्र के भविष्य के बारे में आशा नहीं बँधती...चूँकि जनतंत्र को किसी की बुरी नीयत से नहीं अपितु देश की सांस्कृतिक पृष्ठभूमि से खतरा है, इसलिए हमें हवा में घूँसे तानने और दूसरे की नीयत से झगड़ने के बदले ऐसी अवस्था के निर्माण में लग जाना चाहिए जिसमें तानाशाही असम्भव हो...जब तक तानाशाही को उभारनेवाली सांस्कृतिक एवं मनोवैज्ञानिक पूर्वावस्थाओं को दूर नहीं किया जाता, तानाशाही के विरुद्ध केवल चेतावनी देने से कुछ नहीं होगा। दरअसल, आज जो लोग तानाशाही के विरुद्ध चेतावनी दे रहे हैं, हो सकता है अवसर पाकर वे स्वयं ही तानाशाही स्थापित कर लें, क्योंकि उन्हें भी उसी वातावरण में काम करना होगा।
>
> दल और सत्ता की राजनीति में फँसे लोग दूरदर्शी नहीं हो सकते। जनतंत्र की बुनियाद डालना उनके लिए कठिन प्रक्रिया है। वे तो जल्दी से सत्ता प्राप्त कर लेना चाहते हैं। और जल्दी से सत्ता प्राप्त करने का उपाय है—निरन्तर दूसरों से भी बढ़कर लम्बे-चौड़े वादे करना। ऐसे वादे करना जिनमें न तो स्वयं अपना ही विश्वास हो और न उन्हें अमल में लाने की

नीयत। इसलिए अपने देश में जनतंत्र का भविष्य ऐसे लोगों पर निर्भर होगा जो आज या तो राजनीति से बाहर हैं या जिनमें इस अनुचित छीनाझपटी से बाहर निकल आने का साहस है...एक आदमी जो आजादी के साथ एक जनतांत्रिक समाज में जीना चाहता है, वह विवेकी और नैतिक मनुष्य की तरह आचरण करके बहुत हद तक अपने को आजाद कर सकता है; भले ही वह सारी दुनिया या भारत की सारी जनता को एक शक्तिशाली इंकलाब के जरिए आजाद न कर सके...

देश...आजादी...इंकलाब की सोच में अब तो थक-सा गया हूँ। जी चाहता है आपसे यह आरजू कर सो जाऊँ कि जब असली इंकलाब आ जाए तो मुझे भी जगा दीजिएगा। यकीन मानिए, मेरी नींद बड़ी पतली है। जगते देर न लगेगी। हाँ, यह भी जरूर अर्ज करता जाऊँगा—

बुझ रहे हैं चराग़े दैरो-हरम।
दिल जलाओ कि रौशनी कम है॥

आपने जो शुभकामनाएं मेरे वर्षगांठ पर मुझे भेजी हैं उनके लिये धन्यवाद। इस प्रेम का मैं कोई शब्दों में उचित जवाब नहीं दे सका।

जवाहरलाल नेहरू

नई दिल्ली
२७ नवम्बर, १९५६

भारत के प्रथम प्रधानमंत्री जवाहरलाल नेहरू द्वारा लेखक को भेजा गया हस्तलिखित पत्र।

प्रधान मंत्री भवन,
नयी दिल्ली।
२२ जून, १९६४

प्रिय महोदय,

प्रधान मंत्री पद के लिए चुने जाने पर आपने जो शुभ कामनाएं भेजी हैं, उनके लिए धन्यवाद।

पण्डितजी के अभाव से हम सबके हृदय शोकाकुल हैं। उनके रिक्त स्थान की पूर्ति हो ही नहीं सकती। फिर भी, अपनी सीमित शक्ति के अनुसार, मैं भरसक प्रयत्न करूंगा कि हम उनके सौंपे हुए कार्यों को पूरा कर सकें। इस बड़ी जिम्मेदारी को संभालने में मुझे साहस इसी बात से मिलता है कि मेरे देशवासियों द्वारा मुझको इतना आदर और सम्मान दिया गया है और मुझपर इतना भरोसा रखा गया है। विश्वास है आप सबके सह्योग से ही यह कार्य पूर्ण होगा।

आपका
लाल बहादुर
(लाल बहादुर)

श्री अरुण माले,
पटना-४।

भारत के द्वितीय प्रधानमंत्री लाल बहादुर शास्त्री की ओर से लेखक को प्राप्त पत्र।

Chandra Shekhar
MEMBER OF PARLIAMENT
(RAJYA SABHA)

3, South Avenue Lane,
New Delhi.

May 17,1973.

Dear Shri Arun,

Thanks for your letter. You are welcome to meet me any day. Here the weather has changed. Now here it is moderately cold. It is for the last 4 days and hence I cannot tell how it is going to be in future. Please inform me when you make up your mind to come here.

With regards,

Yours sincerely,

(Chandra Shekhar)

Shri Arun Bholey,
Advocate, Patna High Court,
Block-12, Flat-107,
Rajendranagar,
PATNA-16

प्रख्यात समाजवादी नेता और भारत के भूतपूर्व प्रधानमंत्री चन्द्रशेखर का लेखक को भेजा गया पत्र।

जनता विचार मंच

बिहार, पटना

अध्यक्ष
देवेन्द्र प्रसाद सिंह
भूतपूर्व कुलपति, भागलपुर विश्वविद्यालय
संयोजक
अरुण भोले

फोन 52945
ब्लाक-१२ फ्लैट-१०७
राजेन्द्र नगर,
पटना

Sri Morarji Desai
Prime Minister of India
NEW DELHI:

Respected Sir,

The enclosed invitation card will speak for itself. We shall be extremely glad to receive your message of goodwishes for the success of our conference.

Hope you will kindly oblige.

With best of regards,

Respectfully yours,

(ARUN BHOLEY)

लेखक द्वारा तत्कालीन प्रधानमंत्री मोरारजी देसाई को कमजोर वर्ग संरक्षण सम्मेलन के लिए भेजा गया आमंत्रण-पत्र।

कमजोर वर्ग संरक्षण सम्मेलन

दिनांक ३० सितम्बर १६७७ : ११ बजे दिन

स्थान — श्रीकृष्ण स्मृति आउडिटोरियम (गांधी मैदान के उत्तर), पटना

महाशय,

उपरोक्त सम्मेलन का उद्‌घाटन भारत सरकार के प्रतिरक्षा मंत्री **माननीय श्री जगजीवन राम** द्वारा होगा। सम्मेलन को सफल बनाने के लिए आपकी उपस्थिति सादर प्रार्थित है।

अरूण भोले
संयोजक

लेखक द्वारा 1977 के सितम्बर महीने में पटना के श्रीकृष्ण मेमोरियल हॉल में आयोजित कमजोर वर्ग संरक्षण सम्मेलन का निमंत्रण-पत्र।

JAYAPRAKASH NARAYAN
Permanent Address :
KADAM KUAN, PATNA-3
BIHAR, INDIA
Telephone : 51239

पटना,
२६-६-७७

प्रिय अरूणजी,

मुझे यह जानकर बड़ी प्रसन्नता हुई कि आपने पटने में कमजोर वर्ग संरक्षण सम्मेलन का आयोजन ३० सितम्बर,१६७७ को किया है। कमजोर वर्ग के संरक्षण की समस्या एक अत्यन्त महत्वपूर्ण राष्ट्रीय समस्या है जिस पर गहराई से विचार होना चाहिए और संरक्षण की दिशा में ठोस कदम उठाना चाहिए।

मैं इस सम्मेलन की सफलता की कामना करता हूं

आपका सस्नेह
जयप्रकाश नारायण
(जयप्रकाश नारायण)

श्री अरूण भोले
संयोजक,कमजोर वर्ग संरक्षण सम्मेलन,
बिहार,पटना।

लेखक द्वारा 1977 के सितम्बर महीने में पटना के श्री कृष्ण मेमोरियल हॉल में आयोजित प्रथम कमजोर वर्ग संरक्षण सम्मेलन की सफलता हेतु जयप्रकाश नारायण का शुभकामना पत्र, जेपी उस दिन डायलिसिस पर होने के कारण सम्मेलन को सम्बोधित करने नहीं आ सके थे।

विपक्षी नेता
राज्य सभा
नई दिल्ली-110001
LEADER OF OPPOSITION
RAJYA SABHA
NEW DELHI-110001.

अक्टूबर १७, १९७८ ।

प्रिय अरुण जी,

आपका १४ अक्टूबर का पत्र मिला । धन्यवाद ।

आप अपने अन्य साथियों सहित कांग्रेस में पुन: सम्मिलित होगये हैं । जानकर प्रसन्नता हुई । मुझे विश्वास है संस्था के लिए आपका पूरा सहयोग प्राप्त होगा । इस समय सुदृढ़ संस्था की ही ज़रूरत है ।

आशा है आप स्वस्थ एवं सानन्द हैं ।

आपका,
[signature]
(कमलापति त्रिपाठी)

श्री अरुण भोले,
ब्लाक १२ फलैट १०७
राजेन्द्र नगर, पटना ।

वरिष्ठ कांग्रेस नेता, उत्तर प्रदेश के मुख्यमंत्री और राज्य सभा में नेता प्रतिपक्ष कमलापति त्रिपाठी का लेखक को लिखा गया पत्र।

एच० वाई० शारदा प्रसाद
प्रधान मंत्री जी के सूचना सलाहकार

2(9)/83-पी०एम०पी०-III
प्रधान मंत्री कार्यालय
नई दिल्ली-११००११
PRIME MINISTER'S OFFICE
NEW DELHI-110011
18 मार्च, 1983

पत्र सं०

प्रिय श्री भोले,

आपके 15 मार्च के पत्र के लिए धन्यवाद ।

आपने "राजनीति मेरी प्रेयसी" किताब में पृष्ठ 78- 79 में प्रधान मंत्री जी और पृष्ठ 84 पर संजय गांधी की आलोचना की है, और कई अन्य स्थानों पर विवादास्पद घटनाओं का भी उल्लेख किया है । ऐसा लगता है कि इन विचारों, और पुस्तक में समर्पण के जो कुछ शब्द आपने लिखे हैं उनमें विरोधाभास है । फिर भी आपकी किताब प्रधान मंत्री जी के समक्ष प्रस्तुत कर दी गई है ।

भवदीय,
शारदा प्रसाद
{एच० वाई० शारदा प्रसाद}

श्री अरुण भोले,
ब्लाक 12, फ्लेट 107,
राजेन्द्र नगर, पटना-16

'राजनीति मेरी प्रेयसी' पुस्तक के सम्बन्ध में तत्कालीन प्रधानमंत्री श्रीमती इंदिरा गांधी के सूचना सलाहकार एच. वाय. शारदा प्रसाद का लेखक को भेजा गया पत्र। इस पुस्तक को स्वयं इंदिरा जी ने भी पढ़ा था।

SHRIYANS PRASAD

"NIRMAL" 3RD FLOOR,
NARIMAN POINT,
BOMBAY-400 021.

दिनांक 22 फरवरी 1983

प्रिय श्री अरुण भोले,

आपने अपने पत्र दिनांक 2 फरवरी के साथ अपनी पुस्तक "राजनीति मेरी प्रेयसी" नामक भेजी है। मेरा राजनीति का कभी गहरा चिन्तन नहीं रहा है, न इसमें मेरा कुछ कहने का अधिकार है और आपसे व्यक्तिगत परिचय भी नहीं है। फिर भी आपने पुस्तक भेजने का अनुग्रह किया, इसके लिए धन्यवाद।

आपने लिखा है कि कम से कम प्राक्कथन पढ़कर ही मैं अपनी राय व्यक्त करूं। प्राक्कथन ही नहीं, मैंने सारी पुस्तक पढ़ ली है। आपको हार्दिक बधाई देता हूं कि आपने ऐसी पुस्तक लिखी, जो हमारे स्वतन्त्रता प्राप्ति के अन्तिम अध्याय की ऐतिहासिक पृष्ठ-भूमि को ही संक्षेप में कुशलता के साथ प्रस्तुत नहीं करती, अपितु स्वतन्त्रता के बाद आज तक की प्रायः सारी राजनीतिक गतिविधि का बेलाग विश्लेषण करती है। यह एक ऐसा आइना पेश करती है कि जिसमें देश के नेता, जनता और युवक वर्ग अपनी छवि देखकर सोच में पड़ जायेंगे। आपने राजनीति के प्रमुख पात्रों के चरित्र के जो रेखाचित्र प्रस्तुत किये हैं, वे सजीव हैं। निर्भीक चिन्तन आपके व्यक्तित्व का गुण है। आपने तथ्यों की प्रामाणिकता स्थापित करने के लिए परिश्रम किया है। तारीखों और घटनाक्रम के सन्दर्भों से यह स्पष्ट है। पिछले चालीस-पचीस वर्षों के इतिहास को आपने पर्सपेक्टिव दिया है और घटनाओं को उनके पूर्वापर सम्बन्ध में परखा है। एक प्रवाह है, जो पाठक को आगे-आगे लिये चलता है। सबसे बड़ी विशेषता आपकी शैली है जो सहज है और बेहद रोचक है। आप शब्दों के माध्यम से चित्र उभारते हैं।

SHRIYANS PRASAD

"NIRMAL" 3RD FLOOR,
NARIMAN POINT,
BOMBAY-400 021.

-2-

राजनैतिक घटनाओं के केन्द्र में जो व्यक्ति रहे हैं, उनका सूत्र पकड़कर मैंने पुस्तक पढ़ी है। बीच-बीच में आपने बहुत कुछ ऐसी सामग्री दी है, जो रस की इस धारा में अटकाव उत्पन्न करती है। मैं मानता हूं कि यह पुस्तक केवल इतिहास ही नहीं है। आपके संस्मरणों, विचारों और घटनाओं की समीक्षा का भी माध्यम है। इस दृष्टि से सन्दर्भ सार्थक है।

पुस्तक के शीर्षक के विषय में एक बात कहना चाहूंगा। आशा है, आप क्षमा करेंगे। 14 वर्ष की आयु से लेकर आज 50 वर्ष तक की आयु तक जिस राजनीति को आपने संगिनी या सहचरी के रूप में रखा, उसे "प्रेयसी"-की उन्मादकारी संज्ञा देना कुछ अटपटा लगता है। "प्रेयसी" तो मनोरंजन और रस की स्रोत मानी जाती है। आपने परिहास में जो प्रेयसी का शब्द प्रयोग किया है, वह पुस्तक के विवेचन की वास्तविकता से मेल नहीं खाता।

आपको पुनः बधाई और ऐसी अच्छी पुस्तक पढ़ने का मौका देने के लिए धन्यवाद। कभी आप बम्बई आयें तो आपसे मिलकर और चर्चा करके प्रसन्नता होगी।

आपका,

[signature]

श्री अरुण भोले,
ब्लाक नं० 12, फ्लेट 107
राजेन्द्रनगर, पटना-16
बिहार

भारतीय ज्ञानपीठ (पुरस्कार) के अध्यक्ष और देश के सम्मानित उद्योगपति श्रेयांस प्रसाद जैन का लेखक को पत्र जो उन्होंने 'राजनीति मेरी प्रेयसी' पढ़ने के बाद लिखा था।

अरुण भोले

ब्लाक-12, फ्लैट-107,
राजेन्द्र नगर, पटना
26 मार्च 1983

प्रिय श्री प्रसाद,

आपका 18 मार्च का पत्र प्राप्त हुआ। धन्यवाद। यह ठीक है कि मैंने अपनी पुस्तक में कुछ स्थलों पर प्रधान मंत्री जी की आलोचना की है। आपका ध्यान उन स्थलों की ओर भी अवश्य गया होगा जहाँ मैंने उनकी सराहना करना भी आवश्यक समझा है। सच तो यह है कि विरोधी दल के लोगों को भी यह शिकायत है कि मैंने उनके नेताओं की कड़ी आलोचना कर दी है।

असल में माननीया इंदिरा जी सहित जो भी गणमान्य नेता अब भारतीय इतिहास के अविस्मरणीय पात्र बन चुके हैं, उनके विचार और कृत्यों का आकलन करते हुए गुण-दोषों का उल्लेख नितांत निष्पक्ष एवं निष्कपट भाव से ही होना चाहिए। अपनी जानकारी और समझदारी के मुताबिक मैंने भी बिल्कुल वैसा ही करने की कोशिश की है। व्यक्ति और घटनाओं के प्रति अपनी धारणाओं पर मैं तब तक अटल रहूँगा जब तक अधिक प्रबल तथ्य एवं तर्क यह निष्पादित न कर दें कि मैं गलत हूँ। वैसे सभी तथ्यों-तर्कों का स्वागत है। यह कह देना भी असंगत न होगा कि मैं उन दुराग्रही लोगों में कदापि नहीं जो अपनी भूल सुधार लेने को कभी तैयार ही न हों।

यह जान कर बड़ी प्रसन्नता हुई कि मेरी किताब ~~प्रधान~~ प्रधान मंत्री जी को दे दी गई है। किताब यदि वे पढ़ पाई हों अथवा/जब भी पढ़ पाएँ तो किताब के बारे में खुद उनकी राय क्या बनी, सो जानने की सर्वाधिक अपेक्षा रहेगी। उनकी विसम्मतियों को भी मैं सादर ग्रहण करूँगा।

आदर एवं सद्भाव सहित,

भवदीय,
अरुण भोले

सेवा में :
श्री एच॰ वाई॰ शारदा प्रसाद
प्रधान मंत्री के सूचना सलाहकार
नई दिल्ली।

एच. वाय. शारदा प्रसाद को उनके पत्र के जवाब में लेखक का प्रत्युत्तर।

डेमोक्रेटिक सोशलिस्ट पार्टी
ڈیموکریٹک سوشلسٹ پارٹی
DEMOCRATIC SOCIALIST PARTY

फोन : 387403
केन्द्रीय कार्यालय
8, तालकटोरा रोड, नई दिल्ली-110001.
فون ۳۸۷۴۰۳ مرکزی دفتر
۸، تال کٹورہ روڈ نئی دہلی ۱۱۰۰۰۱
CENTRAL OFFICE
8, Talkatora Road, New Delhi-110001

डी. एस. पी. /आर. / 1638

दिनांक 7/3/84

प्रिय अरुण,

तुम्हारा 27 फरवरी का सद्भावना भरा पत्र मिला।

बिहार की राजनैतिक स्थिति तथा पार्टी की गतिविधियों के बारे में जो सुविधानुसार ज्ञात हो सके, सूचित करते रहें। मैं तो तुम्हारे विचार और वाणी से सदा ही प्रभावित रहा हूं।

शुभकामनाओं सहित,

तुम्हारा
[हस्ताक्षर]
(हेमवती नन्दन बहुगुणा)

श्री अरुण भोले,
ब्लाक -12, फ्लैट 107
राजेन्द्र नगर, पटना-4
बिहार

डेमोक्रेटिक सोशलिस्ट पार्टी के नेता हेमवती नन्दन बहुगुणा का पत्र (मार्च, 1984)।

M. R. MASANI

148, MAHATMA GANDHI ROAD,
BOMBAY-400 023

25th September 1986.

Dear Mr.Bholey,

It was a pleasure to see you yesterday at my residence.

I am arranging to send you under separate cover by Registered Book-post the following material which I am sure you will find interesting :-

1. The JULY 1986 issue of **FREEDOM FIRST** a quarterly with which I am associated. I hope you would like to become a subscriber.

2. The Annual Report of the Leslie Sawhney Programme for the last year namely 1985-86.

I am also requesting Mr.Naozer Agha, Hony.Secretary of the Indian Liberal Group, to send you the manifesto of the group and other literature as also details of the move to form a new liberal party by the end of this year.

Yours sincerely,

(M.R. MASANI.)

Mr. Arun Bholey,
Block-12, Flat 107,
Arun Bholey Lane,
Rajendranagar,
PATNA - Bihar.

Telephone : Residence : 8224107
Office : 243268

Telegrams : 'TEAMWORK'

भारत में समाजवादी आन्दोलन के प्रख्यात नेता, कांग्रेस सोशलिस्ट पार्टी के संस्थापक सदस्य और जेपी के अभिन्न सहयोगी मीनू आर. मसानी का लेखक को भेजा गया पत्र।

1869

RAJ BHAVAN, PUNJAB
CHANDIGARH - 160019

GOVERNOR

January ~~18~~, 23 1989

Dear Mr Bholey,

Thank you very much for your good wishes for the New Year. May we reciprocate the same.

In view of the devastating floods that we had here and the tremendous amount of money that we are having to spend for relief, we have decided not to send any Greeting Cards this year. We are sure you will understand.

With best wishes,

Yours sincerely,

(S. S. Ray)

Mr Arun Bholey,
Block 12,
Flat 107,
Rajendranagar,
Patna

पश्चिम बंगाल के भूतपूर्व मुख्यमंत्री, पंजाब के राज्यपाल और कांग्रेस पार्टी के प्रमुख नेता सिद्धार्थ शंकर रे द्वारा लेखक को भेजा गया नव वर्ष की शुभकामनाओं का पत्र।

OFFICE OF THE DISTRICT MAGISTRATE,
DISTRICT OF EAST CHAMPARAN (BIHAR).

****

ORDER.

No. 1925/R Whereas I am satisfied that with a view to preventing Shri Arun Bhole son of Shri Ramesh Prasad [illegible] of Master Socialist Party Naya [illegible] Patna from acting in any manner prejudicial to the ~~security of the State or the~~ maintenance of public order/~~the maintenance of supplies and services essential to the community~~, it is necessary to make an order that he be detained;

Now, therefore, in exercise of the powers conferred by sub-section (2) of section 3 of the Maintenance of Internal Security Act 1971 (No. 26 of 1971) I hereby direct that the said Sri Arun Bhole be detained.

He shall be placed in detention in Motihari Jail and classified as class X and in division IA.

[signature] 4/10/74
DISTRICT MAGISTRATE,
EAST CHAMPARAN.

Forwarded in quadruplicate to the Superintendent of Police, East Champaran for service and return. One copy should be handed over to the detenue, the second copy kept in Jail as custody warrant and the other two copies with detenue's signature or thumb impression in token of service, should be returned to the office of the District Magistrate.

Recd. Copy
[signature]
4/10/74
12.15 P.M.

इमरजेंसी के दौरान जिला मजिस्ट्रेट मोतिहारी द्वारा मेंटेनेंस ऑफ इंटर्नल सिक्युरिटी ऐक्ट (मीसा) के अन्तर्गत लेखक को गिरफ्तार करने का आदेश-पत्र (अप्रैल, 1974)।

पूर्वी-चम्पारण के जिला मजिस्ट्रेट का कार्यालय,
मोतिहारी।

आदेश।

संख्या २०७७ सी०। आन्तरिक सुरक्षा अनुरक्षण ऐक्ट (मेन्टिनेन्स ऑफ इन्टरनल सिक्युरिटी ऐक्ट) १९७१ (सं० २६, १९७१) की धारा ८ के अनुसरण में श्री अरुण भोले पिता का नाम श्री रमेश प्रसाद को सूचित किया जाता है कि उन्हें मेरे आदेश सं० १९२५ सी० दिनांक ४-१०-७४ द्वारा निम्नलिखित आधारों पर निरुद्ध करने का आदेश दिया गया है।

आधार।

(१) तिथि १७-७-७४ को श्री अरुण भोले ने अन्य व्यक्तियों के साथ सी०आर०पी०सी० की धारा १४४ के अंतर्गत जारी की गई निषेधाज्ञा का उल्लंघन करते हुए एक नाजायज मजमा बनाया तथा छात्रों को मिटींग करने हेतु उभाड़ा। उन्होंने दंडाधिकारी तथा आरक्षी पदाधिकारी को सरकारी कार्य सम्पादन करने में भी बाधा डाली।

(२) श्री जयप्रकाश नारायण के बिहार बंध के आह्वान पर तिथि ४-१०-७४ को श्री अरुण भोले ने मोतिहारी शहर के दुकानदारों को दुकानें बन्द करने हेतु दबाव डाला। जिन लोगों ने अपनी दुकानें बन्द करनी स्वीकार नहीं किया उन्हें उन्होंने धमकी भी दी।

इन परिस्थितियों में मेरा समाधान हो गया है कि यदि इन्हें स्वतंत्र छोड़ दिया गया तो वे ऐसे कार्य करेंगे जो लोक व्यवस्था बनाए रखने के प्रतिकूल प्रभाव डालेगा। ऐसे कार्यों को रोकने के लिए [illegible] करना आवश्यक समझता हूँ।

चूँकि मैं बाढ़, साहाय्य तथा विधि व्यवस्था के कार्यों में व्यस्त था, निरुद्धि का आधार पूर्व में तामिल नहीं हो सका।

श्री अरुण भोले को सूचित किया जाता है कि जिस आदेश के अधीन उन्हें निरुद्ध किया गया है उसके विरुद्ध वे लिखित अभ्यावेदन कर सकते हैं, यदि उन्हें कोई अभ्यावेदन करना हो तो वे उसे अवर सचिव, गृह (विशेष) विभाग, को संबोधित करें और यथाशीघ्र कारा अधीक्षक के माध्यम से भेजें।

[signature] 12.10.
जिला दंडाधिकारी,
पू०चम्पारण।

इसकी तीन प्रतियाँ [illegible] कर [illegible] और दो प्रतियाँ तामिल कर कर वापस करने के लिये [illegible] अधीक्षक, मोतिहारी, को भेजी जाती है।

इमरजेंसी के दौरान जिला मजिस्ट्रेट मोतिहारी द्वारा मेंटेनेंस ऑफ इंटर्नल सिक्युरिटी ऐक्ट (मीसा) के अन्तर्गत लेखक को गिरफ्तार करने का आदेश-पत्र (जुलाई, 1974)।

Office of the District Magistrate, East Champaran,
Motihari.

Order

No.2077/C In pursuance of Section 8 of the Maintenance of Internal Security Act,1971(26 of 1971) Sri Arun Bhole son of Sri Ramesh Prasad is informed that he has been ordered to be detained in my order No.1925/C dated 4.10.74 on the following grounds.

Grounds.

(1) On 17.7.74 Sri Arun Bhole along with others formed an unlawful assembly on the Station Road, Motihari, and violated prohibitory orders u/s 144 Cr.P.C. and instigated the students to hold meetings in defiance of prohibitory orders and he also obstructed Magistrate and the Police on duty.

(2) On 4.10.74 Sri Arun Bhole pressed the shop-keepers in Motihari Town to close their shops in response to the bund call given by Sri Jaiprakash Narayan and he also held out threat to those who did not agree to down their shutters.

In the circumstances, I am satisfied that if he is allowed to remain at large he will indulge in activities prejudicial to the maintenance of public order.

For prevention of such activities, I consider his detention necessary.

The grounds of detention could not be served on him earlier as I was awfully busy with flood relief measures and law and order problems.

Sri Arun Bhole is informed that he may make a representation in writing against the order under which he is detained. His representation, if any, may be addressed to the Under Secretary, Home(Special) Deptt. Patna, and forwarded through the Superintendent of Jail, as soon as possible.

Recd. Copy. Arun Bhole 18/10/74 7.5 p.m.

District Magistrate,
East Champaran.

Forwarded to the Superintendent of Jail, Motihari, in triplicate for service and return of the copies of service returns.

मीसा के अन्तर्गत लेखक की गिरफ्तारी से सम्बन्धित जिला मजिस्ट्रेट, पूर्वी बिहार का आदेश।

भारतीय राजनीति के अभूतपूर्व लोकनायक श्री जयप्रकाश नारायण (बाईं ओर) जिन लाखों लोगों की राजनीतिक प्रेरणा के स्रोत बने लेखक (दाईं ओर) भी उनमें एक थे। उनके मानस और व्यक्तित्व पर किशोरावस्था से ही जेपी का गहरा प्रभाव रहा।

इमरजेंसी के बाद जेल से रिहा होने के उपरान्त जेपी का पटना एयरपोर्ट पर आगमन, साथ में लेखक (दाईं ओर)।

इमरजेंसी के दौरान जेल से रिहा होने पर पटना एयरपोर्ट पर जेपी का स्वागत (लेखक जेपी के बगल में)।

जेपी पटना के साहित्य सम्मेलन भवन में एक आम सभा को सम्बोधित करते हुए। इस अवसर पर वहाँ उपस्थित श्री महामाया प्रसाद (भूतपूर्व मुख्यमंत्री, बिहार) तथा अन्य गणमान्य व्यक्तियों के साथ लेखक।

पटना के बाँस घाट पर धर्मपत्नी और स्वतंत्रता संग्राम में उनकी सहभागी प्रभावती जी का दाह-संस्कार करते हुए जेपी। प्रभावती जी लेखक पर पुत्रवत स्नेह रखती थीं। (चित्र में लेखक सबसे दाईं ओर)

बिहार के तत्कालीन मुख्यमंत्री और कर्मठ समाजवादी नेता कर्पूरी ठाकुर कमजोर वर्ग संरक्षण सम्मेलन को सम्बोधित करते हुए।

कमजोर वर्ग संरक्षण सम्मेलन के मंच पर (बाएँ से दाईं ओर) तत्कालीन प्रतिरक्षा मंत्री और उद्घाटनकर्ता बाबू जगजीवन राम, द्वारका नाथ तिवारी, बिहार के तत्कालीन मुख्यमंत्री कर्पूरी ठाकुर और लेखक।

सम्मेलन के मंच पर आसीन गणमान्य अतिथिगण।

सम्मेलन के मंच पर आसीन गणमान्य अतिथिगण।

उत्तर प्रदेश के भूतपूर्व मुख्यमंत्री, भारत सरकार के मंत्री, देश के अग्रिम श्रेणी के नेता एवं डेमोक्रेटिक सोशलिस्ट पार्टी के अध्यक्ष हेमवती नंदन बहुगुणा के साथ लेखक। अरुण भोले, बहुगुणा की पार्टी की राष्ट्रीय कार्यकारिणी के सदस्य भी रहे।

वियतनाम के काउंसल जनरल के साथ अन्तरराष्ट्रीय मुद्दों पर आयोजित एक महत्त्वपूर्ण बैठक में भाग लेते हुए लेखक, साथ में हैं बिहार सरकार के तत्कालीन मंत्री (बाईं ओर)।

गांधीनगर में आयोजित एक कार्यक्रम के दौरान महात्मा गांधी के पौत्र और देश के अग्रणी श्रेणी के बुद्धिजीवी और लेखक राजमोहन गांधी और उनकी पत्नी के साथ लेखक।

राजमोहन गांधी को अपनी पुस्तक 'देवतुल्य नास्तिक' की प्रति भेंट करते हुए।

प्रख्यात समाजवादी नेता और 1990 से 1991 तक भारत के प्रधानमंत्री रहे चंद्रशेखर के साथ लेखक।

भारतीय ज्ञानपीठ (पुरस्कार) के अध्यक्ष और देश के सम्मानित उद्योगपति श्रेयांस प्रसाद जैन के साथ लेखक।

स्वतंत्रता सेनानी और लेखक के पिता रामेश्वर प्रसाद वर्मा का 1957 का चित्र जिस वर्ष उन्होंने दूसरी लोकसभा के लिए प्रजा सोशलिस्ट पार्टी के उम्मीदवार के रूप में चुनाव लड़ा था।

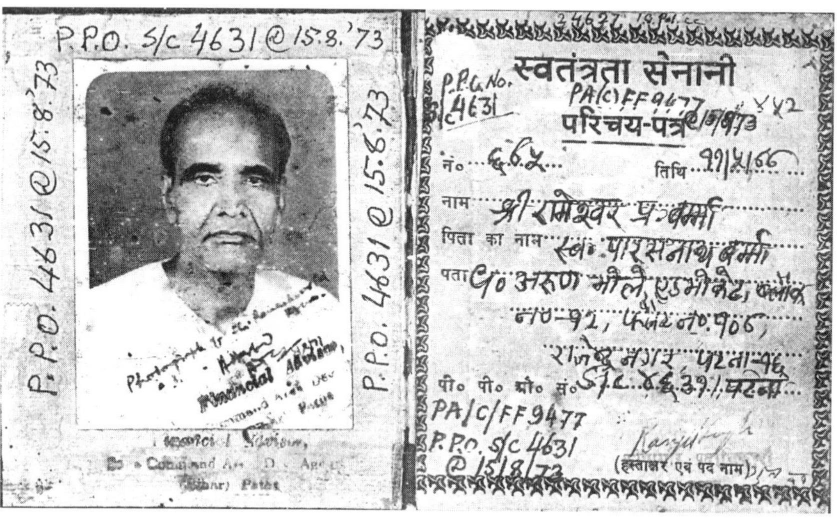
P.P.O. S/C 4631 @ 15.8.'73

स्वतंत्रता सेनानी

परिचय-पत्र

नं० 667 तिथि 11/5/66

नाम श्री रामेश्वर प्र० वर्म्मा

पिता का नाम स्व० पारसनाथ वर्म्मा

पी० पी० ओ० नं० S/C 4631 पटना

PA/C/FF 9477

P.P.O. S/C 4631 @ 15/8/73

(हस्ताक्षर एवं पद नाम)

लेखक के पिता रामेश्वर प्रसाद वर्मा का सरकार द्वारा जारी स्वतंत्रता सेनानी परिचय-पत्र।